U0444761

轉注系統研究

鍾如雄 著

商務印書館
2014年·北京

圖書在版編目(CIP)數據

轉注系統研究/鍾如雄著.—北京:商務印書館,2014
ISBN 978-7-100-10798-3

I.①轉⋯ II.①鍾⋯ III.①六書—研究 IV.①H122

中國版本圖書館 CIP 數據核字(2014)第 243789 號

所有權利保留。
未經許可,不得以任何方式使用。

轉注系統研究

鍾如雄 著

商 務 印 書 館 出 版
(北京王府井大街36號 郵政編碼100710)
商 務 印 書 館 發 行
北京市藝輝印刷有限公司印刷
ISBN 978-7-100-10798-3

2014年12月第1版　　開本 880×1230　1/32
2014年12月北京第1次印刷　印張 14 7/8

定價:45.00元

目　　錄

序一 ·· 王寧　1
序二 ·· 唐作藩　6
引論 ·· 9
第 1 章　漢字與八卦符號共源與分離 ··· 17
　1.1　巫覡產生於人類恐懼 ·· 17
　1.2　君及官吏皆出於巫覡 ·· 20
　1.3　教政一體化與象線性符號的產生 ··································· 23
　1.4　巫史分治與象線符號的分立 ··· 27
第 2 章　漢字取象原則和方法 ·· 35
　2.1　"象"與"取象"的關係 ·· 37
　2.2　漢字的取象原則 ·· 39
　　2.2.1　近取諸身（漢字取象原則之一）··························· 40
　　2.2.2　遠取諸物（漢字取象原則之二）··························· 49
　　2.2.3　依類象形（漢字取象原則之三）··························· 51
第 3 章　漢字構形法三度成熟 ·· 53
　3.1　漢字構形法初度成熟 ·· 54
　　3.1.1　"象形"與"取象"的關係 ··································· 54
　　3.1.2　象形原理與象形構形法的關係 ····························· 58
　　3.1.3　"獨體"與"合體"的關係 ··································· 62
　3.2　漢字構形法第二度成熟 ·· 70
　　3.2.1　會意構形原理及其方法 ······································· 71

3.2.2 會意與象形構形法的聯繫和區別 ················ 75
3.3 漢字構形法第三度成熟 ························· 76
第4章 漢字的孳乳原理和方法 ························ 95
4.1 陰陽觀與漢字的孳乳原理 ······················· 97
4.2 漢字的孳乳方法 ······························· 98
4.2.1 同母重疊構形法 ··························· 100
4.2.2 異母增附構形法 ··························· 108
4.3 "文"與"字"的對立統一規律 ·················· 116
第5章 二十世紀以前的"轉注"研究 ················· 120
5.1 明代以前的轉注研究 ··························· 121
5.1.1 衛恒賈公彥的"同部互訓"說 ··············· 122
5.1.2 徐鍇的"偏旁加訓"說 ····················· 123
5.1.3 趙古則楊慎的"聲轉"說 ··················· 126
5.1.4 趙宧光的"同聲"轉注說 ··················· 130
5.2 清代的"轉注"研究 ··························· 132
5.2.1 顧炎武的"轉聲"說 ······················· 132
5.2.2 戴震段玉裁的"互訓"說 ··················· 133
5.2.3 江聲的"同部同義"說 ····················· 136
5.2.4 朱駿聲的"引申"說 ······················· 137
5.2.5 饒炯的"加形加聲"說 ····················· 138
5.2.6 鄭珍父子的"右文加形"說 ················· 145
5.2.7 孫詒讓的"形聲駢合"說 ··················· 149
5.2.8 章太炎的"形隨音轉"說 ··················· 151
5.2.9 劉師培的"同部互訓"說 ··················· 153
5.3 現當代的"轉注"研究 ························· 157
5.3.1 楊樹達的"音轉"說 ······················· 157

5.3.2　黎錦熙的"假借字加偏旁"說 ······················· 159
　　　5.3.3　陸宗達的"構形發展法則"說 ····················· 161
　　　5.3.4　梁東漢的"加注改換音符"說 ····················· 164
　　　5.3.5　徐中舒的"增加偏旁"說 ··························· 166
　　　5.3.6　王伯熙的"轉注義符聲符"說 ····················· 167
　　　5.3.7　王夢華的"寫詞法"說 ······························ 168
　　　5.3.8　黃懷信的"轉形注義"說 ··························· 169
　　　5.3.9　張舜徽的"聲母通轉"說 ··························· 171
　　　5.3.10　孫雍長的"加注義符"說 ·························· 172
　　　5.3.11　孫鈞錫的"讀音分別"說 ·························· 175
　　　5.3.12　鍾如雄的"本字轉形"說 ·························· 176
　　　5.3.13　白兆麟的"義轉"說 ································ 179
　　　5.3.14　劉志成的"義借形借加旁"說 ··················· 181

第 6 章　轉注研究啟示錄 ··· 183
　6.1　"易窮則變"的啟示 ·· 183
　6.2　楊雄"轉語"的啟示 ·· 189
　6.3　《說文》重文的啟示 ·· 198
　6.4　《說文》重出字的啟示 ··· 205
　6.5　《說文》"亦聲"字的啟示 ···································· 213
　　　6.5.1　象形字改造變成"亦聲"字 ························ 218
　　　6.5.2　會意字改造變成"亦聲"字 ························ 219
　　　6.5.3　形聲字改造變成"亦聲"字 ························ 221
　6.6　"改易殊體"的啟示 ·· 223

第 7 章　漢字轉換原理 ·· 230
　7.1　"轉注"與傳統"六書"的關係 ······························ 231

7.2 "轉注"是漢字舊形改換的根本大法 ········· 240
7.3 "轉注"是漢字構形法轉換的根本大法 ········· 247

第 8 章 漢字轉注系統 ········· 252
8.1 構形法轉換系統 ········· 254
8.1.1 順向轉換 ········· 254
8.1.2 逆向轉換 ········· 270
8.1.3 平行對轉 ········· 273
8.2 字形轉換系統 ········· 287

第 9 章 形聲字易形變聲原則和方法 ········· 315
9.1 形聲字易形原則和方法 ········· 316
9.1.1 形聲字易形原則 ········· 319
9.1.2 形聲字易形方法 ········· 325
9.2 形聲字變聲原則和方法 ········· 334
9.2.1 形聲字變聲原則 ········· 334
9.2.2 形聲字變聲方法 ········· 343

第 10 章 轉注字的形音義關係 ········· 350
10.1 "轉注字"定義 ········· 350
10.2 轉注字的形體關係 ········· 353
10.2.1 轉注字與異體字的關係 ········· 355
10.2.2 轉注字與同源字的關係 ········· 365
10.3 轉注字的語音關係 ········· 375
10.4 轉注字的意義關係 ········· 388

第 11 章 轉注字研究方法論 ········· 402

第 12 章　轉注研究的宏觀意義與微觀意義 ·············· 414
　12.1　轉注研究的宏觀意義 ···························· 415
　12.2　轉注研究的微觀意義 ···························· 420
　　12.2.1　古籍的校勘 ································ 420
　　12.2.2　俗體字的研究 ······························ 432
　　12.2.3　異體字的整理 ······························ 436
結論 ·· 444
主要參考文獻 ·· 448
漢字是祖先的心語（後記）···························· 457

序 一

王 寧

"轉注"是傳統"六書"包含的一個概念，也是傳統文字學難以回避的課題。漢代許慎《説文解字敍》爲它做出定義而語焉不詳。漢以後"六書"的研究者，歷代都有人爲"轉注"概念下定義、講解其内在含義。但"六書"第三隅的"假借"經過研究，得出了"本無其字假借"與"本有其字假借"的區分，内涵漸漸明確，而"轉注"問題衆説紛紜，直到清代乾嘉"小學"盛世，仍然没有定論。

從字面的意義看，"轉注"不過是"轉相注入"的意思，《水經注》滱水、鮑丘水、漸江等篇均可見到，都是説水流從源頭出發，流到中間又轉入另一水道。宋代趙瞻在《澠池縣新溝記》裏説："水循故道，趣於新溝，曼衍轉注，支合脈湊。"與《水經注》的用法相同。唐代段成式《酉陽雜俎》在説及以水和藥時也用了"轉注"："以駱駝髑髏沉於石臼，取水轉注葫蘆中"，是將水從一個器皿灌注到另一個器皿，並無新意。這樣一個詞用在文字上，又以"考老"爲例，能夠推測出什麽含義來呢？無非是三種：第一種是"考"與"老"形體互相注入，《廣韻》後附"六書"解釋"轉注"作："左轉爲考右轉爲老"，以部件形體相近爲轉注。歐陽修《集古録跋尾》説："右張仲器銘四其文皆同，而轉注偏傍左右或異，蓋古人用字如此。"以偏旁形異爲轉注。形轉之説，這是最一般的。第二種是"老"

與"考"的意義互相注入,不要說戴震、段玉裁這些代表人物是從"轉注"的字面意義來解釋,所謂"注者,灌也。數字輾轉互相爲訓,如諸水相爲灌注,交輸互受也",就是清代擅長文學的洪亮吉,也在《釋舟》裏說:"《説文》'舟,船也'。(毛傳同)"又"《説文》'船,舟也'。按此即轉注字。"這也是以互訓爲轉注的常論了。從邏輯上推,還應當有第三種,那就是與音有關的互相注入。明末清初的陳迦陵(維崧)在他的《顧亓山印譜序》裏有這樣一段話:"蓋聞六書初啟,始變蟲魚,八法相生,未離蝌蚪,史遊急就,實開篆籀之金科,許慎説文,爰定冊書之玉尺,莫不音由轉注,體繫凢將。"他不是文字學家,卻無意之中,把音與轉注連了起來。明清的文學家都通小學,但不專研"小學",舉他們的説法,是爲了說明,音轉之説,不用花太多的力氣,在邏輯上是可以自然推出的。八個字的定義,兩個字的例子,再發揮也出不了這三種解釋,其實都可理解,無需什麼宏論的。現代文字學界對"轉注"問題研究不厭其煩地在這10個字上低水準重複感到厭倦,是完全可以理解的。

"轉注"研究的又一個命題,是從"六書"整體產生的,如果把"轉注"和"假借"算作一對相關的概念,又與前四書綁在一起,作爲純文字學的概念加以探討,就出現了"造字法"還是"用字法"的爭議。"六書"的前四書講的不過是漢字形體構造的模式,叫做"造字法"並不怎麼恰當,但許慎定義每條的八個字是與具體的字形相關的;而"轉注"和"假借"這一對概念與具體字形沒有直接牽連,"假借"明言"本無其字","轉注"不論怎麼定義都在説兩個字的關係。何況,"令"和"長","考"和"老"又都可以歸入前四書的一種模式。"六書"的第三隅顯然與前四書不是一個標準列入的。中國古代先秦典籍裏喜歡以六爲數概括事項,是受了《周易》六爻的影響而以此"求全",用現代邏輯去衡量,屬於同類事物而不在一個標準上的比比皆是，"六書"也不例外，後兩書與前四書同爲文字之事，但無關具體形體，並不都是構形模式，是很明顯的。糾纏在"造字法"和"用字法"問題上去簡單區別，也很難得出有意義的結論。

但是，後二書和前四書明顯的不同，引發了第三層次的討論。明代的宋濂在《畫原》一文中説："六書首之以象形，象形乃繪事之權輿，形不能盡象，而後諧之以聲，聲不能以盡諧，而後會之以意，意不能以盡會，而後指之以事，事不能以盡指，而後轉注假借之法興焉。"他講的是書畫同源，但説出了漢字的構造從具象到抽象的進展，説到"轉注假借"，他不意間説出是超越象、諧、會、指的一個"法"。清代阮元在《與高郵宋定之論爾雅書》裏説："轉注、假借，本有大經大緯之部居。"可見轉注、假借的宏觀意義，已是不言自明的。我在這裏不引"轉注假借"的專論，而引不意之間的三言兩語，是想説明當時的一種普遍説法，有了這種普遍的時論，集大成的理論也就呼之欲出了，這是學術討論普遍的規律，在人文科學裏，學術大家們的專論，往往是學界熱論之後的歸納，加上本人用崇高的學術眼光去提升，本不是一兩個人憑空想出來的。從魏晉到乾嘉，代有學者論及"轉注"，章太炎的《轉注假借説》，就是在這個基礎上升華的。他的結論十分清楚："轉注者，繁而不殺，恣文字之孳乳者也。假借者，志而如晦，節文字之孳乳者也。二者消息相殊，正負相待，造字者以爲繁省大例。"這就是以"轉注"爲孳乳造字——從舊字的音義裏分化出新字，形成同源字；而以"假借"爲引申——意義引申而節制造字，成爲一字多義；這樣造成漢字增長速度的平衡。換句話説，轉注是文字在語言發展推動下孳乳增多，而假借是文字自身發展節制減少，其中含有很深刻的辯證規律，是漢字發展演變的大法則。

"轉注"理論擺脫了它作爲"六書"之一的限制，不再去推測《說文敘》"轉注者，建類一首，同意相受"定義的字面意義，也不再簡單地思索"考老"舉例對定義的解釋作用，這就使"轉注"的研究内容有了新的增長點，產生了更加廣泛而深刻的研究價值。

"轉注"研究的價值在於，1700年來，不論拘於字面還是從"六書"整體出發，不論篤信古人還是關注時賢，不論解釋微觀、附會《說文》還是立意宏觀、提升哲理，不論納入純文字學的形體論還是兼及語言學、詞源學，引發的都是對漢字越來越深入的探討，而結果都是使中國獨有的、6000多年不曾中斷的表意漢字面貌越來越清楚，發展規律越來越明晰，形音義結合的事實越來越凸顯。從這個意義上說，古人和今人的諸多研究成果，不少都是有創獲的。

我向商務印書館推薦鍾如雄的書，有三個原因：第一是他在自己觀點的支配下，對古今論及"轉注"的專門講述，雖有褒有貶，卻有重點地梳理得特別清楚；第二是他有自己的見解，不但沒有脱離"轉注"的定義，同時綜合了漢字構形的整體系統和歷時演變，把"轉注"問題歸爲漢字構形法及其轉換。這個說法，雖然也吸收了前人不少的東西，但總體上成一家之說，極有新意；第三是從他流暢而有激情的語言和全書的章節中，看出他不是泛泛而談，而是有着因反覆思考表現出的自信。這三點，是我拜讀過的中青年學者文字學研究論著中難得的。我對材料豐富又能自圓其說的一家之言一向比較欽佩，每次讀這種書文，雖質疑頗多，在有些地方並不完全信服，但就對自己的啟發而言，卻感到"過癮"，不若學習那些面面俱到、人云亦云的長篇大論那樣令人昏昏欲睡，難以卒讀。有時候我想，語言文字學論著雖不似文學那樣強調彰顯個性，但嚴謹之餘，也一定要有自己的風格，是自己充分積累後從心裏流出來的纔好。

我對"轉注"問題沒有深入的研究，對這個概念的認識一直比較簡單，不以爲它有多深的含義，所以本沒有資格推薦此書並作序，但如雄是我志同道合的學術摯友宋永培老師的學生，在他這本書出版的時候，永培已經過世，這篇序，既是我的學習心得，也算是我代替永培完成的一個心願吧！

序 二

唐作藩

鍾如雄教授的專著《轉注系統研究》終於即將問世了。我得知這一信息後感到很高興，並表示祝賀。記得十年前就讀到他的初稿了。那是他的博士論文。如雄同志本已在高校任教二十餘年，發表過數十篇論文，並出版了專著《説文解字論綱》《大唐詩律學》等，早已評聘爲教授，但他仍然到四川大學宋永培教授名下攻讀博士學位。並選擇"六書"中的"轉注"這一難題來攻堅。

一千多年來，許多文字訓詁學家對"轉注"進行過研究與詮釋，可謂衆説紛紜，莫衷一是。以致現代一些大文字學家竟不敢問津，甚至宣佈爲禁區。如雄同志知難而上，勇於探索，堅信"六書"是漢字的構形原理，即造字之法，"轉注"亦不應例外。排除各種權威的勸説，不畏艱難，深入鑽研，全面總結自晉代衛恒以來各家對"轉注"的解説及其得失；以《周易》的變易思想爲指導，亦即王力先生所強調的"研究語言必須具有發展觀點"；又以墨子、荀子、孔穎達等的"舊形改變"爲理論基礎，以揚雄的"轉語"理論中的"形轉"爲方法論，充分利用歷代文字學家研究漢字形體結構的成果，細心研讀了《説文解字》《甲骨文字典》《戰國古文字字典》和《漢語大字典》，分析了現有的五萬餘漢字的形體結構，從共時上與歷時上進行全面深入的考察，歸納總結出漢字變化規律，即漢字的構形法與舊形轉換的規律，從而揭示出漢字的轉換原理，進而建立了一種新的轉注系統與轉注學説。

應當承認，"轉注"與象形等其他五書一樣也是一種造字法，認爲它與其他五書有着密切的聯繫亦無庸置疑。如雄同志在這部專著中提出這一新的轉注理論雖然還有待於進一步審定與檢驗，但他這種慎思明辨、推陳出新、深入鑽研、勇於探索的精神，是很值得肯定與推崇的。

如雄同志能取得如此重要的研究成果亦非一朝一夕之功。記得三十多年前即1973年如雄進入北京大學中文系漢語專業本科學習時，他是班裏比較年輕的一個同學。當時正是史無前例的"文革"後期，全國正掀起"批林批孔批周公"的時候，我們古代漢語教研室的教師，爲了應對這場運動，提出編寫一本爲工農兵搞大批判服務的《古漢語常用字字典》的任務。那時我們專業師生正下放在北京齒輪廠和北京内燃機廠。我和王力先生、林燾先生等被分配與七三級同學住在北京齒輪廠職工宿舍裏。真巧，我與如雄和馮春田兩位同學住在一個房間裏，朝夕相處。他們兩位都很用功，除了參加集體政治活動、編寫字典初稿，還在宿舍裏自學王力先生主編的《古代漢語》四大册。這在當時還是一種秘密行動，如被發現是要受到干預、甚至會遭到批判的。但他們兩位求知欲很強，幾乎每天晚上堅持閱讀，還經常和我討論一些問題，我們師生心照不宣，從此我們之間建立了難以忘卻的深厚感情。1975年我們還一起到商務印書館參加"字典"的第一次定稿工作。1976年如雄畢業後則分配回四川成都，在西南民族學院即今西南民族大學任教。此後各忙各的，很少見面。雖然有時從他同班同學那裏瞭解到他一些信息，但我們也沒有直接聯繫。二十八年後即2004年秋，突然收到宋永培教授的一封來信，要求我爲他的學生評閲一篇博士論文。當我看到郵寄來的論文封面上署名作者"鍾如雄",我感到又吃驚又高興。想不到當年的毛頭小夥兒已成長爲一位教授了,並在訓詁學方面還出版過專著和發表了數十篇論文,取得了可觀的成就。怎不令人興奮!2005年秋我和老伴參加中國鐵路旅行社組織的中老年旅行團,遊覽了九寨溝、都江堰之後到了成都,特地約見了如雄同志。雖然過了近三十年,但我們一下就認出來了。相聚的時間很短,我們有説不完的話。他提出要我爲他這部專著寫序,由於我對訓詁學没有研究,本不敢接受這一任務,但盛情難卻,我還是答應了,我主要想的就是借此以記叙我們師生之間過去的那段不平常的生活與情誼。

引　論

　　傳統六書中的"轉注",從它誕生的那天起,就忠實地爲漢字集團的興盛服務着,直至今日,它依然生機勃勃。然而,由於人們對許慎闡釋的"建類一首,同意相受"長期以來不能領悟,因此,儘管經過幾十代人的睿智精思,仍舊未能揭示其奧秘,致使當今漢字學界,對轉注之學術問題,總是採取回避態度,甚至一提到"轉注"便煩惱、頭痛,總覺得再沒有深入討論下去的必要。

　　二十世紀九十年代初,我們開始潛心於《說文解字》的研讀,在研讀的過程中,有意將秦代小篆與卜辭吉金等古文字體加以比較分析,久而久之,許慎的"轉注"原理和方法漸漸地在腦海中形成了漢字"轉換"的意識,於是在北京大學中文系教授何九盈先生的指導下撰寫出了《說文解字論綱》。[①] 在該書中,我們提出了"六書轉換"原理,且初步論述了"轉注"構形的原理和方法。"轉注"原理的初步揭示,得到了何九盈、唐作藩、陸儉明、伍鐵平等當代著名語言學家的肯定。他們認爲"這個思路完全對頭",並鼓勵我繼續研究下去,將"轉注"原理更加科學化、系統化、條理化,將長期困繞漢字理論研究中的難題攻克下來。在我的轉注方法論尚未發表之前的二十世紀九十年代初,孫雍長先生已出版了《轉注論》,

---

① 鍾如雄:《說文解字論綱》,四川人民出版社2000年初版,中國社會科學出版社2014年再版。

但我當時無緣拜讀，後尋得一册讀之，方知孫先生早已主張"要研究漢字的創制，要正確評價漢人的六書理論，要如實反映中國文字學史，'轉注'實在是一個重要、無法迴避的問題"（《自序》）。孫先生認爲，"'轉注'爲漢字孳乳之大法"，"六書造字中的'轉注'之法則，實際上也就是'加注意符'這一極其重要的構形模式"。[①]孫先生雖然對"轉注"在漢字系統歷史發展過程中的卓越功績進行了充分的肯定，但他像以往的文字理論學家一樣，依然對"轉注"的本質没有準確把握，因爲漢字轉注涉及的不僅僅是"加注意符"這樣簡單的問題。

"轉注"的本質是在漢字構形法發展的三次飛躍的進程（取象、聚象、寓象）中再生和轉换漢字的法則，而不僅僅是一種構形方法。其中包含兩個細則：一是"構形法轉换"的法則，由"順向轉换"、"逆向轉换"和"平行對轉"三個部分構成。它是字形轉换的指揮中樞，決定着漢字"舊形"轉换的方向、方式和結果。二是"字形轉换"的法則，它是構形法轉换的運作原理和方法（具體内容請看第8章"漢字轉注系統"）。

第一，"轉注"的功能是：將原有的象形字轉换成會意字；將原有的會意字再轉换成會意字；將原有象形字或會意字轉换成形聲字；將原有的形聲字再轉换成形聲字，使漢字的舊形在歷史發展的進程中獲得再生。

第二，"轉注"的原理是：或聚象（象形→會意），或再聚象（會意→會意），或聲化（象形、會意→形聲）。

第三，"轉注"的方法是：重建義類（增附或纍增）（象形/會意→會意/形聲）；或重建聲類（增附或纍增）（形聲→形聲、會意→形聲）；

[①] 孫雍長：《轉注論》第48頁，嶽麓書社1991年版。

或更換義類、聲類（會意→會意、形聲→形聲）等等。

第四，"轉注"的研究方法是：運用系聯和分離方法，將轉注字系聯成轉注字組、轉注字系、轉注字系統。爲此，"轉注"的研究，必須將它放在共時(靜態)和歷時(動態)兩大時點中進行觀察、分析、歸納、總結，把握"轉注"既是構形法又超越於構形法之上以催生漢字"三度成熟"的神奇功能。

"轉注"的研究必須將漢字放在靜態（共時）和動態（歷時）的兩大時點上進行觀察、分析。這樣纔能把握住轉注那種既是構形法，又超越於構形法之上催生漢字構形法三度成熟的偉大力量。破譯轉注的奧秘，並運用轉注研究所得的理論以指導漢字轉注系統的建立，是本課題研究的任務和最終的目的。

遠古時代，先民由於對超自然力量、有靈物的恐懼而產生崇拜，巫覡適時滋生於族群中，他們以超人的身份爲族人舉行各種消災趨吉的儀式活動，且傳達異類神明的"指示"，以維護族群的安寧，由此，巫覡在族群中便取得了實質上的統治地位。隨着時日的推移，巫覡的活動漸漸變成原始的宗教，造成"教政合一"的氏族社會。在這類社會中，巫覡取得了至高無尚的統治。儘管如此，他們要想使權力被族群維護，就必須設計一套控制的手段。於是通過許多代的觀察，天地、萬物之變化被他們化爲兩種神奇的線性符號——"陰"和"陽"。而"陰"、"陽"的分離組合，則可以演繹出族群成員的吉凶禍福。而巫覡正好玩弄這種線性思維模式來愚弄族民。隨着神權地位的上升，族群中的巫覡，其中一部分成了神的代言人和人民的最高統治者"君"與"史"。

在遠古時代，"君"爲不變的發號司令人，他們的言行，自己永遠不會親自去記錄。這種記錄的責任，責無旁貸地落到了"史"的肩上。"史"通過他們的細心觀察，並將做巫時的記言記事經驗加以總結提取,於是便創造出了一種從視覺上就可以"讀懂"的符號——象形文字。

象形文字的創造,最初是爲"王政"服務的,線性符號的創造,自始至終都是爲巫覡自身服務的。"自記自悟"是線性符號的特徵,因爲占卜後出現的線性組合結果,並不需要問卜者看懂,而是通過巫覡的"自悟"後再解釋給問卜者聽,其中的高深莫測,祇能靠"高人指點"。而"自記他悟"則是象形文字初創時的真諦,因爲身爲記者的"史"要將記的結果呈給被記者(姑且這樣稱謂)"帝(王)"御覽。這就要求原始的書寫符號必須易懂、易悟。

"名"與"實"的關係,我們的祖先早在先秦時期就有過很激烈的爭辯。荀子曾提出"約定俗成"的見解。這種思想可惜被近現代人歪曲了。"約定俗成",應該理解爲由"部落酋長"(帝王/巫史)認定,再由其子民學習。族群語言的音義關係,實際上是辨明字(詞)的音與義的關係。語言學家們一向認爲字先有義而後有音。我們覺得應該分成三類:先義後音;音義同時(如象聲字詞);先音後義(此種情況當今都依然存在於方言中)。此外,族群中的詞義傳遞,並非要求同義同音式傳遞,往往是同義多音傳遞。比如某一個字詞,審音者要求正讀,但往往是眾口異音,就是同一個人,即使讀走了音(比如外國人説漢語),其意思聽者照樣明白。漢語決定詞義表達正確與否的關鍵是文字,這是因爲初始的象形字是對天地萬物的"複寫"或"寫真",其"取象"(或稱複寫)原則就是古人所説的"遠取諸物,近取諸身"(《周易·繫辭下》),窮取天下有形之物。

漢字由初創時期的象形構造到完全成熟時期的形聲合一,在漫長的演化過程中,始終體現出我們祖先的一種陰陽相合、生生不息的變易思想。這種變易如同人類生命的再生和轉生,而賦予漢字再生和轉生的原動力則是"轉注"。因此,六書中的"轉注"是漢字再生和轉生的偉大法寶。在第3章裏，我們將詳細論述漢字構形法三度飛躍的原因和運用的構形手段，以及運用這類構形手段的心理因素等。

　　漢字從初創到完全成熟，經歷了"取象"、"聚象"和"寓象"三個發展階段，我們稱之爲"漢字構形法的三度成熟"。在"三度成熟"的漫長歷史嬗變過程中，先賢漸次地運用過六種（實際上是五種）構形方法，兩漢語言學家稱之爲"六書"，魏晉人稱之爲"六文"（見北齊顏之推《顏氏家訓・書證篇》）。"六書"在漢字的三度成熟過程中分別扮演着"主角"。在"取象"階段，"象形"是唯一的構形方法。運用"象形"取象，其基本原則是：以人爲中心，近取諸身，遠取諸物。窮取人眼可及的天地可"像"之物，將它們繪製成一張張"圖片"，然後與音和義融合，形成一個個獨立不可切分的象形字（文）。但是，由於先民的活動範圍受到地域的限制，加之可取象之物有限，這種現實決定了"象形"法生命力的短暫，而族群的"群象"意識又在一天天形成，因此，必然會催生漢字"聚象"階段的到來。

　　在"聚象"階段，"會意"成了唯一或主要的構形方法。運用"會意"聚象，其基本原則是：將已有的獨體象形字按實物的群象之形聚合在一起，表示一個類似的集合形象。故運用會意法造出來的字就是會意字（字）。比如，聚象太陽初昇和下落之形，則選取"一、☉、☽、↓"（或 ）四個象形字作爲造字構件（字母），且按照"實物的群象之形聚合"的原則，就可以造出 、 、 三個會意字來。《説文・日部》云："日，實也，太陽之精不虧。从口一，象形。"（七上）《旦部》云："旦，明也。从一見一上。一，地也。"（七上）先民認爲，太陽剛剛冒出地面叫做"旦"，故將"一"（地）和"日"兩個象形字聚合爲一體，以聚象太陽初昇之形。後人或不明此理,以爲"契文昌字从日丁聲,即今之旦字。《説文》誤作从一"。①
又《屮部》:"屮,艸木初生也。象丨出形,有枝莖也。古文或以爲
艸字。讀若徹。尹彤説。"(一下)南唐徐鉉等注:"丨,上下通也。
象艸木萌芽通徹地上也。"商承祚先生説:"《石經春秋經》:'隕霜
不殺。'艸之古文作屮。案:屮、艸本一字。初生爲屮,蔓延爲艸,
象叢生形。"②先民認爲,日落草中叫做"莫"(暮),故將"屮"和
"日"兩個象形字聚合爲一體,以聚象日落天色漸漸暗淡之形。又
《月部》:"月,闕也,太陰之精。象形。"(七上)清徐灝注箋:"古文、
鐘鼎文象上下弦之形。日象圜形,故月象其闕也。小篆相承,取字
形茂美耳。"先民認爲,太陽從草(或從樹林)中昇起而月亮還懸掛
在天西叫做"朝",故將"屮、日、月"三個象形字聚合爲一體,
以聚象早晨之形。《説文·倝部》:"翰,旦也。从倝舟聲。"(七上)
許慎析形誤。清羅振玉説:"此朝暮之朝字。日已出䕃中,而月猶未
没,是朝也。古金文婚从卓,後世篆文从倝舟聲,形失而義晦矣。"③
"朝",甲骨文作𣅶或𣅻。徐中舒説:"从日从月且从艸木之形,象
日月同現於艸木之中,爲朝日出時尚有殘月之象,故會朝意。"④運用
會意法來聚象因象形法無法取象的天地萬物,是先民用文字來認知
自我和世界的第二次飛躍。

但是,天下可以"取象"、"聚象"之物有限,而人類的"意之
聲"則無窮。唐孔穎達説:"言者意之聲,書者言之記……書者,舒

---

① 于省吾:《殷契駢三·釋昌》,見于省吾主編、姚孝遂按語編撰《甲骨文字詁林》第1101頁,中華書局1996年版。
② 商承祚:《説文中之古文考》第98頁,上海古籍出版社1983年版。
③ (清)羅振玉:《增訂殷虛書契考釋·文字弟五》,見《殷虛書契考釋三種》第395頁,中華書局2006年版。
④ 徐中舒主編:《甲骨文字典》第730—731頁,四川辭書出版社1989年版。

也……寫其言如其意,情得展舒也。"[①] 爲了盡情地展舒漢民族的"意之聲",漢字的構形法就必須突破"取"、"聚"兩象的封閉式構形法,創造出一種全新的開放性的構形法來,於是"形聲"法就在象形、會意的基礎上呼之而出了。形聲構形法的發明,標誌着漢字的構形已從"純形"發展到了"形音"階段,即從形與義的結合,發展成爲形義結合體與聲音的結合,形成了以形爲基礎,以音爲形式的完美建構,使漢字成爲一種視形知意、視形得音的實用書寫形式,充分滿足了漢民族"寫其言如其意,情得展舒"的欲望和需求。

在漢字理論研究發展史上,人們對傳統六書中"轉注"的討論最爲熱烈,自晉代的衛恒以來延續1700餘年,前賢後學,紛爭不休,爭論的焦點是對"轉注"本質認識的極不統一。在眾多的紛爭中漸漸形成了三大派別——主義派、主音派和主形派。主義派認爲,"轉注"指的是字與字之間意義的輾轉灌注,也就是說,凡是字義相同的字都可以相互訓釋,"轉"的對象是字義,與字形無關。主音派認爲,"轉注"指的是同一個字內部的異讀問題,或字與字之間的音轉問題,通過同字異讀去尋求義隨音變的規律,通過此字與彼字之間的讀音轉變去尋求異音異字之間的同義關係。由此可見,無論主義派還是主音派,其主張是殊途同歸的,即"轉注"與造字的原理和方法沒有關係,而如何將異形同音或同形異音的字義加以貫通,求得字義的相同與相通,乃是"轉注"的本質內涵。於是就有了"依聲求義"的方法、同義互訓的方法,而"聲轉"(或稱音轉)和"互訓"就成了主音派和主義派用來說明、闡發"轉注"的核心理論和主要原則。與主音派和主義派對峙的是主形派。這一派始終以字形

---

① (唐)孔穎達:《尚書正義》,見(清)阮元校刻《十三經注疏》第113頁,中華書局1980年版。

的孳乳爲立論依據。他們認爲,"轉注"既然是六書之一,而六書講的是造字的原理和方法,"轉注"自然與造字法密切相關,與字音轉變風馬牛不相及。至於在原形字與後出轉注字之間是否能構成字義互訓關係,那要看它們是否已構成同源關係。如果有,它們的意義自然可以互相訓釋;如果沒有,則無所謂互訓。

我們認爲,以上三派的研究都嚴重地偏離了"轉注"的航向。主音派力求通過字音之間的聯繫來認識轉注,但是,轉注與字音的同異的確沒有直接關係,如果巧取楊雄的"轉語"理論來釋讀許慎的"轉注"思想,稍不謹慎,真會差之毫釐,謬以千里。因爲楊雄的"轉語"理論中包含着同源字的研究方法——音轉法,而主音派正是不加甄別地將其照搬過來用以詮釋許慎的"轉注"思想,緣木求魚的結果是可想而知的。主義派力求通過字義之間的聯繫來認識"轉注",雖說轉注與字義之間關係密切,但是,轉注原體字與後出轉注字之間是字形義(本義)的相同,而並不是一般所說的"同義"關係。如果祇要"同義"就可"轉",那麼,漢字有多少沒有同義關係的呢?能說有同義關係的字都是"轉注"出來的字嗎?誰都明白,任何一種語言中的詞都是以同義和反義爲主體的,因爲客觀事物都處在對立統一的矛盾運動中,而"同"與"反"就形成了詞義的兩大陣營。如果將研究同義詞的方法來釋讀"轉注",其結果與主音派落腳點又有什麼區別呢?

"轉注"是漢字生成和轉換的根本大法。"生成"是談新字的孳生,"轉換"是指漢字舊形的改造翻新。本書將漢字的形體嬗變放在歷時和共時兩個時點上進行考察、比較,從中總結、歸納出漢字集團中某類字群的變化規律——漢字構形法和原形字的轉換規律來。

第 1 章　漢字與八卦符號共源與分離

巫覡，是華夏文明的始祖。這個結論，對當今的中國人來說或許不易理解和接受了。因爲在現代文明社會中，人們能看到的僅僅是巫覡在黑暗中行走的身影。裝神弄鬼，愚人心智，騙人錢財，幾乎成了勾畫巫覡本質的常用言辭。儘管如此，上至達官顯貴，下至草根百姓，依然有人心甘情願地接受巫覡的擺佈。這就是巫術的魅力。今人尚且惑於巫覡，何況遠古愚昧的祖先呢！現代人對巫覡的信仰，是恐懼心理的表現，他們相信巫覡能通天地鬼神，能替人消災去疾，而巫覡正是在人類的恐懼中永生了下來。人類的恐懼是巫覡永生的沃土。

1.1　巫覡產生於人類恐懼

"適者生存"是自然界一切有生之物的普遍規律。人類從誕生的那天起，時時刻刻處在恐懼的包圍之中。在渾噩蒙昧時代，我們的祖先還像個初生的嬰兒，他們喫着生果，活着不知道要做些什麼，祇曉得漫無目的地遊蕩。《莊子·馬蹄》說："夫赫胥氏之時，民居不知所爲，行不知所之，含哺而熙，鼓腹而遊，民能以此矣。"他們成天"同與禽獸居"，樸實無知，毫不畏懼。人不畏死，則無祈求，巫覡就沒有孳生的土壤。然而，面對自然界嚴寒酷暑、風霜雨雪、山崩地坼、洪水旱災、雷電山火、毒蛇猛獸、瘟疫創傷等等的威脅，遠古先民遲早會感到恐懼的逼近。老子説："民不畏死，奈何以死懼之？"(《老子》第七十六章)人類祇有在意識到生命的可貴時纔會對死亡産生恐懼，也祇有需要化解恐懼時纔會産生祈求，而巫覡則以化解人類恐懼爲理念適時地産生了。古文字學家彭裕商先生説："原始人類在爲生存而與自然界所作的艱苦鬥爭中，在强大的自然力面前常常軟弱無力，人類的吉凶存亡，與其説是由自己力量來決定，不如説是由自然環境來決定。人們隨時都覺得有一種無形的力量在支配着他們，而愚昧和無知又使得他們不得不把這種無形的强大力量歸之於他們時常接觸的山川星辰，於是最初的自然崇拜便産生了。而這種自然崇拜的意識一經産生，便不斷地爲後世繼承和發展。"[①]大自然的巨變，如山陵的崩塌、大地的震動、火山的爆發、野火的焚燒、雷電的劈擊、洪水的氾濫、颶風的席捲、猛獸的突襲等等，其中任何一種災難的發生，都會令遠古先民提心吊膽，失魂落魄。面對無數不幸死亡的朋輩，他們跪伏於地，或哭泣，或驚嚎，或驚恐，或禱告，祈求災難遠去。原始的先民還不知道山爲什麽會塌，地爲什麽會裂，天爲什麽會炸響……他們似乎漸漸意識到自己身外的一切物體，不管是有形的還是無形的，都是有靈性的，不能沖犯它們，祇能敬畏崇拜，祈求它們不要怒吼、害人。這種祈求在漫長的歲月巨變中漸漸形成了一種習慣，就像饑餓時就要進食一樣平常。開始時是在災難發生後舉行，後來演變爲在災難發生前也舉行。這種祈求性的群體行爲，就是原始的"巫術"行爲。

原始的巫術活動人人參與，因此，那時還没有專職的巫，而是

[①] 彭裕商：《卜辭中的"土"、"河"、"岳"》，見《古文字研究論文集》第194頁，《四川大學學報叢刊》第十期，四川人民出版社1982年版。

人人皆巫。在驚恐、敬畏與崇拜自然神靈心理的驅使下，遠古先民開始有意識地尋求、總結大自然發生巨變的規律，與此同時，帶有專職從事巫術活動的先知先覺者拔萃而出，從此產生了真正意義上的"巫"。巫與信奉巫術族群的剝離，在人類發展史上第一次形成了統治與被統治的關係——巫覡的統治，也可以叫做原始宗教的統治。那時，巫覡與巫教信眾之間雖然尚未形成剝削與被剝削的關係，但巫覡業已從精神上控制着整個巫教信眾了。這種控制，從自然神靈崇拜到祖先崇拜，最終演變成為"教政合一"的"家天下"的帝王統治。

我國巫教（或稱原始宗教）是在什麼時代產生的？現代史學家、民族學家、人類學家和宗教學家比較趨同於距今一萬八千四百四十五至一萬九千二百八十五年之間的山頂洞人時代。[1]1933年，我國考古學者為了繼續探尋周口店北京猿人洞穴頂部的遺存，結果發現了另外一個穴居遺址的人類化石"山頂洞人"。山頂洞人生活在氏族社會蒙昧時代，其氏族成員按性別、年齡的不同有了簡單的分工，男子多從事狩獵、漁獵以及防禦猛獸等事務，婦女多從事採集野果野菜、縫製衣物、看守住宅、養老撫幼等事務，老人和兒童從事輔助勞動。他們生則同居，死則共葬。葬時將赤鐵礦粉撒在死者身上，表示肉身雖然腐朽而靈魂永生不滅。王玉哲先生認為："從死者身上撒布赤鐵礦的粉粒和隨葬物品來看，當時人類已經有了靈魂觀念"，"這就是一種原始的宗教信仰"。[2] 著名巫儺文化研究專家林河先生把史前巫文化劃分成"初"、"中"、"高"三個發展階段，即"巫文化初級階段（採集時代，自然靈崇拜）"、"巫文化中

---

[1] 參看蘭坡《山頂洞人》，龍門聯合書店1951年版。
[2] 王玉哲：《中華遠古史》第46頁，上海人民出版社2000年版。

級階段（漁獵時代，圖騰崇拜）"和"巫文化高級階段（農耕時代，儺崇拜）"，且認爲在初級階段的貴州大同人時代"應有了專門主祭的巫師"。[①] 在距今三十萬年前的採集時代是否就有了"主祭的巫師"？這個結論還有待更多的考古發現來證實。

1.2 君及官吏皆出於巫覡

　　專職的巫覡從巫眾中分化出來以後，就意味着人類的等級觀念業已形成。在一次次的禱告、一次次的化險爲夷中，作爲巫眾之首的巫覡已初步確立了自己的統領地位，儘管這種統領地位尚未形成"階級"的象徵。巫教信眾在恐懼中祇曉得禱告，而巫覡却在禱告中漸漸徹悟：爲什麼每次恐懼的來臨，祇要禱告總會化險爲夷？他們不斷總結，摸索其中的奧秘，覺得大自然中潛隱着一種神秘的超自然的力量，而操縱那種神秘力量的是"神"，而神也像人類一樣有着七情六欲、喜怒哀樂。他們一旦發怒，就會給人類造成災難，或崩山坼地，或氾濫洪水，或火烈山澤……於是各種各樣的"神"與"怪"——風神、雨神、雷神、火神、天神、地神、魑魅、魍魎等等，在巫覡的"奇談怪論"中誕生了。在眾多的神怪中，天神是萬物的主宰者，他的喜怒哀樂，決定着人間的悲歡離合、生死存亡。故凡遇災異發生，巫覡必然率眾祭天，而每次祭拜禱告，總是那麼靈驗，否極泰來。靈驗的每一次祭祀，巫覡中的大徹大悟者意識到了自己能與天神溝通對話，能傳達天神的旨意，並且把此類意識適時地告訴給他們的教徒信眾。在一代代的"神而化之"中，巫覡已具有了

---

　　① 林河：《中國巫儺史》第 28 頁，花城出版社 2001 年版。

超人的神力。

巫覡的自我神化開始是不自知的，繼後他們意識到神化自我對權力的集中是極爲有利的，於是他們開始大力宣傳自己"絕地天通"的本事，以此來奠定他們在天地之間的絕對權威和尊嚴。《國語·楚語下》中就記載了有關"重黎絕地天通"的傳說：

（楚）昭王問於觀射父曰："《周書》所謂重、黎實使天地不通者，何也？若無然，民將能登天乎？"對曰："非此之謂也，古者民神不雜。民之精爽不攜貳者，而又能齊肅衷正，其智能上下比義，其聖能光遠宣朗，其明能光照之，其聰能聽徹之，如是則明神降之。在男曰覡，在女曰巫。是使制神之處位次主，而爲之牲器時服，而後使先聖之後之有光烈，而能知山川之號、高祖之主、宗廟之事、昭穆之世、齊敬之勤、禮節之宜、威儀之則、容貌之崇、忠信之質、禋潔之服，而敬恭明神者，以爲之祝。使名姓之後，能知四時之生、犧牲之物、玉帛之類、采服之儀、彝器之量、次主之度、屏攝之位、壇場之所、上下之神、氏姓之出，而心率舊典者爲之宗。於是乎，有天地神民類物之官，是謂五官，各司其序，不相亂也。民是以能有忠信，神是以能有明德。民神異業，敬而不瀆。故神降之嘉生，民以物享，禍災不至，求用不匱。及少暤之衰也，九黎亂德，民神雜糅，不可方物，夫人作享，家爲巫史，無有要質。民匱于祀，而不知其福，烝享無度，民神同位。民瀆齊盟，無有嚴威；神狎民則，不蠲其爲。嘉生不降，無物以享。禍災荐臻，莫盡其氣。顓頊受之，乃命南正重，司天以屬神，命火正黎，司地以屬民，使復舊常，無相侵瀆，是謂絕天地通。"①

觀射父認爲：遠古之時，民眾與神靈之間是不能溝通的，祇有巫覡纔能"通天地"。到黃帝之子少暤時，因"九黎亂德"，纔出現了"民神雜糅"、"家爲巫史"的局面。後少暤氏歿，顓頊氏作，乃命南正重"司天"、火正黎"司地"，以"絕天地通"。三國吳韋昭説："重、黎，顓頊掌天地之臣。《吕刑》曰：乃命重、黎絕地天通，謂少暤之末，民神雜糅，不可方物，顓頊受之，乃命南正重司天以屬神，火正黎司地以屬民，是謂絕地與天相通之道也。"

巫覡從人人皆巫的社會集團中獨立出來後，標誌着人類等級觀念已經形成，而"絕地與天相通之道"的形成，標誌着人類及其巫覡的更高層統治者的誕生。馬新、齊濤先生説："群巫溝通時代相當於社會組織開始出現初級階段，有了專職或兼職的管理者與巫覡，不再是人人都可以進行的天人之際的溝通……天人之際壟斷的出現，就是指群巫溝通時代向獨斷溝通時代的轉變，這一轉變有一個重要標誌，即巫覡的分化。"因爲絕地天通"斷絕了一般巫覡與天地交通的權力，而改由一人或極少數人專有"，而這個"獨斷溝通時代出現於國家與專制權力形成前夜"。②由"絕地與天相通之道"而形成的巫覡的高層統治者，是身肩群巫之長和政治領袖雙重身份的官吏或帝王。早在二十世紀三十年代，古文字學家陳夢家先生就有過如下結論："古之王者是由群巫之長演變而爲政治領袖的"；"由巫而史，而爲王者的行政官吏；王者自己雖爲政治領袖，同時仍爲群巫之長"。③在他看來，"群巫之長"和"政治領袖"同爲一人。後來李

---

① 見《國語》第 203—204 頁，上海書店 1987 年影印版。
② 馬新、齊濤：《中國遠古社會史論》第 131—133 頁，科學出版社 2003 年版。
③ 陳夢家：《商代的神話與巫術》，《燕京學報》第 20 期，民國 25 年 12 月。

宣佩先生也有相同的認識，"君及官吏皆出自巫"。①

在新石器時代，巫術活動就由群巫之長主持，他們由此取得了較高的社會地位，進入階級社會之後，巫覡中的智者利用巫教或原始宗教信仰來神化自己，以謀取更高的特權和地位，統治族民乃至國民，剝削剩餘財富，操縱生殺大權，由此形成教政合一的氏族集團或國家和在此土壤中滋生出來的披着宗教外衣的酋長或君主。

1.3 教政一體化與象線性符號的產生

巫術，是巫覡操縱巫教信眾的根本大法，而巫覡的核心意識是"變"。他們都認爲：自己有能力將有形的世界轉變成無形的世界，將無形的世界轉變成有形的世界；將有生命之物轉變成無生命之物；將無生命之物轉變成有生命之物，將無神世界轉變成有神世界，將無神的自我轉變成有神的自我；將現實的物轉變成虛幻的物；將虛幻的物轉變成現實的物，將形象的實物轉變成形象的虛物，將形象的虛物轉變成線性的虛物，凡此種種，轉化無窮。而象、線性兩種符號，就產生於遠古巫覡的千變化萬之中。

遠古先民什麽都畏懼，唯獨不畏懼死亡，因爲他們覺得人死後，離開肉體的靈魂祇是到了另一個世界，依然過着像人間一樣的生活。比如生活在一萬八千四百四十五至一萬九千二百八十五年間的北京山頂洞人認爲，人死是靈魂的轉移，並不可怕。《説文·死部》云："死，澌也，人所離也。从歺从人。"（四下）又《水部》云："澌，

---

① 李宣佩：《中國古代社會史》第118—119頁，中華出版事業委員會（臺北）1954年版。

水索也。从水斯聲。"(十一上)徐鍇繫傳:"索,盡也。"①《方言》卷三:"澌,盡也。"水流盡謂之"澌",屍水流盡謂之"死"。甲骨文有𠬝字,羅振玉先生説:象"生人拜於朽骨之旁,死之誼昭然矣"。②楊樹達先生《釋死》認爲:"自來説者皆以死爲生死之死,認爲動字,其實非也。今按死爲名字,謂屍體也。字从者,《説文》四篇下《歺部》云:'歺,列骨之殘也。'蓋精魂與體魄合則爲人,精魂去而體魄殘存則爲死,故字从歺人。"③"死"的本義是"精魂去而體魄殘存",真實地記錄下了遠古先民對"死"的認識。遠古先民對死亡的不自悟,卻對威脅生命的天地萬物的變易則產生了強烈的恐懼。因爲他們直觀地意識到人的生存與食物的豐盛緊密聯繫着,沒有果物的豐產、沒有獵物的獲取,就會挨餓受凍,饑寒交迫,而天災的頻繁發生,就會使他們無果可采、無物可獵,再者,天災還會造成族群人口的大量減少,嚴重地威脅到族群力量強大。所以,遠古先民將"食"和"色"視爲生命的全部運動。《孟子·告子上》説:"食、色,性也。"《禮記·禮運》説:"飲食男女,人之大欲存焉。""人之大欲",就是"食"與"色",它比人自身的生命還要重要。户曉輝先生説:"人類自身的繁殖纔是原始社會發展的決定性因素,生殖母題在遠古巫術儀式、藝術、神話和宗教中有舉足輕重的作用,遠古人類的求食,其根本目的在於'求子'——人類自身的生存和繁衍。"④其實恩格斯在《家庭私有制和國家的起源》一文中曾有如是論述:"根據唯物主義觀點,歷史中的決定性因素,歸根

---

① (南唐)徐鍇:《説文解字繫傳》第223頁,中華書局1987年版。
② (清)羅振玉:《增訂殷虛書契考釋·文字弟五》,見《殷虛書契考釋三種》第490—491頁,中華書局2006年版。
③ 楊樹達:《積微居小學金石論叢》(增訂本)第22頁,中華書局1983年新1版。
④ 户曉輝:《岩畫與生殖巫術》第74頁,新疆美術攝影出版社1993年版。

第 1 章　漢字與八卦符號共源與分離

結蒂是直接生活的生産和再生産。但是，生産本身又有兩種：一方面是生活資料即食物、衣服、住房以及爲此所必需的工具的生産；另一方面是人類自身的生産，即種的繁衍。"① 對於中國的遠古先民來説，獵取食物和"種的繁衍"在生命中具有至高無上的地位。爲了生存，他們需要不停地獵物；爲了繁衍；他們需要不斷地交合。他們對食物和子嗣的渴望和追求，就是巫覡儀式所表演的内容。

隨着歷史的演進，人類自然形成了兩大類崇拜——自然與上帝和生殖與祖宗的崇拜。被現代人譽爲刻在石頭上的形象性"史書"的岩畫，是遠古先民初始的精神領袖巫覡的藝術創作，它藝術地再現出了先民的原始意識。所以中國的岩畫研究學者認爲："岩畫是部落先民在岩石上記録原始意識的遺存"，② "岩畫的創作意圖，正在於通過形象的刻畫，以實現支配自然的目的，屬於原始的藝術或宗教的行爲"，③ 中國史前岩畫描繪的主要是人對動物的獵取，以及男人和女人、人與動物之間的性行爲，表現的原始意識也主要是人類獵取和繁殖。它之所以被人類學家稱爲"史書"，是因爲巫覡將自我的意識刻畫在"神場"（山崖或洞壁）上，形象地、立體地、圖式地、直白地、誇張地"告訴"他們的巫衆，而巫衆通過眼睛的"閲讀"，心領神會巫覡的訓導。這種"史書"，是文字尚未發明之前遠古先民的精神領袖——巫覡向他們的巫衆傳達旨意的"圖式聖旨"，其外貌特徵是象形而無讀音。岩畫的"象形"爲中國文字"象形"理論的創立奠定了基礎；岩畫的"無讀音"則爲巫覡的巫教統治强化着神秘。

----

①　《馬克思恩格斯選集》第四卷第 2 頁，人民出版社 1972 年版。
②　李洪甫：《略論"岩畫"的定義和名稱》，《文藝理論研究》1992 年第 3 期。
③　詹鄞鑫：《心智的誤區——巫術與中國巫術文化》第 725 頁，上海教育出版社 2001 年版。

岩畫的刻畫手法初始時突出地強調直觀感，就像現代啟蒙教育用的識字卡片中的配圖，一看就知道是什麽意思。但是，因爲圖畫歸根結柢是巫覡用來表現施術時的自我意識的，所以，其畫面的取捨必然以獲得最佳的表意效果爲條件。比如，同樣是表現獵取動物的行爲，貴州長順縣傅家院紅崖洞岩畫用圍獵圖來表現，而新疆裕民縣撒爾喬湖岩畫則用獵人將弓箭對準獵物的臀部來表現。岩畫中表現兩性交媾的刻畫，則更加誇張地展示生殖器官及其交媾時的力度。比如，内蒙古陰山岩畫中有幅獵人執弓圖。（見圖1：🐎 内蒙古陰山岩畫。）圖中男子一手執弓，一手下垂，雙腿彎曲，男根粗壯碩大向前挺舉，表示與弓箭之力相比，毫不遜色。岩畫專家蓋山林先生對此畫作過點評。他説："在原始獵牧民看來，男子生殖器的大小，不僅是此人壯健與否的指示器，也是健美程度的測試物。持弓男子生殖器格外大，他一定是一位超凡的狩獵能手。"[①] 表現兩性交媾時男根力度的岩畫，以蒙古人民共和國南戈壁省哈夫茨蓋特岩畫爲代表。（圖2：🐎 蒙古哈夫茨蓋特岩畫男女交媾圖。）圖中女子蛙式側卧，男子面對女子曲姿站立，一手抓住女子右脚，一手下垂，碩長的男根勃然挺入陰户。巫覡在取象時，也許没有考慮過採用近景清晰遠景模糊的手法來表現畫面的藝術效果，但用今人的眼光來看，確實産生了實則虛之虛則實之的視覺效果。"實"則直白，令人產生伸手可摸的真實感覺；"虛"則模糊，令人產生變化無窮的奇妙幻覺。在岩畫繪畫藝術的演進中，巫覡將"實"與"虛"兩種表現技巧推演到了極高的藝術境界，在此基礎上催生了兩種既相互對立、又相互融合的實用性符號——象形符號和線性符號。

[①] 蓋山林：《中國草原岩畫與古代獵牧民的生命意義》，《美術史論》1992年第2期。

1.4 巫史分治與象線符號的分立

　　現在我們再回過頭來討論巫覡是怎樣把形象圖畫演變成"象"與"線"兩種符號的。活躍在現代社會中的巫師早已不是遠古社會中的巫覡模樣了，即使是文字學的鼻祖許慎筆下的"巫"和"覡"業已產生了裂變。《説文·巫部》云："巫，祝也。女能事無形，以舞降神者也。象人兩褎舞形。與工同意。古者巫咸初作巫。𦩻，古文巫。"（五上）[①] 清段玉裁注："按：祝乃覡之誤。巫、覡皆巫也。故覡篆下總言其意。《示部》曰：'祝，祭主贊辭者。'《周禮》祝與巫分職。二者雖相須爲用，不得以祝釋巫也。"[②] 羅振玉説："《説文解字》'巫'古文作𦩻，此从𠔼，象巫在神幄中，而兩手奉玉以事神。"[③]《巫部》又云："覡，能齋肅事神明也。在男曰覡，在女曰巫。从巫从見。"二徐注："能見神也。"[④] 段玉裁注："統言則《周禮》男亦曰巫，女非不可曰覡也……見鬼者也，故从見。"許慎所説的"巫"，是"能事無形，以舞降神"的女巫，她能溝通神與人之間的關係；"覡"則是"能齋肅事神明"的男巫，故二徐都説"能見神也"；段玉裁卻説析言之"見鬼者"曰"覡"，統言之則"巫"與"覡"没有區別。從字形上看，"巫"六國古文作✚，徐鍇説表示"口以歌，以舞也"；甲骨文作✚（一期合 268），唐蘭先生説："✚字，二甲骨和銅器裏

[①] （漢）許慎：《説文解字》第 100 頁，中華書局 1963 年影印本。
[②] （清）段玉裁：《説文解字注》第 201 頁，上海古籍出版社 1988 年第 2 版。
[③] （清）羅振玉：《增訂殷虛書契考釋·文字弟五》，見《殷虛書契考釋三種》第 413 頁，中華書局 2006 年版。
[④] （南唐）徐鍇：《説文解字繫傳》第 90 頁，中華書局 1987 年版。

常見，向來沒有人認得。假若我們去讀《詛楚文》就可以知道是'巫咸'的'巫'字。《說文》作巫，反不如隸書比較相近(誤爲巫)。"①徐中舒先生說："其說可從。"② ✝ 字初創時是個會意字，從⊟從工，表示能溝通天地神靈、通曉古今變故的超凡人物。是他們將前人的雕刻藝術成功地運用於岩畫的刻畫，且運用"實則虛之，虛則實之"的表現技巧來創作岩畫的，繼後，歷經數十代人的遞相推演改進，使岩畫的構圖朝着現實與抽象兩條主線相容發展，象形、線條兩種具有象徵意義的主體符號，在華夏先民的記憶中沉澱了下來。爾後，象形符號演變成了"王政之始"的記言符號——文字；線性符號則成了"巫教統治"的占卜符號——八卦。當代著名語言學家王寧先生指出："文字產生在國家形成的過程中，首先是政事往來的需要。所以，漢字形成過程中起主要作用的應是與文字有密切關係的巫史。"③

由能指和所指構成的複合體已經成爲"符號"的代名詞。符號的作用就在於它能代表或代替不同於自身的他物，而確定符號價值的則是能指和所指之間的等價，以及不同能指和所指之間的差異。象形符號是人類取象萬物時貯存在大腦中的圖像的複製物。人類描摹客觀對象時，首先必須將眼睛觀察到的對象攝入大腦貯存起來，然後再將它從大腦中調出來複製在別的物體上，整個過程需經三個步驟來完成。攝影技術的發明，實際上是受雕刻、繪畫等藝術的啟示而實現的。但是，這種複寫是有所選擇、取捨的，或群體，或單獨，或全貌，或局部，而一切選擇以完美的表達心意爲原則。例如，

---

① 唐蘭:《古文字學導論》第 166—167 頁，齊魯書社 1981 年版。
② 徐中舒主編:《甲骨文字典》第 496 頁，四川辭書出版社 1989 年版。
③ 王寧主編:《漢字學概要》第 21 頁，北京師範大學出版社 2001 年版。

1982年在遼寧喀喇沁左翼蒙古族自治縣東山嘴紅山文化祭祀遺址中出了兩件裸體孕婦雕像（殘高不到6釐米）。她們的腹部圓而隆，臀部肥而大，右臂殘缺，左手貼在腹部上方，陰户突出，均無頭顱，表現對女性生殖的崇拜。由此可知，殷商甲骨文中的 ⟨ （身），其原始造型也應該是女性生殖形象的嬗變符號。表現男女交媾的有寧夏賀蘭山苦井溝岩畫。（圖3： 寧夏賀蘭山苦井溝岩畫交媾圖。）圖中男女一隻手扶着對方的肩臂，而男根誇張地將彼此的身體連接在一起。新疆塔城地區裕民縣岩畫中也有類似的交媾圖。（圖4： 新疆塔城裕民岩畫交媾圖。）這類全景的立體交合，意在表現男子的陽剛之力。而在阿爾及利亞阿傑爾岩畫交媾圖中，（圖5： 阿爾及利亞阿傑爾岩畫交媾圖。）女子全景出現，雙腿蛙形叉開，男子則祇畫了他粗壯的男根挺入女子的半個身體内，十分地誇張。它表現的是女性旺盛的生殖能力以及多生多育的願望。事實上，這類交媾行爲已被文字化且貯存在殷商的甲骨文中了。比如"辰"，對其造字之初以何物爲取象，自許慎以來爭論不休。許慎認爲是雷電對草木的感應，故字形作形聲分析；朱駿聲説是母腹中躁動的胎兒，故字形作會意分析[1]；陳獨秀[2]、何琳儀[3]説是海中生産的蚌殻，故字形作象形分析；徐中舒説是縛於拇指的蚌鐮，故字形作會意分析[4]；商承祚説是在岩下鑿石，故字形作會意分析[5]等等，而鍾如雄則採用

---

① （清）朱駿聲：《説文通訓定聲》第792頁，武漢古籍书店1983年影印本。
② 陳獨秀著，劉志成整理校訂：《小學識字教本》第70—71頁，巴蜀書社1995年版。
③ 何琳儀：《戰國古文字典》第1332頁，中華書局1998年版。
④ 徐中舒主編：《甲骨文字典》第1590頁，四川辭書出版社1989年版。
⑤ 商承祚：《説文中之古文考》第125頁，上海古籍出版社1983年版。

諧聲系聯歸納的方法,得出"辰"取象於男女交合的結論。[①]甲骨文"辰"作 ⊘（二期《前》7.30.1）,"恰象男女交合之形"。今天看來,"辰"的取象與寧夏賀蘭山苦井溝、新疆塔城裕民岩畫中的男女交媾圖畫一模一樣,簡直就是岩畫的翻版,僅僅是構形作了部分簡化而已。

　　遠古先民極爲崇拜男女生殖器官,因爲他們認爲它是繁殖人類、化生萬物之母,所以在雕塑和刻畫時,盡情地、着力地誇大其形象和偉力。刻畫手法多採用局部的、誇張的取象方法。例如,內蒙古陰山岩畫中有一幅祇刻畫了睾丸和下垂的陰莖以及龜頭,另一幅則祇刻畫了陰戶的貝形輪廓,(圖6： ⊘ 內蒙古陰山岩畫男生殖器官圖。)而在韓國盤龜臺岩畫中,男女的交媾祇用一種抽象的刻畫來表現,即在重疊套連的花瓣形陰戶中心加了個圓圓的點,以表示男女生殖器官的緊密結合。(圖7： ⊘ 韓國盤龜臺岩畫男女交媾圖。)此類象徵手法的運用,對遠古先民陰陽觀和線性符號的形成具有啟迪、誘發作用。周予同先生説:"所謂生殖器崇拜,實是原始社會之普遍的信仰。蓋原始社會,智識蒙昧,對於宇宙間一切自然力,每每不能求得合理的解釋,而遽加以人格化。他們對於這種產生生命的生殖力,認爲不可思議,因予以最高的地位而致其崇拜,實很普遍而自然。基督教的十字架,埃及的金字塔,都是西方古代民族對於性器官一種象徵之遺留的痕跡。中國古代民族亦離不了這種信仰,他以人間的生殖方法來比擬宇宙的生殖,於是以天、太陽、山、邱陵爲男性的性器官,以地、月亮、川、豀谷爲女性的性器官,而加以崇拜,於是產生祭天地、祭日月、祭山川等等的儀式。其後民智稍稍進步,於是由具體的而趨於象徵,造作代表男女性器官之抽象的標識,如八卦之根本的符號-與--。其後民智又稍稍進步,於是由象

---

① 鍾如雄:《釋"辰"》,《西南民族大學學報》2003年第10期。

徵的標識而另與以抽象的名詞，如《易》的陰陽、乾坤、剛柔等等。這種信仰，盛行於未有文字之前，故材料的搜集比較地困難；但因儒家採取這種信仰而加以修正，所以遺留於《易》與《禮》中的仍然不少。《易》的-、--就是最顯明的生殖器崇拜時代的符號。-表示男性的性器官，與西方古代民族之三角形、十字形、尖塔、棍棒等表示者相同；--表示女性的性器官，以兩-中的空隙顯示其意義，與西方古代民族之以圓形、門扉、船等表示者相同。普通每以伏羲造八卦爲文字的起源，我很反對；我以爲文字起源於圖畫而非起源於八卦，八卦祇是生殖器崇拜時代之宗教的魔術。"[1] 周先生的結論是：第一，人類用自我的性器官來"比擬宇宙的生殖"，而不是以宇宙間的自然現象來比擬人類的性器官；第二,《八卦》中的陰（--）陽(-)符號是人類兩性器官的抽象，而不是宇宙間自然現象的抽象；第三，"文字起源於圖畫而非起源於八卦，八卦祇是生殖器崇拜時代之宗教的魔術"。周先生的看法客觀而真實。客觀事物經過圖像的抽象化之後，就會演變成爲具有象徵意義的線性符號。所謂線性符號，就是以線條來表示、象徵某種事物或現象的符號。比如，八卦中的--和-，就是兩種線性符號，象徵"陰"性和"陽"性兩類事物和現象。由線性符號組合成的系統稱爲線性符號組合系統。遠古巫覡把客觀事物圖像化之後，或將圖像的一部分簡化、轉變成象形符號（文字），或將圖像提升爲抽象的線性符號，再次顯示出他們天才的想像和高超的職業本能。

象形符號與線性符號都在遠古巫覡的施術圖畫中產生，也在遠古巫覡的分化中分道揚鑣。這種結果就連現代社會中的聖哲時賢也

---

[1] 周予同:《"孝"與"生殖器崇拜"》,《古史辨》（二）第247—248頁，上海古籍出版社1982年版。

鬧不明白，可以想像，遠古的巫覡們未必能意識得到。巫覡的分化是由巫教的政治化導致的。在無階級的社會裏，巫覡從人人皆巫的族群獨立了出來，形成了職業的巫覡；職業巫覡的出現，他們又將其信徒帶入了階級社會，而他們中的某些智者和天才人物，自信自己能溝通天地神靈，繼而獨攬主祭大權而上升爲巫教領袖，再繼而登上了氏族集團的酋長或首領的寶座，成爲教政合一的精神、政治的領袖，而其他的成員或臣服於他們，或繼續在民間從事巫術活動。馬新、齊濤先生説："在巫師職業化專業化的基礎上，出現了巫師的分化。一般來説，巫師分化爲兩種：一種是與組織群體中的權力人物合一或依附於權力的巫，一種是仍在百姓中活動的巫。後者實際上已不能正式地活動於天人之際，主要是以醫卜爲業。巫師的這種分化奠定了以後中國巫覡集團的發展方向，預示了這一集團的前途命運。"①

巫政一體化的上層部落集團的建立，在中國最遲不會晚於炎黄時代。據中國古代傳説，大約在四五千年以前，黄河長江流域曾居住着許多部落及其聯盟。黄帝炎帝等華夏部落集團居於黄河上中游地區；太皞小皞蚩尤等東夷部落集團居於黄河下游地區；苗蠻部落集團居於長江中游地區。他們時而和睦相處，時而爭戰不息。黄炎兩個氏族同出於少典氏和有蟜氏。《國語·晉語》説："黄帝以姬水成"，故以"姬"爲姓；"炎帝以姜水成"，故以"姜"爲姓。黄帝的發詳地傳説在今陝西的東北部和山西的南部地區；炎帝的發祥地則在陝西的渭水上游，他們東與東夷部落集團交錯而居，南與苗蠻部落集團爲鄰，兩個氏族世代通婚。《國語·周語下》就説："夫亡者豈繄無寵，皆黄、炎之後也。"三國吴韋昭注："鮌，黄帝之後也；

---

① 馬新、齊濤：《中國遠古社會史論》第134頁，科學出版社2003年版。

共工，炎帝之後也。"這個時期的氏族和部落内部已出現階級的分化，產生了氏族貴族和部落貴族，他們已經不滿足於以正常的生產和剝削來積累財富了，因而掠奪戰爭頻繁爆發。據《淮南子·天文訓》記載：炎帝族的一支共工氏與東夷族的蚩尤氏之間爆發激戰，結果共工慘敗，怒觸不周之山，致使"天柱折，地維絶"，炎帝丢掉了所有疆土，不得已"乃説於黄帝"（《逸周書·嘗麥解》）。黄帝出兵救援，"使應龍畜水"，淹没了蚩尤的軍隊，而蚩尤則請來風伯和雨師作大風雨，冲走了應龍的水陣，黄帝眼看失利，又請來旱神女魃，化大雨的天空爲烈日陽光，最終擒殺蚩尤於冀州之野（《山海經·大荒北經》）。蚩尤氏戰敗後，炎帝爲爭奪盟主地位而"欲侵諸侯"，而"諸侯咸歸軒轅（黄帝）"。炎黄二帝"戰於阪泉之野，三戰然後得其志"（《史記·五帝本紀》）。從此，黄帝成了一統黄河流域部落聯盟的首領。

　　黄帝、共工之戰，使"應龍"、請"風伯"、"雨師"、"女魃"，必然採用巫術大舉祭祀，而黄帝和共工也必然是主持祭典的當然主祭人。但是，作爲巫教和政治領袖的部落酋長或國家帝王，其身邊必然聚集着一大批巫覡的上層人物。這些人物或形影於酋長、帝王，或群居於深山"神場"，時刻聽從其主子的詔令。《山海經·大荒西經》上説："大荒之中，有山名曰豐沮玉門，日月所入。有靈山，巫咸、巫郎、巫鳹、巫彭、巫姑、巫真、巫禮、巫抵、巫謝、巫羅十巫從此升降，百藥爰在。"" 靈山"就是"巫山"。《説文·玉部》："靈，巫。以玉事神。从玉䨖聲。靈，或从巫。"（一上）"靈"是"䨖"的轉注字，又轉形爲"霝"、"䨳"。所謂"從此升降"，是説他們在朝廷和巫山之間來回奔走。黄帝時的"巫咸"就是一個深居巫山輔佐黄帝治理國事的占卜神巫。《太平御覽》卷七十九引《歸藏》云："昔黄神與炎神爭鬥涿鹿之野，將戰，筮於巫咸。巫咸曰：'果哉而有咎。'"夏、商、周三代，是中國歷史上巫教政治極其昌盛的時代。高國藩先生認爲：“商代是個由巫師統治的國家”，“在商王的左右，有卜官與祝官爲其出謀劃策，他們實際上屬巫師之流”，“國王（即太戊）問事先找來了卜巫來占卜吉凶，作爲他治事的根據，卜巫便以卜來干預國家大事”。① 雖然周代王室已昌明制度，巫師的權威逐漸被制度替代，但“周文啟龜，以卜良佐”（《三國志·魏志·管寧傳》），說明當時的巫教勢力仍然強大。周代以後，巫教的勢力在政治舞臺上雖然日趨削弱，然而它的身影一直隨着歷代王朝變遷而變換着，直到今日依然沒有消失。

　　隨着巫覡的分化，以及巫覡的上層人物的政權建立，作爲記言工具的象形符號——文字和會意工具的線性符號——八卦，就開始從遠古的同一母體中蘖變了，分別走向自己的活動舞臺，就像一對雙胞胎的兄弟，由於命運的驅使，一個“落草”爲寇了，另一個則飛黃騰達，成了帝王身邊的王公重臣。中國的文字和八卦就是這樣一對孿生兄弟。據先秦文化元典記載，始創陰陽八卦和文字的分別是遠古的伏羲和倉頡，他們或爲部落的酋長，或爲帝王的重臣，而且都是巫教領袖人物。不管中國歷史上是否有伏羲、倉頡其人，而八卦和文字的創造者一定是巫教的上層人物，他們都是華夏文明的締造者和始祖。

---

① 高國藩：《中國巫術史》第95—96頁，上海三聯書店1999年版。

第2章　漢字取象原則和方法

中華民族今天之所以能傲然屹立於世界民族之林，是因爲我們有遠古祖先創造的變易思想和漢字文化，以及由漢字記錄下來的博大精深的物質文明和精神文明的歷史。後人在閱讀這部歷史巨著的時候，永遠不會忘記創建它的歷代祖先，更不會忘記破天荒地發明易學思想的伏羲氏和創造漢字文明的倉頡氏。

伏羲和倉頡，雖說一個是部落聯盟的首領，一個是黃帝部落聯盟的史官，但他們都是傳說中巫教的高層統治者。前文說過，遠古巫覡認識到男女生殖器官對人類繁殖的巨大力量以後，就將它刻繪在岩壁上，喚起巫眾頂禮膜拜。之後，隨着巫覡高層權要人物的脫穎而出，它們在一次次地卜筮中被抽象化爲--和-兩種簡單的線性符號。繼後再經伏羲充實推演，變成了八種卦象。伏羲發明"八卦"，在中國傳世文化元典中始見於《周易·繫辭下》。其文曰：

> 古者庖犧氏之王天下也，仰則觀象於天，俯則觀法於地，觀鳥獸之文與地之宜，近取諸身，遠取諸物，於是始作八卦，以通神明之德，以類萬物之情。①

---

① （晉）韓康伯注，（唐）孔穎達等正義：《周易正義》，見（清）阮元校刻《十三經注疏》第86頁，中華書局1980年影印本。

晉韓康伯注:"聖人之作易,無大不極,無微不究。大則取象天地,細則觀鳥獸之文與地之宜。"唐孔穎達等正義:"仰則觀象於天,俯則觀法於地者,言取象大也;觀鳥獸之文與地之宜者,言取象細也。大之與細,則無所不包也。""庖犧"古籍也寫作"宓犧、庖犧、宓羲、伏犧、伏羲、伏戲、犧皇、皇羲"等等,是遠古東夷部落聯盟首領太暤(也作太昊)的別稱,與華夏部落聯盟的首領黃帝同時。伏羲創作八卦之目的是"以通神明之德,以類萬物之情",而黃帝的史倉頡簡其圖畫爲文字,爲的是能記錄帝王卜筮和政務。八卦是"造字之先聲",段玉裁對此曾作過簡要論述:

或問:"伏羲畫八卦,即有乾、坤、震、巽等名與不?"曰:"有之。伏羲三奇謂之乾,三耦謂之坤,而未有'乾'字'坤'字。傳至於倉頡,乃後有其字。坤、巽,特造之;乾、震、坎、離、艮、兑,以音義相同之字爲之。故文字之始作也,有義而後有音,有音而後有形,音必先乎形。名之曰乾、坤者,伏羲也;字之者,倉頡也。畫卦者,造字之先聲也。是以不得云☰即'坤'字。"①

漢字的創造,雖説與八卦無必然聯繫,但其取象原則與八卦同出一轍,即都以"近取諸身,遠取諸物"爲原則,這一點是無可爭議的。

---

① (清)段玉裁:《説文解字注》"坤"字注,第 682 頁,上海古籍出版社 1988 年第 2 版。

2.1 "象"與"取象"的關係

清人段玉裁説:"聖人之制字,有義而後有音,有音而後有形。"[①]段氏所謂"形",指的是語言中"義"的書寫符號,也就是文字的形體。漢字的形體,是通過"象"來表現的。

"象"的本義是陸地上最大的哺乳動物,其外貌特徵是耳朵大,鼻子圓筒而長,能蜷曲,有一對長大的門牙伸出口外,全身毛少而皮厚。《説文·象部》云:"象,長鼻、牙,南越大獸,三季一乳。象耳、牙、四足之形。"(九下)《山海經·南山經》:"禱過之山,其上多金玉,其下多犀、兕,多象。"晉郭璞注:"象,獸之最大者。"象的特徵是體積龐大,故用以比喻天地萬物之形,於是獲得了"形象"意義。《周易·繫辭上》云:"在天成象,在地成形,變化見矣。"韓康伯注:"象,況日、月、星、辰;形,況山、川、草、木也。懸象運轉,以成昏明,山澤通氣,而雲行雨施,故'變化見矣'……備天下之象也。"《淮南子·説林訓》也云:"嚼而無味者,弗能内於喉;視而無形者,不能思於心。"漢高誘注:"形,象。無形於目,不能思之於心。"《尚書·説命上》:"乃審厥象,俾以形旁求于天下。"僞孔安國傳:"審所夢之人,刻其形象,以四方旁求之於民間。"至此,"形象"連用,表示形體、相貌。《説文·彡部》:"形,象形也。从彡开聲。"(九上)清徐灝注箋:"象形者,畫成其物也,故從彡。"漢字的形體、相貌來自客觀的物,是對天地萬物的"複寫"。

---

① (清)段玉裁:《廣雅疏證序》,見(清)王念孫《廣雅疏證》,中華書局1983年影印本。

"複寫"天地萬物,古人叫做"取象",也叫"畫"。《周易·繫辭下》韓康伯注:"聖人之作易,無大不極,無微不究。大則取象天地,細則觀鳥獸之文與地之宜。"孔穎達等正義:"仰則觀象於天,俯則觀法於地者,言取象大也;觀鳥獸之文與地之宜者,言取象細也。大之與細,則無所不包也。"又《説文·犬部》云:"犬,狗有縣蹄者。象形。孔子曰:'視犬之字,如畫狗也。'"(十上)現代人發明了攝影技術,則稱之爲"照相"、"攝影"或"錄影",日本人叫做"寫真"。照相過程分爲三個步驟:選景、拍攝、沖洗(顯影、定影、曬圖)。"取象"也是如此。首先是觀察被"取"之物的外貌特徵,然後選取,通過眼睛將被觀察之物逐一攝入大腦。最後是成像,運用書繪材料和工具將大腦中成像的"物"複寫出來。例如甲骨文的 ⛰ (山),取象於連綿不絕的山峰之形; ⿰ (雨),取象於雨水往下線零之形; 𝄞 (鸟),取象於飛禽舉頭驚視之形; 🐟 (鱼),取象於鱼形; ⛵ (舟),取象於木船之形; 🏠 (宀),取象於土屋之形; 𝄡 (刀),取象於刀具之形; 𝄢 (眾),取象於眾人在烈日下勞作之形; 冊 (册),取象於編撰成册的典籍之形; 𝄪 (丩),取象於藤蔓糾纏之形; 𝄫 (走),取象於人奔跑兩手前後甩動之形; 𝄬 (吉)取象於男女交媾欣悦之形,等等。取象的結果,是將有形的"物",轉換成有形的"像",然後再將有形的"像"轉換成有形的"文"。《淮南子·天文訓》漢高誘注:"文者,象也。天先垂文,象日月、五星及彗孛。"儘管在兩度轉換的過程中,客觀的"物"變成了書寫的"文",但是它們的"形"和"義"卻在"文"中獲得了"再生",特別是它們的"形",在貯存器文字之内,徹底擺脱了時空的局限而永傳。《周易·繫辭下》説:"象也者,像此者也。"卦之"象"是象徵萬物之形的,而文字之"象"則是複寫萬物之形的。

2.2 漢字的取象原則

"取象"萬物是漢字的本質特徵。漢字初創之時,其摹象萬物的原則與八卦大體上相同,因爲無論卦象還是文字都脫胎於岩畫,衹是卦象多偏重於象徵,而文字則趨向於象形。八卦的取象原則是:首先將天地萬物分成"陰"和"陽"兩個"極"。《周易·繫辭上》説:"一陰一陽謂之道。"《莊子·天下》也説:"《易》以道陰陽。"宋代理學家朱熹説得更爲直白:"天地之間無往而非陰陽。一動一靜,一語一默,皆是陰陽之理。"(《朱子語類》卷六十五《易一·綱領上·陰陽》)"陰"和"陽"的象徵範圍包羅天地萬象,喻示自然界和人類中的一切對立物象,如日月、天地、乾坤、男女、夫婦、父母、君臣、亲戚、朋友、晝夜、炎涼、上下、盈虧、虛實、勝負、真假,乃至現代科學中的正電負電、正數負數等等。兩個"極"確定之後,再按照變易的規則加以重疊組合,推演出八卦和六十四卦來。六十四卦的出現,"形成了《周易》以陰陽、爻象爲核心,以八卦物象爲基礎的完整的符號象徵體系"。[①] 漢字的取象原則效法八卦,也是先將天地萬物劃分成"人"和"物"兩個"極",然後以"類"系聯,形成以"人"和"物"爲核心,以"類"之物象爲基礎的人、物等重疊交錯、綜合融貫的完整的符號象形體系。這樣以來,"近取諸身"、"遠取諸物"、"依類象形",就成了漢字取象遵循的基本原則。

---

① 黃壽祺、張善文:《周易譯注》第38頁,上海古籍出版社2001年新1版。

2.2.1 近取諸身（漢字取象原則之一）

《説文·身部》云："身，躳也。象人之身。从人厂聲。"（八上）又《吕部》云："躳，身也。从身从吕。躬，或从弓。"（七下）許慎的訓釋依據《爾雅》。《釋詁上》云："躬，身也。"清郝懿行義疏："躬從身，亦訓爲身……身亦爲躬，轉相訓也。""身"與"躬"在"身體"義上雖能互訓，但其取象於婦女隆腹之形，本義是妊娠。"身"甲骨一期或作 ？（《佚》586），象臨產的胎兒在母腹之形，繼後將胎兒抽象爲·作？（《乙》8504），其後全然隱去胎兒作？（《乙》7797）。胎兒臨產，父喜而撫摸妻腹，其後增手形轉注爲？（《乙》2340）。徐中舒先生説："身，从人而隆其腹，以示其有孕之形。本義爲妊娠。或作腹内有子形，則其義尤顯。孕婦之腹特大，故身亦可指腹。腹爲人體主要部份，引伸之人之全體亦可稱身。"[1]"近取諸身"之"身"，義爲人類自我。《爾雅·釋詁上》："卬、吾、台、予、朕、身、甫、余、言，我也。"《楚辭·九章·惜誦》："吾誼先君而後身兮，羌眾人之所仇。"宋洪興祖補注："人臣之義，當先君而後已。"《穀梁傳·昭公十九年》："羈貫成童，不就師傅，父之罪也；就師學問無方，心志不通，身之罪也。""後身"即是"後已"，"身之罪"即自己的過錯。故知"近取諸身"，是指取象萬物，首先從人類自身開始，即"從近處援取人的一身作象徵"[2]。

在天地萬物之中，人是最有靈性的動物，不管是語言，還是記錄語言的文字，都是人自我設計的，都是爲人而設計的，既然如此，

---

[1] 徐中舒主編：《甲骨文字典》第931頁，四川辭書出版社1989年版。
[2] 黄壽祺、張善文：《周易譯注》第573頁，上海古籍出版社2001年新1版。

第 2 章　漢字取象原則和方法

人類的自我認識一定會先於人類對自我以外的他物的認識。因此，我們的祖先從"觀象"到着手"取象"，必然從人類自身開始。從自身開始，固然也是從"身"開始。因爲遠古先民認爲，母腹是孕育人類的神聖之地，她具有旺盛地再生"自我"的能力，祇要剛柔相推、男女交媾，就會産"生變化"（《周易·繫辭上》）。在已發現的遠古岩畫中，男女交媾圖爲數衆多，這是因爲"原始人是從生育來認識人並且從生殖器官來辨別人的"。① 以此而論，遠古先民的自我取象也許循着這樣一條路子發展：生殖器官或交合行爲→全貌或局部→人類自我或與他物的行爲。

（1）取象於生殖器官及其交合行爲。甲骨文取象生殖器官及其交合行爲的漢字有：

    且（且）　士（士）　土（土）　王（王）
    辰（辰）　交（交）　吉（吉）　好（好）

且：《説文·且部》："且，薦也。从几足，有二横，一，其下地也。"（十四上）段玉裁改爲"所以薦也"，並注："且，古音俎，所以承藉進物者。"段氏認爲"且"爲"俎"之初文。陳獨秀②、徐中舒③從其説，而郭沫若、姜亮夫則釋爲陽根。郭沫若《釋祖妣》説："余謂士、且、王、土同系牡器之象形，在初意本尊嚴，並無絲毫猥褻之義。"④ 姜亮夫先生説："甲骨文字結構有一特例，即陰陽牡牝兩性分別較然，凡母性之中馬犬豕鹿羊皆用'匕'符號，鳥禽則用摯

---

① 户曉輝：《岩畫與生殖巫術》第 178 頁，新疆美術攝影出版社 1993 年版。
② 陳獨秀著，劉志成整理校訂：《小學識字教本》第 171 頁，巴蜀書社 1995 年版。
③ 徐中舒主編：《甲骨文字典》第 1490 頁，四川辭書出版社 1989 年版。
④ 郭沫若：《郭沫若全集·考古編》卷一第 51 頁，科學出版社 1982 年版。

乳之'此'字，凡父性則用'且'若🇦字以明之。且、土即以表示男性者也。匕即今稱女性生殖器之'比'字，音比，陰平聲，亦即孳乳之妣字。且即陽石文化 Heliol ishic Culture Dolmen（靈石）男性生殖之象也，中土則變爲祖先崇拜之祖，祖本形作🇦，孳乳爲祖，變形爲土（🇦）、且字，世言祖妣，則讀爲徂，言男根，則讀爲屌，詰利切，屌音者，祖音之 j 化也，此後世語音變化問題，非語義變化問題也。中土文化所起至早，而其成爲真真文字，當在父系社會以後，故祖先崇拜之象，不以女性之匕，而以男根之且也。"① "且"甲骨文作🇦，象男根挺立之形。《周易·繫辭上》説："夫乾，其靜也專，其動也直，是以大生焉。"描寫的正是男根的動靜特徵。周清泉對此作過描述："'乾，陽物也。'是男生殖器"，"陽物在沒發情時的靜止狀態如紡專的下垂"，"在性交中的動態"是"直進直退的"。②"且"之變形爲"土"，故郭沫若先生説："同系牡器之象形。"

王：《説文·王部》"王，天下所歸往也。董仲舒曰：'古之造文者，三畫而連其中謂之王。三者，天、地、人也。而參通之者王也。'孔子曰：'一貫三爲王。'𠙻，古文王。"（一上）羅振玉説："蓋王字本象地中有火，故省其上畫義已明白……又卜辭中或作 △ 作⊥，則亦但存火亦得示盛大之義矣。"③ 徐中舒先生認爲："象刃部下向之形，以主形殺之斧鉞象徵王者之權威。"④ 高光晶先生不認同此説："'王'字的起源，先爲斧鉞形，作爲軍將'軍事統率權象徵物'的斧鉞，後轉化爲國王權杖的説法，和'王'字開始'象人端拱而坐之

---

① 姜亮夫：《昭通方言疏證》第 27 頁，上海古籍出版社 1988 年版。
② 周清泉：《文字考古》（第一册）第 7—10 頁，四川人民出版社 2003 年版。
③ （清）羅振玉：《增訂殷虛書契考釋·文字弟五》，見《殷虛書契考釋三種》第 421—422 頁，中華書局 2006 年版。
④ 徐中舒主編：《甲骨文字典》第 32 頁，四川辭書出版社 1989 年版。

第 2 章 漢字取象原則和方法

形',發展爲'王'的説法一樣,是出于意想而無任何根據的。"他認爲:"'王'的初義不是一個階級壓迫另一個階級的工具——國家的國王,而是許慎在《説文解字》'王'字條下説的,'天下所歸往也'的'天下共主'。在國家還未形成的商、周,作爲'天下共主'的,只能是部落聯盟的盟主。"[①] 我們覺得以上結論均不可靠。甲骨文"王"的構形主要有 ★（一期《甲》243）、★（一期《佚》383）、★（一期《甲》2908）、★（二期《合集》23106）、王（五期《甲》3941）、王（五期《存》2982）等六種,粗略地看,它確與斧鉞之形相似,但與史前岩畫比較,它卻與内蒙古陰山岩畫和印度鳩拉岩畫中的男女交媾簡圖極爲相似。印度鳩拉岩畫男女交媾圖,（圖8：王印度鳩拉岩畫男女交媾圖。）圖中女上男下,用簡筆勾畫其生殖器對合的樣態;而在内蒙古陰山岩畫男女交媾圖中,（圖9：★内蒙古陰山岩畫男女交媾圖。）男子及其陽根用寫實手法表現,女子衹用象徵符號∪表現,其餘部分全然隱去,與"王"字的構形已經極爲相似了。據此我們大膽推想:"王"取象於男女交媾。甲骨文一期衹畫出了兩性生殖器官的交合,陰户簡化成兩角微往上蹺的∪字形狀,二期將男子的全貌簡畫了出來,看上去像個"天"字,到五期纔變成現在的樣子。《説文》所録的古文"$\overline{\overline{\text{丙}}}$",正與陰山岩畫中的∪形相似。再則,《説文》中常將"一"解爲"地",而"地"在《周易》中是母性的象徵,而象徵男性的是"天",比如"壬",取象男子挺立於高土之形。"天"就是"人",而且是雄赳偉岸的男子。始釋"王"爲"牡器之象形"的是郭沫若先生。他在《釋祖妣》中説:"在母權時代用毓以尊其王母者,轉入父權則當以大王之雄以尊其王公。且已死之示稱之爲祖,則存世之示自當稱之爲王。"在以母

[①] 高光晶:《釋"王"》,《文史》（第一輯）,中華書局 1999 年版。

權爲最高主宰的社會,女子以主動爭得眾多男子的交配權而多生多育,成爲一族之女酋長而被尊爲"后";進入以父權爲最高主宰的社會後,男子以武力佔有眾多的女子而爲之生兒育女,成爲一族之男酋長而被尊爲"王"。"王"是在父權社會中打敗同性者獨霸交配大權的雄壯男子的象徵。

吉:《說文·口部》:"吉,善也。从士口。"(二上)甲骨文作 ☖(一期《合》118)、☖(一期《合》465)、☖(三期《京》4561)、☖(三期《存》12260)、☖(周甲探15)。徐中舒《甲骨文字典》卷三:"郭沫若以爲象牡器(《甲骨文字研究·釋祖妣》),于省吾嘗謂象句形,下從之口爲盧(《殷契駢枝》卷三),吳其昌謂吉皆象一斧一砥之形(《金文名象疏證·兵器篇》),尚無定論。"如果我們比較一下"吉"字與史前岩畫中的相似圖畫,其取象應該會得到合理的解釋。內蒙古陰山岩畫有幅祈禱圖,圖中一偉岸男子曲臂高舉頭頂,兩手捧着象徵生殖之力的男根對準上方的圓形物,表示男女交媾而多子的吉祥。(圖10: ☖ 內蒙古陰山岩畫祈禱圖。)這幅圖經過簡化再倒轉方向,就是個"吉"字。如果我們再對比阿爾及利亞阿傑爾岩畫交媾圖,女子在上男根在下,張腿對立,對着的生殖器官被誇張地放大,依然表示交媾而吉祥。(圖11: ☖阿爾及利亞阿傑爾岩畫交媾圖。)漢字是遠古巫覡刻繪在神場上的圖畫漸變爲符號的。比如在陰山岩畫的第三階段,男根符號化成的"☖"或"—",陰户符號化成的"○"或"·",它們已經脱離了生殖器官的具體形狀而成爲性別的象徵符號了。甲骨文☖的構形部件☖(士)和凵(口),都能從陰山岩畫中的符號化男根☖和陰户○中尋找到。據此,我們再去讀《詩經·召南·野有死麕》中的"野有死麕,白茅包之。有女懷春,吉士誘之",其意就更爲直白明顯了。詩意是說:一個春心蕩蕩的採集女子,在山間碰上一個獵手,他身材魁武,引誘女子和他交配。詩中的"吉士",並非後人心目中的"善良男子",而是今人所謂"猛男",即性欲極強的獵手。遠古女性選擇交配男子的條件,看重的是他生育能力的強弱,而不在乎他人品的好壞。

（2）**取象於人體全貌或局部**。這類漢字相對較少,因爲人及其部位的能取之象是可以窮盡的。甲骨文取象全貌的漢字有：

🕴（人） 🕴（天） 🕴（大） 🕴（亦） 🕴（夭）
🕴（走） 🕴（交） 🕴（子） 🕴（孕） 🕴（兒）
🕴（卩） 🕴（巳） 🕴（旡） 🕴（鬼） 🕴（身）

甲骨文取象人體局部的漢字有：

🕴（首） 🕴（目） 🕴（臣） 🕴（眉） 🕴（自）
🕴（口） 🕴（面） 🕴（耳） 🕴（手） 🕴（爪）
🕴（心） 🕴（止） 🕴（足） 🕴（牙） 🕴（齒）
🕴（凸） 🕴（囟） 🕴（母） 🕴（女） 🕴（乃）

再加上前文所說的"且"、"士"等幾個表示生殖器官的字,不過一百來個。人體全貌或局部的取象有許多變體,從不同角度所取的象,其表意會有所區別,但表示的特徵意義是不會變的。例如：

大:《說文·大部》:"大,天大、地大、人亦大,故大象人形。"（十下）甲骨文 🕴 取象於正面直立的成年男子形象,與女性、孩童相比,其身軀魁武、體魄強勁。成年男子在母系社會已是生殖力量的象徵,進入父權社會以後,其象徵進一步得到強化,並成爲家族、宗族乃至國家強盛的代表,故殷商甲骨文中的"大",特別展示成年男子的頂天立地的健壯和陽剛。

自：甲骨文♀ 取象於鼻子正面之形。《説文·自部》："自，鼻也。象鼻形。"（四上）段玉裁注："此以鼻訓自，而曰'象鼻形'。《王部》曰：'自讀若鼻。今俗以始生子爲鼻子。'① 是。然則許謂自與鼻義同音同，而用自爲鼻者絶少也。凡从自之字，如《尸部》'眉，臥息也'，《言部》'詯，膽气滿，聲在人上也'，亦皆於鼻息會意。"又《鼻部》："鼻，引气自畀也。从自畀。"（四上）段玉裁改爲"所以引气自畀也"，並注："自讀如今人言自家之自。自本訓鼻，引伸爲自家。"② "自"是"鼻"的初文，"鼻"是"自"的後出轉形字。"自"又省作"白"。《説文·白部》："白，此亦自也。省自者詞言之气从鼻出，與口相助也。"（四上）

尾：甲骨文𣍃 取象於象毛叢中的肛門之形，其構形與"亦"字同理。《説文·尾部》："尾，微也，从到毛在尸後。古人或飾系尾，西南夷亦然。"（八下）《釋名·釋形體》："尾，微也，承脊之末稍，微殺也。"《説文》、《釋名》均以聲爲訓，認爲是人的軀幹末端突出部分。人的軀幹末端爲何會有毛？許慎説"古人或飾系尾"，徐中舒從其説，云："從尸後加，象人之身後飾尾形。"飾尾之説恐有誤。清人黄生説："尾字从尸从毛，今人但知爲鳥獸之尾，此未達制字之義。按：《説文》訓'微也。从倒毛在人後'。蓋篆文作尾，尸字乃人字在上之形。尾謂穀道竅，故从毛。此竅在人隱微之處，故訓微。《書·堯典》：'鳥獸孳尾。'孔安國注：'交接曰尾。'蓋鳥獸交接俱在後，故以尾名之。尾竅非人所常語，後遂專移此字於鳥獸矣。"其

---

① 此爲《王部》"皇"的釋語，大徐本作："皇，大也。从自。自，始也。始皇者，三皇大君也。自讀若鼻。今俗以作始生子爲鼻子。"無"作"字，段注本誤增。

② （清）段玉裁：《説文解字注》第136—137頁，上海古籍出版社1988年第2版。

族孫黃承吉按:"今俗謂尾曰尾巴,語雖俗,卻有理。蓋巴者,把也。言在尾竅後,可把持也。若單言尾,是僅指其竅而已。"① 黃氏以"穀道竅"(肛門)訓"尾"最爲貼切。從"尿"字的構形也能佐證"尾"的本義。《說文·尾部》:"尿,人小便也。从尾从水。"《玉篇·尾部》:"尿,人小便。今作尿。"②

包:甲骨文 ⓑ 取象於胎兒在母腹中。《說文·包部》:"包,象人裹妊,巳在中,象子未成形也。元气起於子。子,人所生也。男左行三十,女右行二十,俱立於巳,爲夫婦,裹妊於巳,巳爲子,十月而生。男起巳至寅,女起巳至申。故男季始寅,女季始申也。"(九上)段玉裁在"象人裹妊"前補"妊也"二字,並注:"二字各本無,今推文意補。下文十三字,乃説字形,非説義,則必當有説義之文矣。《女部》曰:妊者,孕也,《子部》曰:孕者,裹子也。引伸之爲凡外裹之偁……勹象裹其中,巳字象未成之子也,勹亦聲。"③許君認爲,"包,象人裹妊",而後人或誤爲胎衣,不明古人取象造字之理據。胎兒在母腹中叫"包",母腹中無子叫"勹"。《說文·勹部》:"勹,裹也。象人曲形有所包裹。"(九上)清王筠句讀:"今借勹爲包。"王筠認爲,"勹"與"包"不是古今關係,而是不同的兩個字的假借關係。許君説"象人曲形有所包裹",似有所誤,實象母腹無懷胎之形。遠古岩畫,倘若女性或雌性動物尚未懷孕,均將腹部畫成空白的橢圓形,而懷孕的,則在空白的橢圓形中增添胎兒形,多用圓點象徵。例如,新疆米泉縣柏楊河鄉獨山子村岩畫,畫中裸男一手高舉一手下垂,男根勃然翹起,而裸女手腳張開,腹部碩大,腹中有個橢圓形的空白圈,表示他們渴望交媾繁殖的欲望。(圖12:

---

① (清)黃生著,(清)黃承吉合按:《字詁義府合按》第27頁,中華書局1984年版。
② 《宋本玉篇》第215—216頁,北京市中國書店1983年影印本。
③ (清)段玉裁:《說文解字注》第434頁,上海古籍出版社1988年第2版。

新疆米泉獨山子村岩畫。)"包"的取象與"孕"相似，不過"孕"僅僅表示已懷胎，而"包"則強調胎兒在母腹中的狀態。"包"初文會意，後增類母"肉"轉注爲形聲字"胞"。清林義光《文源》說："包，當即胞之古文，胎衣也。""包"、"胞"的本義均爲母腹中孕育的胎兒（包胎），並非僅指胎衣。

乃：甲骨文作ㄋ，象女子的乳房之形，隸變作"乃"。《說文·乃部》："乃，曳詞之難也。象氣之出難。弓，古文乃。孖，籀文乃。"（五上）南唐徐鉉等注："今隸書作乃。"《玉篇·乃部》："乃，奴改切。大也，往也。《說文》曰：'曳離之難也。'ㄋ，古文。""乃"的古文是"ㄋ"不誤，本義不是"曳詞之難"，而是乳房，引申爲大。後世增附類母"女"轉形爲"奶"。

（3）取象於人類自我或與他物的行爲。在天覆地載的自然環境中，人是萬物的主宰者，人類的語言，以及記錄語言的文字，都是爲人類自我服務的。因此，人類對自我和他物的取象，都是以自我爲中心的。人對自我或他物觀察、或役使、或感受、或認知等等的結果——意義，都會用特定的形式——語音和文字將它們記錄下來，再爲人類的交際服務。由此，漢字集團中取象於人與自我或與他物行爲的文字，經過代代累積，爲數必然眾多。如甲骨文：

（乘） （相） （望） （采） （爰）
（射） （隻） （禹） （爲） （男）
（啟） （年） （聿） （受） （鼓）
（鄉） （既） （后） （字） （監）
（立） （況） （章） （共） （支）
（極） （因） （舞） （涉） （老）
（民） （執） （教） （及） （取）

人與自我的行爲，就是人類自身施與的行爲。比如，甲骨文 ⺀⺀（北）表示兩個人往相反的方向走，⺀⺀（从）表示後一個人跟隨前一個人走，⺀⺀（鬥）表示兩個人拳擊對打，⺀⺀（攀）表示雙手攀援，等等。人的自我行爲沒有他物參與表示動作，因此，漢字整個構形都取象於人（全貌或部位）。人與他物的行爲，是指人類與他物共同參與的行爲。因此，人在整個漢字的構形中要麼是動作行爲的主動者，要麼是動作行爲的被動者。比如：甲骨文 ⺀⺀（乳）象母親懷抱着嬰兒餵奶之形，嬰兒在母親胸部吮吸奶水；⺀⺀（望）表示一個男人挺立於山土之上瞪大眼睛張望，腳下被踩的物是土地，遠景或天空是被望的對象；⺀⺀（鄉）表示兩個人面對面進食，食物是被喫的對象；⺀⺀（盥）表示在器皿中洗手，手是被沖洗的對象；⺀⺀（監）表示臨水照自己的臉面，"臉面"是被水照的對象；⺀⺀（圍）表示夜間巡視看護，物或人是被看護的對象；⺀⺀（執）表示雙手被木枷銬住，人是被銬的對象；⺀⺀（禹）表示手抓魚掂量輕重，魚是被稱的對象[①]；⺀⺀（民）表示鋒利的銳器刺入眼睛，眼睛是被刺的對象；等等。分辨人與自我或與他物的行爲取象，有利於我們準確地認識漢字的本義和詞性，有助於辨別同一漢字內部各義位之間的親疏、真僞（假借義）關係。

2.2.2 遠取諸物（漢字取象原則之二）

《説文·牛部》云："物，萬物也，牛爲大物。天地之數起於牽牛，故从牛勿聲。"（二上）許慎説的"萬物"就是天地間客觀存在

---

① 參看鍾如雄《釋"禹"》，見《苦粒齋漢學論叢》第344頁，中國社會科學出版社2013年版。

的有形之物。在這類物體中,"牛爲大物",是遠古先民祭祀活動中最大的祭品,故用它來代稱萬物。《荀子·正名》說:"物者,大共名也。"什麼叫做"大共名"?《列子·黄帝》作過解釋:"凡有貌、像、聲、色者,皆物也。"天地萬物,其大無比,其細無比。宋代文學家蘇軾曾這樣感慨道:"蓋將自其變者而觀之,則天地曾不能以一瞬;自其不變者而觀之,則物與我皆無盡也,而又何羨乎!"(《前赤壁賦》)

"遠取諸物"的取象原則,就是對人以外的有貌有像之物進行摹寫,將它們轉變成爲一個個可供書寫的圖畫性文字。但是,對客觀萬物的取象,要比人類的自我取象困難得多,複雜得多。因爲萬物無窮無盡,或有"貌像",或有"聲色"。即使是有貌像者,也是形態各異,千差萬別。比如"山"有連綿起伏者,有傲然孤立者;"水"有洶湧澎湃者,有平靜如鏡者;"火"有熊熊燃燒者,有微弱如螢者;"土"有堅硬如石者,有隨風飄揚者,諸如此類。而人類之形貌,取象較爲簡單,因爲在萬物之中,人類祇居其一,縱然千變萬化,仍然不離其中。儘管如此,遠古先民在取象萬物時,始終運用兩種方法,即共性特徵取象法和區別特徵取象法。

共性特徵取象法,是指在同類的不同物種中取其相同特徵的方法。比如鳥有不同的鳥,但其相同特徵都是飛禽,故用長尾的 ![] (鳥)來取象;樹有不同的樹,但其相同特徵都是木本植物,故用 ![] (木)來取象;草有不同的草,但其相同特徵都是草本植物,故用 ![] (中)來取象;山有不同形狀的山,但其相同特徵都是連綿、高聳的土石,故用 ![] (山)來取象,凡此種種。區別特徵取象法,是指在同類的不同物種中取其不同特徵的方法。比如鳥同是飛禽,但其尾巴有長短的差別,故用 ![] (隹)來取象短尾鳥;同是燃燒的"火",但因燃燒的物體不同,用 ![] (焚)來取象焚燒草木,用 ![]

（密）來取象土屋內燃燒的火塘，[①]凡此種種。由於採用"共性"和"區别"兩種取象法，因此，在漢字集團中便形成了兩大對立的字義系統——同義與反義。

2.2.3 依類象形（漢字取象原則之三）

《周易·繫辭上》説："方以類聚，物以群分。"韓康伯注："方有類，物有群，則有同有異，有聚有分也。"孔穎達等正義："'方'謂法術性行，以類共聚固。方者則同聚也，物謂物色，群黨共在一處，而與他物相分别。"[②]《周易》所説的"方"是個地域概念，即謂中央之外的四方，唐孔穎達解釋爲"謂法術性行"，甚爲不當。所謂"方以類聚，物以群分"，是説宇宙間的各種事物、現象，無論是具體的形態還是抽象的概念，均能按"群"、"類"相合相分。這種"群"、"類"的分合，爲遠古先民取象萬物提供了一種可以依憑的原則，即"依類象形"的原則。

所謂"依類象形"，就是把包括人在內的一切客觀的事物，先按其各自所屬的"類"區分，然後再逐"類"取象。這一取象原則是許慎總結出來的。他在《説文解字·敘》中説："倉頡之初作書，蓋依類象形，故謂之文；其後形聲相益，即謂之字。文者，物象之本；字者，言孳乳而浸多也。"[③]許慎採用"據形系聯"的方法，先將搜集到的一萬來個漢字逐一系聯歸類，從中歸納出五百四十個類

[①] 參看鍾如雄、劉春語《釋"密"》，見《苦粒齋漢學論叢》第381頁，中國社會科學出版社2013年版。

[②] （晉）韓康伯注，（唐）孔穎達等正義：《周易正義》，見（清）阮元校刻《十三經注疏》第76頁，中華書局1980年版。

[③] （清）段玉裁：《説文解字注》第754頁，上海古籍出版社1988年第2版。

来，然後再按"依類相從"的原則，將其編排在五百四十個類之下，形成依類相從、同類牽貫的漢字構形系統。許慎系聯法和《説文》五百四十個類（部首）的創立，標誌着中國文字理論研究業已從萌芽走向成熟。清人黄承吉説："古聖人凡制一字，必有事物跡象之可傍依，然後能制。"[①]傍依跡象造字，是我們的遠古先民對鳥獸之跡的感悟。他們經過觀察、感悟、實踐（造字），再觀察、再感悟、再實踐（再造字），相繼將天下有形之物繪製成爲一張張圖片，然後再將其轉變成一個個可以重複書寫的象形文字。

　　"近取諸身"、"遠取諸物"和"依類象形"三條取象原則，在物質文明高度發達的今天，人們或許覺得它太簡單、太平易。但是，對於生活在四五千年以前的先民來説，則是極其艱難的事情，真可謂驚天地、泣鬼神的偉大創造。

---

　　① （清）黄生著，（清）黄承吉合按：《字詁義府合按》第35頁，中華書局1984年版。

第 3 章　漢字構形法三度成熟

　　漢字從倉頡初創時起，之後歷經數十代聖賢的細心觀察和睿智精思，終於從象形而後會意、會意而後形聲三次飛越而走向成熟，我們稱之爲"漢字構形法的三度成熟"。漢字構形法從封閉性的象形向開放性的形聲發展，其內在動因是"易"。"易"就是"變"，合稱"變易"。它是《易》學的精髓和靈魂，也是華夏民族主體思想的根基和內核。《周易·繫辭下》説："《易》窮則變，變則通，通則久，是以自天佑之，吉無不利。"意思是説：《周易》所説的規律是指事物發展到阻塞不通的階段就要變革，變革了纔能暢通無阻，暢通無阻就能生生不息，這樣做就會得到老天爺贊助保佑，使你吉祥而無所不利。《周易》的"變"是建立在兩個基點上的，第一個基點是前提，就是"窮"，第二個基點是結果，就是"通"，而"變"是二者之間的轉換手段，是橋樑。事物在富有生機活力的時候，不需要變，也不應該變，祇有到了生機衰退且形成阻礙的時候，纔需要起動"變"的機關，使之再度獲得生機，暢達無阻。就像晉人韓康伯所説的那樣："通變則無窮，故可久也。"[①] 現在我們常説的"變通"，也是這個意思。

　　"變易"思想在漢字集團中的運用，主要是變革不適應漢字集團發展的構形方法。但是，這種變革僅僅是一種補充完善，也就是

---

① （晉）韓康伯：《周易注》，見（清）阮元校刻《十三經注疏》第 86 頁，中華書局 1980 年版。

在保留傳統的、原有的構形方法的基礎上，發展新的構形方法，而不是在徹底廢棄原有的構形方法之後，重建新的構形方法。新的構形方法的產生並不意味着原有的構形方法的消亡，新舊之間是一種繼承和發展的關係，是一種母與子的孳乳關係。正因爲如此，中國文字理論發展史上纔有六種遞生共存的構形方法"六書"。

漢字構形法也稱"造字法"，它是運用漢字的構形原理來創造漢字的方法。每種造字法所採用的構形原理都不盡一樣、各具特色。從歷史發展的角度來看，漢字的構形主要採用"象形"、"會意"、"形聲"三種方法，由此促進了漢字構形法的三次變革與三次飛躍，並在此基礎上建立起了以象形字爲核心、以形聲字爲主體的漢字集團。

3.1 漢字構形法初度成熟

象形字的成批產生和象形字系統的初步形成，是漢字構形法初度成熟的重要標誌。象形字是漢字的本源，是孳乳新字之母，是漢字系統建構的基石。元劉太《六書統序》云："天地以生物爲始，物生而形各不同，故隨其物之形模寫以成文，所以形象爲六書之首。"[①]因此，梳理清楚"象形"與"取象"、"象形法"與"象形原理"、"獨體"與"合體"等的内在關係，對於確立象形字在整個系統中的本源地位、母體地位具有積極而重要的指導意義。

3.1.1 "象形"與"取象"的關係

"象形"與"取象"是兩個既互爲牽貫又各有所屬的概念。"互

---

① （元）楊桓：《六書統》，見《四庫全書》第227册第5頁，上海古籍出版社1987年。

爲牽貫"是指它們都是遠古先民實現實物圖形化的唯一轉變樞紐，這個共同樞紐就是"象"。"各有所屬"則是指它們在實物圖形化的轉變鏈中所起的作用不同。具體説來，"取象"是實物圖形化的第一個轉變鏈。其作用是對實物的觀察並設定欲"取"的主體範圍，在整個圖形化轉變鏈中，它表現爲一種"行爲"，即對物體的外形特徵實施"取"的行爲，基於此種内涵，"取象"也可以叫做"取形"。"取象"祇關注"取"，而並不關注怎樣"取"和"取"的方法。怎樣"取"和"取"時採用哪種方法，則是"象形"的職責和任務。因此，"象形"是實物圖形化轉變鏈中的第二個轉變鏈，是實現"取象"時將觀察到且已設定的主體物的"實象"轉變成爲圖形的、可移動的、能重複書寫的"擬象"的基本原理和方法。由此可知，"象形"是對被取的"象"（萬物的實象）實施"取"的基本原理和怎樣"取"的方法。作爲漢字構形原理之一的"象"，實際上是"象……（之）形"的凝固結構，是"取象"的普通規律，它表現爲所"取"的象與被取的物之間的"相似"原理，而"取象"僅僅是一種"行爲"。有兩則有趣的記載可以用來幫助我們對"取象"和"象形"的理解，那就是印度的"盲人摸象"和我國的"狗似人"兩則諺言故事和傳説：

> 爾時大王，即喚眾盲各各問言："汝見象耶？"眾盲各言："我已得見。"王言："象爲何類？"其觸牙者，即言象形如蘆菔根；其觸耳者，言象如箕；其觸頭者，言象如石；其觸鼻者，言象如杵；其觸腳者，言象如木臼；其觸脊者，言象如牀；其觸腹者，言象如甕；其觸尾者，言象如繩。（北涼三藏法師曇無讖譯：《大般涅盤經》卷三十二）

> 狗似玃，玃似母猴，母猴似人，人之與狗則遠矣。（《吕氏

春秋・察傳》）

"盲人摸象"給我們的啟示是：瞎子對大象的"取象"（認識）是"摸"，因此，不同的瞎子摸到大象的不同部位而所得的"象"各不相同；而眼力正常的人對大象的"取象"是"像"，因爲他們能看清楚大象的全貌。"摸"是對大象的"行爲"，它強調的是瞎子認識大象的方式，因此，"摸"的結果雖然也有"像"，但那衹是一種意識的"像"，這類意識的像，不能轉換成可視的"像"。而"象形"中的"象"，是對大象的觀察行爲，它強調的是"擬象"這種行爲與大象之間具有相似性，因爲"象"的結果不是一種意識的"像"，而是一種可視的"像"。這種可視的"像"通過模象，即《呂氏春秋》上所謂"似"的原理表現出來。《呂氏春秋・察傳》中說的"狗似玃——玃似母猴——母猴似人"，運用的則是"似"的普通原理。但是，這兩種不同物體的外貌特徵的"似"，衹能是一種"近似"，而同一實物與其圖像之間的"似"，則是一種"真似"，二者理同而質異，區別甚遠。"狗似人"之所以荒謬，不在於兩種物的"近似"，而在於多種物之間的越位比較，即"狗"與"人"之間跨越了"玃"和"母猴"。我們再回過頭來看看《說文》對"象"的解釋，對"取象"與"象形"的關係，理解會更加透徹。

"象"甲骨文作𧰼，象大象之形。《說文・象部》云："象，長鼻牙，南越大獸，三季一乳。象耳、牙、四足之形。"（九下）其中的"象"表示兩個不同的概念：第一個"象"是指天地萬物中的一種大獸，這種大獸的名稱叫做"象"，也就是被取的"象"（實物）。其外貌特徵是"長鼻"、"長牙"，棲息地在南越。第二個"象"是表示對大獸（象）的取象原理。"取"這種行爲的對象是大象的"形"（《周易・繫辭上》說"在天成象，在地成形"），"取"的原理是

"象(似)……之形"(即"象大象之形")。故《説文解字·敘》"象形"段玉裁注:"'象'當作'像'。像者,似也;象者,南越大獸也。自《[周]易·大傳》已假借矣。劉歆、班固、鄭眾亦皆曰'象形'。"①

大象的"象"表示"相似"義,是字義的引申而非假借。此等假借之説始於小徐注。《説文·人部》云:"像,象也,从人从象,象亦聲。"徐鍇繫傳:"臣鍇按:《尚書》曰:'崇德象賢,乃審厥象。'本皆作此'像'字,假借也。"②大徐本用"象"來解釋"像",屬於用本字來解釋區別字的意義,而徐鍇則説"象"與"像"爲假借關係,不存在引申關係。這説明小徐不明字義引申與漢字孳乳的内在聯繫。劉師培先生在《字義起於字音説》一文中指出:"古無文字,先有語言,造字之次,獨體先而合體後,即《説文》所謂'其後形聲相益'也。古人觀察事物以義象區,不以質體别,復援義象制名,故數物義象相同,命名亦同。及本語言制文字,即以名物之音爲字音。故義象援同,所從之聲亦同。所從之聲既同,在偏旁未益以前僅爲一字,即假所從得聲之字以爲用。"③

義位累增是漢字成熟使用時期共同的極爲普遍的特徵。一字多義既能極大而有效地抑制漢字的産出,又能減輕識字的記憶和節省書寫的材料和時間,但與此同時,也造成了字形意義負擔的加重和使用時選義的困難、解讀時辯義的障礙。爲了有效地減輕字形的意義負擔,使字義的表達更加清楚、解讀更加準確,我們的祖先很早以前就尋找到了字形意義的分義原則和方法,並通過無數代人的細心歸納總結而使之日趨完善,其中最主要、最常用、最通用的原則

---

① (清)段玉裁:《説文解字注》第755頁,上海古籍出版社1988年第2版。
② (南唐)徐鍇:《説文解字繫傳》第166頁,中華書局1987年版。
③ 洪治綱主編:《劉師培經典文存》第220頁,上海大學出版社2004年版。

是"變音分義"和"造字分義"。① 根據漢字孳乳的基本原理，我們認爲："象"爲本字，有"大象"（動物）、"形象"（名詞）、"相似"（動詞）三個基本意義。其中"大象"爲本義，"形象"、"相似"爲引申義，而"像"是爲引申義"形象"和"相似"造的區別字，而非假借字。

3.1.2 象形原理與象形構形法的關係

段玉裁説"象（像）者，似也"，僅僅是在解釋"象"在"象形"這個術語中的字詞意義。實際上，"象形"包含着極爲廣泛的意義。廣義的"象形"，是對天地間一切有形之物的表現原理和方法，比如繪畫藝術、雕刻藝術、攝影藝術、表演藝術等等，無不運用"象形"原理及其方法來進行再創造；狹義的"象形"，是指漢字理論中的"象形"，它包括構形原理和運用構形原理構形的方法。"象形構形原理"是指怎樣再現實物形象的一種規律。我們先看看《説文解字》中運用這一原理的實例。

A组：

① 气（气），云气。象形。（一上《气部》）

② 釆（采），辨別也。象獸指爪分別也。讀若辨。𠀆，古文。（二上《采部》）

③ 屮（止），象艸木出有址，故以止爲足。（二上《止部》）

④ 冊（册），符命也。諸侯進受於王也。象其札一長一短

---

① 參看鍾如雄《試論漢字的分義原則》，見耿振生、劉家豐主編《語苑擷英（二）——慶祝唐作藩教授八十華誕學術論文集》，中國大百科全書出版社 2007 年版，或見《苦粒齋漢學論叢》第 20 頁，中國社會科學出版社 2013 年版。

中有二编之形。䉈，古文册从竹。(二下《册部》)

⑥ 鬲（鬲），鼎屬。實五觳。斗二升曰觳。象腹交文，三足。䰜，鬲或从瓦。䰛，漢令鬲从瓦厤聲。(三下《鬲部》)

⑦ 髙（高），崇也。象台觀高之形。从冂口，與倉舍同意。(五下《高部》)

⑧ 朿（束），木芒也。象形。讀若刺。(七上《朿部》)

⑨ 网（网），庖犧所結繩以漁。从冂，下象网交文。罔，网或从亡。䋞，网或从糸。𦉶，古文网。𠕒，籀文网。(七下《网部》)

⑩ 㡀（㡀），敗衣也。从巾，象衣敗之形。(七下《㡀部》)

⑪ 衣（衣），依也。上曰衣，下曰裳。象覆二人之形。(八上《衣部》)

⑫ 尸（尸），陳也。象臥之形。(八上《尸部》)

⑬ 面，顔前也。从百，象人面形。(九上《面部》)

⑭ 文，錯畫也。象交文形。(九上《文部》)

⑮ 广（广），因廣爲屋。象對刺高屋之形。(九下《广部》)

⑯ 火（火），燬也。南方之行。炎而上。象形。(十上《火部》)

⑰ 囱（囱），在牆曰牖，在屋曰囱。象形。窗，或从穴。⑳，古文。(十下《囱部》)

⑱ 心（心），人心土藏，在身之中。象形。博士説以爲火藏。(十下《心部》)

⑲ 水（水），準也。北方之形。象之衆水並流中有微陽之形。(十一上《水部》)

⑳ 仌（仌），凍也。象水凝之形。(十一下《仌部》)

B 组：

①屯(屯)，難也。象艸木之初生，屯然而難。从屮貫一。一，地也；尾曲。《易》曰："屯，剛柔始交而難生。"(一下《屯部》)

②牙(牙)，牡齒也。象上下相錯之形。齾，古文牙。(二下《牙部》)

③眉(眉)，目上毛也。从目，象眉之形。上象額理也。(四上《眉部》)

④豊(豊)，豆之豐滿者也。从豆，象形。一曰鄉飲酒有豐侯者。(五上《豊部》)

⑤朿(朿)，兩刃舌也。从木屮，象形。宋魏曰朿也。釪，或从金从于。(六上《木部》)

⑥果(果)，木實也。从木，象形。在木之上。(六上《木部》)

⑦出(出)，進也。象艸木益滋上出達也。(六下《出部》)

⑧生(生)，進也。象艸木生出土上。(六下《生部》)

⑨桼(桼)，木汁，可以鬃物。象形。桼如水滴而下。(六下《桼部》)

⑩曐(曐)，萬物之精上爲列星。从晶生聲。一曰象形，从口。古口復注中，故與日同。星，古文星。星，曐或省。(七上《晶部》)

⑪白(白)，舂也，古者掘地爲白，其後穿木石。象形。中，米也。(七上《白部》)

⑫瓜(瓜)，㼌也。象形。(七下《瓜部》)

⑬韭(韭)，菜名。一種而久者，故謂之韭。象形。在一之上。一，地也。此與耑同意。(七下《韭部》)

⑭欠(欠)，張口气悟也。象气从人上出之形。(八下《欠部》)

第3章 漢字構形法三度成熟

⑮ 方（方），併船也。象兩舟省緫頭形。汸，方或从水。（八下《方部》）

⑯ 秃（秃），無髮也。从人，上象禾秀（從段注）之形，取其聲。王育說："倉頡出，見秃人伏禾中，因以制字。"未知其審。（八下《秃部》）

⑰ 朮（朮），豆也。象朮豆生之形。（七下《朮部》）

⑱ 丰（丰），毛丰丰也。象形。（九下《丰部》）

⑲ 亦（亦），人之臂亦也。从大，象兩亦之形。（十下《亦部》）

C 組：

① 要（要），身中也。象人要自臼之形。要，古文要。（三上《臼部》）

② 齊（齊），禾麥吐穗上平也。象形。（七上《齊部》）

③ 刃（刃），刀堅也。象刀有刃之形。（四下《刃部》）

④ 血（血），祭所薦牲血也。从皿一。象血形。（五上《血部》）

⑤ 丹（丹），巴越之赤石也。象采丹井。一，象丹形。彤，古文丹，彤，亦古文丹。（五下《丹部》）

上述 A、B、C 三組字，其構形原理都屬"象形"，故許慎通用的解釋術語是"象形"、"象……形"、"象……之形"、"象……也"等。但是，它們的構形方法卻不盡相同，A 組字採用的是獨體象形法，B 組字採用的是合體象形法，而 C 組採用的則是會意或指事法。作爲構形原理的"象形"，是將被取的實物形象化地再現於漢字形體中，它雖然主要適用於象形構形法，同時也適用於會意（包括指事）和形聲構形法，因爲漢字系統的基礎是"象形"，而象形構形法是運用象形構形原理，以摹象實物之形來創造漢字的法則。段玉裁明此道理，他在《說文·敘》注中說："'依類象形'謂指事、象形二者也，指事亦所以象形也。"①《說文·敘》中說的"象形者，畫成其物，隨體詰詘，日、月是也"，實際包含三個方面的内容：象形構形原理（"象形"）、象形構形方法（"畫成其物，隨體詰詘"）和象形字例（"日"、"月"）。

"象形"构形法是漢字构形法的先聲，是它夯實了漢字整個系統的象形性基石。象形字的批量發展，標誌着漢字構形法的初度成熟業已完成。

3.1.3 "獨體"與"合體"的關係

把漢字劃分成"獨體"和"合體"兩大文字體系是南宋文獻學家鄭樵。他在《通志·七音略》中說：

> 皇頡制字，伶倫制律，歷代相承，未聞其書。漢人課籀（籀）隸始爲字書，以通文字之學；江左競風騷始爲韻書，以通聲音之學。然漢儒識文字而不識子母，則失制字之旨；江左之儒識四聲而不識七音，則失立韻之源。獨體爲文，合體爲字，漢儒知以說文解字，而不知文有子母。生字爲母，從母爲子。子母不分，所以失制字之旨。②

從此以後，"獨體爲文，合體爲字"就成爲區分"文"與"字"的分

---

① 見（清）段玉裁《說文解字注》第754頁，上海古籍出版社1988年第2版。
② （宋）鄭樵：《通志》，見《四庫全書》史部，上海人民出版社、迪志文化出版有限公司1999年版。

第3章 漢字構形法三度成熟

水嶺。明代説文學家趙古則（字撝謙）《六書本義·六書總論》云："故六書，初一曰象形，文字之本也；次二曰指事，加於象形者也；次三曰會意，次四曰諧聲，合夫象形、指事者也；次五曰假借，次六曰轉注，托夫四者之中者也。獨體爲文，合體爲字。象形、指事，文也。象形，文之純；指事，文之加也。會意、諧聲，字也。諧聲，字之純；會意，字之間也。假借、轉注，則文字之俱也。"[1]清代段玉裁《説文·敘》注也云："析言之，獨體曰文，合體曰字；統言之則文字可互稱。"[2]鄭樵提出"獨體爲文，合體爲字"這兩個概念則是緣於漢代許慎關於"文"和"字"的表述。先秦以前，華夏先民還沒有"漢字"的説法，但相應的稱謂有"書"和"文"等。《周易·繫辭下》説："上古結繩而治，後世聖人易之以書契。"《尚書序》也説："古者伏犧氏之王天下也，始畫八卦，造書契，以代結繩之政。由是文籍生焉。"鄭玄注："書者，文字；契者，刻其木而書其側，故曰書契也……文，文字也；籍，籍書。""書"和"文"的功用是什麽？唐代經學大師孔穎達對此作過簡要而精闢的論述："道本沖寂，非有名言，既形以道生，物由名舉，則凡諸經史，因物立名。物有本形，形從物著。"又説："言者意之聲，書者言之記。是故存言以聲意，立書以記言。故《易[·繫辭上]》曰：'書不盡言，言不盡意。'是言者意之筌蹄，書言相生者也。書者，舒也……寫其言如其意，情得展舒也。"[3]孔穎達認爲：言語是人類心意的表現形式，文字是言語的書寫形式，並提出了"書、言相生"的語言學理論來。

---

[1] （明）趙古則：《六書本義》，見《四庫全書》第228册第286頁，上海古籍出版社1987年版。

[2] 見（清）段玉裁《説文解字注》第754頁，上海古籍出版社1988年第2版。

[3] （唐）孔穎達等：《尚書正義》，見（清）阮元校刻《十三經注疏》第113頁，中華書局1980年版。

"文"與"字"合稱爲"文字",始見於公元前二百一十九年秦代刊刻的琅邪台刻石:"器械一量,同書文字。"(《史記·秦始皇本紀》)東漢文字學家許慎認爲"文"和"字"是不盡相同的兩個概念。他説"文"是用象形構形法創造的字,初作者是黄帝時代的史官"倉頡",而"字"是"文"形聲相益而生的,因爲"文者,物象之本;字者,言孳乳而浸多也"。"文者物象之本",今大徐本《説文解字·敘》無此六字,是段注據《左傳·宣公十五年》孔穎達正義補入的。今本《尚書序》孔穎達正義有此語,正義曰:"《説文》云:'文者,物象之本也。'"[①]段注據此作出分辨,説:"析言之獨體曰文,合體曰字;統言之則文、字可互稱。"文字何爲"獨",何爲"合"?段氏認爲:"獨體"爲"象形、指事二者也","合體"爲"形聲、會意二者也"。將漢字劃分爲"獨體"和"合體"兩類有着極爲特殊的意義。主要在於:

　　第一,透過"獨體"與"合體"的字形,能揭示出客觀萬物相依相生的普遍規律。客觀事物既是各自獨立又是相處共存的,"獨立"能展示物與物各自的本質或外形特徵,"系聯"能展示物與物相依相生的特徵。這種對立統一形態,必然要被漢字所表現、所展示。因爲"物本有形,形從物著"(孔穎達《尚書序正義》)。遠古先民在取象構形時,一定會盡可能地表現物與物之間相依相生的特點,而後人在離析漢字的形體結構時,也能直觀地再現這種特點。因此,漢字的"獨"與"合"系聯與分離,能從字形上揭示出客觀事物相依相生的普遍規律。例如:"交"甲骨文作🙏。《説文·交部》:"交,交脛也。从大,象交形。"(十下)許慎以"交脛"訓"交",但爲何要"交脛",許慎卻没有明説,因而後世假説甚多。段玉

[①] 見(清)阮元校刻《十三經注疏》第113頁中欄第9行。

裁、朱駿聲從許氏説，沒發新意，陳獨秀説"交象縛人兩脛"，①徐中舒説"象人之兩脛交互之形"，②何琳儀説"模形不明"，③《漢語大字典·亠部》説"即'骹'的初文，抽象爲交叉義，後另加骨旁作'骹'。《説文〔·骨部〕》：'骹，脛也。从骨交聲。'"④"骹"是小腿，而"交"所象之形雖然與小腿相關，但並非小腿，這是肯定無疑的。上述假説不得要領的原因是，他們沒有抓住字形所要"告訴"後人有關遠古先民的生活規律。在今天看來，交腿站立是極不莊重的姿態，所以一人交腿而立，現實生活中很難見到，除非是藝人的刻意表演。其實，關於"交"的原始取象，象男女站立交媾之形。這類形象遠古繪畫藝術作品中屢見不鮮。比如新疆呼圖壁縣康家石門子岩畫中有幅"雙頭同體人像"。（圖13：🝅 新疆呼圖壁縣康家石門子岩畫雙頭同體人像。）據余駿升、戴良佐先生研究，表示父母的結合，隱喻男女交媾。⑤而岩畫研究專家蓋山林説得更爲深透，"雙頭同體人像，是父母親合體性交的符號，隱喻男女交媾正在進行……是原始人性行爲模式的核心部分。"⑥在漢代的石刻和畫磚中，人首蛇身的伏羲與女媧緊緊地纏繞在一起，表示他們交媾正在進行。男女同體交媾的神話傳説，在西方也有。柏拉圖《會飲篇》説：人類最初"在形體上和在名稱上都兼有陰陽兩性"，宙斯將其分成單性別的兩半後，"這一半想念那一半，想再合攏在一起，常互相擁抱不肯

---

① 陳獨秀著，劉志成整理校訂：《小學識字教本》第98頁，巴蜀出版社1995年版。
② 徐中舒主編：《甲骨文字典》第1166頁，四川辭書出版社1989年版。
③ 何琳儀：《戰國古文字典》第296頁，中華書局1998年版。
④ 徐中舒主編：《漢語大字典》第2版第311頁，四川辭書出版社、湖北崇文書局2010年版。
⑤ 余駿升、戴良佐：《呼圖壁縣康家石門子岩畫"雙頭同體人像"初步研究》，《昌吉文資料選輯》第十二輯，1990年版。
⑥ 蓋山林：《中國草原岩畫與古代獵牧民的生命意識》，《美術史論》1992年第2期。

放手，飯也不吃，事也不做，直到餓死懶死爲止。若是這一半死了，那一半還活着，活着的那一半就到處尋求匹偶，一碰到就跳上前去擁抱，不管那是全女人裁開的一半（就是我們現在所謂女人），還是全男人裁開的一半。這樣，人類就逐漸消滅掉了。宙斯起了慈悲心，就想出一個新辦法，把人的生殖器移到前面——從前都在後面，生殖不是借男女交媾，而是把卵下到土裏，象蟬一樣——使男女可以借交媾來生殖。由於這樣安排，如果抱着相合的是男人和女人，就會傳下人種"。"就是象這樣，從很古的時代，人與人彼此相愛的情欲就種植在人心裏，它要恢復原始的整一狀態，把兩個人合成一個，醫好從前裁開的傷病"。① 中外神話傳説和我國先民都有關於史前人類男女同體交合的性行爲。又據户曉輝研究："岩畫圖象與圖畫文字中對雌雄交尾和兩性同體的表現傳統可以溯源至遠古時代，原始的狩獵生活使先民很早發現了動物交配與生殖的關係，通過製作動物交配的圖像來刺激動物的繁殖，便成爲生殖巫術的一個恒定主題，而雙頭同體圖像則成爲他們表現人的兩性交媾或動物交配的固定格式。"② 既然男女同體交媾是遠古先民性行爲的模式或固定格式，作爲象形文字的殷商甲骨文就會取象造字。甲骨文中的 ⚨（还有 ⚨ 和 ⚨ 等），正是取象於男女站立交媾之形。因之，後世管男女、雌雄、陰陽等交合統統叫"交"。《禮記·月令》："（仲冬之月）虎始交。"鄭玄注："交，猶合也。"明謝肇淛《五雜俎》卷十一《物部三》："肉蓯蓉，産西方邊塞上塹中及大木上。群馬交合，精滴入地而生。皮如松鱗，其形柔潤如肉。塞上無夫之婦，時就地淫之。此物一得陰氣，彌加壯盛，採之入藥，能强陽道，補陰益精。或作粥啖之，云令人

---

① （古希腊）柏拉圖：《文藝對話集》第240頁，人民文藝出版社1963年版。
② 户曉輝：《岩畫與生殖巫術》第168頁，新疆美術攝影出版社1993年版。

有子。"清蒲松齡《聊齋志異·賈兒》："婦獨居,夢與人交。"由此引申出交叉、結交、合併、貫通、接觸、交付、交替、和協、交易等等意義來。

客觀事物的相依相生,用漢字獨體的形來表現時,遠古先民採取兩種變通的方式。一種是捨棄其全部生存依託物,祇取孤零零的個象,比如"日"、"月",捨棄了運行的宇宙空間,"虎"、"鹿",捨棄了生活的環境,有的物如"牛"、"羊"僅取其局部之象,已完全能代表其全貌。這類物有個共同特點,體大,外形特徵很明顯,不容易與他物相混,識別起來簡單。另一種是保留其部分生存所依託的物,由此,在同一個獨體字中會有主體與襯托體之分。主體是該字所要取象之物,是表意的核心,襯托體是協助主體表意之物,即對該字表意的範圍起着限定作用。這類字的取象之物相對說來都比較細小,外形特徵容易與他物相混,而且都必須依附於襯托物而生存。比如 𦣻 (眉)、 𠅃 (亦)、 𡰣 (尾),都是人的肉體上生長的毛("尾"是肛門上的毛,故代表肛門),離開了肉體它們都無法生存。又比如 𤓰 (瓜)、 𥝌 (果)、 𠆢 (州),它們都是圓形體的物,並且非常微小,外貌特徵與"日、月"沒有多大差異,所以,如果沒有助生體藤蔓、樹枝(榦)或江流的襯托,即使形象化成文字後,誰也不能識別。 𡳿 (屯)、 𠂹 (才)、 𩑶 (韭)都是弱小的草木,而草木的助生體是土地,如果取象時不附帶取其生長的土地,它們還有何象可言?這類字的形體構造,古往今來的文字學家均無一致的看法,有的說它們是合體象形字,有的說其中的"瓜、果"是合體象形字,其餘的是會意字或指事字(如"亦")等等。

第二,區分文字"獨體"與"合體",有利於揭示漢字構形原理和方法的多元性及其轉變。漢字處在無序的集合或單一的靜態環境中時,看不出它們在變化,祇有將它們作出區分,其變化及其變化的軌跡纔能呈現出來,而"獨體"與"合體"的區分,雖然不能揭示漢字變化的全貌或全過程,但至少能啟迪我們去認識漢字的構形原理和方法是多元性的,以及單個漢字的形體是怎樣轉變的。如此一來,爲我們揭示"轉注"的奧秘開啟了一扇大門。比如前文所說的"交",按漢字獨體和合體的區分,它應該屬於獨體範圍,因爲就構形而言,其形體無法切分成兩個各自獨立的部分,但從表意來看,它的的確確、實實在在地取象於男女站立連體交媾之形。既然其中包含"男"和"女"兩個形象,且又是連爲一體的,説明遠古先民不是僅用唯一的象形原理及其方法造字的,起碼還運用了"會意"的原理及其方法來造字。又如"亦",從字形來看,它象一成年男子正面張腿叉腰站立腋下有長毛之形,先民想要表示的意義是腋毛,但腋毛如果没有"大"襯托則無法取象。如果按漢字獨體和合體的區分,"亦"似乎既可以劃歸"象形",也可以劃歸"指事",還可以劃歸"會意"。同一個字(不管異體字和亦聲字)所用的構形原理和方法原則上衹有一種,而主觀上卻能作出多種分析,説明遠古先民在創造漢字的實踐中早已摸索並總結出了多種構形原理和方法,儘管他們並没上升到理論性的説明。又如"网"。

《説文·网部》云:"网,庖犠所結繩以漁。从冂,下象网交文。网,网或从亡。网,网或从糸。网,古文网。网,籀文网。"(七下)"网"許慎總共收了四個重文,而對正篆的分析是"从冂,下象网交文",説明"网"可作獨體、合體兩種解析。但"网"(省形爲"冈")的初文甲骨文作网、网、网、网等,它們都是採用象形法構形的獨體象形字。獨體象形字無標音構件,故後世在其中增附聲母"亡"轉形爲形聲字"网"(省形爲"罔");而遠古的漁網則是仿蜘蛛網用細麻繩編織而成的,故再在"网"中增附類母"糸"轉形爲形聲字"網"。段玉裁改許書釋詞爲:"网,庖犠所結繩目田目漁也。从冂,下象网交文。罓,网或加亡。䍐,或从糸。𦉫,古文网从冂亡聲。网,籀文从冂。"並注:"亡,聲也。"① 許書的重文和段氏的改釋,給我們的啟示是:"网"能從獨體的象形字轉形爲合體的形聲字,則是運用了象形和形聲兩種構形法。這表明,既然同一個漢字可以採用多種構形法來構形,那麼,潛隱在漢字集團中的構形法絕對不可能是單一的。再如"屎"。

《説文・艸部》:"茵,糞也。从艸胃省。"(一下)清錢坫斠詮:"茵中※,其形近于矢。"《玉篇・艸部》:"茵,糞也。亦作矢,俗爲屎。""茵"爲"胃省",不可信。"囟"是"胃"的初文,其中的"※",錢氏以爲"形近于矢",也不可信,而是"米"字的變形,象喫進胃中的食物。"屎"《説文》漏收,甲骨文寫作 (一期《存》1.177)。李孝定《甲骨文字集釋》説:"正象人遺屎形。契文育亦作 ,象育子之形,正与之屎构造法同。從※若丶、乃象所遺屎,非少若小也。"② 從構形看,"屎"從尸從米("米"是固體排泄物的變形)會意。《莊子・知北遊》:"東郭先生問於莊子曰:'所謂道,惡乎在?'莊子曰:'……在屎溺。'"漢代以前"屎"字少用,故後世反而把它歸入"俗"字,故黄侃先生説:"茵,正,通作矢、屎。"③ 在漢代以前的元典文獻中,"屎"卻多寫作"矢"。如《左傳・文公十八年》:"(襄)仲以君命召惠伯……乃入,殺而埋之馬矢之中。"《史記・廉頗藺相如列傳》:"廉將軍雖老,尚善飯,然與臣坐,頃之三遺矢矣。""馬矢"、"遺矢"中的"矢",前人多説通"屎"。④ 其實

---

① 見(清)段玉裁《説文解字注》第355頁,上海古籍出版社1988年第2版。
② 見于省吾主編、姚孝遂按語編撰《甲骨文字詁林》第355頁,中華書局1996年版。
③ 黄侃:《字正初編》第111頁,武漢大學出版社1983年版。
④ 夏劍欽、夏炳臣:《通假字小字典》第163頁,湖南人民出版社1986年版。

排泄糞便如箭矢射出，故以"矢"的射出喻"屎"的排泄，是比喻而非通假，故《史記》唐司馬貞索隱説"矢，一作屎"。"矢"能比喻"屎"，故可將"屎"中的"米"换成"矢"而再造"屎"字。《玉篇·尸部》："屎，施視切。糞也。與矢同，俗又作屎。""屎"轉形爲"屎"，由會意字轉换成形聲字。後世再在"屎、屎"之上增加類母"米"，再轉换成形聲字"糠"和"糠"。《龍龕手鑑·米部》："糠，音矢，糠尿也。"又説"屎"俗作"糠"。明宋濂《篇海類編·食貨類·米部》："糠，屎尿也。"如此一來，表示大便的"屎"從會意字一轉爲形聲字"屎"，再轉爲形聲字"菌"，三轉爲形聲字"糠"，四轉爲形聲字"糠"，今通用甲骨文的"屎"字，其餘已廢棄不用了。

由此看來，揭示形體取象表意的本源與構形原理的嬗變，是漢字"獨合"分立的主體思想和核心目的。

3.2 漢字構形法第二度成熟

如果説象形構形原理及其方法的成功運用，是漢字初度成熟的重要標誌，那麽，會意構形原理及其方法的運用就是漢字二度成熟的重要特徵。在天覆地載的大千世界裏，任何一種物的存在都與他物相依共存，超越於物外之物是不存在的。因此，物與物之間的聯繫不可避免。孔穎達説："物本有形。"物既然有形，形與形之間不可能"老死不相往來"，物物相連相依纔是它們的本象。比如，在遠古採集時代，人要採摘果實，"人"與"果"就產生了聯繫，於是就造出了 ⚡（采）字來；在狩獵時代，人要獵取動物，"人"與"禽"就產生了聯繫，於是就造出了 ⚡（隻、獲）字來；在牧業時代，人要放牧,"人"與"畜"就產生了聯繫,於是就造出了 ⚏ (牧)字來;在農耕時代,人要種植,"人"與"禾"就產生了聯繫,於是就造出了 ⚏ (年)字來,等等。事物之間的聯繫,包括人與自我、人與他物和他物與他物之間的牽屬貫通,用字形來表現就是按照預設的構形原理將同一構件或不同的構件有序地聚合在一起,以再現客觀物群的形貌或行爲。比如,再現爲數衆多的人在烈日曝曬下勞作之形,其被取象物中就該有"日"和"人",而"人"還不祇一個人,至少有三個,然後按照預設的構形原理將它們聚合在一字裏就造出了"眾"字來。"眾"甲骨文的 ⚏ (一期《前》7.30.2),象烈日下眾人相聚勞作之形,金文作 ⚏ (《師旂鼎》),但所從之"日"已譌變成"目"了。《説文·㐺部》:"㐺,立也。从三人。"又云:"眾,多也。从㐺目。"(八上)"㐺"象三人相從而行,本爲會意字,再與"日"聚而合成"眾"字,它們採用的構形原理叫做會意構形原理。

3.2.1 會意構形原理及其方法

傳統小學中所謂"會意",被視爲僅僅是漢字構形的一種方法,這種認識,魏晉以來一直在曲解許慎的本意。《説文·敘》説:"會意者,比類合誼,以見指撝,武、信是也。"段玉裁注:"會者,合也,合二體之意也。一體不足以見其義,故必合二體之意以成字……誼者,人所宜也。先鄭《周禮注》曰:'今人用義,古書用誼。'誼者本字,義者叚借字。'指撝'與'指摩'同,謂所指向也。比合人言之誼,可以見必是信字;比合戈止之誼,可以見必是武字。是會意也。會意者,合誼之謂也。"[1]清王筠《説文釋例·會意》也説:"會

---

[1] (清)段玉裁:《説文解字注》第755頁,上海古籍出版社1988年第2版。

者，合也。合誼，即會意之正解。《説文》用'誼'，今人用'義'。會意者，合二字三字之義以成一字之義，不作會悟解也。"①段、王二氏都認爲"會意"就等於"合義"，怎麼"合"？段氏説"一體不足以見其義，故必合二體之意以成字"，王氏説"合二字三字之義以成一字之義"。這樣解讀，似乎有點兒盲人摸象的味道。因爲"會意"是漢字構形原理和方法中的一種，其主旨是講遠古先民是怎麼運用此種原理和方法來聚象構形的。好比建房，建房的目的當然是爲了人的居住或活動，但是，我們現在討論的不是建出來的房屋怎樣纔能適合人居住、活動，而是怎樣"建"的問題。怎樣建，必然涉及構圖設計和施工方法兩個方面的問題，作爲怎樣構造漢字的"會意"，也必然涉及構形的原理和構形的方法問題。

　　會意構形原理是指：將單個的構形部件，按照客觀事物自然的形貌特徵聚合在一起，以再現其群貌或群象行爲的構形規律。會意構形法是指：運用會意構形原理，將經過選擇的構形部件進行有序地聚合來創造新字的方法。作爲構形法的"會意"，是從象形法中派生出來的，是象形法的轉換形式，是象形法生命的延續和發展，因此其本質依然是象形。"會意"的取象有兩個來源——直接取象和間接取象。直接取象與象形構形原理和方法相同；間接取象是將原有的象形字轉化成爲構形的"字母"，用以聚象別的實物。

　　將象形字字母化來聚象天地萬物中群象之形貌或群象行爲，是會意構形法生命力的源泉。比如，象形字中的 ᐖ（臣）、ᆉ（人）、☉（日）、☾（月）、⊕（囗）、↓（屮）等，將它們字母化後，再按照實物的群象之形聚合原則，就可以造出 ᐖ壬、ᐖ（望）、☾（明）、ᐖ（旦）、ᐖ（朝）、ᐖ（莫）等成倍遞增的會意字來。"壬"

---

① （清）王筠：《説文釋例》第 81 頁，中華書局 1987 年版。

第3章 漢字構形法三度成熟

是"挺"的初文,象一壯男挺立于高山之形。《説文·壬部》:"壬,善也。从人士。士,事也。一曰象物出地挺生也。"(八上)許君析形釋義均誤。徐鉉等注:"人在土上,壬然而立也。"大徐之説甚是。"望"的初文從壬從臣,聚象一壯男挺立於高山眺望之形;金文增"月"作🈁(《庚嬴卣》),"用'望月'來豐富其造字意圖,使'望遠'這一意義更加明確";① 後譌"臣"爲"亡"作"望"。《説文·壬部》:"望,月滿與日相望,以朝君也。从月从臣从壬。壬,朝廷也。🈁,古文朢省。"(八上)"明"甲骨文有◐、◑、◒等多種構形,或从月从日,或从月从囧。《説文·月部》:"朙,照也。从月从囧。明,古文朙从日。"(七上)"囧"的初文象窗户上的格子之形。《説文·囧部》:"囧,窗牖麗廔闓明。象形。讀若獷。賈侍中説讀與明同。"(七上)與"月"聚合成"朙"字,聚象月光射入窗内之形,而"日"與"月"聚合則成"明"字,聚象日、月相繼在天空照耀大地之形。"旦"的初文象太陽從大地上昇起之形。《説文·旦部》:"旦,明也。从日見一上。一,地也。"(七上)"日見一上",即象太陽初昇之形。"朝"的初文象太陽從草木中初昇、月亮尚掛在西邊之形。《説文·倝部》:"朝,旦也。从倝舟聲。"(七上)許君説"从倝舟聲",是據小篆的譌字分析的,不可信。"莫"甲骨文有🈁、🈁、🈁、🈁 等多種構形,或从日从艸,或从日从林,或从日从茻,或从日从𣎴,象太阳落山之形。《説文·茻部》:"莫,日且冥也。从日在茻中。"(一下)又《日部》:"晚,莫也。从日免聲。""昏,日冥也。从日氐省。氐者,下也。一曰民聲。"(七上)

　　會意字的表義特徵是,將獨立的象形字母聚合成群象(會意字)後,從群象中顯示出該字的意義來,這種"由字形結構顯示出來的

---

① 王寧:《訓詁學原理》第42頁,中國國際廣播出版社1996年版。

一種直觀意義……稱作字形義”。[1] 字形義的獲得全靠心領神會，因此，每個人的感悟不同，獲得的字形義就會有差别。比如“況”,《説文·水部》:“寒水也。从水兄聲。”（十一上）“況”的本義怎麽會是“寒水”？徐鍇繫傳:“滄況，寒涼皃。詡誑反。”[2] 小徐認爲“況”與“滄”構成疊韻聯綿字，表示“寒涼”的樣子，而不是指寒涼的“水”。清王紹蘭《説文段注訂補》對許氏的解釋作過如是推論：“《詩［·大雅·］桑柔》言‘不殄心憂，倉兄填兮’,‘倉兄’疊韻，今據‘滄’字解云‘寒也’,‘況’字解云‘寒水也’,‘倉兄’當即‘滄況’之省文叚借，皆取寒義，謂不絶心憂如水之寒久也，蓋言寒心也。三家《詩》或有作‘滄況’者。許説用之。”段玉裁曾有過這樣的假説：“毛詩《常棣》、《桑柔》、《召旻》皆曰‘兄，滋也’。《［説文·］矢部》‘矤’下曰：‘兄，詞也。’古‘矤兄’、‘比兄’皆用兄字，後乃用況，後又改作況。”儘管如此，段氏依然認爲許説“未得其證”，甚爲可疑。[3] 從甲骨文看，（況）象一人跪（坐）於水邊看自己呈現在水中的影子之形。銅鏡尚未發明之前，遠古先民以水爲鏡，或以皿盛水而監，或臨塘湖俯視。水中的影子就是自我的影像，這種影像雖然不能保留，但可以不間斷地監（照），將其映在腦海裏。所以“況”原始的字形義是照相時映在水中的影子。“監”是看見自我影像的行爲，“況”的字形義是呈現在水中的視覺影像。呈現在水中的視覺影像是對着水照自己的形象這一種動態對比行爲所映出的外貌狀態，其特徵表現爲相似的外貌，因此引申出：泛指一切可視的和感覺的物象，如外貌、形象、印象、樣態、狀況、

① 張聯榮:《古漢語詞義論》第102頁，北京大學出版社2000年版。

② （南唐）徐鍇:《説文解字繫傳》第220頁，中華書局1987年版。

③ （清）段玉裁:《説文解字注》第547頁，上海古籍出版社1988年第2版。

情形等等（名詞）。《莊子·知北遊》"每下愈況"中的"況"就是指踢豬時從其腹部、臀部、大腿、小腿等部位感覺到的或肥或瘦的印象（形象），而晉郭象注"況，譬也"，甚爲不妥。《詩經·大雅·桑柔》："爲謀爲毖，亂況斯削。"馬瑞辰通釋："亂況，猶亂狀也。《儀禮》鄭注：'削，殺也。'《詩》蓋言：在上如善其謀，慎其事，亂狀斯能減削也。"向熹《詩經詞典》："況，狀況；情況。"唐杜荀鶴《贈秋浦張明府》詩："他日親知問官況，但教吟取杜家詩。"北宋郭忠恕《佩觿》卷下："況，形況。"清韓則愈《鴈山雜記》："客有問鴈山遊況者，聊以塞責，不足觀也。"[①] 此外，"皇"的字形義就有"太陽照在地上的光亮"、"火炬"、"輝煌"、"酋長頭戴的冠冕"、"代表最高的男權統治者"等幾種說法，但時至今日沒有一種說法成爲定論，這說明字形義的識讀並非易事，特別是那些離我們的生活較遠或不曾見過的物象所顯示出來的字形義，理解起來更加困難。

3.2.2 會意與象形構形法的聯繫和區別

清代方文說："六書之學莫妙于會意。會意之妙，在合眾體以成文。"[②] "合眾體以成文"乃是會意構形法的鮮明特徵，其要領就是"聚象"。它與象形構形法的聯繫和區別，人們可從不同的角度去察觀總結，但是，下列認識是最重要的：

第一，"象形"是立象之本，無論是象形構形法還是會意構形法，都以象形作爲自身的立象之本，離開了象形，它們都不復存在。但是，

[①] 鍾如雄、胡娟：《釋"況"》，見《苦粒齋漢學論叢》第389頁，中國社會科學出版社2013年版。

[②] （清）周亮工《字觸》、方文《序》，見四川大學古籍管理研究所、中華諸子寶藏編纂委員會編《諸子集成續編》十五第650頁，四川人民出版社1999年版。

象形構形法所"立"之"象"是相對獨立的"個象"（象形字），而會意構形法所"立"的"象"則是互相牽貫的"群象"（會意字）。

第二，會意構形法與形聲字構形法一樣，是由象形構形法派生來的，是象形構形法的生命延續，具有傳承性質，而象形構形法是孳乳其他構形法的原始母體，具有原生性質。

第三，由於客觀事物都具有類聚的特徵，使象形構形法應用的客觀條件受到限制，而類聚物象的繁生，更適合會意構形法作用的發揮。因此，"封閉性"成了象形構形法最大的弱勢，"開放性"則成了會意構形法最大的優勢。

第四，由象形、會意構形法創建的象形字系統和會意字系統，因其具有形、音、義三位一體的包容性，爲後世形聲構形法的發明和廣泛運用注入了旺盛的生機和活力，爲漢字整個系統的聲化飛躍夯實了堅實基礎。

3.3 漢字構形法第三度成熟

漢字系統的初度成熟，以獨體象形（象形）爲特徵，且初步建立起了以象形字爲主體的漢字系統；第二度成熟以合體象形（會意）爲特徵，且較爲完整地建立起了以象形字爲基礎、以會意字爲主體的漢字系統；第三度成熟以形聲一體化爲特徵，且建立起了以象形、會意字爲基礎，以形聲字爲主體的完整的漢字系統。形聲構形法的廣泛運用，使漢字徹底擺脫了象形的封閉性和會意的半封閉性的制約，走向了一條形聲一體化、大開放、大發展的道路。形聲字的勃然孳乳和象形、會意字的轉形更新，標誌着漢字系統已經完全成熟。

"半形半聲"是對形聲字形體結構特徵的最爲通俗易懂的解釋，

第3章 漢字構形法三度成熟

儘管這種解釋不盡科學，但人們卻能接受它。嚴格地説，對漢字形體作等份切分，不僅形聲字能做到，會意字也能做到，它是遠古先民對立統一的陰陽觀在合體漢字中的充分體現。那麼，形聲字的特徵是什麼呢？就是"形"與"聲"的一體化。

對形聲構形法的認識，至今尚處在孩童的幼稚階段。魏晉以來，歷代文字學家多數認為傳統六書中的"轉注"最讓人莫名其妙，百思不得其解，因而忽視了對"形聲"的認知，總覺得"形聲"嘛就是"半形半聲"，沒有多少深奧的道理可言。但事實上，人們至今尚未揭示出"形聲"的精義，這樣説並非想要嘩眾，否定前人的研究成就。

最早提出"半形半聲"説的是清代乾嘉學者段玉裁。《説文·敘》説："形聲者，以事為名，取譬相成，江、河是也。"段玉裁注："事兼指事之事、象形之物。言物亦言事也。名即古曰名今曰字之名。譬者，諭也，諭者，告也。以事為名，謂半義也；取譬相成，謂半聲也。江、河之字以水為之名，譬其聲如工、可，因取工、可成其名。其別於指事、象形者，指事、象形獨體，形聲合體；其別於會意者，會意合體主義，形聲合體主聲。"[①] 段氏認為，"事"就是"物"，"名"就是"字"，"譬"就是"告"，也就是"聲"。"取譬"就是"取聲"，所以用"半義（形）"和"半聲"構造出來的形，就是形聲字的形，也就是形聲字。這種解釋，至今是之者眾，非之者間或有之。比如劉志成先生説："'以事為名'就是用象形字（還有少數指事字、會意字、形聲字）作為義符表示語義類目，'取譬相成'是取一個音同的字作為表示音節的聲符，和意符組合成形聲

---

① （清）段玉裁：《説文解字注》第755頁，上海古籍出版社1988年第2版。

字。"①孫雍長先生則説:"'以事爲名'即是就體現語詞的意義内容而言","段玉裁衹説'以事爲名,謂半義也',回避了實質問題。後人從段氏之説,把'以事爲名'解釋爲給形聲字造意符(或説'形符')的問題。這都是人們的臆解","所謂'以事爲名',即是依其意義内容而爲名號標識","'取譬相成'則是就體現語詞的聲音而言"。"'譬'謂譬況,指文字的讀音與語詞的聲音相譬況。'取譬',即是指從已有的文字中,選取一個可以把需要爲之造字的那個語詞的聲音譬況出來的字。所謂'相成',即是指把'取譬'之字與'以事爲名'之字兩相結合起來,構成一個新的文字。"②白兆麟先生對"形聲"的説解與之全然相背。他説:"以往學者一般都把'以事爲名'當作'形',把'取譬相成'當作'聲'。這不一定符合許氏的原意。《説文》云:'名,自命也。'而且其《敘》中'名'字僅此一見。當言及文字時,或曰字,或曰文,或曰書,皆不用'名'。據此,所謂'以事爲名'之'名'當指名號、名稱,即字音。這與'依聲托事'之説也相一致。後一句'取譬相成'自然指意符。因爲'譬'者喻也,使人曉喻也。這與'比類合誼'也相一致。"③這類對壘相爭的是非之論,説明當今學界對"形聲"的認識還没有統一,尚需繼續深入討論。要想弄明白形聲構形原理及其方法,我們先來分析幾個實例。

例一:鬲(䰜):甋:鎘:䰝

"鬲"遠古時代一種空足鼎,分陶制與銅制兩類,甲骨文寫作𠔼、𠂔、𠂇,象三足鼎之形。《爾雅·釋器》:"[鼎]款足者謂之

---

① 劉志成:《文化文字學》第82頁,巴蜀書社2002年版。
② 孫雍長:《轉注論》第140—143頁,嶽麓書社1991年版。
③ 白兆麟:《論傳説"六書"之本原意義》,《安徽大學學報》(哲社版)2003年第2期。

鬲。"晉郭璞注:"鼎曲腳也。"清郝懿行義疏:"鼎款足,謂足中空也。足中實者必直,空者必曲。"《説文·鬲部》:"鬲,鼎屬。實五觳。斗二升曰觳。象腹交文,三足。瓹,鬲或从瓦。䰙,漢令鬲从瓦厤聲。"(三下)徐鍇繫傳:"上頸也;腹交文,謂其刻飾也。"王筠句讀:"字之上象脣,銘往往在脣……皆外象其形,内象其文,下象其足,小篆斷爲三截,不甚象也。""鬲"的變形字作"䰜",許君收在《䰜部》正篆:"䰜,鬲也。古文亦鬲字。象孰飪五味气上出也。"其實"䰜"中的"弜"爲鼎耳,實非"象孰飪五味气上出也"。"鬲"爲陶製品,故增類母"瓦"轉形爲形聲字"瓹"。《説文》重文有"瓹"字。《呂氏春秋·安死》:"君之不令民,父之不孝子,兄之不悌弟,皆鄉里之所[遺]釜瓹者而逐之。"東漢高誘注:"以釜瓹食之人,皆欲討逐之。"清畢元新校正:"瓹,舊鬲旁作几,字書無攷,顧亭林引作瓹。注云:'鬲同。'今從之。""鬲"又爲銅製品,故增類母"金"轉形爲形聲字"鎘"。《集韻·錫韻》:"鬲,《説文》:'鼎屬。'或作鎘。"唐王維《胡居士臥病遺米因贈》詩:"牀上無氈臥,鬲中有粥否。"清趙殿成箋注:"《爾雅》:'鼎款足[者]謂之鬲。'或作瓹,又作鎘。"漢時又以聲母"厤"換"鬲"轉形爲形聲字"䰙"。《説文》重文有"瓹"字。《玉篇·瓦部》:"䰙,瓦器。今作鬲。""鬲"由象形字轉換爲形聲字"瓹"、"鎘"、"䰙",或因製作材料變化而換形("瓹"、"鎘"),或因象形字聲化而換形("䰙")。正如楊樹達先生所説:"鬲爲純象形文,瓹爲加義旁字,䰙則純形聲字也。"[①]

例二:囟:脺

"囟"甲骨文作 ᛰ(三期《甲》507),象囟腦門兒。[②]《説文·囟

---

① 楊樹達:《釋甬》,見楊樹達《積微居小學述林全編》第72頁,中華書局2007年版。

② 徐中舒認爲 ᛰ 象鬼形頭,見《甲骨文字典》第1024頁,四川辭書出版社1989年版。

部》:"囟,頭會匘蓋也。象形。䐋,或从肉宰。𡇒,古文囟字。"(十下)
王筠句讀:"頭之會,匘之蓋也。會者,合也。"《禮記·內則》:"男
角女羈。"鄭玄注:"夾囟曰角。"孔穎達等正義:"囟是首腦之上縫。"
後世更換爲形聲字"䐋"《說文》重文有"䐋",但歷代文獻無用例。

例三:工:虹

"虹"甲骨文寫作🝮(一期《菁》41)。《說文·虫部》:"虹,
螮蝀也。狀似蟲。从虫工聲。《明堂月令》曰:'虹始見。'𧍚,籀文
虹从申。申,電也。"(十三上)段玉裁注:"虫者,它也。虹似它,
故字从虫。"《爾雅·釋天》:"螮蝀謂之雩。螮蝀,虹也。蜺爲挈貳。"
郭璞注:"俗名謂美人。虹,江東呼雩,音芎。蜺,雌虹也,見《離
騷》。挈貳,其別名,見《尸子》。"[1]清阮元校刻《十三經注疏》引
郭璞注無"音芎"二字。[2]按:或有對郭氏注讀作:"俗名爲美人虹,
江東呼雩。""虹"連上句讀,誤,應連下讀:"虹,江東呼雩"。《釋
名·釋天》:"虹,陽氣之動也。虹,攻也。純陽攻陰氣也。又曰螮蝀。
其見每於日在西而見於東,啜飲東分之水氣也。見於西方曰昇,朝
日始昇而出現也。又曰美人。陰陽不和,婚姻錯亂,淫風流行,男
美於女,女美於男,互相奔隨之時,則此氣盛,故以其盛時名之。"[3]
《禮記·月令》"(季春之月)虹始見"唐孔穎達等正義:"郭氏云:'雄
者曰虹,雌者曰蜺。'雄謂明盛者,雌謂闇微者。虹是陰陽交會之氣,
純陰純陽則虹不見,若雲薄漏日、日照雨滴則虹生。"虹是雨後或日
出、日沒之際,天邊出現的彩色半圓弧。紅色在外、紫色在內且色

---

[1] (清)郝懿行:《爾雅義疏》第757頁,上海古籍出版社1983年影印清同治四年郝氏家刻本。

[2] 見(清)阮元校刻《十三經注疏》第2608頁,中華書局1980年影印本。

[3] (漢)劉熙:《釋名》,(清)王先謙撰:《釋名疏證補》第42—43頁,上海古籍出版社1984年版。

彩鮮明者曰"虹"，也稱"正虹"；紅色在內、紫色在外且色彩闇淡者曰"蜺（霓）"，也稱"副虹"。虹也出現在薄霧的山間田野，色彩較爲淡白。清郝懿行説："郭音講，俗亦呼爲青絳也。按今登萊人謂虹爲醬。絳亦爲醬，皆方言之轉耳。《釋名》虹'又曰美人'。此郭注所本。"其實今川東南、湘西黔北等地區俗稱"絳"，音 gan[21]或 gang[21]，與清代山東登州人的讀音相同。清張慎儀《蜀方言疏證》："蠑螈曰虹。"疏證："本讀如'杭'，轉爲'絳'。《廣韻[·東韻]》：'虹，古巷切，音絳。'今讀'剛'去聲。"紀國泰先生云："今蜀人於書面語仍讀[xuŋ²¹]，口語則多讀[kaŋ²¹³]。"[①]因所見色彩不同者，或稱"青絳"或"紅絳"、"黃絳"。

　　遠古先民想象虹是正在交配的兩條蟲。郭沫若先生説："象雌雄二虹而兩端有首……蓋古人以單出者爲虹，雙出者爲蜺也。"[②]《詩經·鄘風·蝃蝀》："蝃蝀在東，莫之敢指。女子有行，遠父母兄弟。朝隮于西，崇朝其雨。女子有行，遠兄弟父母。"宋朱熹集傳："日與雨交，倏然成質，以有血氣之齊，乃陰陽之氣不當交而交者，蓋天地之淫氣也。"袁珂先生認爲："虹霓之見，古人以爲'陰陽交'（《古微書》輯《春秋元命苞》），《淮南子·説山篇》云'天二氣則成虹'是也。'兩首'者，亦'交'之象也。故《詩·蝃蝀》以刺奔女，去其封建意識，虹固爲愛情幸福之象徵。《詩·侯人》云：'薈兮蔚兮，南山朝隮；婉兮孌兮，季女斯飢。''朝隮'即朝虹也，'斯飢'，飢於愛也：則虹所象徵者，亦已明矣。"[③]高亨先生説："此詩以虹出東方比喻男女私通"，因爲"蝃蝀即虹。先秦人的迷信意識，認爲虹是天上一種動物，蛇類。天上出現虹是這種動物雌雄交配的

---

① 見紀國泰《〈蜀方言〉疏證補》第 52 頁，巴蜀書社 2007 年版。
② 見《郭沫若全集》考古編卷 2 第 388 頁，科學出版社 1983 年版。
③ 袁珂：《山海經校注》第 255 頁，上海古籍出版社 1980 年版。

現象，色明者是雄虹，色暗者是雌虹，緊緊相依，便是雄雌共眠。”[①]向熹先生也説《蝃蝀》是首“諷刺女子自找對象，不遵父母之命”的詩歌。[②]遠古先民認爲，看男女私會是最大的忌諱，此類習俗依然頑固保留在當今國人的意識中。今川民認爲，看見“絳”是件倒大黴的事情。要是偶然撞見它“喝水”（交配），必須趕快躲開，免得它舔着你的臉。在川人看来，臉上的白斑（白癜風），就是偷看絳喝水時遭舔的。

“虹”以半圓弧象形，隸化爲“H”，後豎立爲“工”，與曲尺之“工”形同。因其屬於蛇類，故增附類母“虫”轉換爲形聲字“虹”，或體寫作“䖳”。《山海經·海外東經》：“䖳䖳在其北，各有兩首。”郭璞注：“音虹。”袁珂注：“䖳即虹字之別寫。”《漢書·天文志》：“暈適背穴，抱珥䖳蜺。”唐顔師古注引三國魏如淳曰：“䖳，或作虹。”《集韻·東韻》説“虹，或書作䖳”。又寫作“蚺”，見《説文》古文。其中的“申”，是初文之訛變，像雌雄同體交合之形，與“交”字的構形理據相同。

例四：遺：慣

《説文·辵部》：“遺，習也。从辵貫聲。”（二下）徐鍇繫傳：“《春秋左傳》曰：‘使盈其遺。’當作此字。”段玉裁注：“亦假貫，或假串。《左傳［·昭公二十六年］》曰：‘貫瀆鬼神。’《［爾雅·］釋詁》：‘貫，習也。’《毛詩［·大雅·皇矣］》曰：‘串夷載路。’”段氏説“遺假貫”不確，“遺”是專爲“貫”的引申義造的區別字，並非假借。後世更換類母“辵”轉形爲“慣”。《爾雅·釋詁下》：“貫，習也。”陸德明釋文：“慣，本又作貫。”《玉篇·心部》：“慣，習也。”

① 高亨：《詩經今注》第73頁，上海古籍出版社1980年版。

② 向熹：《詩經譯注》第49頁，高等教育出版社2009年版。

第3章　漢字構形法三度成熟

《正字通·辵部》:"遺,本借貫,俗改從慣。"《宋書·宗愨傳》:"(庾業)謂客曰:'宗軍人慣噉粗食。'"

例五:階:堦:碏

"階",《廣韻·皆韻》古諧切。本義爲石階、臺階。《説文·阜部》:"階,陛也。从自皆聲。"《玉篇·阜部》:"階,登堂道也。"《尚書·大禹謨》:"舞干羽于兩階。"宋沈括《夢溪筆談》卷十八"喻皓《木經》":"凡屋有三分:自梁以上爲上分,地以上爲中分,階爲下分。"也泛指階梯、梯子等。《楚辭·九章·惜誦》:"欲釋階而登天兮,猶有曩之態也。"臺階爲對稱的土石步道,故更换類母"阜"轉形爲"堦"。《説文》"階"朱駿聲通訓定聲:"字亦作堦。"《玉篇·土部》:"堦,土堦。"《集韻·皆韻》:"階,或從土。"三國魏曹植《閨情二首》之一:"閒房何寂寞,绿草被堦庭。"或更换類母"阜"轉形爲"碏"。《玉篇·石部》:"碏,山石。"唐釋道宣《廣弘明集》卷三十《詠懷詩五首》:"尚想天臺峻,仿佛巖碏仰。"後晉釋可洪《可洪音義》卷三十《廣弘明集》卷三十音義:"巖碏,宜作階、堦,二同,音皆。"《玉篇》所釋,未知其審。鄧福祿、韓小荊《字典考正》:"'碏'即'階'的换旁俗字。"今更换聲母"皆"轉形爲"阶"。

例六:瘃:瘙:癃

"癃"初文作"瘃",從疒夆聲。本義爲腿腳無力不能行走,古稱"罷癃病"。《睡虎地秦墓竹簡·爲吏之道》:"老弱瘃病,衣食飢寒。"《睡虎地秦簡日書乙種·失火》:"己失火,有瘃子,巳失火,有死子。"《武威漢代醫簡·治諸癃》:"石癃出石,血癃出血,膏癃出膏,泔癃出泔。此五癃,皆同樂[藥]治之。"後更换聲母"夆"轉形爲"瘙"或"癃"。《説文·疒部》:"癃,罷病也。从疒隆聲。瘙,籀文癃省。"(七下)段玉裁注:"病當作癃。罷者,廢置之意。凡廢置不能事事曰罷癃。《[史記·]平原君傳》躄者自言:'不幸有罷癃之病。'然則凡廢疾皆得謂之罷癃也。師古注《漢書》改罷病作疲病，非許意。按：《［蒼頡］篇》、《韻［會］》皆作癃，疑篆體有誤。《漢書·高帝紀》：'年老癃病。'景祐本及《韻會》所引皆作癃。"《廣雅·釋言》："躄，癃也。"清王念孫疏證："《說文》：'躄，人不能行也。''癃，罷病也。'足不能行，故謂之癃病。《史記·平原君傳》：'躄者曰："臣不幸有罷癃之病。"'是也。癃、癃，躄、躄並同。"①《史記·平原君虞卿列傳》："躄者至平原君門，謂曰：'……臣不幸有罷癃之病，而君之後宮臨而笑臣。'"唐司馬貞索隱："罷癃謂背疾，言腰曲而背隆高也。"司馬貞說不確。引申爲小便暢病。《素問·宣明五氣篇》："膀胱不利爲癃，不約爲遺溺。"又《五常政大論》："其病癃閟，邪傷腎也。"唐王冰注："癃，小便不通。"清吳謙等著《醫宗金鑑·雜病心法要訣·小便閉癃遺尿不禁總括》："癃即淋瀝點滴出，莖中澀痛數而勤。"《漢書·高帝紀》："年老癃病。"

前文所舉六例代表三類型：第一類，象形字的聲化。象形字"鬲"，增附"瓦"或"金"後變成形聲字"甌"、"鎘"；象形字"工"，增附"虫"後變成形聲字"虹"；象形字"鬲"，通過改變構形部件後變成形聲字"鬳"。第二類，形聲字換形類化。形聲字"遺"，更換"辵"後變成形聲字"憒"；形聲字"階"，更換"阜"後變成形聲字"堦"、"碏"。第三類，形聲字換聲類化。形聲字"瘖"，更換"夆"後變成形聲字"瘇"、"癃"。

透過以上實例的分析，我們對形聲構形原理有了初步認識：即是在聲義擴散性字母的基礎上增附字義類屬性字母來創造形聲字的規律。

"聲義擴散性字母"是指同一讀音和義素向不同事物擴散趨同

---

① （清）王念孫：《廣雅疏證》第170頁，中華書局1983年版。

第 3 章 漢字構形法三度成熟

的字母。比如，"皆"金文作🖹（《皆壺》），江陵楚簡作🖹，在尚未字母化以前是個能獨立使用的會意字。《説文・白部》："皆，俱詞也。从比从白（zì）。"（四上）徐灝注箋："皆，又作偕。皆、偕古今字。"林義光《文源》："從白非義。從白之字古多從口。'皆'，二人合一口，僉同之象。從口之字古多變爲曰。""皆"的本義表示異口同聲、眾口一詞之意，即説話"和諧"不爭執。故凡眾人言行相同、眾物行爲同一都叫"皆"。《周易・解卦》："《象》曰：天地解而雷雨作，雷雨作而百果草木皆甲坼。""皆甲坼"，指草木的種子同時破殼而出。《詩經・周頌・豐年》："以洽百禮，降福孔皆。"毛傳："皆，徧也。"《左傳・襄公二年》、漢劉向《説苑・貴德篇》均引作"降福孔偕"。《吕氏春秋・離謂》："亡國之君，不自以爲惑，故與桀、紂、幽厲皆也。"許維遹集解："皆，古偕字。偕，同也。"

"皆"的本義中包含着"和諧"、"全部"、"對稱"、"挺直"、"强大"、"急速"、"短小"等諸多義素，而"皆"字母化後，其原有的義素都會分别擴散到"偕"、"喈"、"諧"、"鱣"、"騔"、"瑎"、"楷"、"稭"、"階"、"堦"、"磑"、"鍇"、"湝"、"腊"、"骱"、"緒"、"蛣"、"瘖"、"揩"、"敱"、"鶛"、"雖"、"踏"、"楷"、"輵"、"颴"、"颶"、"韚"、"矲"、"勘"、"熖"等中去。因此，凡從"皆"得聲的字，其意義都來源於"皆"的義素，或表示和諧、協調義，如"偕"、"喈"、"諧"、"鱣"、"騔"、"湝"、"鶛"、"韚"等；或表示對比、對稱義，如"偕"、"楷"、"稭"、"階"（堦、磑）、"鶛"、"踏"、"楷"、"韚"等；或表示强大、急速義，如"偕"、"鍇"、"瑎"、"湝"、"緒"、"揩"(敱)、"踏"、"熖"、"瘖"、"颴"（颶）等；或表示挺直、長短義，如"偕"、"楷"、"稭"、"階"（堦、磑）、"腊"（腊）、"蛣"、"踏"、"楷"、"輵"、"矲"等；或表示完全、純正義，如"瑎"、"鍇"、"楷"、"勘"等。從構形的角度看，這些字都是以"皆"爲聲義擴散性字母來新造的形聲字。

"偕"，《廣韻·皆韻》古諧切。"皆"的後起字。《說文·人部》："偕，彊也。从人皆聲。《詩》曰：'偕偕士子。'一曰俱也。"（八上）《詩經·小雅·北山》："執子之手，與子偕老。"毛傳："偕，俱也。"又《秦風·無衣》："王于興師，脩我甲兵，與子偕行。"《漢書·趙充國傳》引《秦詩》作"皆。"

"喈"，《廣韻·皆韻》古諧切。本義爲鳥和鳴聲。《說文·口部》："喈，鳥鳴聲。从口皆聲。一曰鳳皇鳴聲喈喈。"（二上）朱駿聲通訓定聲："喈喈，重言形況字"《集韻·皆韻》："喈，喈喈，和聲。"《詩經·周南·葛覃》："黃鳥于飛，集于灌木，其鳴喈喈。"毛傳："喈喈，和聲之遠聞也。"向熹《詩經詞典》："鳥和鳴聲。"泛指和協。《爾雅·釋訓》："嗈嗈喈喈，民協服也。"漢楊雄《太玄·眾》："躒戰喈喈，恃力作王也。"

"諧"，《廣韻·皆韻》户皆切。本義爲和諧、協調。《爾雅·釋詁》："諧，和也。"《說文·言部》："諧，詥也。从言皆聲。"（三上）又："詥，諧也。从言合聲。"《廣雅·釋詁四》："諧，耦也。"《玉篇·言部》："諧，和也。"《尚書·舜典》："八音克諧，無相奪倫。"《周禮·天官·大宰》："三曰禮典，以和邦國，以統百官，以諧萬民。"

"龤"，《廣韻·皆韻》户皆切。爲"諧"的轉形字。《說文·龠部》："龤，樂和龤也。从龠皆聲。《虞書》曰：'八音克龤。'"徐鍇繫傳："《尚書》作'諧'，假借。"段玉裁注："'龤'與《言部》'諧'音同義異。各書多用'諧'爲'龤'。"朱駿聲通訓定聲："經傳皆以'諧'爲之。"明葉盛《水東日記·摘抄四》："左絲右竹，已龤宮商。""諧聲"或作"龤聲"。

"騛"，《廣韻·皆韻》户皆切。馬的性情温順。《說文·馬部》："騛，馬和也。从馬皆聲。"（十上）《廣韻·皆韻》："騛，馬性和也。"

第3章 漢字構形法三度成熟

"瑎",《廣韻·皆韻》户皆切。本義爲墨玉。《説文·玉部》:"瑎,黑石似玉者。从玉皆聲。讀若諧。"(一上)《玉篇·玉部》:"瑎,黑玉也。"明楊慎《玉名詁》:"瑎,墨玉也。"清徐珂《清稗類鈔·鑒賞類》:"玉有九色,元如澄水曰璧,緑如翠羽曰瓐,黄如蒸栗曰玵,赤如丹砂曰瓊,紫如凝血曰璊,黑如墨光曰瑎,白如割肪曰瑳。〔玉以潔白爲上,白如割肪者又分九等。〕赤如斑花曰瑛。"

"楷",《廣韻·皆韻》古諧切。本義爲黄連樹,傳説爲孔子墓旁所植,喻品性剛直。《説文·木部》:"楷,木也。孔子塚蓋樹之者。从木皆聲。"(六上)段玉裁注:"《皇覽》云:'塚塋中樹以百數,皆異種。傳言弟子各持其方樹來種之。'按:楷亦方樹之一也。"唐段成式《酉陽雜俎·木篇》:"孔子墓上特多楷樹。"清劉獻廷《廣陽雜記》卷一:"楷木,即今黄連頭樹也。楷有瘦,可以爲器。"《清朝野史大觀·清人逸事·孔東塘出山異數記》:"上問楷木何所用之? 尚任奏曰:'其木可爲杖,又可爲棋,其木之瘦可爲瓢,其葉可爲蔬,又可爲茶,其子榨油可爲膏燭。'"

"稭",《廣韻·皆韻》古諧切。本義爲稭稈。《説文·禾部》:"稭,禾稾取其皮,祭天以爲席。从禾皆聲。"(七上)段玉裁注:"謂禾莖既刈之,上去其穗,外去其皮,存其淨莖,是曰稭。"朱駿聲通訓定聲:"祭天以爲藉字,亦作秸、作䕸、作蓎。《廣雅·釋草》:'稭,稾也。'"《史記·封禪書》:"埽地而祭,席而菹稭,言其易遵也。"劉宋裴駰集解引應劭曰:"稭,禾稾也。取其皮以爲席。"或更换聲母"皆"轉形爲"秸"。《廣韻·黠韻》"秸"古黠切。《尚書·禹貢》:"二百里納銍,三百里納秸服。"僞孔安國傳:"秸,槀也。"陸德明釋文:"秸,本或作稭。"《漢語大字典》未説明兩字的異體關係,宜補。或更换聲母"皆"轉形爲"䕸"。《玉篇·禾部》:"稭,稭稾也。去其皮,祭天以爲席。䕸,祭神席也。秸,同上。"《禮記·禮器》:

"莞簟之安，而稾鞂之設。"鄭玄注："穗去實曰鞂。"孔穎達等正義："稾鞂，除穗粒取稈稾爲席。"或更換類母、聲母轉形爲"藍"。《廣韻·皆韻》"藍"古諧切。《玉篇·艸部》："藍，麻莖也。"《集韻·黠韻》："稭，《說文》：'禾稾取其皮，祭天以爲席。'或作秸、藍。"《正字通·艸部》："凡麻、豆莖皆曰藍。"宋陸游《浣花女》："當户夜織聲咿啞，地爐豆藍煎土茶。"

　　"階"，《廣韻·皆韻》古諧切。本義爲石階、臺階。《説文·阜部》："階，陛也。从自皆聲。"（十四下）《玉篇·阜部》："階，登堂道也。"《尚書·大禹謨》："舞干羽于兩階。"宋沈括《夢溪筆談》卷十八"喻皓《木經》"："凡屋有三分：自梁以上爲上分，地以上爲中分，階爲下分。"也泛指階梯、梯子等。《楚辭·九章·惜誦》："欲釋階而登天兮，猶有曩之態也。"臺階爲對稱的土石步道，故更換類母"阜"轉形爲"垍"。《説文》"階"朱駿聲通訓定聲："字亦作垍。"《玉篇·土部》："垍，土垍。"《集韻·皆韻》："階，或從土。"三國魏曹植《閨情二首》之一："閒房何寂寞，緑草被垍庭。"或更換類母"阜"轉形爲"磇"。《玉篇·石部》："磇，山石。"唐釋道宣《廣弘明集》卷三十《詠懷詩五首》："尚想天臺峻，仿佛巖磇仰。"後晉釋可洪《可洪音義》卷三十《廣弘明集》卷三十音義："巖磇，宜作階、垍，二同，音皆。"《玉篇》所釋，未知其審。鄧福祿、韓小荆《字典考正》："'磇'即'階'的換旁俗字。"今更換聲母"皆"轉形爲"阶"。

　　"鍇"，《廣韻·駭韻》苦駭切，又古諧切。純鐵。《説文·金部》："鍇，九江謂鐵曰鍇。从金皆聲。"（十四上）徐鍇繫傳："鍇，《字書》曰：'鐵好也。'一曰白鐵也。夫鐵精則白。"漢張衡《南都賦》："銅鐵鈆鍇，赭堊流黄。"《文選·左思〈吳都賦〉》："銅鍇之垠。"唐劉良注："鍇，白鐵。"

"湝",《廣韻·皆韻》古諧切。"湝湝",水流浩大。《説文·水部》:"湝,水流湝湝也。从水皆聲。一曰湝湝,寒也。《詩》曰:'風雨湝湝。'"(十一上)徐鍇繫傳:"湝,衆流之皃。"《廣雅·釋訓》:"湝湝,流也。"《詩經·小雅·鼓鐘》:"鼓鐘喈喈,淮水湝湝。"毛傳:"喈喈猶將將,湝湝猶湯湯。"

"腊",《廣韻·皆韻》古諧切。瘦。《説文·肉部》:"腊,臞也。从肉皆聲。"(四下)《廣韻·蟹韻》:"腊,臞皃。"《集韻·駭韻》:"腊,瘦謂之腊。"後世更換類母"肉"轉形爲"骱"。《篇海類編·身體類·骨部》:"骱,同腊,瘦也。"又作"膌"。《改併四聲篇海·肉部》引《奚韻》:"膌,瘦貌。"《康熙字典·肉部》:"膌,同腊。"

"緒",《廣韻·皆韻》口皆切。大絲。《説文·糸部》:"緒,大絲也。从糸皆聲。"(十三上)

"蛣",《廣韻·皆韻》古諧切。蛣蟲,長三寸,大如筆管,藏身草木下,知天雨。《廣韻·皆韻》:"蛣,蟲名。《淮南子》曰:'蛣知雨至。'蛣蟲大如筆管,長三寸,代謂之猥犽〔狗〕也。知雨知翳葉。"《太平御覽》卷九百四十八引《淮南子》曰:"'蛣知將雨。'高誘注:'蛣,蟲也。大如筆管,長三寸餘。'"

"痎",爲"痎"的後出轉形字。"痎",《廣韻·皆韻》古諧切。指兩天一發的瘧疾,也泛稱瘧疾。《説文·疒部》:"痎,二日一發瘧。从疒亥聲。"(七下)段玉裁注:"今人謂間二日一發爲大瘧。顔之推云:'兩日一發之瘧,今北方猶呼痎瘧。'"《集韻·咍韻》:"痎,瘧疾。"《素問·四氣調神大論》:"逆之則傷心,秋爲痎虐。"《顔氏家訓·書證篇》:"《左傳》曰:'齊侯痎,遂痁。'《説文》云:'痎,二日一發之瘧。痁,有熱瘧也。'案:齊侯之病,本是間日一發,漸加重乎故,爲諸侯憂也。今北方猶呼痎瘧,音皆。而世間傳本多以痎爲疥,杜征南亦無解釋,徐仙民音介,俗儒就爲通云:'病疥,令人惡寒,變而成瘵。'此臆説也。疥癬小疾，何足可論，寧有患疥轉作瘵乎？"王利器集解："器案：《説文繫傳》十四瘱下引此，'瘵'作'疥'，《左傳》昭公二十年本作'疥'，改'疥'爲'瘵'，見《釋文》引梁元帝，及《正義》引袁狎説。推之從梁元帝甚久，此即用其説，《繫傳》改《家訓》爲'疥'，失其本真。"①"瘵"，後世轉形作"瘄"，從疒皆聲。《字彙·疒部》："瘄，同瘵。"《素問遺篇·本病論》："民病瘄瘵骨熱，心悸驚駭，甚時血溢。"

"揩"，《廣韻·皆韻》口皆切。磨擦。《廣雅·釋詁三》："揩，磨也。"《廣韻·皆韻》："揩，摩拭。"《文選·張衡〈西京賦〉》："揩枳落，突棘藩。"李善注引《字林》："揩，摩也。"宋釋普濟《五燈會元·興化仁岳禪師》："癩馬揩枯柳。"或更換類母"手"轉形爲"攲"。《玉篇·支部》："攲，摩也。"《類篇·支部》："攲，揩捼摩瓺也。揩或作攲。""攲"的異體作"攲"。明章黼輯《直音篇·支部》："攲、揩同。"

"䳢"，《廣韻·皆韻》古諧切。雄性鵪鶉，因鳴叫悦耳動聽而得名。《爾雅·釋鳥》："鵪鶉，其雄䳢，牝庳。"晉郭璞注："鶉，鷃屬。"《集韻·虞韻》："䳢，鳥名。《爾雅》：'鶉，其雄䳢。'或从隹。"明張自烈《正字通·隹部》："雔，同䳢。"

"踏"，"街"的轉形字。"街"，《廣韻·佳韻》古膎切，又古諧切。四通的道路。《説文·行部》："街，四通道也。从行圭聲。"（二下）唐慧琳《一切經音義》卷四引楊戩《考聲》云："街，都邑中之大道也。"《墨子·號令》："卒有驚事，中軍疾擊鼓者三，城上道路，里中巷街，皆無得行。"《文選·張衡〈西京賦〉》："觀其城郭之制，

---

① （北齊）顔之推撰，王利器集解：《顔氏家訓集解》第391頁，上海古籍出版社1980年版。

則旁開三門，參塗夷庭，方軌十二，街衢相經。"李善注："街，大道也。""街"爲人行走大道，故更換類母、聲母轉形爲"踏"。明章黼輯《直音篇·足部》："踏，街同。"

"䅘"，《廣韻·皆韻》口皆切。稻米的別稱。《廣韻·皆韻》："䅘，米之別名。"

"輆"，《玉篇》户皆切。登車。《玉篇·車部》："輆，登車也。"

"颽"，《廣韻·皆韻》古諧切。疾風。《玉篇·風部》："颽，疾風也。"清劉大櫆《重九後五日同仁讌集》："面垢塵土一千尺，邺風一夜聞其颽。"或寫作"颰"。《龍龕手鑑·風部》：颰，颽之或體。

"鞵"，《玉篇》户皆切。"鞋"的轉形字。"鞋"，《廣韻·佳韻》户佳切，又户皆切。《廣韻·皆韻》："鞋，履也。"北齊顏之推《顏氏家訓·治家篇》："麻鞋一屋，弊衣數庫，其餘財寶，不可勝言。"明陶宗儀《説郛》卷十引唐劉存《事治·鞋》："古人以草爲履，皮爲履，後唐馬周，始以麻爲之，即鞋也。"《玉篇·革部》："鞵，履也。"《龍龕手鑑·革部》："鞵"，"鞋"之俗字。

"矲"，《廣韻·駭韻》苦駭切。身材矮小。《方言》卷十："凡物生而不長大亦謂之鶩，又曰瘠。桂林之中謂短〔曰〕䂿。䂿，通語也。"郭璞注："言䂿矲也。"《廣韻·蟹韻》："䂿，䂿矲，短也。"

"勘"，《集韻·怪韻》口戒切。爲"劾"的引申義造的區別字。"劾"，《廣韻·德韻》胡得切，又胡槩切。《説文·力部》："劾，法有皋也。从力亥聲。"(十三下)段玉裁注："法者，謂以法施之。"《急就篇》："誅罰詐僞劾罪人。"顏師古注："劾，舉案之。"王應麟補注："劾，推窮罪人也。漢世問罪謂之鞫，斷獄謂之劾。"《史記·魏其武安侯列傳》："劾灌夫罵坐不敬，繫居室。"引申爲檢舉揭發、檢舉揭發的文書、用符咒來制服鬼魅、勤懇盡力等。"勤懇盡力"義讀音 kài，又造"勘"字以區別。《集韻·怪韻》："勘，勤力也。一曰勉也。"

或作勘。"

"焌",《字彙補》古齋切。用火烘乾。清吳任臣《字彙補·火部》："焌，烜也。"

"字義類屬性字母"是指在形聲字的構形中表示字義所屬類別的字母。例如"偕"、"喈"、"諧"、"鱛"、"鶛"、"瑎"、"楷"、"稭"、"階"、"塏"、"磑"、"鎅"、"湝"、"脂"、"骼"、"緒"、"蜡"、"瘖"、"揩"、"皆"、"鴶"、"雛"、"踏"、"秸"、"輵"、"飍"、"颮"、"輵"、"獪"等形聲字中的"人"、"口"、"言"、"龠"、"馬"、"玉"、"木"、"禾"、"米"、"阜"、"土"、"石"、"金"、"水"、"手"、"支"、"足"、"肉"、"骨"、"糸"、"虫"、"疒"、"鳥"、"隹"、"車"、"革"、"矢"、"風"等，原本是獨立成字的，而字母化之後就充當了字義類屬性字母的角色。

劃分"聲義擴散性字母"和"字義類屬性字母"對形聲字的構形和字形分析具有積極意義。

第一，明確它們在構形中的分工。聲義擴散性字母在新字的組建中是形、音、義全部參與的，而字義類屬性字母祇有形和義的參與，與讀音無關。

第二，就表意而言，聲義擴散性字母表示字義的較大區域，外延性強，而字義類屬性字母則表示字義所屬客觀事物的某一個類別，限制性強。

第三，就字母在字形構造中的地位而言，聲義擴散性字母處於主體和核心的地位，而字義類屬性字母處於附加和從屬的地位。

比如"階"，其中的聲義擴散性字母"皆"，既表示字義所屬的形狀"對稱"的階梯，又要標注該字的讀音，而字義類屬性字母"阜"，僅表示該字代表的客觀事物屬於土石的範疇。事實上，字義類屬性字母這種限定作用祇適用於日益聲化的形聲字，而在早期形

第3章 漢字構形法三度成熟

聲字中，這種作用幾乎不存在。因爲漢代或更早的形聲字，絕大多數是在象形字或會意字的基礎累增字義類屬性字母形成的，其中的聲義擴散性字母本身就包含着類屬的限定。比如"鎘"中的"鬲"，"虹"中的"工"，本身就是炊具（鼎）或彩虹，這類形聲字中的字義類屬性字母增附與否完全是自由的，增附了反倒增加了認字的負擔。

形聲字是由聲義擴散性字母與字義類屬性字母結合構成的字。其中的"形"，前人認爲它是表意部分，故稱之爲"意符"，也因爲它是構形的字母之一，故或稱爲"形符"。這些稱謂，實用而不科學，最好叫做"類母"（"字義類屬性字母"的簡稱）。其中的"聲"，前人認爲它祇管表示讀音，故稱之爲"聲符"（或"諧聲偏旁"）。其實，表音祇是它最爲顯著的特點，用"聲符"來概括"聲"的內涵，顯然是不行的，叫做"聲母"（"聲義擴散性字母"的簡稱），更爲直觀準確。

"類母"和"聲母"僅對形聲字的構形而言，它們不適用於除形聲構形法以外的任何構形法。再說，同一個字母在形聲字系統裏是作類母還是作聲母本來是不確定的，必須取決於構形所需。比如，"金"在形聲字"銀"中屬類母，在形聲字"崟"中則屬聲母，而在會意字"鑫"中就是一個字母，無所謂"類母"或"聲母"；"木"在形聲字"樹"中屬類母，在形聲字"沐"中則屬聲母，而在會意字"森"中就是一個字母，也無所謂"類母"或"聲母"，等等。類母與聲母在形聲字中既互爲獨立又相互轉化，是漢字系統中形聲字生生不息的生命之源。

漢字的構形原理及其方法從"象形"而後"會意"，從"會意"而後"形聲"，三次飛躍而走向徹底成熟，使漢字處於形聲的造字高峰而永保生機。正如鄭樵所說："五書有窮，諧聲無窮；五書

尚義，諧聲尚聲。"(《通志·六書略》)

　　"變易"是漢字發展的強大生命力和助推器，它是《易》學精髓"窮則變、變則通、通則久"在漢字發展史上的完美實踐。漢字至今沒有走向世界共同發展的拼音化道路，原因是它尚處於生機勃發的歷史時期，它在三次自我改變、調整和完善的過程中選擇了一條自我發展的"形聲一體化"道路，在這種條件下，人們要想隨意改變漢字的發展方向是完全不可能的。

第4章　漢字的孳乳原理和方法

《左傳·僖公十五年》："韓簡侍［惠公］曰：'龜，象也；筮，數也。物生而後有象，象而後有滋，滋而後有數。'"文中韓簡說明了物生象、象生數之間的變易規律和相承關係。凡物之生必有象，物之滋必有數，漢字的產生（取象），孳乳（聚象、寓象）也是如此。比如客觀事物中有龜類動物，我們的祖先就觀其形而畫"龜"之像，於是甲骨文中就有了 ᛰ 這個完形的形象字。後世以"龜"爲基礎（字母），再造出"爈"、"臑"、"䚢"、"穐"、"䵶"、"鼇"等會意字或形聲字來。這些新造的字，依然具有"龜"的形象特徵。《說文·龜部》："龜，舊也。外骨内肉者也。从它，龜頭與它頭同。天地之性，廣肩無雄，龜鼈之類，以它爲雄。象足、甲、尾之形。𠃑，古文龜。"（十三下）段玉裁注："此以疊韻爲訓。門、聞、户、護之例。龜，古音姬，亦音鳩；舊，古音曰，亦音忌。舊本鴟舊字，叚借爲故舊，即久字也。劉向曰：'蓍之言耆，龜之言久。龜千歲而靈，蓍百年而神，以其長久，故能辨吉凶。'《白虎通》語略同。龜之大者曰鼇。敖與久音相近……此如黽頭與它頭同，魚尾與燕尾同，兔頭與㲋同，㲋足、麂足、能足與鹿足同，虎足與人足同，禺頭與禽頭、離頭同，皆物形相似，故制字同之也。説从它之意也。"[①] 又："臑，龜甲邊也。从龜肙聲。天子巨臑，尺有二寸，諸矦尺，大夫八寸，士六

---

① （清）段玉裁：《說文解字注》第678頁，上海古籍出版社1988年第2版。

寸。"又《火部》:"䵫,灼龜不兆也。从火从龜。《春秋傳》曰:'龜焦不兆。'讀若焦。"(十上)段玉裁注:"《左傳·哀[公]二年》:'卜戰,龜焦。'無'不兆'二字。按:許所據蓋有'不兆'……焦者,火所傷也。龜焦曰䵫。許引《傳》説'龜火會意'。""龜"及以"龜"爲字母再造的新字,無論是會意字還是形聲字,都具有"龜"的形象特徵,它們屬於同一字族,具有與"龜"相關的意義。

漢字生於象形,象形生於取象,取象生於史官,史生於巫覡,這就是漢字產生的本源。取象記言,文以載道,本立而道生。漢字的"本",是天地之間的"貌"和"像",貌像在轉化爲"形"(文字)的過程中,其"義"隨之托附於"形"。因此,文字的貌像,不再是一種"貌"或一種"像",而是"形"與"義"與"音"的結合物——象形文字。漢字由甲、金而後古、籀,由古、籀而後篆、隸,由篆、隸而後行、楷,雖幾經轉變,其本形依然根深蒂固——以象形爲基礎建構的會意文字系統。清人黃承吉説:"古聖人凡造字,必有事物跡象之可傍依,然後能制。"

但是,大千世界,有形之物是可以窮盡的,而無形之物卻多如牛毛,再加上人類主觀意識的產生、發展,潛意識的意象隨之大量地、不斷地湧現,漢字的取象範圍和内容逐日縮小,因之,依然用原有的象形法來造字,已經無法滿足族群日益增長的書寫需求,這種狀況必然激發我們的祖先,再次尋求活力更強、更爲便捷的造字方法,造出更多的字以滿足書寫的需要。於是我們的祖先在不斷地探求人類與大自然的奥秘中,使漢字的構形方法在依託象形法的基礎上,繼之發明了會意和形聲兩種方法。到兩周以前,漢字構形法已經順利完成三次大的飛躍而漸漸走向成熟。漢字構形法之所以能從"象形"飛躍到"形聲",是因爲我們的祖先感悟於易變的結果。

他們在認識陰陽的變易中，發現了孳乳漢字的原理，並成功地將它運用於文字的創造和再創造中。

4.1　陰陽觀與漢字的孳乳原理

漢字的孳乳原理是建立在陰陽觀的基礎上的。遠古先民從母權社會一步步走到父權社會，在整個進程中充滿着矛盾和矛盾運動。矛盾的主體是天与地、男人和女人，他們分別代表着矛盾的兩個主體"陽"和"陰"。

陰陽各自處於靜止狀態時表現爲矛盾的對立，而處於"合和"的狀態時則表現爲矛盾的運動。陰陽的對立是短暫的止息，而運動纔是其永恒的本能。運動會產生變化，而變化的目的是爲了再生新的"陰"和"陽"，由此形成《易》的精髓和核心——"生生不息"。中國道教鼻祖老子認爲：宇宙原本是個混合的太虛（他稱爲"道"、"母"、"玄匕"等）。太虛的運動能產生一種混合物，再由這種混沌之氣的混合物派生出"陰"和"陽"兩儀來，而兩儀再萌生天、地、人三才，再由三才衍生萬物，由此形成他的"道生一、一生二、二生三, 三生萬物"（《老子》第四十二章）的著名"生成"思想。老子的生成思想，就是《易》學關於"生生之謂易"（《周易·繫辭上》）的變易思想的體現。

《周易》所謂的"生生"，是指陰陽的變易與相生。《說卦》中有個陰陽變易相生的例子："乾，天也，故稱乎父；坤，地也，故稱乎母。震一索而得男，故謂之長男；巽一索而得女，故謂之長女；次再索而得男，故謂之中男；離再索而得女，故謂之中女；艮三索而得男，故謂之少男；兌三索而得女，故謂之少女。"文中說明父母

（乾坤）相"索"（交媾）而生育子女的客觀規律。但是，生男還是生女，取決於男女雙方的主動者，母主動求父則生女，父主動求母則生男。震陰居初位謂"長男"，坎陰居二位謂"中男"，艮陰居三位謂"少男"；巽陰居初位謂"長女"，離陰居二位謂"中女"，兌陰居三位謂"少女"。這就是説八卦中的"乾"和"坤"代表父母，其餘六卦分别代表由父母所生的三男三女。"陰陽合和而萬物生"（《淮南子·天文訓》），父母索求而子女生，是男女、陰陽運動的規律，也是天地萬物生生不息的規律。正是這種規律，使我們的祖先在面對象形造字法行將失去生機與活力的時候，啓迪他們發現了漢字的孳乳原理。

4.2 漢字的孳乳方法

漢字的"生生不息"就是"孳乳"。孳乳的基本方法是：採用重疊或增附等方式，將字母化了的構形部件組合成新字。這個定義涵蓋以下内容：

（1）"字母"——指孳乳漢字的原有漢字，或稱"造新字的構形部件"。"字母"作爲文字學的術語是南宋人王觀國提出來的。他在《學林》卷五中説："盧者，字母也，加金則爲鑪，加火則爲爐，加瓦則爲甋，加目則爲矑，加黑則爲黸。凡省文者，省其所加之偏旁，但用字母，則衆義該矣。亦如田者，字母也，或爲畋獵之畋，或爲佃田之佃，若用省文，唯以田字該之。他皆類此。"[1] 王觀國所説的

---

[1] （宋）王觀國：《學林》，見《四庫全書》子部，上海人民出版社、迪志文化出版有限公司1999年版。

"字母"實際上就是形聲字的諧聲偏旁,俗稱聲符,宋人或稱爲"右文"。明代說文學家趙古則對漢字孳乳的見解尤爲深刻。他在《六書總論》中說:"學者既識文字之有間,又當識子母之相生。母能生子,不能生,主類爲母,從類爲子;生字爲母,從母爲子。顯母隱爲子,爲母滋爲子,用者爲母,不能者爲子;得執(俗勢)爲母,不得執爲子。母主形主義,子但主聲。"① 清人黃承吉極力推崇王觀國、趙古則的"字母"説,且將其演化成爲文字孳乳的基本法則。他在《字義起於右旁之聲說》一文中說:

六書之中,諧聲之字爲多。諧聲之字,其右旁之聲必兼有義,而義皆起於聲,凡字之以某爲聲者,皆原起於右旁之聲義而制字,是爲諸字所起之綱。其在左之偏旁部分(或偏旁在右在上之類皆同),則即由綱之聲義而分爲某事某物之目。綱同而目異,目異而綱實同。如右旁爲某聲義之綱,而其事物若屬於水,則其左加以水旁而爲目。若屬於木火土金,則加以木火土金之旁而爲目。若屬於天時人事,則加以天時人事之旁而爲目;若屬於草木禽魚,則加以草木禽魚之旁而爲目:其大較也。蓋古人之制偏旁,原以爲一聲義中分屬之目,而非爲此字聲義從生之綱。綱爲母,而目爲子。凡制字所以然之原義,未有不起於綱者。②

黃承吉認爲:形聲字的構形部件有"綱"和"目"之分。聲符爲"綱",故稱"母"或"右旁";形符爲"目",故稱"子"。"子"附於"母"則是文字孳乳的基本法則。

---

① (明)趙古則:《六書本義》,見《四庫全書》第228冊第290頁,上海古籍出版社1987年版。
② (清)黃生著,(清)黃承吉合按:《字詁義府合按》第75頁,中華書局,1984年版。

前人所謂"字母"就是今人所說的"聲符",近人沈兼士先生改稱"聲母"。① 而本文所謂"字母",則是泛稱用來創造新字的一切構形部件,不是特指"聲母"或"聲符"。

(2)字母的"重疊或增附"方式——指字母在新造的字中的組合規則,即運用兩個或兩上以上的同形(或異形)字母創造新字的具體方式。

(3)漢字的孳乳是以多字母的重新組合來實現的。但是,多字母在新造的字中並非都處於各自獨立的地位。也就是說,不管一個新字用多少個字母構成,其中祇能有兩個主體。兩個主體的"合和"纔能孳乳出新的字來。許慎把它叫做"形聲相益"的構形原理。

漢字孳乳的方法主要有兩種:同母重疊法和異母增附法。

4.2.1 同母重疊構形法

在討論同母重疊構形法之前,我們先看一副前人所說的"天書對聯"。雲南的巍寶山位於巍山彝族回族自治縣城南十一公里,南倚太極頂,西鄰陽瓜江,東連五道河,北與大理蒼山遙望。主峰海拔2509米,峰巒起伏,綿亙數十里。山中古樹參天,風光秀美,氣候溫和。巍寶山歷史悠久,據說開闢於漢代,距今已有兩千多年的歷史。1982年巍寶山風景區被列為國家級風景名勝區。巍寶山的觀音殿有一副楹聯:

木林森森南海岸,石砳磊磊普陀岩。

---

① 參看沈兼士《右文說在訓詁學上之沿革及其推闡》,見《沈兼士學術論文集》,中華書局1986年版。

這副楹聯中因用了"൙"、"䨥"兩個生僻難認的字而被世人稱之爲"天書對聯"或"怪字對聯"。有人說它是"道家符籙上的字",有人將其解讀爲:"木林森隔南海岸;石集磊堆普陀岩。"① 這副楹聯不僅見於雲南巍寶山的觀音殿,在西南地區佛教寺廟中幾乎都能見到,如成都東郊石經寺的觀音殿,重慶市萬州區靈龍生態旅遊景區的鎖口寺(也稱"八角廟"),四川安岳的金剛洞等。有的改了幾個字,如四川閬中大佛寺旁的觀音廟改成:"木林森൙閬河水,石砳磊䨥大佛寺。"從文字學的角度看,這副楹聯中的"林"、"森"、"൙"(sēn)、"砳"(lè)、"磊"、"䨥",都是採用重疊構形法造的字。其中,"林"、"砳"採用順向並列重疊構形,"森"、"磊"採用順向一疊一構形,"൙"、"䨥"則採用順向二疊二構形。"砳"的意思是眾石相互碰撞發出的聲音。《玉篇·石部》:"砳,石聲。"《正字通·石部》:"砳,《六書略》:'二石相擊成聲。'""磊"的意思是眾石累積的樣子。《說文·石部》:"磊,眾石也。从三石。"(九下)《楚辭·九歌·山鬼》:"采三秀兮於山間,石磊磊兮葛蔓蔓。"宋洪興祖補注:"磊,眾石貌。""磊"的後出轉形字有"䨥"、"磥(礌)"。《字彙補·石部》:"䨥,與磊同義。""磥"從石累聲。《玉篇·石部》:"磊,磊砢。磥,同上。"《集韻·賄韻》:"磊,《說文》:'眾石也。'或從累。"《文選·宋玉〈高唐賦〉》:"礫磥磥而相摩兮,巆震天之礚礚。"唐李善注:"磥磥,眾石貌。""൙"音義與"森"相同。

用同母重疊構成"怪字對聯"是元明以來我國先賢常玩弄的一種文字遊戲,在嬉戲中透露出他們對文字孳乳原理的感悟。元人鄭采寫了一首七言古絕《題復古秋山對月圖》,始開詩句、對聯用疊字之先河。其詩云:

---

① 楊鏡:《大理風景名勝楹聯趣話》,《大理文化》2010 年第 12 期。

天叕叕兮月朤朤，山屾屾兮水沝沝。
木森森兮竹䈛䈛，勢驫驫兮墨鱻鱻。

這首七言古絕中的"森"、"䈛"、"驫"、"鱻"、"叕"、"朤"、"屾"、"沝"，都是採用重疊構形法造的字。其中，"森"、"䈛"、"驫"、"鱻"採用順向一疊一構形，"叕"、"朤"、"屾"、"沝"則採用順向二疊二構形。"叕"是"皓"字的後出轉注字。《改併四聲篇海·天部》引《搜真玉鏡》："叕，結、皓二音。""朤"是"朗"字的後出轉注字。《改併四聲篇海·天部》引《搜真玉鏡》："朤，朗、照、耀三音。出《西江賦》也。"《字彙補·月部》："朤，音義與朗同。""鱻"是"鮮"字的初文。《說文·魚部》："鱻，新魚精也。从三魚。不變魚。"徐鍇等注："三，眾也。眾而不變，是鱻也。"段玉裁注："鱻，凡鮮明、鮮新字皆當作鱻。自漢人始，以鮮代鱻。如《周禮》經作鱻，注作鮮，是其證……今則鮮行而鱻廢矣。"《周禮·天官·庖人》："凡其死生鱻薧之物，以供王之膳。"鄭玄注引鄭司農曰："鮮，謂生肉。"唐賈公彥疏："新殺爲鱻。""驫"是"凜"字的後出轉注字。《字彙補·宀部》："驫，力飲切，音凜。見《貫珠集》。"將原有漢字字母化後以充當新造字的構形部件，是漢字孳乳取之不盡用之不竭的構形原材料。

所謂同母重疊構形法，是將兩個或兩個以上相同的字母重疊在一起創造新字的方法。具體可分爲"並列重疊"和"上下壘疊"兩類。

（1）"並列重疊構形法"即將相同的兩個字母並排在一起創造出另一個新字。用這種方法造出來的字均爲會意字。其並列重疊的方式又分爲順向並列構形和逆向並列構形兩種。例如：

叩：從日順向並列構形。《說文·口部》："口，人所以言、食也。

象形。"（二上）《叩部》云："叩，驚嘑也。从二口。讀若讙。"（二上）徐鉉等注："或通用讙，今俗別作喧。"① 徐鍇繫傳："叩，眾人並呼。"轉形爲"讙"、"喧"、"誼"等。《集韻・元韻》："叩，亦作讙、喧，通作誼。"《説文・言部》："讙，譁也。从言雚聲。"（三上）《玉篇・言部》："讙，讙䜕之聲。"《荀子・儒效》："此君子義信乎人矣。通於四海，則天下應之如讙。"唐楊倞注："讙，誼也。言聲齊應之也。"《史記・陳丞相世家》："諸將盡讙。"南朝宋司馬貞索隱："讙，譁也。"《玉篇・言部》："誼，喧譁。"漢賈誼《新書・胎教》："立而不跛，坐而不差，笑而不誼，獨處不倨，雖怒不罵，胎教之謂也。"

示示：從示順向並列構形。《説文・示部》："示示，明視以筭之。从二示，讀若筭。《逸周書》曰：'士分民之示示。'均分以示示之也。"（一上）朱駿聲通訓定聲："四橫六直，象觚之形，實即筭之古文也。"清葉德輝讀若考："示示即筭之本字。《竹部》：'筭，長六寸，記歷數者。言常弄乃不誤也。'余謂示示即筭之本字者，蓋即籌筭也。"按：《竹部》的"筭"乃是"示示"的後出轉注字，許君不明，故另立一篆。

丮丮：從丮逆向並列構形。"丮丮"甲骨文作𠬞，象兩手向上攀援。《説文・丮丮部》"丮丮，引也。从反丮。攀，丮丮或从手从樊。"（三上）徐鉉等注："普班切。今隸變作大。"清邵英群經正字："今經典從或體，而又變作攀。""丮丮"的本義表示兩手向上攀援，被攀援的物體不限，與"乘"的攀援方式不同，"乘"表示用兩足爬樹。後轉形爲"攀（攀）"，《説文》重文有"樊"字，與同部表示籬笆牆的"樊"形混，② 今規範用"攀"。黃侃《字正初編・删韻》："丮丮，正；攀，或；攀，變。"③《莊子・馬蹄》："是故禽獸可系羈而遊，鳥鵲之

---

① （漢）許慎：《説文解字》第35頁，中華書局1963年影印本。
② （漢）許慎：《説文解字》第59頁，中華書局1963年影印本。
③ 黃侃：《字正初編》第65頁，武漢大學出版社1983年版。

巢可攀援而窺。"《漢書·司馬相如傳》:"頰杳眇而無見,仰攀橑而捫天。"唐顏師古注:"𢺳,古攀字也;橑,橡也。"

在漢字集團中,採用順向並列構形法造的字佔絕對優勢。這種現象,我們從《說文》的字例中也能看出來。

①巛,水流澮澮也。方百里爲巛,廣二尋,深二仞。(十一下《巛部》)徐鍇繫傳:"《釋名》:'水注溝曰巛。'巛,會也,小水之所聚會也。今人作澮。"王筠句讀:"巛,言水流者,承'𡿨(畎),水小流也'而言。巛倍於𡿨,其流大也。"

②从,相聽也。从二人。(八上《从部》)段玉裁注:"从者,今之從字,從行而从廢矣……許書凡云'从某',大徐作'从',小徐作'從'。"徐灝注箋:"从、從古今字。相聽,猶相從。"

③北,乖也。从二人相背。(八上《北部》)唐蘭《釋四方之名》:"北由二人相背,引申而有二義:一爲人體之背,一爲北方。"

④屾,二山也。(九下《屾部》)

⑤沝,二水也。闕。(九下《沝部》)王筠句讀:"既釋以二水,而又云闕者,蓋沝即水之異文。許君不得確據,故不質言之,而與𠚍亦自字、麻亦㣺同異文也。《集韻》曰:'閩人謂水曰沝。'則謂水、沝爲兩字。安康王玉樹松亭曰:'鄭氏《易》:'坎爲水。水作沝。'郭忠恕《佩觿集》:'音義一而體別。水爲沝,火爲炊。是水與沝音義竝同。'筠案:此說最精。凡疊二成文者,如棗、众、从、棘、茻、𨸏、屾、豩、䲐、所等字,皆當與本字無異,惟沝之即水有據,故於此發之。《唐韻》之壘切,未可據也。"[①]

---

① (清)王筠:《説文解字句讀》第449頁,中華書局1988年版。

第 4 章　漢字的孳乳原理和方法　　　　　　　　　　　105

⑥瓜，本不勝末，微弱也。从二瓜。讀若庾。(七下《瓜部》)段玉裁注："本者，蔓也；末者，瓜也。蔓一而瓜多，則本微弱也。"又："瓜，瓜也。象形。"

⑦艸，百卉也。从二屮。(一下《艸部》)《周禮·秋官·庶氏》："庶氏掌除毒蠱，以攻說禬之，嘉草攻之。"清阮元校勘："諸本同，唐石經缺，《釋文》作'嘉艸'，云：'音草，本亦作草'。據此知經中草木皆本作'艸'也。"①

⑧絲，蠶所吐也。从二糸。(十三上《絲部》)

⑨豩，二豕也。豳从此。闕。(九下《豕部》)

"吅"、"虤"、"巜"、"从"、"北"、"屾"、"㸚"、"瓜"、"艸"、"絲"、"豩"等，都是採用同母並列構形法創造的會意字。用同母並列構形法造字，字體內部結構簡單，易於分析；意義主要表示人物的動作行為或名稱形狀。

（2）上下疊疊構形法，即將相同的兩個或兩個以上字母疊拼在一起創造新字的方法。用這種方法造出來的字均為會意字。其疊拼的方式再分為順向叠拼構形和逆向叠拼構形兩種。就叠拼字母的數量而言，可再分為一疊一、二疊一和二疊二等三種。例如：

𣥂（步）：甲骨文從止逆向一疊一構形。《說文·步部》："步，行也。从止屮相背。"(二上)又："屮，蹈也。从反止。讀若撻。"《說文·足部》正篆中有個"跴"字，釋語是："蹈也。从足步聲。"（二下），其實就是"步"的轉形字，許君不明，別立一篆。徐灝注箋："步、跴古今字。"

夅（𠦝）：甲骨文從止逆向一疊一構形。《說文·夂部》，"服也。

---

① 見（清）阮元校刻《十三經注疏》第 894 頁，中華書局 1980 年版。

从夂午。相承不敢並也。"（五下）段玉裁注："上从夂，下从反夂"，'相承不敢並'，服之意也。凡降服字當作此。降行而夅廢也。"朱駿聲通訓定聲："會意。經傳皆以降爲之。"①"夅"作"降服"講，除字書外未見用例。按人類行走之常理，先上山然後再下山。故"陟"中的兩"止"逆向疊拼，象登山之形，而"夅"中的兩"止"逆向疊拼，象下山之形，其意昭然。"夅"是"降"的初文。"降"甲骨文或作𨸏（一期《甲》2383），金文作𨸏（《天亡》）。《説文·阜部》："降，下也。从阜夅聲。"（十四下）《説文》之訓源於《爾雅·釋言》。《詩經·大雅·公劉》："陟則在巘，復降在原。"漢鄭玄箋："陟，升；降，下也。"

冓（𤰞）：甲骨文從𤰞逆向一疊一構形。《説文·冓部》："冓，交積材也。象對交之形。"（四下）甲骨文作𤰞（《前》1.40.5），象兩魚對遇之形，許君所謂"交積材"應爲"構"字。"構"的初文"冓"與"遘"的初文"冓"混同，不易分辨。楊樹達《卜辭求義·侯部》："《戩壽》十七葉之九云：'王賓歲，不冓大雨。'王國維云：'冓，讀爲遘。'""遘"爲"冓"的後出轉注字。

畕（𤰞）：甲骨文從田順向一疊一構形。《説文·田部》："畕，比田也。从二田。"（十三下）"畕"是"畺"字初文，引其本義爲田界，故再累增三"一"轉形爲"畺"，再累增"弓"或"弓、土"轉形爲"壃、疆"。《正字通·田部》："畕，畺本字……《正譌》：'畕，田界也。從二田，會意。'或作畺，俗作疆。"黃侃《字正初編·陽韻》："疆，正；壃，俗。"②許君不明，視"畕"、"畺"爲不同的兩個字。《田部》："畺，界也。以畕三其界畫也。疆，畺或从彊土。"

---

① （清）朱駿聲：《説文通訓定聲》第 61 頁，武漢市古籍書店 1983 年影印本。

② 黃侃著、黃念華編次、黃焯校字：《字正初編》第 83 頁，武漢大學出版社 1983 年版。

第4章 漢字的孳乳原理和方法

受：從𠬪逆向一疊一構形。《說文·𠬪部》："𠬪，物落，上下相付也。从爪从又。讀若《詩》'摽有梅'。"(四下)清饒炯部首訂："覆手曰爪，此篆從之，象覆手持物以與人也……又，手也，此篆從之，象以又承其物也。一與一承，其義爲相付，故從爪又，位於上下以指事。""受"就是甲骨文𠭥(受)字中"爪"與"又"，"爪"在上，是手的張形。

艸：從屮順向二疊一構形。《說文·艸部》："艸，艸之總名也。从屮屮。"(一下)朱駿聲通訓定聲："按：三中亦象眾多意。"《爾雅·釋草》："艸，草。"郭璞注："艸，百艸總名。"《方言》卷十："艸，草也。東越揚州之間曰艸。"後簡化爲"卉、艹"。《字彙·十部》："卉，俗艹字。"今通用"卉"。

孨：從子順向二疊一構形。《說文·孨部》："孨，謹也。从三子。讀若翦。"(十四下)段玉裁注："孟康曰：'冀州人謂愞弱爲孨。'此引申之義。其字則多叚屪爲孨。"段說不確。"孨"以三"子"重疊構形，本義爲"弱小"，徐灝注箋："孨，此當以弱小爲本義，謹爲引申義。三者皆孺子，是弱小矣。""孨"後增附"尸"轉形爲"屪"。《說文·孨部》："屪，迮也。一曰呻吟也。从孨在尸下。"許君此說不可信，徐灝注箋："孨、屪蓋古今字。"徐灝說甚是。"屪"是"孨"的後出轉注字。

垚，從土順向二疊一構形。《說文·垚部》："垚，土高也。从三土。"(十三下)小徐本作"土之高也"，並注："累土故高也。"後增附"兀"轉形爲"堯"。《垚部》："堯，高也。从垚在兀上，高遠也。"徐鍇繫傳："帝堯德高遠之意也。會意。"徐灝注箋："垚、堯古今字。"

焱，從火順向二疊一構形。《說文·火部》："焱，火華也。"段玉裁注："凡物盛則三之。"《廣韻·錫韻》："焱，火焰也。"轉形作

"焰"、"爓"。

瑟：從工順向二疊二構形。《説文·瑟部》："瑟，極巧視之也。从四工。"（五上）段玉裁注："凡展布字當用此。展行而瑟廢矣。"《玉篇·瑟部》："瑟，今作展。"

芔：從屮順向二疊二構形。《説文·芔部》："芔，眾艸也。从四屮。讀與罔同。"（一下）朱駿聲通訓定聲："經傳草芔字皆以莽爲之。""莽"是"芔"的後出轉注字，許君不明，故另立一篆，解作："南昌謂犬善逐菟艸中謂之莽。从犬从芔，芔亦聲。"

總之，採用同母重疊法創造的會意字，其表意主要摹象群體之貌，或靜止或動態，具有生動形象的直觀感。

4.2.2 異母增附構形法

"異母增附構形法"即用兩個或多個不同的字母拼合創造新字的方法。在不同的多個字母中祇有兩個是主體字母，其餘的爲從屬字母。所謂"主體字母"，是指在構形中起着主導或主要作用的部件，它們的有無或在整個字形中所處的位置，決定着該字構形的表意趨向和表意的明晰程度。所謂"從屬字母"，則是指在構形中祇起輔助作用的部件。它對主體字母的構形及其表意祇能起到一種補足的作用，或能使所造的字構形更加完美，表意更加顯明。比如前文所説的"夲"字，其主體字母是兩個"止"，它們通過逆向重疊，表示上山後再從山上往下走。但是，"山"的形象在初文中並不存在，僅僅潛隱在閱讀者的潛意識中，而由"夲"轉注出來的"降"，因爲在構形中增加了從屬字母"阜"，故使"山"的形象從潛意識中的"義"轉變成了可視的"形"，既使初文的表意更加顯明，視而可得，也使"降"的構形更加完美。在漢代以前的漢字集團中，百

第4章 漢字的孳乳原理和方法

分之七十左右的字是採用異母增附構形法來創造的。東漢許慎所著的《說文》，共收漢字10516個（正篆9353字，重文1163字），基本上能折射出漢字構形的客觀規律。

異母增附構形法，許慎叫做"形聲相益"。"形聲相益"不是我們現在通常所說的"形符"與"聲符"的聚合，由它創造的新字實際上涵蓋許慎所說的"字"的全部範圍，即會意字、亦聲字和形聲字。在《說文》中，許慎用"从×从×"來表示會意字，用"从×从×，×亦聲"來表示亦聲字，用"从××聲"來表示形聲字。

（1）會意字例

① 班，分瑞玉。从珏从刀。（一上《珏部》）

② 熏，火煙上出也。从中从黑。中黑，熏黑也。（一下《中部》）

③ 若，擇菜也。从艸右。右，手也。一曰杜若，香艸。（一下《艸部》）

④ 葬，藏也。从人死在茻中，一其中，所以薦之。《易》曰："古之葬者，厚衣之以薪。"（一下《茻部》）

⑤ 分，別也。从八从刀。刀以分別物也。（二上《八部》）

⑥ 牢，閑，養牛馬圈也。从牛，冬省。取其四周帀也。（二上《牛部》）

⑦ 名，自命也。从口从夕。夕者，冥也。冥不相見，故以口自名。（二上《口部》）

⑧ 復，卻也。一曰行遲也。从彳从日从夊。𢓴，復或从内。退，古文从辵。（二下《彳部》）

⑨ 䜌，亂也。一曰治也。一曰不絕也。从言絲。𢞤，古文䜌。（三上《言部》）

⑩ 魅,老精物也。从鬼彡。彡,鬼毛。魅,或从未聲。彔,古文。𥝋,籀文从彖首,从尾省聲。(九上《鬼部》)①

(2) 亦聲字例

① 吏,治人者也。从一从史,史亦聲。(一上《一部》) 徐鍇繫傳:"凡言'亦聲',備言之耳,義不主於聲。會意。"② 段玉裁注:"此亦會意也。……凡言亦聲者,會意兼形聲也。凡字,有用六書之一者,有兼六書之二者。"③

② 禬,會福祭也。从示从會,會亦聲。《周禮》曰:"禬之祝號。"(一上《示部》) 小徐本作:"從示會聲。"段注本作:"从示會聲。"並注:"此等皆舉形聲包會意。"

③ 鉤,曲也。从金从句,句亦聲。(三上《句部》) 小徐本作:"從金句,句亦聲。"徐鍇繫傳:"古兵有鉤有鑲。引來曰鉤,推去曰鑲。"段注本作:"曲鉤也。从金句,句亦聲。"段玉裁注:"'鉤'字依《韻會》補。曲物曰鉤,因之,以鉤取物亦曰鉤。鉤鑲、吳鉤、釣鉤皆金為之,故从金。按:'句'之屬三字皆會意兼形聲,不入竹、金部者,三字皆重句,故入《句部》。"

④ 瞑,翕目也。从目冥,冥亦聲。(四上《目部》) 段玉裁注:"《韻會》引小徐曰會意。此以會意包形聲也。"

⑤ 劑,齊也。从刀从齊,齊亦聲。(四下《刀部》) 小徐本作:"從刀齊聲。"徐鍇繫傳:"《字書》曰:翦刀,劑也。"段注本作:"从刀齊聲。"並注:"从刀者,齊之如用刀也……形聲

---

① 愚按:"彔,古文。𥝋,籀文从彖首,从尾省聲",疑《說文》原本作:"彔,古文从彖首。𥝋,籀文从尾省聲。"

② (南唐)徐鍇:《說文解字繫傳》第1頁,中華書局1987年版。

③ (清)段玉裁:《說文解字注》第1頁,上海古籍出版社1988年第2版。

第4章　漢字的孳乳原理和方法

包會意。"

⑥ 旄，幢也。从㫃从毛，毛亦聲。（七上《㫃部》）小徐本作："從㫃毛聲。"段注本作："从㫃毛聲。"段玉裁注："舉形聲包會意。"

⑦ 娣，女弟也。从女从弟，弟亦聲。（十二下《女部》）小徐本作："從女弟聲。"段注本作："同夫之女弟也。从女弟聲。"段玉裁注："小徐本有'夫之'二字，而尚少'同'字，今補。'同夫'者，女子同事一夫也。《[爾雅·]釋親》曰：'女子同出，謂先生爲姒，後生爲娣。'孫、郭皆云：'同出，謂俱嫁事一夫。'……形聲中[有]會意。"

⑧ 像，象也。从人从象，象亦聲。讀若養。（八上《人部》）小徐本作："從人象。讀若養字之養。"徐鍇繫傳："故言圖寫似之爲像似。"段注本作："似也。从人象聲。讀若養字之養。"段玉裁注："各本作'象也'，今依《韻會》所據本正……鉉本云'从人从象，象亦聲'，此蓋用韓非語竄改也。今依《韻會》所據小徐本。"

⑧ 奸，犯婬也。从女从干，干亦聲。（十二下《女部》）小徐本作："犯婬。從女干，干亦聲。"段注本作："从女干聲。"段玉裁注："此字謂犯奸婬之罪，非即'姦'字也。今人用奸爲姦，失之。引申爲凡有所犯之偁……形聲中有會意。干，犯也。"

⑨ 陷，高下也。一曰陊也。从𨸏从臽，臽亦聲。（十四上《𨸏部》）小徐本作："高下也。從𨸏臽聲。一曰陊。"段注本作："高下也。从𨸏臽聲。一曰陊也。"段玉裁注："大徐作'从𨸏从臽，臽亦聲'。"

（3）形声字例

① 壻，夫也。从士胥聲。《詩》曰："女也不爽，壻貳其行。"

士者，夫也。讀與細同。婿，壻或从女。(一上《士部》)

② 茵，車重席。从艸因聲。鞇，司馬相如説：茵从革。(一下《艸部》)

③ 咳，小兒笑也。从口亥聲。㜝，古文咳从子。(二上《口部》)

④ 延，正行也。从辵正聲。征，延（延）或从彳。(二下《辵部》)①

⑤ 嗣，諸侯嗣國也。从冊从口，司聲。孠，古文嗣从子。(二下《冊部》)

⑥ 睹，見也。从目者聲。覩，古文从見。(四上《目部》)

⑦ 翄，翼也。从羽支聲。翅，翄或从氏。(四上《羽部》)

⑧ 鴇，鳥也。肉出尺胾。从鳥毕聲。鵅，鴇或从包。(四上《鳥部》)

⑨ 衡，牛觸，橫大木其角。从角从大，行聲。𤜳，古文衡如此。(四下《角部》)

⑩ 枝，配鹽幽尗也。从尗支聲。豉，俗枝从豆。(七下《尗部》)

"會意字"都是將兩個或兩個以上的字母聚合在一起表示一個聚合義的。其特徵是：其中任何一個字母在新字中都不表示讀音；表意具有很强的意會性，祇有通過幾個聚合字母的融合概念纔能解讀。如"熏"，表示燒草時火焰上竄，故"从中从黑"構形。"牢"則表示圈養牛羊，故從宀從牛構形。"戀"則表示雙手繅絲。其中的

---

① "正行也"，臧克和、王平斷爲"正、行也"，誤。見《説文解字新訂》第102頁，中華書局2002年版。

第4章 漢字的孳乳原理和方法

"言"是"受"的譌變,我們可以從許慎所說的古文"爰"的構形得到證實。

"亦聲字"也是用兩個或兩個以上的字母聚合在一起表示一個聚合義的,但它同時具有會意字和形聲字的構形特徵。前文所引十例,大徐本都是"亦聲"字,而段注本與小徐本基本相同,僅將小徐本的⑧、⑨兩例歸入形聲字。從大小徐本和段注本的析形分歧看,漢字集團中的確存在一字兩析的事實,段氏謂之"會意兼形聲"、"會意包形聲"、"形聲包會意"、"形聲中[有]會意"、"形聲包會意字"、"舉形聲包會意"等。究其原因大致有三:

第一,初文爲表示本義的象形字或會意字,後增附類母轉形而成形聲字,故可作"會意"和"形聲"兩種分析。如例③的"鉤",初文"句"爲象形字,後增附類母轉形爲形聲字"鉤"。這類字,初文與後出轉形字之間是一種"同字異形"關係。"酉"與"酒"的關係也是如此。《說文·酉部》云:"酉,就也。八月黍成,可爲酎酒。象古文酉之形。"(十四下)又:"酒,就也。所以就人性之善惡。从水从酉,酉亦聲。一曰造也,吉凶所造也。古者儀狄作酒醪,禹嘗之而美,遂疏儀狄。杜康作秫酒。"小篆酉(酉)與甲骨文丣、金文𠭰的構形相同,象盛酒的罈子,故許慎說"象古文酉(酒)之形"。後世在"酉"上增附類母"水"轉形爲形聲字"酒"。然郭沫若則認爲:"古十二辰第十位之酉字實象瓶尊之形,古金文及卜辭每多假以爲酒字,許之釋就,蓋用轉注法以牽就其八月之義(許釋十二辰均用此法),酉縱爲就,自當後起。"(《甲骨文字研究·釋干支》)[①]郭先生之說不確,因爲"酉"與"酒"是一對轉注字,而非假借

---

① 于省吾主編、姚孝遂按語編撰《甲骨文字詁林》第2688頁,中華書局1996年版。

字，段氏對"酒"未下"會意兼形聲"之類的注語，但按照類似的亦聲字推斷，應該與"句"、"鉤"同理。

第二，初文爲一字多義的象形字或會意字，後爲了區別意義，故以初文爲聲母，再增附類母另造區別字。這樣一來，新造的區別字就可以作會意兼形聲兩種分析。如例"挽"，大徐本《子部》作："生子免身也。从子免。"（十四下）段玉裁注："按：許書無'免'字，據此條則必當有'免'字，偶然逸之，正如'由'字耳……但立乎今日以言六書，免、由皆不能得其象形、會意，不得謂古無免、由字也。'挽'則會意兼形聲。""免"《說文》失收，漢代以前主要有以下意義：

①脱掉、脱落。《左傳·成公十六年》："卻至三遇楚子之卒，見楚子必下，免胄而趨風。"晉杜預注："疾如風。"

②釋放、赦免。《左傳·僖公三十一年》："夏四月，四卜郊，不從，乃免牲，非禮也。"杜預注："諸侯不得郊天，魯以周公，故得用天子禮樂，故郊爲魯常祀。"《周禮·秋官·鄉士》："獄訟成……若欲免之，則王會其期。"鄭玄注："免，猶赦也。"

③脱離、避讓。《論語·陽貨》："子生三年，然後免於父母之懷。"《禮記·曲禮上》："臨財毋苟得，臨難毋苟免。"

④生孩子。《國語·越語上》："令壯者無取老婦，令老者無取壯妻；女子十七不嫁，其父母有罪，丈夫二十不取，其父母有罪；將免者以告，公令醫守之。"三國吳韋昭注："免，免乳也；醫，乳醫也。"

⑤低頭。《戰國策·趙策四》："馮忌請見趙王，行人見之。馮忌接手免首，欲言而不敢。"宋鮑彪本"免"作"俛"。元吳師道補注："此書俛、免通。"

①脱掉、脱落；②釋放、赦免；③脱離、避讓；④生孩子；⑤低頭等，都是"免"在先秦以前常用的意義，後世爲了減輕"免"

第4章　漢字的孳乳原理和方法

的意義負擔，分別爲"④生孩子"造"挽"、"娩"字，爲"⑤低頭"造"頻"、"俯"字，故"挽"成了會意兼形聲字。《説文》朱注本作："挽，生子免身也。從子從免，會意，免亦聲。"朱駿聲通訓定聲："字亦作'娩'。《纂要》云：'齊人謂生子曰娩。'"①

第三，某個字初造時，即可作形聲和會意兩種分析。例如"字"。《説文·子部》："字，乳也。从子在宀下，子亦聲。"（十四下）小徐本作："乳也，愛也。從宀子，子亦聲。"徐鍇繫傳："《易》曰：'女子貞，十年乃字。'字，乳也。《春秋左傳》曰：'大不字小。'字，愛也。宀，覆之也。會意。"②段玉裁注："人及鳥生子曰乳，獸曰犧，引申之爲撫字，亦引申之爲文字……會意。"③桂馥義證本作："從子在宀下，子亦聲。"④王筠句讀本增"愛也"，並注："此似引伸之義，然《繫傳》既引經分釋之，姑存弗删。"⑤朱注本作："從子在宀下，會意，子亦聲。"朱駿聲通訓定聲："按：人生子曰字，鳥曰孚，獸曰産犧，字亦變作牸。"⑥《説文》的一個"字"字，儘管在傳世的各種版本中異文繁多，但"子亦聲"和"會意"兩種説法較爲統一，無論是大小徐還是《説文》四大家，都認爲"字"原本可以作"會意兼形聲"分析。

亦聲字是漢字構形法從會意向形聲過渡的過程中創造出來的新字，它們都具有形象聚合與字形聲化的雙重特徵。

形聲字是漢字聲化的産物，它最能體現漢字孳乳的生生不息。

---

① （清）朱駿聲：《説文通訓定聲》第815頁，武漢市古籍書店1983年影印本。
② （南唐）徐鍇：《説文解字繫傳》第280頁，中華書局1987年版。
③ （清）段玉裁：《説文解字注》第743頁，上海古籍出版社1988年第2版。
④ （清）桂馥：《説文解字義證》第1302頁，中華書局1987年版。
⑤ （清）王筠：《説文解字句讀》第592頁，中華書局1988年版。
⑥ （清）朱駿聲：《説文通訓定聲》第164頁，武漢市古籍書店1983年影印本。

凡是已有的漢字，祇要經過"字母化"之後都能充當形聲字的構形部件。字母在形聲字中是充當聲母還是類母不是一成不變的，要視造字的需要決定。比如"木"，在"橘"、"橙"、"柚"、"柿"、"柑"、"桂"、"椅"等字中用作類母，但在"沐"、"炑"、"犾"、"蚞"等字中卻用作聲母。因此，字母在漢字構形中是作類母還是作聲母的不確定性，使得漢字的再生能力更加旺盛。

研究漢字的孳乳原理及其方法，目的是要從中找出漢字生生不息的原因和規律來。就共時來看，每個漢字都處在靜態的、各自獨立的方框內，但事實上，它們時刻都有可能因爲需要而充當字母，孳乳出新的字來。

4.3 "文"與"字"的對立統一規律

中華民族也是從母系社會走過來的。在母系社會，男人對生育的能力缺乏認知，因此對能生育子女的女性極爲崇敬，於是對女性生殖器官的崇拜便產生了。此時女性的尊寵是惟一的，先民便視女性爲"萬物之母"（《老子》第一章），於是"陰"的意識便隨之產生。母腹躁動，生生子女，而"子"的出現，形成了"母"與"子"的對立，這就是老子說的"一生二"。待男性漸漸意識到自己在生育中的巨大作用時，人類已經步入了父系社會，且隨之產生了"陽"的概念，進而意識到"陰"與"陽"的交合纔會生生不息，這也就是老子所說的"二生三，三生萬物"的道理。前文說過，漢字的孳乳是受陰陽交合的影響和啟迪。同樣的道理，象形字各自處於獨立的靜止狀態，就不可能孳乳出其他類型的字來，祇有兩兩"相益"纔能"孳乳浸多"。然而"字"的產生必然與"文"形成對立。

"文"與"字"的對立統一規律是漢字系統的一大特色。初始認識到存在這種規律的是東漢文字學家許慎。他在《説文·敘》中説:"倉頡之初作書,蓋依類象形,故謂之文;其後形聲相益,即謂之字。文者,物象之本;字者,孳乳而浸多也。著於竹帛謂之書。書者,如也。"[①]這段論述直白地告訴我們:

第一,象形的"文"皆取象於人類所能看到的客觀萬物的本形原貌,"物象"乃是象形文字體系建立的基礎。

第二,倉頡初造的文字僅僅是象形的文字,這種文字祇能叫做"文",因而它們全都採用獨體構形。

第三,後世將象形的"文"字母化後,再創造出來的文纔能叫做"字",因爲它們是由"字母"孳生出來的"子"。前人或言"文生於字,字生於畫",[②]完全顛倒了漢字創造、孳乳的客觀規律。

第四,象形的"文"如果各自處於靜態的環境中,表現爲"陰"和"陽"的對立,而這種對立要是永恆下去,它們將會被華夏先民或後代子孫淘汰廢棄。因爲漢字僅有惟一的獨體象形字,是滿足不了華夏民族"書者如也"的需要的,所以初造的象形"文"祇有向着"陰陽合和"方向發展,纔能不斷地孳生出合體的"字"來,以滿足華夏民族寫書的需要。

從以上分析看出,許慎是完全明瞭"生字爲母,從母爲子"、"獨體爲文,合體爲字"的對立統一規律的,而鄭樵對"漢儒知説文解字,而不知文有子母"的批評,是很不客觀、公正的。漢字對立統一的矛盾運動,客觀上正是朝着許慎希望的生生不息的方向發

[①] (漢)許慎:《説文解字·敘》,見(清)段玉裁《説文解字注》第754頁,上海古籍出版社1988年第2版。

[②] (清)周亮工《字觸》、(清)徐芳《序》,見四川大學古籍管理研究所、中華諸子寶藏編纂委員會編《諸子集成續編》十五第650頁,四川人民出版社1999年版。

展着。正因爲如此，自清末以來，漢字在無數責罵、廢棄的聲浪中，依然保持着自己不亢不卑的稟性和尊嚴。

清代末期，由於政治體制的腐朽，面對西學的東漸，部分有識之士適時地喊出"中學爲本，西學爲用"的口號。既然一切都爲了適用，而原有的一切不適用的東西就必須變革，於是"三難"的漢字被人死死盯住，且推上了"改革"的前臺。一時間，漢字成了亡國滅族的罪魁禍首，有人巴不得一夜之間就將它"拼音化"了。這種呼聲直到"文化大革命"那場浩劫結束纔漸漸平息了下來。

中國國民教育的落後果真是由於漢字的"三難"造成的嗎？早在二十世紀三十年代末，王力先生就鄭重指出："文字的功用在於表達思想，而漢字表達思想的能力並不比別種文字差些。""人們因爲中國人的文化水準低，就歸罪於文盲太多；因爲文盲太多，就歸罪於漢字的難認難寫。""文盲之多，自有其最大的原因，就是教育不能普及，假使我們不想法子普及教育，縱使漢字怎樣改革，也與一般民眾不發生關係。""漢字決不像反對漢字的人們所説的那樣難認難寫，這是我們應該替漢字呼冤。""衹管咬定漢字難學是文盲眾多的唯一原因，這是絕大的謬誤。我們雖相對地贊成漢字改革，然而這種違心之論，乃是我們所不願意説出口的。"① 既然漢字表達思想的能力與西洋文字並無優劣，那還有什麼改革的必要呢！

幾千年來漢字生機勃然，充滿活力，而激發其再生活力的就是運用漢字内部對立統一規律進行調節。其調節規則是：

第一，代傳孳乳規則。即"文"生"字"，"字"再生"字"，與字義的孳乳規則完全相同。字義的孳乳也是循着本義孳乳引申義，

---

① 王力：《漢字改革》，見王力《龍蟲並雕齋文集》第583—586頁，中華書局1980年版。

引申義再孳乳引申義的方向發展的。

第二，變易轉換規則。即對原字的形體結構進行翻新改造，使之更加適用、美觀。

第三，制約平衡規則。即用"假借"的方法來抑制漢字數量的增多，使整個文字系統適度發展。對這些問題，我們將在以後的章節中討論。

"文"與"字"對立統一規律的核心是"變易"和"轉換"，而變易、轉換的控制器始終掌握在华夏民族手裏。清人王夫之認爲世界萬物中，人是最具有能動性和創造性的生靈。他在《周易外傳·繫辭下傳》中説："人者，天地之所以治萬物也"；"人者，天地之所以用萬物也"。先師宋永培先生在探討中國文化的古義時也説："人是参通天地與萬物的主動者。"[①] 治萬物者是人，用萬物者也是人。漢字是我們的祖先"治萬物"的偉大創造，也是我們的祖先"用萬物"的書寫符號。我們的祖先"能盡人之性，則能盡物之性，能盡物之性，則可以贊天地之化育"（《禮記·中庸》）。[②] 既然华夏民族能"贊天地之化育"，就一定能控制漢字之"化育"。

[①] 宋永培：《〈説文〉與上古漢語詞義研究》第356頁，巴蜀書社2001年版。
[②] （漢）鄭玄《禮記》注："盡性者，謂順理之使不使其所也，贊，助也，育生也。助天地之化生。"見（清）阮元校刻《十三經注疏》，中華書局1980年版。

第 5 章　二十世紀以前的"轉注"研究

　　漢字從初創時期的取象構形，到完全成熟時期的形聲駢合構形，在漫長的發育、發展進程中，始終體現出遠古先民陰陽和合、生生不息的變易思想。這種思想猶如人類生命的延續和再生，而賦予漢字構形方法和漢字系統的自我調適、改進、轉生的原動力是"轉注"。在第三章裏我們祇討論了漢字構形法的三次飛躍以及漢字構形法三度成熟的內在動因，卻故意回避了對"轉注"的討論。因爲如果貿然把它牽扯進來，很多問題反而説不清楚。

　　對傳統六書中"轉注"的內涵，在二十世紀以前的一千多年間，不知道有多少哲人作過多少種猜想，他們的研究成果，許多流傳不久就被淹没了，傳之後世的或許是九牛之一毛。但是，從傳世而成熟的結論中我們看出一個帶根本性的問題：幾乎都將"轉注"放在一個平面的空間進行思考，就是這樣一個空間還都局限在"六書"的範圍内。這樣的研究眼光，即使再研究上千年，"轉注"的懸疑依然得不到解決。面對這種永遠走不出低谷或怪圈的研究狀況，許多文字學者乾脆繞道而行，有的則公然聲明"抛開轉注問題不管"。二十世紀八十年代末，文字學家裘錫圭先生就有過這樣的倡導。他在《40年來文字學研究的問題》一文說："'轉注'究竟是什麽意思？這是爭論了一千多年的老問題。對轉注的不同解釋非常多，幾乎所有可能想到的解釋都已經有人提出過了。在今天要想確定許慎或創定六書説者的原意，恐怕是不可能的。這些年來講轉注的人，多數把轉注解釋爲新字孳生的途徑。不過他們所説的轉注現象的具體範圍則或廣或狹,仍然很不一致。新字如何孳生,當然是很值得研究的問題。然而研究這個問題完全可以抛開轉注問題不管,把二者糾纏在一起,衹有壞處没有好處。我們應該把轉注問題看作文字學史上已經過時的一個問題,完全没有必要再去爲它花費精力。"①然而在裘先生勸告後的十五年間,"轉注"研究的腳步並未停息,人們依然孜孜以求。宋代傑出的政治改革家、文學家王安石在《遊褒禪山記》中説道:"古人觀於天地、山川、草木、蟲魚、鳥獸往往有得,以其求思之深而無所不在。夫夷以近,則遊者衆,險以遠,則至者少,而世之奇偉瑰怪非常之觀,常在於險遠,而人之所罕至焉,故非有志者不能至也。有志矣,不隨以止也,然力不足者,亦不能至;有志與力,而又不隨以怠,至於幽暗昏惑而無物以相之,亦不能至也。然力足以至焉,[而不能至,]於人爲可譏,而在己爲有悔;盡吾志也,而不能至者,可以無悔矣,其孰能譏之乎?"自許慎以來的一千八百餘年間,先哲時賢"盡吾志"以探求"轉注"之精要,雖屢屢"不能至",然而他們爲科學而無私奉獻,爲探求真理而堅韌不拔,深思而慎取之治學精神,永遠值得我們敬佩。

5.1 明代以前的轉注研究

《説文·敍》云:"轉注者,建類一首,同意相受,考、老是也。"對"轉注"的解釋,許慎説得簡明扼要,但是,就是因爲他言過於簡,加之例證用的是"考"和"老",所以反而令後人百思不

---

① 裘錫圭:《40 年來文字學研究的問題》,《語文建設》1989 年第 3 期。

得其解。説"建類一首",自然聯想到許慎創立的五百四十個部首;説"同意相受",自然會往義訓方向去理解;説到"考"與"老"的關係,也自然聯想到許慎在正篆中所謂"考、老也"、"老,考也"的互訓釋義。基於此,後世治"六書"者,盡可能地朝着"形轉"、"聲轉"和"義轉"三個方向去推闡其微言大意。

5.1.1 衛恒賈公彥的"同部互訓"説

西晉的衛恒(?—291,字巨山,河東安邑即今山西夏縣人),算得上是給許慎"轉注"説作注的傳世第一人。《晉書·衛恒傳》云:"恒善草隸書,爲《四體書勢》曰:'昔在黄帝,創制造物。有沮誦、倉頡者,始作書契,以代結繩,蓋睹鳥跡以興思也。因而遂滋,則謂之字。有六義焉:一曰指事,上下是也;二曰象形,日月是也;三曰形聲,江河是也;四曰會意,武信是也;五曰轉注,老考是也;六曰假借,令長是也。夫指事者,在上爲上,在下爲下。象形者,日滿月虧,效其形也。形聲者,以類爲形,配以聲也。會意者,止戈爲武、人言爲信也。轉注者,以老爲壽考也。假借者,數言同字,其聲雖異,文意一也。'"衛恒認爲,"建類一首"就是指"以老爲壽考",即部首相同。比如"壽"、"考"都以"老"爲部首,故"老"、"壽"、"考"三個字都能互相訓釋。清人曹仁虎很贊同衛恒的看法,説"其意賅而語簡。"① 衛恒去東漢未遠,還能揣摩許説大意。唐代注釋家賈公彥(生卒年不詳,洺州永年即今河北邯鄲市人)傳承衛恒之説而無發明。《周禮·地官·保氏》"六書"鄭玄

---

① (清)曹仁虎:《轉注古義考》,見丁福保《説文解字詁林》第590頁,中華書局1988年版。

注:"六書,象形、會意、轉注、處事、假借、諧聲也。"賈公彥疏:"云轉注者,考、老之類是也。[建]類一首,文意相受,左右相注,故曰轉注。"①其意是說,凡同一部首的字,其義可以相互解釋,因此叫做"轉注"。賈氏改許慎的"同意"爲"文意",雖然祇改變一字,卻更能表現賈氏的見識。因爲許慎說文字有"獨體"、"合體"之分,獨體爲"文","文"與"文"相益而孳乳"字"。由此可見,賈氏所謂"文意",實指獨體字的意義,他強調的是"文意"的"左右相注",而不是"文意相受"。客觀地講,賈公彥的解釋較爲貼近許慎的定義,但是,由於他過分地依賴部首下定論,所以後人誤認爲他在強調文字的"左回右轉"。其後的裴務齊就將"字形轉向"的轉注觀直接建立在賈公彥的"左右相注"理論之上。他在《切韻序》中說:"考字左回,老字右轉。"意思是說,在《老部》下,"丂"向左轉造出"考"字,向右轉則造出"老"字,而"考"和"老"就成了一對轉注字。裴務齊的"字形轉向"說是極不嚴肅的兒戲之說,南唐徐鍇斥之爲"委巷之言",宋人郭忠恕戲之曰"野言"(見《佩觿》),今裘錫圭先生批評他"過於荒謬"。②

5.1.2 徐鍇的"偏旁加訓"說

五代宋初"轉注"的研究目光依然盯着"形"與"義"兩個區域。南唐徐鉉(史稱"大徐")的轉注觀不得其詳,其弟徐鍇(史稱"小徐")的研究成果則散見於《說文解字繫傳》卷一和卷三十九中。卷一《通釋》"丄"字注云:

---

① 見(清)阮元校刻《十三經注疏》第731頁,中華書局1980年版。
② 裘錫圭:《文字學概要》第100頁,商務印書館1988年版。

"轉注者，建類一首，同意相受"，謂"老"之別名有耆，有耋，有壽，有耄，又"孝子養老"是也。"一首"者，謂此"孝"等諸字，皆取類於"老"，則皆從"老"。若松、柏等皆木之別名，皆同受意於"木"，故皆從"木"，後皆象此。轉注之言，若水之出源，分歧別派，爲江爲漢，各受其名，而本同主於一水也，又若醫家之言病疰，故有鬼疰，言鬼氣轉相染箸注也。而今之俗説，謂"丂"左回爲"考"，右回爲"老"，此乃委巷之言。且又考、老之字皆不從"丂"。"丂"音考，"老"從"匕"，音化也。①

又卷三十九《疑義》云："屬類成字，而復於偏旁加訓，博喻近譬，故爲轉注。人、毛、匕（音化）爲老，壽、耆、耋亦老，故以老字注之，受意於老，轉相傳注，故謂之轉注。"②徐鍇認爲："轉注"的構形原理不是"今之俗説"的"左回右轉"，而是先確定某一個字爲義類偏旁（我們稱爲"類母"），然後在該義類偏旁的基礎上，不斷更換表示讀音的構形部件（我們稱爲"聲母"）。比如先以"老"作爲義類偏旁，然後不斷地更替其中的"匕"——用"旨"替換造出"耆"字，用"至"替換造出"耋"字，用"毛"替換造出"耄"字，等等。由此"耆"、"耋"、"耄"與"老"就形成了轉注關係，它們均"受意"於義類偏旁"老"，故也就獲得了"老"的意義，"耆"、"耋"、"耄"、"老"因同屬"老"類偏旁，且共有"老"義，故均可"轉相傳注"。採用"屬類"和"加訓"造出來的字，從其構形上看，多數是形聲字，如此一來，形聲字與轉注字之

---

① （南唐）徐鍇：《説文解字繫傳》第1頁，中華書局1987年版。
② （南唐）徐鍇：《説文解字繫傳》第331頁，中華書局1987年版。

間就會混淆不清。怎樣區別二者的關係呢？徐鍇爲之設定了一條區分原則。卷一《通釋》"丄"字注云：

> 形聲者，實也。形體不相遠，不可比別，故以聲配之爲分異。若江、河同水也，松、柏同木也。江之與河，但有所在之別，其形狀所異者幾何？松之於柏，相去何若？故江、河同從水，松、柏皆作木。有此形也，然後錯其聲以別之。故散言之則曰形聲。江、河可以同謂之水，水不可同謂之江、河；松、柏可以同謂之木，木不可同謂之松、柏。故曰散言之曰形聲，總言之曰轉注。謂耆、耋、耄、壽皆老也。凡五字，試依《爾雅》之類言之：耆、耋、耄、壽，老也。又老、壽、耋、耄、耆可同謂之老，老亦可同謂之耆，往來皆通，故曰轉注。[①]

又卷三十九《疑義》云："（轉注）義近形聲而有異焉。形聲江、河不同，灘、溼各異；轉注考、老實同，妙、好無隔，此其分也。"[②] 徐氏認爲，形聲字與轉注字，就構形而言是没有區別的，如果要强加區別，祇有"散言"和"總言"之別，"散言之曰形聲，總言之曰轉注"；形聲包含在轉注之中。形聲字與轉注字的區分原則是：字義的表示關係不同。形聲字的表意呈相背性，即此形聲字與彼形聲字的意義不同，儘管它們義類偏旁是相同的。比如"江"、"河"、"灘"、"溼"，它們的義類偏旁都從"水"，但它們中的任何一個都不能囊括所有與"水"相關的形聲字，而轉注字的表意呈相通性，即凡能轉注的字，其意義相同，儘管它們的表音部件各異。比

---

① （南唐）徐鍇：《說文解字繫傳》第2頁，中華書局1987年版。
② （南唐）徐鍇：《說文解字繫傳》第331頁，中華書局1987年版。

如"老"、"考"、"耆"、"耋",它們的聲母分別是"匕"、"丂"、"旨"、"至",但是,它們中的任何一個都能表示其他四個字的意義。因此,"往來皆通"是轉注字的表意特徵,"往來不通"是形聲字的表意特徵。

以義類偏旁相同且可以相互訓釋的形聲字被視爲轉注字,這是徐鍇的新發明。因此,清人曹仁虎對徐鍇之說極爲讚賞。他說:"轉注之說自徐鍇以前猶爲近古,故皆守《説文》考、老之義,徐氏發明轉注最爲精當。"不可否認,徐鍇的"偏旁加訓"的轉注說的確別開生面,而"最爲精當"則言過其實。因爲:其一,小徐視部首相同爲"建類一首",那麼,不同部首的字就一定沒有轉注關係了嗎?比如"睹"與"覩"不同部首,"煖"與"暖"也不同部首,它們爲什麼會有轉注關係呢。其二,小徐視"互訓"爲轉注之要義也不妥當。互訓祇能說明轉注字之間的意義關係,與構形是不相干的。曹仁虎在他的《轉注古義考》中對此作過精闢的論述:"轉注者,本流注之注,而誤以爲注釋之注。六書各有本位,必先有六書而後訓詁隨之。是六書者,母也;訓詁者,子也。凡六書皆當有訓詁,豈獨轉注一種爲然,今乃以後起之訓詁配五書之本位,於義既屬未安。"[①] 既然互訓不是轉注的本質特徵,可見徐氏之說尚未至審至精。

5.1.3 趙古則楊慎的"聲轉"說

如果說徐鍇以前的"轉注"研究還固守在"形"、"義"領地的話,然而自張有(1054—?,字謙中,吳興即今浙江湖州人)起,

---

① (清)曹仁虎:《轉注古義考》,見丁福保《説文解字詁林》第591頁,中華書局1988年版。

這種局面被徹底打破了。"聲轉"說的興起，將以往的轉注研究方向引向了黑暗。從此，人們真的迷惑了。"轉注"到底是個什麼"玩藝"？至今惑者尚未從迷夢中覺醒過來。"聲轉"之說，北宋張有首發其端。他認爲："轉注者，輾轉其聲注釋他字之用也。如其、無、少、長之類"，"轉注者，轉其聲注其義"（《復古編》）。明代楊慎在《升菴集》卷六十二《張有論六書》一文中轉引了張有對六書的簡要解釋："張謙中《復古編》謂：'象形者，文之純，肇於此；指事者，文之加，滋於此；會意者，字之純，廣於此；諧聲者，字之加，備於此；假借者，因其聲，借其義；轉注者，轉其聲，注其義。文字之變化無窮矣。'"[①] 張有的"聲轉"說被明代的趙古則（1351—1395，字撝謙，後改名謙，余姚即今浙江余姚人）、楊慎（1488—1559，字用修，號升菴，新都即今成都市新都人）全盤繼承了下來。趙古則在《六書本義‧六書總論‧轉注論》中對其"聲轉"說進行了全面系統的闡述：

轉注者，輾轉其聲而注釋爲他字之用者。有因丌意義而轉注者，有但轉丌聲而無意義者；有再轉爲三聲用者，有三轉爲四聲用者，至於八九轉者亦有之，丌轉之法則與造諧聲相類。有轉同聲者，有轉旁聲者，有轉正音者，有轉旁音者，有推取丌書而轉者。其別有五：曰因義轉注者。如"惡"本善惡之惡，以丌齊也則可惡（去聲），故轉爲憎惡之惡；"齊"本齊一之齊，以其惡也則如齊（齋同），故轉注爲齊莊之齊，此其類也。曰無義轉注者。如"荷"本蓮荷之荷，而轉爲負荷之荷（去聲），

[①] 見（明）楊慎《升菴集》，見《四庫全書》集部，上海人民出版社、迪志文化出版有限公司1999年版。

"雅"本爲烏雅之雅（鴉同），而轉爲風雅之雅（上聲），此其類也。曰因轉而轉者。如"長"本爲長短之長，長則物莫先焉，故轉爲長幼之長（上聲），長則有餘，故又轉爲長物之長（去聲）；"行"本行止之行，則有蹤跡，故轉爲德行之行（去聲），行則有次序，故又轉爲行列之行（音杭），又爲行行（即《論語·子路》"行行如也"）之行（音桁），此其類也。此三者謂之託生。又有二用，曰雙音並義不爲轉注者。如"朋"（去聲，古鳳字。《説文》謂"鳳飛群鳥從之"，故藉以爲朋黨字）皇之朋，即朋之朋（平聲），皆象其飛形。杷枋（柄同）之"把"，補訝切（音霸，去聲），收麥之器，白加切（音爬，平聲），又爲木名（此即枇杷之杷），樂器之枇杷（《釋名》本從木，俗作琵琶），皆得從木以意，從巴以諧聲，此其類也，是謂反生。又有兼用曰假借而轉注者。如"來"乃來牟之來，既借爲往爲之來，又轉爲勞來之來（去聲）；"風"乃風蟲之風，既借爲吹噓之風，又轉爲風刺之風（去聲），此丌類也。又有方言、叶音不在轉注例者。如聯之"叕"，陟衛切，南人則有，株列切；兄弟之"兄"，乎庸切，東吳之人則有，呼榮切；上下之"下"，讀如華夏，押於語韻則音如户；明亮之"明"，讀如姓名之名，押於陽韻則音如芒，此之類不能悉載。若夫"衰"有八音，"齊"有五音，"不"有六音，"從"有七音，"差"有八音，"射"有九音，"群"有十一音之類。或主意義，或主無意義，然轉聲而無意義者多矣，學者引申觸類而通其餘可也。[①]

楊慎在《六書索隱·轉注古音略》中更是旗幟鮮明地傳授"聲轉"

---

① （明）趙撝謙《六書本義》，見《四庫全書》第 228 册第 294—295 頁，上海古籍出版社 1987 年版。

第 5 章　二十世紀以前的"轉注"研究

説的思想。他説:"轉注者,轉音而注義。如'敦'本敦大之敦,既轉音頓,而爲《爾雅》敦北之敦,又轉音對,而爲《周禮》至敦之敦,所謂一字數音也。"① 張有、趙古則、楊慎的"轉音"説,是建立在"四聲别義"原理上的,實際上屬於一字多音的問題,與漢字構形原理的"轉注"是風馬牛不相及的兩回事。周祖謨先生曾對"四聲别義"的形成規律作過專題研究。他認爲:"古人一字每有數音,或者聲韻有别,或音調有殊,莫不與意義有關。蓋聲與韻有别者,由於一字所代表之語詞有不同,故音讀隨之而異。如敦厚也,音都昆切。詩敦彼獨宿,敦獨貌,音堆。賁飾也,音彼義切。賁勇則音奔。其例至廣,無煩覼縷。至若音調有殊者,則多爲一義之轉變引申,因語詞之虛實動静,及含義廣狹之有不同,而分作兩讀。或平或去,以免混淆。即如物體自有精麤美惡,人心亦有愛憎去取,物之精者美者,謂之好,音呼皓切;麤者劣者,謂之惡,音烏各切。而心之所喜所愛,則謂之好,音呼號切;所憎所惡,音烏故切。夫物之美惡與人之好惡義雖相關,但以其詞類不同,用於文句之地位亦不同,故古人區分爲兩詞兩音,一讀上,一讀去,斯即以四聲别義之例也。"② 周先生所説的"四聲别義",與張有、趙古則、楊慎者流所謂"轉音注義"並無本質區别,都是通過語音形式的變化去區分同一個字的不同意義。比如成都話:"後頭$_1$","後"讀去聲,表示在裏面,"後頭$_2$","後"讀陽平,表示在後面;"腰",在"圍腰"(圍裙)中讀陰平,在"腰褲兒"(内褲)中讀陽平,等等。但"後"和"腰"並没有因爲變讀後而轉注出另外一個"後"和"腰"來。"音轉"説的錯誤在於將構形之法的"轉注"當成用字之法的"變

---

① 見《四庫存目叢書》經部第 189 本,齊魯書社 1997 年版。
② 周祖謨:《四聲别義釋例》,見周祖謨《問學集》第 81 頁,中華書局 1966 年版。

讀"來研究了。這種指鹿爲馬式的研究會得出什麼樣的結論來呢。曹仁虎批評聲轉派説:"趙古則從張有轉聲之説,復多爲之條目,未嘗不極其強辯,然所言終屬假借之義,非轉注之本旨。"[1]曹氏的批評可謂一針見血,極爲中肯。

5.1.4 趙宧光的"同聲"轉注説

繼楊慎之後,王應電(《同文備考》)、吳元滿(《六書正義》)等,均墨守"聲轉"説而食古不化,唯趙宧光[2](1559—1629,字水臣,又字凡夫,號廣平,又號寒山子,江蘇太倉璜涇人)能通其變,以形聲字中的同聲者爲轉注字。他在《説文長箋》中説:

> 轉注者,聲義共用也。取其字就其聲注以他字,而義始顯。如"丂"字象气難上出之形,而老人鯁喧似之,於是取"老"字省其下體,以注於"考"上,而義始足也。同聲者爲轉注。如"考"同"丂"之類。轉聲者爲諧聲。如"考"諧句,"者"諧占之類。非聲者爲會意。如"孝"從老、子,"者"從老、旨之類。轉注之體,大類形聲。轉注同聲,形聲異聲,此二書之分,而其創法之初,絶然不混也。但須毋離所引"考"、"老"二字本旨,則不信古人矣。[3]

---

[1] (清)曹仁虎:《轉注古義考》,見丁福保《説文解字詁林》第600頁,中華書局1988年版。

[2] 關於"趙宧光"之"宧",趙氏私印及其題款等均作"宧",而《四庫全書》、《四庫存目叢書》等目錄均譌作"宦",今人多不知"趙宧光"爲"趙宧光"之譌誤,反以譌誤爲正。兹特辯正。

[3] (明)趙宧光:《説文長箋》,見《四庫存目叢書》經部第197本第43頁,齊魯書社1997年版。

趙宧光認爲,《說文》中的形聲字可分成兩類,"同聲"的爲一類,屬於"轉注"字,"異聲"的爲另一類,屬於"形聲"字。這種區分,"創法之初"是"絕然不混"的,是因爲許慎不明古人之意纔將兩類混爲一談的。所以他提醒後人,"不信許氏,信漢故義爾"。注意,趙氏所謂"聲"就是本文所說的是"聲母",也就是通常所說的"諧聲"或"聲符"。"同聲"是指聲母相同,"異聲"是指聲母不同,"轉聲"是指從此聲母轉換成彼聲母。凡同一諧聲的字爲轉注字,凡不同諧聲的字爲形聲字。依據"聲"的同異來作爲劃分"轉注"與"形聲"的標準或分水嶺,由此建立起來的轉注理論同樣是無法讓人接受的,因爲同諧聲者既然是轉注字,同時它們理所當然也是形聲字,不能以是否"同聲"來分別轉注字與非轉注字,何況遠古先民也不可能有那樣的睿智精思。正因爲如此,就連趙氏自己也覺得"轉注之體,大類形聲"。看來他也沒鬧明白形聲字分成"同聲"和"異聲"有何必要。又《說文·敘》:"轉注者,建類一首,同意相受。考、老是也。"趙宧光注:"考、老二字,《敘》文引作轉、,而本訓釋文,老乃會意,考則齟聲。一人之書,自相矛盾,何以爲法。"[①]他批評許慎的例證解釋與正篆的訓釋不合,自相矛盾,無法取信於人。

明代以前轉注研究,有兩條線貫穿其中,第一條線是以"形"與"義"的結合爲研究方向。其特點是緊扣許慎的本義,或儘量貼近許慎原意,從構形原理着手,去揭示"轉注"的微言大意。其代表人物有衛恒、賈公彥、徐鍇等。第二條線是以"轉聲注義"爲研究方向。其特點是脫離許慎的本義,盡可能從字音的差異或變易切

---

① (明)趙宧光:《說文長箋》,見《四庫全書》第195册第136頁,上海古籍出版社1987年版。

入,去揭示"轉注"的微言大意。其代表人物有張有、趙古則、楊慎、趙宧光等。

5.2 清代的"轉注"研究

清代的"轉注"研究超凡於前期的歷朝歷代,生面別開,氣象一新。其研究成就,雖然多不足以爲後人仰息,卻已自成一統。

5.2.1 顧炎武的"轉聲"説

顧炎武(1613—1682,本名繼坤,改名絳、炎武,字忠清、寧人,號亭林,南直隸蘇州府昆山即今江蘇人)算得是明末清初"轉注"研究的第一人,他因在古音學研究領域獲得了創造性成就而贏得後人的崇敬。"治音"、"通經"、"明道"、"救世",是他後半生學術活動的本旨。錢穆先生在《中國近三百年學術史》中對顧氏作過如下評述:"故治音韻爲通經之鑰,而通經爲明道之資,明道即所以救世,亭林之意如是。"[①]但是,在漢字理論研究中,顧氏既無自創開闢之業,又無繼事加精之功,唯有因循守舊,惟趙古則、楊慎是瞻。他對"轉注"的思考僅限於"古音轉注"的圈圈内。他在《音論下·六書轉注解》中是這樣解釋"轉注"的:"凡上、去、入之字各有二聲或三聲四聲,可遞轉變而上同,以至於平,古人謂之轉注。"[②]他運用古聲調的"遞轉"規律來解讀漢字理論中的"轉注",

---

① 錢穆:《中國近三百年學術史》第 148 頁,商務印書館 1997 年新 1 版。
② (清)顧炎武:《音學五書》第 46 頁,中華書局 1982 年版。

顯然不着邊際。曹仁虎批評他説:"蓋顧氏本推論古音,故有取於轉聲之義。其實'轉注'爲字書之學,'轉聲'爲音韻之學,原不能强同。執音韻以論'轉注',失六書之本旨矣。"①

5.2.2 戴震段玉裁的"互訓"説

清代開創"轉注"新思維的是乾嘉學派領軍人物戴震(1724—1777,字東原、慎修,號杲溪,休寧隆阜即今安徽黄山屯溪人),其"互訓"的轉注思想因其高徒段玉裁的信奉和推崇而名重一世,至今餘音未消。在《答江慎修先生論小學》中,戴震闡明了自己對"轉注"的看法:

> 《説文》於字體、字訓,罅漏不免,其論六書,則不失師承。劉歆、班固云:"象形、象事、象意、象聲、轉注、假借。"鄭衆云:"象形、會意、轉注、處事、假借、諧聲。"所言各乖異失倫。《説文·序》稱:"一曰指事,二曰象形,三曰形聲,四曰會意,五曰轉注,六曰假借。"轉注"考""老"字,後人不解。裴務齊《切韻》猥云:"考字左迴,老字右轉。"戴仲達、周伯琦之書,雖正"老"字屬會意,而不能不承用"左迴""右轉"爲轉注,別舉"側山爲𠂆""反人爲匕"等形象之變轉者當之。徐鉉、徐鍇、鄭樵之書,就"考"字附會,謂祖考之"考",古銘識通用"丂",於"丂"之本訓轉其義,而加"老"省注明之;又如犬走貌爲"猋",《爾雅》"扶摇謂之

---

① (清)曹仁虎:《轉注古義考》,見丁福保《説文解字詁林》第603頁,中華書局1988年版。

猋",於猋之本訓轉其義,"飈"則偏旁加"風"注明之。此以諧聲中聲義兩近者當"轉注",不特一類分爲二類甚難,且較義之遠近,必多穿鑿。①

戴氏認爲,徐鍇者流在"聲義兩近"的諧聲偏旁上增加類母叫做"轉注",這種理解"必多穿鑿"。在他看來,"轉注"屬字義的訓釋問題,而與構形法無關,凡同義之字均可相互訓釋,是爲"轉注"。其得意門生段玉裁將其説推向極端。在《説文·老部》"老"字條下,段玉裁重申了戴震的觀點:"《序》曰:'五曰轉注,建類一首,同意相受,考、老是也。'學者多不解。戴先生曰:'老下云考也,考下云老也,此許氏之恉,爲異字同義舉例也。一其義類,所謂建類一首也;互其訓詁,所謂同意相受也。考、老適於許書同部,凡許書異部而彼此二篆互相釋者視此。如"窔,窒也"、"窒,窔也";"但,裼也""裼,但也"之類。'"②並且説:"轉注之説,晉衛恒、唐賈公彦、宋毛晃皆謂誤,宋後乃異説紛然。戴先生《荅江慎修書》正之,如日月出矣。"在《説文·敘》注"轉注"條下,段氏詳細地闡明了自己的看法:

劉歆、班固、鄭衆亦皆曰"轉注"。轉注猶言互訓也。注者,灌也。數字輾轉互相爲訓,如諸水相爲灌注,交輸互受也。轉注者,所以用指事、象形、會意、形聲四種文字者也。數字同義,則用此字可,用彼字亦可。漢以後釋經謂之"注",出於此。謂引其義,使有所歸,如水之有所注也。里俗作"註"

---

① (清)戴震著,趙玉新點校:《荅江慎修先生論小學》,見《戴震文集》第62—63頁,中華書局1980年版。

② (清)段玉裁:《説文解字注》第398頁,上海古籍出版社1988年第2版。

第 5 章 二十世紀以前的"轉注"研究

字,自明至今,刊本盡改舊文,其可歎矣。"建類一首",爲分立其義之類而一其首,如《爾雅·釋詁》第一條說"始"是也。"同意相受",謂無慮諸字,意恉略同,義可互受,相灌注而歸於一首,如"初、哉、首、基、肇、祖、元、胎、俶、落、權輿",其於義或近或遠,皆可互相訓釋而同謂之"始"是也。獨言考、老者,其㬥明親切者也。《老部》曰:老者,考也;考者,老也。以考注老,以老注考,是之謂"轉注"。蓋"老"之形从人、毛、匕,屬會意,"考"之形从老丂聲,屬形聲,而其義訓則爲轉注。全書内,用此例不可枚數。但類見於同部者易知,分見於異部者易忽。《人部》"但,裼也",《衣部》"裼,但也"之類,學者宜通合觀之。異字同義不限於二字,如裼、臝、裎皆曰"但也",則與"但"爲四字,室、寶皆曰"宲也",則與"宲"爲三字是也。①

段玉裁認定,"轉注專主義,猶會意也",因此,"互訓"就是"轉注","轉注"等於互訓。從字義的相同性方向去思考"轉注"所表達的微言大意,是明清以前所有文字理論學家的共同認識。但是,完全不管字形的結構關係,衹從字的同義關係去認識"轉注",的的確確是戴震的獨創。"互訓"屬於傳統小學之一的訓詁學方法論,與文字學的"轉注"雖有瓜葛,但本質不相牽涉。如此緣木求魚之論,卻出於名重一時的小學大家、許君功臣的戴段師徒,實在令人費解。周祖謨先生批評他們說:"戴震、段玉裁講轉注是互訓,非也。互訓不是文字學孳乳的方法。"② 王筠(1784—1854,字貫山,一字

---

① (清)段玉裁:《說文解字注》第 755—756 頁,上海古籍出版社 1988 年第 2 版。
② 周祖謨:《〈說文解字〉概論》,見《中國文化研究》1997 年第 1 期。

菉友，山東安邱人）的"轉注"觀傳承戴、段陳說而不思變。他說："'注'即挹彼注兹之注。'老'下云'考也'，'考'下云'老也'，彼此相爲灌注而自明也。"① "要而論之，轉注者，一義而數字；假借者，一字而數義。"②

5.2.3 江聲的"同部同義"説

清代的轉注理論研究，推崇宋明"轉聲"説的以顧炎武爲代表，創造"義轉"（互訓或引申）説的則以戴震、段玉裁師徒和朱駿聲爲代表，而主形派中的衛道士唯有江聲、饒炯、鄭珍父子、孫詒讓等人而已。江聲（1721—1799，字叔澐，一字鱷濤，晚號艮庭，元和即今江蘇蘇州人）堅持緊扣許慎定義立論，從《説文》部首以及部首中字與字的關係去研究"轉注"的内涵。他在《六書説》一文中説：

> "轉注"則粤是而轉焉，如挹彼注兹之注，即如考、老之字。老屬會意也。人老則須髮變白，故老从人、毛、匕，此亦合三字爲誼者也。立老字以爲部首，所謂"建類一首"。考與老同意，故受老字而从老省。考字之外，如耆、耋、壽、耇之類，凡與"老"同意者，皆从老省而屬老，是取一字之意以槃數字，所謂"同意相受"。未重袒言考者，舉一以例其餘尒。粤此推之，則《説文解字》弍書，凡分五百四十部，其始一終亥，五百四十部之首，即所謂"一首"也。丁云"凡某之屬皆

---
① （清）王筠：《説文解字句讀》第603頁，中華書局1988年版。
② （清）王筠：《轉注》，見《説文釋例》第96頁，中華書局1987年版。

从某", 即"同意相受"也。此皆"轉注"之說也。①

江聲認爲,"類"就是部首,"首"是指某一個類所從的部首。"建類一首"就是用同一個部首作類母;"同意相受,則轉注者轉其意也",即凡同一部首的字,其意義相同互轉。嚴格地講,江聲的以形爲樞紐的意轉理論是對晉代衛恒、唐代賈公彥、南唐徐鍇諸家之說的因循而無發展,所以可以稱之爲"形義說"的捍衛者。故陳澧說:"江徵君六書說惟轉注異於常解,而義甚確。"② 此說不虛。

5.2.4 朱駿聲的"引申"說

《說文》四大家之殿軍朱駿聲,在傳承戴、段二氏"義轉"說的基礎上,宗江永之說而大力倡導字義引申的"轉注"理論。他認爲:"大抵言形體者,綱領既乖,強設條目,所謂差之毫釐,謬以千里者也。惟'互訓'之說,於六事剖判分明,然亦有未盡然者。"他在《轉注》一文中下了個新定義:

> 余故曰"轉注"者,體不改造,引意相受,令、長是也。叚借者,本無其意,依聲託字,朋、來是也。凡一意之貫注,因其可通而通之爲"轉注";一聲之近似,非其所有而有之爲"叚借"。就本字本訓而因以展轉引申爲他訓者曰"轉注";無展轉引申而別有本字本訓可指名者曰"叚借"。依形作字,覩其

---

① (清)江聲:《六書說》,見丁福保《說文解字詁林》第432頁,中華書局1988年版。

② (清)陳澧:《書江艮庭徵六書說後》,見丁福保《說文解字詁林》第433頁,中華書局1988年版。

體而申其義者"轉注"也;連綴成文,讀其音而知其意者"叚借"也。叚借不易聲而役異形之字,可以悟古人之音語;轉注不易字而有無形之字,可以省後世之俗書。叚借,數字供一字之用而必有本字;轉注,一字具數字之用而不煩造字。轉者,旋也,如發軔之後愈轉而愈遠;轉者,還也,如軌轍之一,雖轉而同歸。①

朱駿聲認爲,"體不改造,引意相受"纔是"轉注"的本義本旨。如此精意,不僅"國朝之戴東原(震)"、"吾鄉江叔澐(聲)"没有參透,就連東漢的許慎也"實誤解"。他批評戴震的"互訓"説、江聲的"意轉"説流於"穿鑿之弊"。表面上看來,朱氏的轉注觀在眾多的歧説中是令人耳目一新的,這種"新"在於他從字義的引申現象中去察觀思考,以尋求對"轉注"的合理解釋。但是,由於這種察觀與思考囿於字義引申立論,遠遠背離了漢字的構形法原則,所以他的謬誤又何衹千里!

5.2.5 饒炯的"加形加聲"説

清代晚期"轉注"理論研究最有成就者是饒炯(生卒年不詳),其"從本篆加形加聲"説,見解獨特,可謂石破天驚,振聾發聵。他在《文字存真·六書轉注例第五》中説:

炯案:"轉注"本用字後之造字。一因篆體形晦,義不甚顯,而从本篆加形加聲以明之。是即王氏《釋例》之所謂"累增字"

---

① (清)朱駿聲:《説文通訓定聲》第11—12頁,武漢市古籍書店1983年影印本。

第 5 章 二十世紀以前的"轉注"研究

也。一因義有推廣，文無分辨，而从本篆加形加聲以別之。一因方言轉變，音無由判，而从本篆加形加聲以別之。是即王氏《釋例》之所謂"分別文"也。蓋古人造字，形事意聲，已盡其妙，或有所兼，皆即後起之轉注。許《敘》故舉考、老爲例，而曰"建類一首，同意相受"。"建類一首"者，謂推廣之聲義，而舉本字爲首，因一字而加爲數字之用。"同意相受"者，謂取同聲同義之字，而相加爲別，數字仍是一字之意。然加形之字多淆會意，而與會意不同者，轉注所从同聲之字，必包本義。如老从毛，謂凡人物年久毛皆不同，因物名事，而稱年久曰毛（證詳部首"老"篆下），與幼爲對文，因其字與毛髮之毛無別，且又因事名物爲人年七十之稱，而加人加匕以別之，後遂毛幼之毛亦作老，是老即毛之引借轉注也。加聲之字多淆形聲，而與形聲不同者，轉注所从之字聲義皆合，諧聲則有聲無義。如考从老省，義即同老，蓋方言有變老聲而呼丂者，而即加丂以別之。是考即老之轉注也。夫班〔固〕、許〔慎〕以前，"轉注"之義相傳猶無異說，自晉衛恒、唐賈公彥推演許《敘》、加廣字例後，說轉注者，多誤會衛、賈之旨，謂與班、許義異，遂肊說紛起，惟或說許書"亦聲"爲轉注，猶得其一斑。但屢入會意，偶合於聲。形聲偶合於意之字，而識尚未定耳。是以轉注說有數十家，而例皆無當。茲擬掇六例而約述於左。

轉注有因意晦而加形以明之者。如部首、巳象火炷，而坐又从、加坐；重文"燹"巳象炊，而"爨又从燹加鬥"；"禹"巳象形，而重文"鬲"、"甌"，又从禹加弜加瓦；"丄"因天在上，借一加記識，而上、下、申、电又从丄、丁中加一加二。"齋"巳省齊注示，"祟"巳从示从出，"祒"巳从示弓聲，而重文"齌"、"䜩"、"䜩"，又从"齊"、"祟"、"祒"加真加攵。重文"畵"

从聿田會意，而亦古文"劃"，又从畫加刀，篆文"畫"，又从畫加四界。"休"从人木會意，而重文"庥"又从休加广；"圌"从品臣聲，而重文"墅"又从圌加土；"其"已从甘加丌聲，而籀文"𠀠"、篆文"箕"又从其加匚加竹；"冂"已象形，而重文"𠔽"與"坰"又从冂加口、从𠔽加土，類此。凡嫌意晦而加形以明之者，皆同字加形之轉注也。

轉注有因意晦而加聲以明之聲者。如"网"象形，而或體"罔"又网加亡聲；"甘"象形，而籀文"其"又从甘加丌聲；籀文"埽"，从止帚會意，而"歸"又从埽加𠂤聲；"尢"从大曲其右足指事，而古文"𡔢"又从加㞢聲；"兒"从儿上象人面以指事，而籀文"貌"又从兒加豹省聲；"自"象人隼形，而"鼻"又从自加畀聲；"聿"象竹筆形，而"筆"又从聿加一聲；"壺"下之𠙹即"壺"之古文，本从口，象官中道形，而又从𠙹加橐省聲；"疒"象病者倚箸，指事，而"疾"又从疒加矢聲。"隶"从又持尾，指事，而"𨽸"又从隶加柰聲；"桀"从舛在木，指事，而"磔"又从桀加石聲，類此。凡嫌意晦而加聲以明之者，皆同字加聲之轉注也。

轉注有別義而加形以明之者。如"祔"爲付祭，从付引借，名其祭曰付；"禘"爲祭上帝，从帝引借，名其祭曰帝；"祫"爲合祭先祖，从合引借，名其祭曰合；"祰"爲告祭，从告引借，名其祭曰告。而皆从付、从帝、从合、从告，而加示爲專字。"瓏琥"以刻龍虎紋，借名其玉曰龍虎；"瑠櫑"以刻畾紋，借名其器物曰畾。而皆从龍从虎从畾而加王加木爲專字。"束"爲木芒，而"萊"爲艸芒，即从束加艸以別之；"丩"爲凡糾繚，而糾𦮳之義則或繩或艸，即从丩加糸加𦮳以別之；"厽"爲凡積厽，而絫壘之義則有糸有土，即从厽加糸加土以別之。

"朙"爲照，即開明引借義，而"朙"故从囧加月以別之；"逆"爲迎，即順屰反借義，而"逆"故从屰加辵以別之。又如"佼"即"交"，而加人以分朋友相佼一義，而世所行仍用"交"字；"伀"即"公"，而加人以分志及眾一義，而世所行仍用"公"字；"亼"之義爲凡亼，"句"之義爲凡曲，而"詥、佮、佮、拘、笱、鉤"皆"亼、句"足統之，且因其義微異，而加偏旁以別之。又如"倕"爲人姓，"倩"爲人字，"伋、伉、偈、伊"爲人名，與郡、邑、山、水各類託名標識之字多是同音假借，而皆加旁爲專字無論矣。其他如"振"从㫃省，"祪"从垝省，"璪"从澡省，"駒"从昫省，"媒"从謀省，"妰"从酌省，"飆"从涼省，"俀"从送省，而省旁貿旁，許書説解其義原有明證。其字初本引借爲名，而加偏旁專分一義，亦後世用字尚別之意。類此，凡由本篆分一義加形以明之，例與"考"篆意同者，皆別義加形之轉注也。

　　轉注有別義而加聲以明之者。如"鬥"爲兩士相對，"鬭"訓遇，即對爭反借義也，故从鬥加斲聲以別之。"囗"，幣也，守者四周似之，因以囗爲名，而"圍"故从囗加韋聲以別之。"泉"即古文"原"字，而"灥"爲原出之水，因以泉爲名，故从泉加緐聲以別之。"与"爲推賜，無分彼此，則兼有黨義，而"與"即从与加舁聲以別之。"箕"爲揚器，如以物名事，則"箕"亦有揚義，而"簸"即从箕加皮聲以別之。"豈"爲旋軍樂名，訖事樂亦同其義，而"幾"即从豈加幾聲以別之。"明"爲照，亦天曉之稱，翌日義亦寓於其中，而"萌"即从明加亡聲以別之。古借"示"爲"祇"，見《周禮》，而"祇"乃从示加氏聲以別之者也；古借"士"爲"壻"，見《衛詩》，而"壻"乃从士加胥聲以別之者也；古借"言"爲"誾"，見

《禮記》，而"誾"乃从言加門聲以別之者也；古借"喜"爲"憙"，見《漢書》、《論衡》，而"憙"乃从喜加否聲以別之者也，類此。凡分一義而加聲以明之，例與加形、意無異者，皆別義加聲之轉注也。

轉注有別聲而加聲以明者。如"匙"爲"匕"之變音，而即从匕加是聲以寄之；"羕"爲"永"之變音，而即从永加羊聲以寄之；"元"爲"一"之變音，而即从一加兀聲以寄之；"颃"爲"方"之變音，而即从方加亢聲以寄之；"氓"爲"民"之變音，而即从民加亡聲以寄之；"韙"爲"是"之變音，而即从是加韋聲以寄之；"庸"爲"用"之變音，而即从用加庚聲以寄之；"夥"爲"多"之變音，而即从多加果聲以寄之；"橆"爲"亡"之變音，而即从亡加無聲以寄之；"覭"爲"冥"之變音，而即从冥加黽聲以寄之。其類本字皆存，加聲猶易知悉。他如"遜"爲"遁"之變音，而即从遁省加孫聲以寄之；"闓"爲"開"之變音，而即从開省加豈聲以寄之；"樓"爲"桥"之變音，而即从桥省加婁聲以寄之；"誠"爲"信"之變音，而即从信省加成聲以寄之。其類本字已省，加聲則難盡祥。至於"穊"从禾尤聲，而又加旨聲以寄之；"稦"从禾支聲，而又加只聲以寄之；"穊"从禾句聲，而又加又聲以寄之；"牖"从片戶聲，而又加甫聲以寄之；"盡"从血丽聲，而又加聿聲以寄之；"竊"从米从穴廿聲，而又加离聲以寄之；"韲"从韭次聲，而又加秭聲以寄之。其一字兩聲，本音方言，意甚分明，類此。凡因方言音轉，而加聲以明之，例與"考"篆意同者，皆別聲加聲之轉注也。

轉注有不因意晦義別、但取篆形茂密而繁緟其文者。如"宜"爲諧聲，"皀"爲象形，而古文"𡫮"从二宜，籀文"皍"从皀二

第 5 章　二十世紀以前的"轉注"研究

省；"丂"爲指事，"屵"爲諧聲，而籀文"丒"從三丂、"𡿖"從三屵，皆合一字同形者爲繁文。"育"爲"龍"之諧聲，從肉從童省，見於《六書分類·古文》及商阮《字略》、李氏《摭古遺文》，"龏"之偏旁𢅛，爲龍之象形，據古龍爵、龍盉、李氏《摭古遺文》"龍"，皆似其形，而"龍"則從育𢅛爲一字；"虫"爲"蛇"，象曲形，"它"爲"蛇"象伸形，而或體"蛇"則從虫它爲一字。"死"爲"屍"之篆文，從人歹會意，"葬"篆從之可證，"尸"爲"屍"之古文，象臥形，指事，而屍則從尸死爲一字。又皆合一字之異形者爲繁文，類此。凡疊字之同形、異形而其字義仍同者，皆繁文轉注也。①

饒炯或許受王筠《説文釋例》的"累增字"和"分别文"的啟示，提出了"從本篆加形加聲"的轉注理論。②所謂"加形"或"加聲"，就是在"本字"的基礎上增加表示意義的類母或表示讀音的聲母來再造新字。他認爲，"建類一首者，謂推廣之聲義，而舉本字爲首，因一字而可加爲數字之用；同意相受者，謂取同聲同義之字，而相加之别，數字仍是一字之意。"就是説，同一個"用字"可以轉換出兩個以上的字來，而後出轉注字與"用字"之間意義相同，饒

---

① （清）饒炯：《文字存真》，見丁福保《説文解字詁林》第 482—486 頁，中華書局 1988 年版。
② 《説文釋例》卷八"分别文累增字"云："字有不須偏旁而義已足者，則其偏旁爲後人遞加也。其加偏旁而義遂異者，是爲分别文。其種有二：一則正義爲借義所奪，因加偏旁以别之也（'冉'字之類）；一則本字義多，既加偏旁則分其一義也（'佖'字不足兼'公矦'義）。其加偏旁而義仍不異者，是謂累增字。其種有三：一則古義深曲，加偏旁以表之者也（'哥'字之類）；一則既加偏旁即置古文不用者也（今用'復'而不用'夏'）；一則既加偏旁而世仍不用，所行用者反是古文（今用'因'而不用'㘇'）。"見（清）王筠《説文釋例》第 173 頁，中華書局 1987 年版。

氏稱爲"仍是一字之意"。這是因爲"篆體形晦，義不甚顯"、"義有推廣，文無分辨"、"方言轉變，音無由判"等三個原因，漢字纔會產生轉注現象，進而他從"有因意晦而加形以明之者"、"有因意晦而加聲以明之者"、"有別義而加形以明之者"、"有別義而加聲以明之者"、"有別聲而加聲以明之者"、"有不因意晦義別、但取篆形茂密而繁縟其文者"等六個方面舉例詳細證明"轉注"的轉形原理和規律。爲了能全面而準確地把握和認識饒炯的轉注思想，我們將其《文字存真·六書轉注例》（節選）標點引錄於前，以供同仁研究參考。

自晉代衛恒以來，在燦若星辰的行家裏手中，較爲精確地參悟且有發明許慎"轉注"要意者唯饒炯一人而已。饒炯"轉注"思想的科學内涵主要表現在兩個方面：

其一，他將"轉注"放在歷時的宏觀的平臺上觀察與分析，認爲"轉注"是"用字後之造字"，這就徹底擺脱了"意轉"、"聲轉"諸説不着邊際的盲目與猜想，從"形轉"的關鍵切入"轉注"的本質。

其二，他認識到漢字"形轉"的根本目的是爲了區分形體或字義，而不是爲了某個字群的同義相貫，或同音相通。祇有採用"加形"或"加聲"兩種手段，纔能有效地達到區分形體或意義的目的。這樣的理性思考一掃歷代"轉注"研究的臆測、穿鑿等流弊，使古老的"轉注"理論在秋靜的沉潭中顯露出了原有的本色。

饒炯的"轉注"思想雖然總體是對頭的，但並非至精至密。第一，他將"轉注"僅僅視爲一種造字的原理和方法（這已經比前人高明多了），而沒有意識到"轉注"也是"六書轉換"的原理和方法。第二，他認爲轉形的目的是爲了區分形字和字義。但事實上，就"區分"而言，轉形祇有改造"形"這樣一個目的，絶對不會區分字"義",因爲被轉注字與後出轉注字之間其字形義或本義必須是相同的。如果兩個字僅僅是"同義",而不是同"字形義"或同"本義",它們之間就不存在轉注與被轉注的關係。因此,饒炯所謂轉注形成原因的第二條,也就是"因義有推廣,文無分辨",不該納入轉注的成因之内。總之,饒炯將"加注意符或音符繁體或分化字"視爲"轉注",擴大了"轉注"的適用範圍,同時僅將"轉注"視爲漢字造字法之一種,又藐視了"轉注"的功能,這是他的局限性。

5.2.6 鄭珍父子的"右文加形"説

繼戴段二氏之後,偏安於西南邊陲貴州遵義的鄭珍(1806—1864,字子尹,晚年號柴翁,别號子午山孩、五尺道人、且同亭長,貴州遵義人)、鄭知同(1831—1890,字伯更)父子正沿着江聲的思路反省戴、段的"互訓"觀。鄭知同在其《説文淺説·轉注》中,將其父鄭珍的"轉注"思考公諸世人:

先徵君子尹公作《轉注攷》,此書尚未刊行,手澤具存,願公同好,徧推諸字,無不可合,畧爲舉之。其説云:

"轉注"者,傳注也。古轉、傳兩字相通。"轉注"與"假借"對文,皆以疊字名之。自《春秋》三《傳》以下,注經家諸謂之傳,漢人或謂之傳,或謂之注,其名即原於造字"傳"、"注"之目,後來"傳"、"注"在字外謂之訓詁。古人簡質,"傳"、"注"即在字中。蓋當文字少時,一字有數字之用,久之患其無别,於字義主分何事,即以何字注之。試舉《説文》"示"、"玉"兩部爲例。如《示部》"齋"訓:"戒潔也。从示齊省聲。""禷"訓:"以事類祭天神也。从示類聲。"《玉部》"玠"訓:"大珪也。从王［玉］介聲。《周書》曰:'稱奉介圭。'""瑁"訓:"諸侯執玉朝天子,天子執玉以冒之。似犁冠。《周禮》曰:'天子執瑁四寸。'从玉冒,冒亦聲。"此等字,尋常視之,衹是形聲;推究其原,"齊"、"類"、"介"、"冒"即其本文。攷諸經典,止作"齊戒",止作"類於上帝",止作"介圭",止作"同冒",其加"示"加"玉"爲之偏旁,皆注也。核諸真形聲字,如"球"、"琳"、"琅"、"玕"等,成字時爲形、聲兩旁並作,單舉"求"、"林"、"良"、"干",則非此用矣。可知形聲字以形旁爲主,一形可造若于［干］字,但各取聲旁配之;轉注大相別,字以聲旁爲主,一字分爲若干用,但各以形旁注之。"轉注"與"形聲",事正相反,而實相成。

欲明聲旁爲主之説,又即其多者證之。如"齊"字,經典用爲"齊戒",用爲"齊衰",用爲"齊盛",用爲"齊剪"、"調齊",用爲"齊疾",用爲"腹齊",止是一"齊"字。厥後則例加偏旁,用是"齊戒",即注之以"示"作"齋";用是"齊盛",注之以"皿"作"齍";"剪齊"、"調齊",注之以"刀"作"劑";"齊疾",注之以"火"作"齌";"腹齊",注之以"肉"作"臍",此其明義也。(以"妻"注之作"齎",文"齎"等也從齊妻聲。)然此諸字,在《説文》皆分列各部,注以形聲,蓋其字造成後,即與形聲無異。

許君作書,以形爲主。五百四十部首,皆立形旁,以統諸字,於形聲字,應"形聲"説之不待言,即轉注字,亦不能不統歸之"形聲"。但於注中,言"从某,某亦聲"以爲識別,如"瑁"字注是;或經,止言"某聲",如"齊"類字注是。其實非形聲,亦非會意也。假令許君欲明"轉注",即須別撰一書,合變義例,別提出轉注字例,——以聲旁爲主。如"齊"字,須"齊"爲部首,以統"齋"、"盦"諸字,爲之注説,而後能通是。於《説文》中,決無可言之理,格於勢之窮也。所以,《説文》注義,於象形、指事、會意、形聲、假借五者,莫不詳言,獨無片語及轉注,正此故也。今即此義例準之,凡古經典子史所用字多無偏旁,而《説文》中偏有偏旁者,不勝指屈其字,皆轉注也。其又在古人已多,後世尤多。凡天文、地理、人事種種名物,原來多不爲造專字,漢魏後乃遞加偏旁。如《經典釋文·敘錄》所指:"飛禽即須安'鳥',水族便應着'魚',蟲屬要作'虫'旁,艸類皆从兩'屮'。"在後世諸字書,如此等字,動計千萬,蓋莫非轉注也。故自先秦以上,"轉注"與"形聲"並行,兩類字各居其半。①

鄭氏父子認爲:"轉注"就是"傳注"。"傳注"在字外謂之訓詁,在字中謂之"轉注"。在造字的過程中,新孳乳的字是怎麽"傳注"的呢?鄭氏父子認爲:"蓋當文字少時,一字有數字之用,久之,患其無別,於字義主分何事,即以何字注之。"也就是説,某一個字,其本義漸次引申出無數的字義來,爲了避免它們在使用的過程之中產生混淆,於是根據其指稱物("主分何事")的不同,分別增附"形旁"。比如"齊",由麥穗上出平齊義引申出"齋戒"、"齊衰"、"齊盛"、"齊剪"、"調劑"、"齊疾"等意義,後世分別增附"主事"的形旁"示"、"皿"、"刀"、"火"、"肉"等,再造出"齋"、"盦"、"劑"、"齋"、"臍"等字來。這些增附形旁造出來的字,通常都當

---

① (清)鄭知同:《説文淺説》,見錢鼜堂輯、華陽張可均校字《益雅堂叢書》,荻林山房梓。

成形聲字看待，因爲"其字造成後即與形聲無異"，實際上它們與形聲字大有區別。"形聲字以形旁爲主，一形可造若干字，但各取聲旁配之；轉注大相別，字以聲旁爲主，一字分別爲若干用，但各以形旁注之。'轉注'與'形聲'事正相反，而實相同"。一言以蔽之，鄭氏父子所説的"轉注"，實際上就是指在聲母（右文）的基礎上增附"主分其事"的類母來創造形聲字（即《説文》所謂"亦聲"的字）的方法，也就是清人黄承吉在《字義起於右旁之聲説》中説的"凡字之以某爲聲者，皆原起於右旁之聲義以制字，是爲諸字所起之綱"的漢字孳乳的基本原理。黄承吉認爲："古者事物未若後世之繁，且於各事各物未嘗一一制字，要以凡字皆起於聲，任舉一字，聞其聲即已通知其義"，"其在左之偏旁部分（或偏在右在上之類皆同），則即由綱之聲義而分爲某事某物之目。綱同而目異，目異而綱同。如右旁爲某聲義之綱，而其事物若屬於水，則其左加以'水'旁而爲目，若屬於木、火、土、金，則加以木、火、土、金之旁而爲目，若屬於天時人事，則加以天時人事之旁而爲目，若屬於草、木、禽、魚，則加以草、木、禽、魚之旁而爲目，其大較也。"[①]將鄭氏父子與黄承吉之説對照起來看，實則殊途（一從"轉注"立論，一從"右文"立論）而同歸（一説轉注"字以聲旁爲主"，一説諧聲之字"義皆起於右旁之聲"）。由此看來，鄭氏父子的"轉注"説講的也不過是"右文"孳乳形聲字（包括"亦聲"字）的普遍規律，而絕非六書的"轉注"原理。孫雍長先生極力推崇鄭氏父子之説，説："認識到古代'文字少時，一字有數字之用，久之，患其無别，於字義主分何事，即以何字注之'這一客觀事實，並能明確指出這就是六書中的'轉注'的學者，最早大概就是鄭珍、鄭知同父

---

① （清）黄生撰，（清）黄承吉合按：《字詁義府合按》第75頁，中華書局1984年版。

子了。徐鍇以下,當今以上,能够不囿於漢字的結構類型,不是静止地、平面地從漢字的形體結構上,而是從造字構形的手段、過程上來尋求'轉注'與'形聲'的區别,唯鄭氏父子有此睿見卓識,這纔是他們對'轉注'研究的最大貢獻,這纔是他們理論中的難能可貴之處。"[①] 我們認爲,鄭氏父子對漢字理論的貢獻,僅僅在於繼承和發展了饒炯"轉注"理論中本不屬於漢字"轉注"規律的"因義有推廣,文無分辨,而從本篆加形"(即王筠所謂"分别文")以别之的漢字孳乳思想而已,這類繼承和發展,有其科學合理的一面,但還談不上"睿見卓識"。

5.2.7 孫詒讓的"形聲駢合"説

清末孫詒讓(1848—1908,幼名效洙,又名德涵,字仲容,號籀廎,浙江瑞安人)的"轉注"説分别見於他的《名原・轉注楬櫫》和《周禮正義》。《轉注楬櫫》云:

> 許君之説"轉注"云:"建類一首,同意相受,考、老是也。"徐楚金《繫傳》以《説文》部首説解,"凡某之屬皆从某"釋之,其義最塙。蓋倉[頡]、沮[誦]制字之初,爲數尚尠,凡形名之屬未有專字者,則依其聲義,於其文旁詁注以明之。(《説文・晶部》説"曡"字云:"古〇復注中,故與日同。"又《金部》説"金"云:"左右注,象金在土中。"即"注字"之義。) 其後遞相沿襲,遂成正字,此"孳乳浸多"之所由來也。自來凡形聲駢合文,無不兼轉注。(如"江"、"河"爲齱聲字,亦即注"水"於"工"、"可"之

---

① 孫雍長:《轉注論》第206頁,嶽麓書社1991年版。

旁以成字也。)後世儻作新名,凡有特別異訓者,則亦可用茲例,按其義類,權注文以相揭示。葢"轉注"以形箸義,與"叚借"以聲通讀,其例皆廣無畔岸。故古文偏旁多任意變易。如宫縣之樂謂之牆,鐘磬之縣半爲堵,全爲肆,而因鐘爲金樂,則作"鐺"作"鍺"作"鏵"(並詳前);簠有鑄金刻木,則作"鎄"(《未妊簠》)(金文通例"簠"皆作"䀇"。)、作"櫨"(《鄭井未簠》),以盛黍稷,則又從"米"作"䊆"(《史魯簠》)是也。或增益偏旁,如昧爽之"爽",借"喪"爲之,則注"日"作"䵣"(《冘敢》),武事執俘者从"爪",則注"戈"作"𢦏"(《虢季子白盤》、《𢦏戈》)是也。若斯之類,不可殫舉,既非倉、沮舊文,字書固無由盡載。今舉其罕見者,以明達例。由是推之,凡古金石刻文字,奇詭不見於字書者,或爲此例所晐,固亡足異矣。①

孫詒讓"轉注"觀的形成有兩個來源:一是源於南唐徐鍇和清代前期江聲的"部首轉注"說,他在《轉注揭櫫》和《周禮正義》中都表達了"徐、江說是也"②之類的意思。二是吸收了饒炯"加形加聲"說中"加形"部分的精髓。"部首轉注"說,或稱"形聲駢合"是從漢字形體結構的角度來討論"轉注"的,而饒炯的"加形加聲"說是從漢字的歷史發展來討論"轉注"的,兩者的完美結合,便形成了孫氏的"轉注"觀。正如白兆麟先生在《孫詒讓論"轉注"——重讀〈名原·轉注揭櫫〉》一文中所說:"表面看來,孫氏似乎採納徐鍇《說文解字繫傳》所述'轉注'的觀點:'屬類成字,而復於偏

---

① (清)孫詒讓遺書,戴家祥校點:《名原·轉注揭櫫弟五》第13頁,齊魯書社1986年版。

② 參看(清)孫詒讓《周禮正義》第1014頁,中華書局1987年版。

旁加訓，博喻近譬，故爲轉注。'即所謂'形聲駢合文'。而其實徐氏是從漢字的形體結構着眼，孫氏則是從漢字的歷史發展來討論轉注的。"①孫氏真正從文字學角度來觀察、思考、討論轉注，他的見識纔稱得上睿見卓識。可惜後人並沒有遵循他的思路繼續探討，反而在聲轉、義轉之泥潭裏越陷越深。

5.2.8 章太炎的"形隨音轉"説

清末民初的國學泰斗、中國語言文字學的開山祖師章太炎（1869—1936，原名學乘，字枚叔，後改名炳麟、絳，號太炎，浙江餘杭人）先生的"轉注"構想是以漢字的孳乳爲本旨的。他在《轉注假借説》中這樣説道：

> 蓋字者，孳乳而浸多。字之未造，語言先之矣。以文字代語言，各循其聲。方語有殊，名義一也。其音或雙聲相轉，疊韻相迤，則爲更制一字。此所謂轉注也……考、老同在幽部，其義互相容受，其音小變。按形體，成枝別，審語言，同本株，雖制殊文，其實公族也。非直考、老，言"壽"者亦同。循是以推，有雙聲者，有同音者，其條例不異。適舉考、老疊韻之字，以示一端，得包彼二者矣。凡同部之字，聲近義同。許君則聯舉其文，所以示轉注之微旨也。②

太炎先生認爲，兩個字之間雖然形體没有聯繫，但祇要音理意義相

---

① 白兆麟：《校刊訓詁論叢》第113頁，安徽大學出版社2001年版。
② 章炳麟著，陳平原導讀：《國故論衡》第36—37頁，上海古籍出版社2003年版。

通，就能彼此相轉。而造成兩字互轉或數字互轉的原因，乃是後世"方語有殊"，"循其音"而造字。這樣一來，不同方言中造出來的"同物異名"的字，它們屬於"同一語原"（建類一首），字"義相近"（同義相受）。他將"轉注"分成三種類型：同意轉注、雙聲轉注和疊韻轉注。太炎先生的"形隨音轉"說，後世不少國學前輩奉之爲圭臬。楊樹達先生贊評道："章君析轉注爲三科，思理密矣。"[1]吕思勉先生説："衆説之紛繁而無當"，"吾不得不有取於章氏炳麟之説"。[2]蔣善國先生認爲，太炎先生的"形隨音轉"説，"正確地指出了轉注産生的原因。"[3]除推崇外，正面批評太炎先生偷换概念的學者也不少。梁東漢説："章太炎的所謂轉注字就是指的意義相同、聲音相同或相近的字，這些字可以不管形體如何。他的解釋的確比主形派、主義派高明得多，但是他也忽略了一件事：如果意義相同，聲音相同或相近的字都是轉注字，那麽，這種主張和主義派的互訓有什麽區別？轉注字和假借字又有什麽不同？這些問題是他的解釋所不能解釋的。"[4]客觀地講，太炎先生詮釋的"轉注"雖然與許君的原意相差甚遠，但他從另一個角度揭示出了漢字孳乳的普遍規律。因此，太炎先生所創建的形隨音轉的"轉注"説，乃是研究漢字孳乳的根本法則，也是研究漢語同源字(詞)的基本理論和方法。在《文始》和《新方言》等著作中，太炎先生親自實踐了他的"轉注"理論，且取得了舉世公認的偉大成就。

---

[1] 楊樹達：《中國文字學概要·轉注》，《楊樹達文集》之九第260頁，上海古籍出版社1988年版。

[2] 吕思勉：《字例説略·轉注》，見《文字學四種》第138頁，上海古籍出版社2009年版。

[3] 蔣善國：《漢字學》第155頁，上海教育出版社1987年版。

[4] 梁東漢：《漢字的結構及其流變》第150—151頁，上海教育出版社1959年版。

5.2.9 劉師培的"同部互訓"説

　　清末民初的劉師培（1884—1919，字申叔，號左盫，江蘇儀徵人），崇戴、段"互訓"之説且有所發明。他認爲，用互訓來解釋"轉注"可謂"不易説"，但是，他也指出戴、段互訓説卻存在着嚴重的不足，即"以《爾雅·釋詁》爲證，則氾濫而失所厥歸"，因爲"古代解釋字類有可以互訓者，有不可互訓者"，以不同部首的"字類"作爲"轉注"的例證是極不合適的，而"許書所謂'轉注'，指同部互訓言，不該異部互言也。"即使屬於"同部"還必須"音義均同"（或爲雙聲或爲疊韻）。如"《艸部》菲、芴互訓,《言部》謹、譁互訓,《支部》攺、更互訓,《鳥部》鴻、鵠互訓。（許書以雉爲鴻雁之鴻。）"（雙聲）。又如"《言部》諷、誦互訓,《刀部》刑、到互訓,《火部》炙、灼互訓,《金部》鍱、鍱互訓"（疊韻）等。就連互訓的字還要分"轉注之正例"和"轉注之變例"，凡被釋字與釋字爲一對一者爲"轉注之正例"（例見上），而被釋字與釋字非一對一者爲"轉注之變例"，如"《山部》：'崝，嶸也'；'嶸，崝嶸也'。《手部》：'揞，揞搖也'；'搖，揞也'"；"《本部》：'榮，桐木也'；'桐，榮也'；'枯，藁也'；'藁，木枯也'"等。除此之外，劉氏還認爲："許書'轉注'，雖僅指同部互訓言，然擴而充之，則一義數字，一物數名，均近轉注。如及、逮、邦、國之屬，互相訓釋，字非同部，其爲轉注則同。若《方言》一書，均係互訓。以數字音爲衆，則以音近之字，古僅一詞，語言遷變，矢口音殊，本音造字，遂有數文。故形異義同，音恒相近。《方言》卷一'大'字條標例至詳，即《爾雅》、《小爾雅》諸書所載，其有音近可互相訓釋者，亦均轉注之廣例，特不可援以釋許書耳。"①由此看來，左盦先生的"轉注"說實際上包含兩類"轉注"，一類是他所謂許慎的同部同音互訓（即音近互訓），另一類是廣義上的"轉注"，即"一義數字，一物數名"的轉注，也就是他批評戴、段所謂"氾濫"的轉注。但是，不管是哪類轉注，均與六書的"轉注"不相干。左盦先生的結論雖說對六書"轉注"的理解毫無用處，然而他的"語言遷變，矢口音殊，本音造字，遂有數文，形異義同，音恒相近"的見解，卻意外地詮釋了太炎先生關於文字孳乳"轉注"理論。

我們始終信奉六書的"轉注"是漢字的轉形原理和方法，而絕非"聲轉"或"義轉"之訓詁原理和方法。誠然"方語有殊，名義一也"，任何一個方言區的人都有爲某一物選擇造字方法的自由，如此造出來的字，從音理上看或有偶合，或許與"轉注"相牽相貫，但不能以此證明語音的相通就是六書的"轉注"。開啟六書"轉注"這扇神秘之門，洞察其中的奧秘，必須而且應該從構形法方面去尋找鑰匙，除此之外，其他任何奇思妙想，或爲隔靴搔癢，或爲指鹿爲馬，或爲南轅北轍，均不得六書"轉注"之本旨。

從清太宗愛新覺羅皇太極天聰元年（1627）起，至愛新覺羅溥儀宣統三年（1911）止，大清王朝歷經十一代二百八十餘年，伴隨着帝王之家的昌榮與衰落，漢字"轉注"理論的研究也演繹出了它的時代特徵：

第一，"聲轉"的推陳出新。清初的明代舊臣遺老，原則上是信奉明代趙古則、楊慎"聲轉"之說而無發明，如顧炎武者流。"聲轉"因其嚴重背離六書"轉注"之本旨，故在大清二百八十餘年

---

① 參看劉師培《轉注說》，見丁福保《說文解字詁林》第 625—626 頁，中華書局 1988 年版。

間，問津者寥寥，門可羅雀，唯有晚清的左盦、太炎先生推陳出新，他們從漢字孳乳的規律中尋求"聲轉"的新理論。其說革新，頗有見地，然而對於六書之"轉注"而言，實有風馬牛不相及之弊，而對漢字字源學的研究，卻極具指導意義。所以，後世國學前輩，如黃侃、陸宗達、王寧、宋永培先生等，吸其精華，揚其糟粕，在其"聲轉"說的基石上建立起了漢語字源學。

第二，"義轉"說的推陳出新。明代以前，主義派始終圍繞"同意相受"詮釋，但也始終沒有放棄從構形原理方面尋找答案的努力，這種思考到了清代乾嘉時期，突然來了個一百八十度大轉變。以戴震、段玉裁師徒為首的國學大師們，將"轉注"導入了訓詁學的領域，認定六書中的"轉注"實際上是訓詁學中的"互訓"方法。此說一出，立即招來了主形派和主音派的兩面夾擊，視之為背離"六書之旨"的奇談異說。雖然非之者雀起，然而信之者也大有人在。清代中期的朱駿聲，乾脆將"轉注"的本質徹底拋棄，在"互訓"說的基礎上演繹出了"字義引申"說的轉注觀來。這樣做，既避開了"互訓"說鹿馬不分的弊端，又指明了"形"與"義"之間相依相生的密切聯繫。但是，朱氏殊不知一字多義（孳乳派生）是漢語字義學研究的範疇，依然與漢字的形體轉換不相干，因此，用指鹿為馬式的研究來評價朱氏的"轉注"說極為恰當。繼後的左盦先生，斷然從朱氏的"引申"路子中折了回來，重新反省戴、段的"互訓"說，覺得精華糟粕混雜。因此，他批判地繼承了前輩國學大師的"互訓"觀，將許慎"轉注"視為"同部互訓"，認為這個原則包含同部、同音、互訓三個方面的內容，三者共存，缺一不可，這纔是"許書轉注"的精意要旨。但是，歷史證明，左盦先生對"互訓"說的拾遺補缺已於事無補，即使費再大的勁依然不能從根本上將毫不相干的兩種理論糅合在一起，因為沙粒與砂糖雖然外形相似，但它們的本質完全不是一回事。

第三,"形轉"說的推陳出新。"轉形"說在整個清代"轉注"理論研究中依然扮演着主角,雖然這方面的理論清代中前期並沒有得到應有的重視,但自饒炯始,其説一路高歌,成了陽春白雪。用歷史發展的眼光來審視、釋讀許慎的"轉注"思想,儘管不是饒炯首倡,但是,敏鋭地感悟於王筠的"累增字"、"分别文",並從中悟出"加形加聲"的轉注理論來,則是饒氏的獨家發明和出新。這一理論,雖然尚未至精至密(其中有一部分屬於廣義的字源學研究内容),但是,如果時人或今人能繼續用這一理論來解讀、思考、研究許慎的"轉注"觀,必將獲得路人皆碑的輝煌,成爲名傳後世的許學功臣。繼後的孫詒讓,正是站在饒炯的肩上,將"轉注"的奧秘漸漸地揭示了出來,其説雖過於謹慎,有盲人摸象之感。倘若後世的文字學家們都能有饒、孫二氏的睿智精思,都能踵武增華,都能務實多於標新,一定會在"轉注"的理論研究中獲得"踵其事而增華,變其本而加厲"(南朝梁蕭統《文選序》)的成就。現在回過頭來看,在衆盲摸象的清代"轉注"研究中,饒、孫之説别開生面,獨樹一幟。經過他們一番正本清源,許慎的"轉注"觀可得而説矣。

第四,"文字孳乳"説的興起。清末左盦先生的"同部互訓"説與戴、段二氏的"互訓"説都有蒸沙成飯之弊,但其"語言遷變,矢口音殊,本音造字,遂成數文,形異義同,音恒相近"的文字孳乳思想,卻成了清末民初太炎先生用來解釋"轉注"的理論基礎。太炎先生的"轉注"説與明代楊慎的"聲轉"説一樣,從遠處看,都植根於西漢楊雄的"轉語"方法論,從近處看,則來源於左盦先生"同部互訓"説中的漢字孳乳理論。左盦先生還認爲:"蓋互訓之起，由於義不一字，物不一名。其所以一義數字，一物數名者，則以方俗語殊，各本所稱以造字。"①太炎先生説"方語有殊"，左盦先生説"方俗語殊"，可見左盦先生之説，近本太炎先生。但不管是左盦先生的"同部互訓"説，還是太炎先生的"文字孳乳"説，都祇能成爲研究漢字字源（或同源）的理論依據，而不是研究六書轉換的理論基礎。

5.3 現當代的"轉注"研究

大清王朝的二百八十餘年間，是《説文》學研究史上最爲昌盛輝煌的時期，因此，大凡研究過《説文解字》的人，都會對"轉注"闡明自己的看法，雖有仁智之見，但終能形成派別主流的不外乎"形轉"、"意轉"、"聲轉"三家。自民國始，除"意轉"説中的朱氏"引申"觀被揚棄之外，其他流派的見解，依然潮落潮起。綜觀現當代"轉注"討論的總趨勢，照舊紛爭不止，儘管有的學者曾在二十世紀八十年代末建議將它作一個歷史遺留問題置之不理。

5.3.1 楊樹達的"音轉"説

中國現代著名的語言文字學家楊樹達（1885—1956，字遇夫，號積微，湖南長沙市人）先生的"轉注"説，是對太炎先生的"轉音"説實施一番修正改造之後而形成的。太炎先生分"轉注"爲"同音相轉"、"雙聲相轉"和"疊韻相迤"三科。"同音相轉"，如"士

---

① 劉師培：《轉注説》，見丁福保《説文解字詁林》第625頁，中華書局1988年版。

與事、了與㐫、火與烠燬"等。太炎先生說："凡將訓篆相承別爲二文，故雖同義同音，不竟說爲同字，此皆轉注之可見者也。""雙聲相轉"，如"屏與藩，並與匕，旁與溥"等。"其以雙聲相轉，一名一義而孳乳爲二字者，尤彰灼易知。""疊韻相迤"，如"先言起，從聲以變則爲止；先言卯，從聲以變則爲戼；先言寒，從聲以變則爲暖；先言出，從聲以變則爲內；先言央，從聲以變則爲彷；先言斠，本訓平，引申訓直，經典以覺較爲之。從聲以變則爲曲；先言新，從聲以變則爲塵；先言水，從聲以變則爲火；先言晨，從聲以變則爲昏；先言旦，從聲以變則爲晚；先方頭，從聲以變則爲足；先言好，從聲以變則爲醜；先言老，從聲以變則爲幼；先言聰，從聲以變則爲聾；先言受，從聲以變則爲授；先言祥，從聲以變則爲殃。此以疊韻相迤者也。"[①] 楊樹達先生認爲：太炎先生將"同音轉注"納入轉注"理不可通"，因爲"蓋音義俱同，造文者何當別構？此自一字異形，不關轉注也"。[②] 祇有疊韻、雙聲兩個部分屬於"轉注"範疇。因此，他對太炎先生之說略加修正，最終確立爲"疊韻相轉"、"雙聲相轉"和"對轉"三科。然後從《說文》中選取三十六字分成十八對，作爲"轉音"說的範例。在楊氏看來，祇要具備音近義同兩個條件，不管是什麼樣的字，都能構成轉注關係。由此說來，其"音轉"說不過是戴、段"互訓"說的變種而已。"互訓"說是直接運用"義同"的原理去系聯一切可以系聯的漢字，而楊氏的"音轉"說則是以"音近"爲條件去系聯一切"義同"的漢字的。雖說

---

① 章炳麟：《轉注假借說》，見章炳麟著、陳平原導讀《國故論衡》第37—41頁，上海古籍出版社2003年版。

② 楊樹達：《中國文字學概要·轉注》，《楊樹達文集》之九第260頁，上海古籍出版社1988年版。

"音近"條件的設立爲"互訓"的範圍作出了相對限制,但它客觀上不可能改變"互訓"說的訓詁本質。

5.3.2 黎錦熙的"假借字加偏旁"說

二十世紀三十年代,黎錦熙(1890—1978,字劭西,湖南湘潭人)先生已將其六書研究新成果宣告世人。他將"指事"、"象形"、"會意"三書稱爲"合體的圖像文字",且統歸於"象形",將"假借"稱爲"純音標文字","轉注"、"形聲"稱爲"半音標文字",且統歸於"假借"。他說:"析之則六,統之則二,曰象形,曰假借而已。"將六書合爲二書的確是黎氏的新主張。既然"轉注"不存在了,那麽何來"轉注"之說呢?黎氏將"轉注"歸於"假借",這樣一來"假借"中就有了"轉注"。他認爲"假借者,假借字形以表語音也",而"轉注"就是在假借字上增加偏旁。他在《中國文字之正反合辯證式的歷史進展》一文中是這樣解讀許君的"轉注"的:

轉注者,《說文序》所下定義爲"建類一首,同意相受",這是說"建"立事"類"爲"一"個部"首",遇有某個假借字是和這個部首"同意"的,就把這個部首加上去,成爲一種表示意義的偏旁,這就叫做"相受"。"相受"是假借字要容"受"這個表義字的偏旁,而這些偏旁原也就是些圖像文字,可以"授"與那些假借字的。這樣"相受"的結果,"形聲"字就大批的產生出來了。故"轉注"就是"形聲"的起源:"聲"這一半就是已經行用的"假借"字(如古無"考"字,而稱老輩其音爲"丂"——今國音讀丂幺上聲——遂行用此象形兼指事的古"丂"字爲其假借字,金文中有此例),"形"這一半就是由"轉注"而來的一種表義的符號（因"丂"字的本義爲"气欲舒出，上礙於一"，借爲老輩之稱，漸覺得太歧了，就轉注一個"老"字加在其上，來作表義的偏旁符號，而成"考"字）。凡是把另一個字"轉"移做一個符號，來"注"這個假借字之義的，概曰"轉注"，"考老是也"（謂"考"成於"老"之爲偏旁也，其偏旁僅存"老"頭，則謂雖省去一部分可也）。這種"轉注"的辦法，是漢語民族特別的發明，在甲骨金石的刻文中，就可以看到這種演進的痕跡，直到兩漢文人所作的大賦，那些草木鳥獸蟲魚之名，還有許多是沒有偏旁的純假借字，再往後就都加上偏旁了。"建類一首"的偏旁，用作"轉注"符號的，可以稱爲"注義符號"，其發明遠在注音符號（即注音字母）之前。①

黎氏所説的"表義的偏旁符號"就是"部首"，也就是"建立事類"的"類"，也就是我們所説的"類母"。黎氏爲什麽説假借字加偏旁就是"轉注"呢？這與他給六書的排序相關。他給六書排了個序：指事、象形、會意、假借、轉注、形聲。他認爲形聲字產生以前，遠古先民多用"假借字"來記言記行，"轉注"產生以後，人們纔在"假借字"基礎上增加偏旁轉爲"本字"。他説：甲骨卜辭及西周金文中的"假借字甚多"，"兩漢文人所作的大賦，那些草木鳥獸蟲魚之名，還有許多是沒有偏旁的純假借字，再往後就都加上偏旁了"。黎氏的"假借字加偏旁"説實際上襲用清代鄭珍、鄭知同父子的"以偏旁加注"説。至於他所謂"假借字"，就是清代黃承吉所説的"字母"，也就是太炎先生所説的"初文"，黎氏一概視之"假借字"，並説古人多用此類字而致使"假借太濫"。平心而論，黎氏看到了形聲字形成的原因與"轉注"有關。他認爲"'轉注'是'形

---

① 見黎錦熙《黎錦熙語言學論文集》第68—69頁，商務印書館2004年版。

声'的起源",形聲字是"轉注"轉出來的,這纔是他的真知灼見,也是以往任何一個文字理論學家(包括饒炯、鄭氏父子、孫詒讓等)都没有看透的。

5.3.3 陸宗達的"構形發展法則"説

二十世紀八十年代初期,最先關注"轉注"理論研究的學者是陸宗達(1905—1988,字頴民,一作頴明,浙江慈溪人)先生。頴明先生是現當代章黄學派的殿軍、最傑出的訓詁學家,傳承章黄之學且多引申發明。他極力推崇其師太炎先生的轉注説,指出:"歷來治《説文》者對轉注假借的解釋,歧説紛紜,均未得其要旨,戴震、段玉裁以互訓爲轉注,其説雖有助於同義詞、字的研究,簡捷易曉,但與造字的'六書'無關;朱駿聲以引申爲轉注,雖有功於詞義發展的考察,但已遠離許氏本意,更與漢字發展無涉。直至晚近,章炳麟先生從語言學理論上提高了對轉注、假借的認識,指出這是漢字發展的法則,從而闡明了漢語辭彙發展變化的一些規律,打破了建首分部的框框,把漢人六書理論發展了一大步,開闢了漢字研究的新途徑,其功績是不可磨滅的。"① 頴明先生給"轉注"下的定義是:

  爲從某一語源派生的新詞制新字,這是漢字發展的一條重要法則,也就是"轉注"。②

他對"某一語源"是怎樣派生新詞,人們又是怎樣爲新詞造字

---

① 陸宗達:《説文解字通論》第 56 頁,北京出版社 1981 年版。
② 同上,第 59 頁。

的，作過簡要論述："由於社會制度變化，或者由於生産、文化、科學等等的發展，需要創造新詞來表達新的詞義。這樣產生的新詞，必定是由某個語源派生的，也就必定沿襲其讀音，因此，在語言上有同一語根派生若干新詞的現象。從造字來講，也就要循其聲義，各爲制字，這就是'轉注'造字的法則。"① 穎明先生認爲，新詞是從"語根"中派生來的，新詞派生出來後，造字的人則"循其聲義，各爲制字"。爲此，他將漢字的"轉注"規律歸納成三科："因方言殊異或古今音變而制字"、"因詞義發生變化而制字"、"爲由同一語根派生的相互對立的詞制字"。比如"逆"和"迎"。《説文·辵部》："逆，迎也。从辵屰聲。關東曰逆，關西曰迎。"（二下）又："迎，逢也。从辵卬聲。"又："逢，遇也。从辵，峯省聲。""逆"與"迎"同爲"逢"義，其區別是方言的不同。這屬於"因方言殊異而制字"。又如"夭"和"歪"。《説文·夭部》："夭，屈也。从大，象形。"（十下）音於兆切，在唐詩已有讀烏乖切的。如白居易《和春深》第二十首："錢塘蘇小小，人道最夭斜。""夭"由於兆切變成烏乖切，故另造一個"歪"字。這屬於"因古今音變而制字"。又如"害"，《説文·宀部》："害，傷也。从宀从口。宀、口，言从家起也。丰聲。"（七下）《刀部》："割，剥也。从刀害聲。"（四下）"剥"就是割開。又《牛部》："犗，騬牛也。从牛害聲。"（二上）犗牛，就是騸牛（割去牛馬的生殖器）。"害"是"割"的初文，二字音義關聯。《説文·牛部》新附字："犍，犗牛也。从牛建聲。"《玉篇·牛部》："犍，犗也。"《廣韻·元韻》："犗，以刀去牛勢。或作犍。""犗"又與"劇、騸"音義關聯。《廣韻·獼韻》："劇，以槌去牛勢。"《舊五代史·郭崇韜傳》："宜盡去宦官，優禮士族，不唯疏斥閹寺，騸馬不可復乘。"《篇

---

① 陸宗達：《説文解字通論》第56—57頁，北京出版社1981年版。

海類編·鳥獸類·馬部》:"騸,元無此字。《駒仙肘後經》云:'騸馬,宦牛,羯羊,閹豬,鐓雞,善狗,淨貓。'"明李時珍《本草綱目·獸部·馬》:"馬去勢曰騸。"又"奄、閹"音義關聯。《説文·門部》:"閹,豎也。宮中奄閹閉門者。从門奄聲。"(十二上)《廣韻·鹽韻》:"閹,男無勢精閉者。"《周禮·天官·塚宰》:"酒人奄人十人,女酒三十人,奚三百人。"鄭玄注:"奄,精氣閉藏者,今謂之宦人。"穎明先生認爲:"'害'、'割'、'犅'、'剔'、'騸'、'奄'、'閹'等都是同一語源的派生詞,從造字來説則爲轉注。"再如"受"與"授","教"與"效","問"與"聞","買"與"賣"等,穎明先生説它們都是"彼此聯結、互相依賴的對立的詞,也是以聲音爲紐帶的,在訓詁學上稱爲'施受同詞'。凡是依照'相反同根'和'施受同詞'的法則來產生新詞或製造新字也是轉注。循此例以求,可以得出文字孳乳的規律。"① 如果將穎明先生的"轉注"思想與太炎先生的"轉注"思想比較分析,不難看出,他們都是以"文字孳乳的規律"作爲"轉注"法則的,而依聲以求眾字的同義或同詞的對義("施受同詞"),則是研究字詞"轉注"的重要方法。

但依後學看來,"轉注"雖然屬於文字孳乳規律的範疇,但文字孳乳的規律不能等同於"轉注"的規律。另外,也是最重要的,漢字的轉換,祇能是字的形體轉變,其音、義(特別是字形義)是不可能變化的,形轉而音、義不轉,這是"轉注"的基本原則和規律。如果形體轉換後引起了音義的變化,那就不再是"轉注"了,而是文字孳乳的其他規律。但是,穎明先生洞察出了"轉注"既是"字形結構法則"又是"漢字發展的法則",這是他廣博宏思、睿智精思、縝密細思的結果。在平常人眼裏"轉注"僅僅是一種"用字之

---

① 參看陸宗達:《説文解字通論》第59—62頁,北京出版社1981年版。

法",在内行眼裏,"轉注"是一種"造字之法",而在穎明先生眼裏,"轉"不僅是"造字之法",而且是凌駕於象形、指事、會意、形聲等之上的"漢字發展的法則"。這樣的思考,非一知半解者可得而成的。孫中運曾批評過穎明先生關於"漢字發展的法則"的思想:"給'轉注'冠以'漢字發展的法則'是不妥當的。這等於悄悄地替換了'轉注'概念的内涵,並擴大了它的外延,而且把'六書'系統的概念都弄亂了。"①孫氏的批評,恰恰證明穎明先生超凡的睿智精思非平庸者所能及者。因爲許慎"轉注"思想的内涵原本包含"字形結構的法則"和"漢字發展的法則"兩個部分,然而自晉代衛恒起,人們的眼光衹盯在"字形結構的法則"上,而根本没有想過它還是"漢字發展的法則",如此代復一代,約定而成俗,直到當代,穎明先生纔將其揭示出來。"轉注"之"漢字發展的法則"的發現,是國學宗師陸宗達先生對漢字理論研究的重要貢獻。

5.3.4 梁東漢的"加注改換音符"説

二十世紀五十年代末期,梁東漢(1920—2006,廣東珠海市人)先生在總結前人轉注說得失的基礎上,提出了"加注、改換音符"的轉注構想。他認爲,不管是主形派、主義派還是主聲義派,"三派的主張都帶有片面性和主觀性,主形派單純看重形體,主義派和主聲義派又完全抛開字形,顯然都不能夠解釋'建類一首,同意相受'。我們認爲,所謂'建類一首',是指的同一個部首,聲音又相近,'同意相受'是指的意義相同可以互相注釋。"爲此,他作出如下結論:轉注字有兩類,一類是象形的符號加注音符而成的轉

---

① 孫中運:《再談六書的"轉注"》,《大連教育學院院刊》1986年第2期。

注字，另一類是由形聲字改換音符而成的轉注字。轉注字和形聲字有一個共同點：採用的都是標音的一形一聲的結構形式。可以這樣說：所有的轉注字都是形聲字，而形聲字不一定是轉注字。① 梁先生"加注、改換音符"的轉注說，其形成是多源的，但主要來源於左盦先生的"同部互訓"說。其實，這個乍看極爲科學的解釋，祇要仔細推敲則漏洞百出。因爲：其一，梁先生說"轉注字必須具備同部首，聲音相同或相近，意義相同這三個條件，缺少一個條件也不行"，這是襲用左盦先生《轉注說》中的"同部同音"轉注的結論；其二，所謂"意義相同可以互相注釋"，是所有講"轉注"的學者的共同看法，此類見解，自晉代衛恒以來，異口同聲，別無歧說；其三，所謂"轉注字都是形聲字，而形聲字不一定是轉注字"，是襲用清代鄭氏父子和現代學者黎錦熙的說法。鄭知同說過："在《說文》皆分列各部，注以形聲，蓋其字造成後，即與形聲無別。"又說："形聲字以形旁爲主，一形可造若干字，但各取聲旁配之；'轉注'大相別，字以聲旁爲主，一字可分爲若干用，但各以形旁注之。'轉注'與'形聲'事正相反，而實相成。"② 黎錦熙也說過："'轉注'是'形聲'的起源，造字的結果，凡轉注字都是形聲字。"又說："'轉注''形聲'兩種造字法造出字來的結果既是一樣，則其不同之點何在？祇在造字時的手續先後不同：先聲（假借字——引者注）而後形（加上注義符號），就叫'轉注'；先形（立定表義的偏旁，即注義符號）而後聲（加上不拼音的注音符號），就叫'形聲'。"③

---

① 梁東漢:《漢字的結構及其流變》第151頁，上海教育出版社1959年版。
② （清）鄭知同:《說文淺說》，見錢焘堂輯、華陽張可均校字《益雅堂叢書》，萩州山房梓。
③ 黎錦熙:《中國文字之正反合辯證式的歷史發展》，見黎錦熙《黎錦熙語言學論文集》第70頁，商務印書館2004年版。

梁先生雖說在"轉注"理論上並無創新,但他明確而具體地指出了轉注字的兩種構形規律("象形的符號加注音符"與"形聲字改換音符"),則是獨具慧眼的。

5.3.5 徐中舒的"增加偏旁"說

古文字學家徐中舒(1898—1991,安徽安慶市人)先生的"轉注"理論發表時間在二十世紀八十年代中期。"增加偏旁,以分別其義"是其"轉注"理論的基本内涵。他說:"假借字多了,一字賅多義,使用時容易發生問題,於是增加偏旁,以分別其義,這就是'轉注',即加偏旁以轉相注明也;偏旁,即'建類一首'之謂也。例如,中山王鼎銘中'隹'字有多種意義,後人就加偏旁,分別其意義:(1)加'口',成發語詞之'唯';(2)加'心'成副詞'惟'(獨也);(3)加'言'成疑問代名詞之'誰';加'尸'成動詞之'㞧'也。故以一字賅多義,或聲音相同,即可通用,謂之'假借';後人以偏旁轉相注明,使之多義各有所屬,謂之'轉注'。"[①]徐先生的"轉注"理論與黎錦熙先生的"轉注"理論完全相同,都認為"轉注"產生的原因是為了解決古人假借太濫的問題,轉注的方法是在"假借字"的基礎上"增加偏旁",轉注的目的是為了分別"一字賅多義"的"假借字"的意義。這種見解與王伯熙的"轉注"觀本質上是一致的,祇不過王伯熙的轉注方法中還有轉換聲符的内容,而徐中舒則祇看重"加偏旁以轉相注明"。孫雍長先生說:

---

① 徐中舒:《怎樣研究中國古代文字》,《古文研究》第十五輯,中華書局 1986 年版。

"徐先生本孫詒讓之説,孫詒讓本徐鍇之説,均以'轉注'之'注'爲詁注、注解之'注',則恐非'轉注'本義。"①

5.3.6 王伯熙的"轉注義符聲符"説

1981年,穎明先生的"轉注"理論刊發不久,王伯熙(1938—1993)先生就發表了他對"轉注"的看法:

> 當語言中某個詞經過詞義引申衍化出一個同源的新詞,或某個詞分化出新的義項來時,在文字上人們爲了區别詞義或詞性,便以記録那個舊詞的現成字爲基礎,轉換注入部分構件符號(如義符、聲符等),構成一個新字,用來記録衍化出來的同源新詞或分化出來的新義項(實際上也是一個和舊詞共一個語音形成的新詞)。這種構制新字的構形法,就稱轉注造字法。②

王伯熙的基本觀點是:"轉注"產生的原因是"詞義引申衍化"和詞的"新的義項"分化;轉注的方法是在"舊詞的現成字"的基礎上"轉換注入部分構件符號(如義符、聲符等)構成一個新字";"轉換注入"的目的是"爲了區别詞義或詞性"。如果單獨看王伯熙關於"轉注"是一種以"舊詞的現成字爲基礎,轉換注入部分構件符號(如義符、聲符等)"的"構制新字的構形法",是比較合乎許慎的"轉注"思想的,但遺憾的是他把"轉注造字法"的產生原因和

---

① 孫雍長:《轉注論》第190頁,嶽麓書社1991年版。
② 王伯熙:《六書第三耦研究》,《中國社會科學》1981年第4期。

轉注的目的都搞錯。因爲漢字轉注的原因是爲了更加便於記言記事，轉注的目的則是爲漢民族適時（時代）地提供更多表意明晰、標音準確、書寫便捷的字形，而不是爲了"區別詞義或詞性"。

5.3.7 王夢華的"寫詞法"說

二十世紀八十年代後期，在"六書"理論研究中獨發奇想的是王夢華先生。他認爲傳統六書是古人歸納漢字寫詞的六種方法，並非造字的方法。他在《古漢字的寫詞法與造字法》一文中說：古漢字的造字法不外三種，即象形、象意和形聲。漢字"是記詞文字，在記詞的同時記錄音節，語言中的不同的詞（意義統一體）在書面上用不同的字形來表達。漢字是通過寫詞來記言的"，而"轉注寫詞法就書寫詞的方法來說，是利用原有的字形作部分調整，調整後的字形與原字形之間仍然在很大程度上保存着共同點。轉注寫詞是借助於已成的象形字或形聲字爲條件，在這個基礎上進行的，同時詞的讀音也跟着發生變化，這使它與其他各種寫詞法都有所不同"。[①] 我們覺得王先生的認識是否有個誤區，以爲世界上的文字有"記音"和"記詞"之分，如日語的假名、俄語的字母是"記音"的，而漢字則是"記詞"的，因此"六書"是六種"記詞"的方法，而不是造字的方法。此類新解尚有待斟酌，因爲文字都是記"詞"的，不管是拼音文字還是方塊文字，世界上不存在記音和記詞的文字之分。如果一種文字祇管記音，那麼，它還有什麼存在的價值。我們認爲，凡屬文字都是記詞的，如果說有區別，那祇能是記詞的形式不同，拼音文字是以音位的有規律拼合來記詞的，漢字則是以完整的形體及其構形意來記

---

① 王夢華：《古漢字的寫詞法與造字法》，《東北師範大學學報》1987 年第 4 期。

詞的，無需臨時拼合。既然漢字的形體整合完成於記詞之前，就一定會有一套整合的基本原則和方法。漢字是以整合後的形體來記錄漢語中的"詞"的，而且這種整合是歷時的、系統的、有序的、漸進的整合，整合的原則就是造字的原則，整合的方法就是造字的方法。但是，不管造字的原則還是方法，都是經過華夏民族上百代人的發明、實踐、總結出來的，由此造成的漢字應該是一個歷時的系統、有序的系統，拼音文字不可存在這樣的系統。

漢字記"詞"的方法祇有一種，那就是以整合後的完整形體來記錄，而象形字、指事字、會意字、形聲字，那祇能算是運用某種整合原理和方法整合後的形體表現樣態（形狀），而不是什麼"方法"。舉個簡單例子，中國人用碗進食，同樣是陶制的碗，卻有圓形的、方形的、船形的、橢圓的、半圓形的等等之分，我們不能說圓形的、船形的、方形的、橢圓的、半圓的進食方法。碗的不同形狀，表現為碗燒制樣態的不同，同樣是工具的漢字，雖然有象形、指事、會意、形聲的區別，但不能說有象形寫詞、指事寫詞、會意寫詞、形聲寫詞等方法。這樣的道理，應該不難理解。王夢華先生還說："轉注寫詞法是適應詞的分化的需要，部分地改變原有的字形，來書寫分化以後的新詞的方法。"既然要"改變原有的字形"，就說明"原有的字形"和改變後的字形是兩個不同的形體，這屬於字的形體結構的改造翻新，恐怕不是什麼"寫詞"方法的改變吧。所以，我們說王夢華先生的寫詞說雖然新穎但失之嚴謹。

5.3.8 黃懷信的"轉形注義"說

二十世紀八十年代末，黃懷信先生提出了"凡與部首字完全同義"的"轉注"新見解。他在《六書"轉注"解》一文中說："作為六書之一的轉注,就應該是通過由彼而此的轉、注運動而造出新字的造字方法。方法的實施,應該是把彼字的兩種因素,分別採用遷移和灌注的方式同時加於此字,從而使此字成立。由此可見,轉注並非'展相爲訓'、'輾轉其聲'、'輾轉引申'或'輾轉遷徙','往來循環'。總之,轉注之義要在轉、注各自獨立爲義。"① 他認爲:"建類一首"中的"類","包括部首字在内的同部同義字",而"首"是指"部首字"(簡稱"首字"),"類"比"首"的範圍大,包括"形體上屬於同部"、"意義相同"的字類和"部首字";"首"則衹指"部首字"。"建類一首",即"建立字類而統一其首",即"意味着'轉'";"同意相受"中的"'意'是意思、意義的意思,以字而言,無疑就是字義",而"'同意',也就是'同義'","'相受'的意思應當是'從對方那裏接受相同的字義'",也就是"所造字從首字那裏接受字義,字義從首字而受,就是等於從首字而注,對造者來說,就是取首字之義注入所造之字","正意味着'注'"。最後他歸納出"轉注"的五大原則:(1)轉注包括轉和注兩個方面,缺一即非轉注;(2)轉注以首字爲根本,凡言轉注字必見其首字;(3)轉注字形體上屬於同部,首字同時又是屬字的部首字;(4)屬字與首字完全同義,指示同一事物;(5)屬字與首字在聲音上不必有聯繫。由此他斷言:"所謂轉注,就是通過轉和注造出新字,其轉者是形,其注者是義,而且均自首字言之。轉注之法既能造出新字,自然得爲六書之一。先賢謂六書爲造字之本,於此已見其義。戴震創六書'體、用'之説,以轉注[爲]用字之法,於此知其非。"我們認爲,黃懷信從字形着手破譯"轉注"之秘密,這條思路是完全對頭的,因爲許慎言"轉注",就是談漢字的形體是怎樣發展、轉

---

① 黃懷信:《六書"轉注"解》,《西北大學學報》(哲社版)1989年第3期。

換的，而不是談字的音、義轉換。因此其"轉形注義"説可信度比較高。其不足在於，他仍舊還在徐鍇的"屬類成字，而復於偏旁加訓"的思考範圍內打轉轉。雖然"轉注"的本質是"轉形"，但字形的轉換，遠遠不僅限於"同部"之內"屬字"加"首字"這樣單純，"轉注所生之字"未畢"在形體上必然是形聲結構"。這也許就是黃懷信先生的局限性吧。

5.3.9 張舜徽的"聲母通轉"説

張舜徽（1911—1992，湖南沅江人）先生是當代《説文》學的老前輩，他對《説文》的研究多有發明，故對許慎"轉注"理論屢屢"仰屋以思，窮探斯理"。他説：

> 當悟聲在文之先，意在聲之先，有是意則有是聲，聲者所以喻意也；有是聲則有是文，文者所以寄聲也。故意一則聲一，由此而衍變成文，形雖萬殊，語歸一本。文字孳乳之跡，要以此爲通衢。聲之大限，不越喉、舌、齒、唇，發乎自然，非由外鑠。誠循聲以求之，則聲近聲同之字，義多相貫，而其中必有一語以爲之根，即許書所謂"一首"。首者，始也。謂聲之始也。聲者，肖乎意而生者也。故聲之中又自有義類焉。許書所云"建類"，類謂義類耳。義類既分，各有一字爲每一義類之語根，由是孳乳寖多，即所謂同意相受也。故轉注二字，當如昔人讀注爲灌注之注，謂字之相生，從一聲始，迭遞孳乳，猶水之從一源輾轉灌注也。顧古聲甚寬，同聲之中，既不拘於紐位，而喉、舌、齒、唇，又有相互通轉之例，故考、老二字，一在喉，一在舌，雖不同聲，無害也。許書舉此二字示例，則

> 同聲之字，更可知矣。故探討轉注，自必循雙聲以求之，而不可拘泥於古韻部居。今嘗持此上考古代文字衍變之跡，蓋可十得七八。自頃新注《說文》，輒逐字求其語根，通其義類，一一記之，亦欲以推明造字時之轉注耳。其於發悟初學，或不無小補乎！①

張先生認爲，許慎所謂"建類一首"中的"類"是指義類，"首"是指"聲之始"。"聲"是"喻意"的，"文"是記"聲"的，然而"意一則聲一"，而"文"則有"萬殊"。正因爲如此，就形成了"聲近聲同之字，義多相貫"的普遍規律。爲什麽"聲近聲同之字，義多相貫"呢？原來它們具有共同的語根，縱然"形雖萬殊，語歸一本"。漢字的轉注規律，則"從一聲始，迭遞孳乳，猶水之從一源輾轉灌注"，"而不可拘泥於古韻部居"。由此可知，張先生的"轉注"觀是建立在以"語根"爲基礎的"聲母相轉"上的。"轉注"既是依聲（語根相同）孳乳漢字的方法，同時也是依聲（聲母）探討轉注的方法。這樣的"轉注"觀，實際上是在太炎先生"同意相轉"、"雙聲相轉"、"疊韻相迤"的基礎上有選擇地揚棄了"疊韻"一科而形成的，又重新回到了宋、明時代"聲轉"的老路上去了。這樣的研究不僅不能"發悟初學"，祇會給初學"轉注"的人造成更大的困惑。

5.3.10 孫雍長的"加注義符"說

二十世紀九十年代初，孫雍長先生已將其十餘年慎思明辨的研

---

① 張舜徽：《說文解字約注》卷二十九第6—7頁"轉注"注，中州書畫社1983年版。

第5章 二十世紀以前的"轉注"研究

究成果《轉注論》奉諸學人。《轉注論》專著的出版,在中國文字理論研究發展史上是件破天荒的大事。因爲古往今來,凡研究六書理論者,或以數十字、數百字論之,最多也不過萬言,而以專著論六書之"轉注"者,古往今來唯有孫先生一人耳。《轉注論》全書五章,包括"六書皆造字之法、'轉注'爲漢字孳乳之大法、'轉法'不明的癥結、'形聲'不是最能產的造字法、對'轉注'造字法的必然認識",共十六萬言,詳細地闡明了"轉注"研究的過去和現狀、轉注的本旨,以及轉注字與古今字、同源字等的相互關係。條分縷析,綱舉目張,可謂承前啟後,推陳出新之力作。孫先生對"轉注"是這樣認識的:

> 我們把"轉注"之定義與其名稱結合起來理解,"轉注"造字法的真諦便是:建立事類觀念,確立事類範疇,並爲事類確立標誌其意義範疇的"類首"。一個"類首",凡與它所代表的事類範疇相符合的"轉注原體",它都可以一一容受;一個"轉注原體字",祇要它所包含的"轉注原體"符合某一事類範疇,便可以移附於代表該事類範疇的"類首"。這就是漢字孳乳繁衍的一大必然規律,六書造字中的"轉注"之法則,實際上也就是"加注意符"這一極其重要的構形模式。①

又說:

> 六書中的"轉注"造字法,簡單地說,就是將一個"轉注原體字"移附授注到一個"類首"形體上的一種造字之法,換

---

① 孫雍長:《轉注論》第48頁,嶽麓書社1991年版。

言之，也就是對一個"轉注原體字"加注一個"類首"符號（即意符）的造字方法。對於"轉注原體字"來說，實質上就是一種加工改造的過程，一種在"轉注原體字"的形體上冠加一種"類首"符號而構成一個新字的過程……所謂"建類一首，同意相受"，其意義並不玄僻。"類"即謂事類。"首"即謂"類首"，也就是現在通常所講的標誌事類範疇的"意符"（有些人稱之爲"形符"）。"同意"即謂"轉注原體"與"類首"的旨趣相同，也就是"轉注原體字"所包含的某一語詞或意義與"類首"所代表的事類範疇相符合。"相受"即謂"轉注原體字"與"類首"的兩相結合，若着眼於"轉注原體字"，則是將它授附於某一"類首"；若着眼於"類首"，它則是收受某一"轉注原體字"。所以，所謂"轉注"，就是將"轉注原體字"轉移附注到"類首"上的一種造字之法。①

通過對前文的解讀，孫雍長先生"轉注"思想的核心內容可謂明矣。第一，"轉注"的方法是：在"轉注原體字"（"轉注字"沒有被造出之前的獨體字，也就是黃承吉所謂"字母"）上加注"類首"（意符）轉換成"轉注字"（形聲字）。第二，"轉注"形成的原因是："對於那些主要是'假借'而產生的一字多用的字，來一個形體上的系統改造。"第三，"轉注"的目的是："分別"假借字之"不同用法的意義"。如此說來，無論是"轉注"的方法、原因還是目的，孫先生的"轉注"思想似新而非新，與鄭珍父子、黎錦熙、黃懷信等人的見識同出一轍。這一點，就連孫先生自己也是這樣認爲的："鄭氏父子的解釋要言不煩，讀者既已對我們的見解有所瞭解，自然即能十分容

---

① 孫雍長：《轉注論》第51—52頁，嶽麓書社1991年版。

易地領會到,他們父子的'轉注'說與我們是完全一致的。"(黎錦熙)認爲加注意符就是'轉注','轉注'是針對'假借'而產生和施用,'轉注'造字是結構類型上的'形聲'字的起源,由'轉注'而產生的'形聲字',其'聲符'就是已經行用的假借字(也就是我們所說的'轉注原體字'),其'意符'便是由'轉注'而來,這些基本見解,無疑是非常正確的。至於'轉注'之名稱及其定義的字詞的解釋,黎先生與我們不盡相同,這無傷大雅,也不構成我們與黎先生的見解有什麼本質上的區別。"①

5.3.11 孫鈞錫的"讀音分別"說

二十世紀九十年代初,孫鈞錫在《中國漢字學史》一書中提出了"轉注是根據形聲的原則,創造讀音分別字的方法"。他說:

> 轉注有三個條件——形似(同部)、義同、音近,其中"音近"是個值得注意的條件。所以要"轉注",就是爲了使文字反映語音的變化或方音的不同。如果"音同",那就沒有必要造轉注字了。"音近"即所謂"一音之轉","轉注"就是把這"一音之轉"在字形上"注"(標示)出來,不是兩個字"可以互相注釋"的意思。轉注和假借不同:假借不產生新字,轉注卻產生新字——轉注字。不過轉注出來的新字,和本字同部首(同形旁)、同意義,它祇是本字的一個讀音分別字而已。許慎的《說文解字》是通過分析字形,以探尋字的本義的。轉注本字或爲象形字,或爲形聲字,而轉注字一定是形聲字。所以許

---

① 孫雍長:《轉注論》第207、214頁,嶽麓書社1991年版。

慎分析每一個漢字，祇注明前四書——象形字注"象形"，指事字注"指事"，會意字注"从某、从某"，或"从某某"，形聲字注"从某，某聲"，從來不把轉注和假借作爲造字法則來分析，從不注明"轉注"或"假借"。根據假借的原則造不出新字，根據轉注的原則雖然能够造出新字（轉注字），但這種新字的構造方法不新（仍然是"形聲"）。有人說，假借和轉注是"用字法"，不是"造字法"，道理就在這裏。準確一點說，轉注是根據形聲的原則，創造讀音分別字的方法。①

孫鈞錫先生的"轉注"觀是建立在本字本義音轉上的。他給"轉注"設定了三個條件：形似（同部）、義同、音近，其中特別强調"音近"的重要意義。他認爲"轉注本字"與"轉注字"之間，"如果'音同'，那就没有必要造轉法字了"。很客觀地講，孫先生看出一些"轉注"上的奥妙，比如"轉注字"與"轉注本字"之間的"本義"關係，"轉注"的原因是因古今方俗之音起了變化，所以要分別"讀音"，於是"一音之轉"就有存在的"必要"。這些見解都很見功力。但是，孫先生依然把"轉注"的條件設定在"同部"、"音近"的範圍内，而且明確指出"分別讀音"是"轉注"產生的根本原因，進而斷言"根據形聲的原則"造出來的"轉注字一定是形聲字"，等等，這樣的認識，恐怕與許慎"轉注"思想的精義大相抵牾。

5.3.12 鍾如雄的"本字轉形"說

二十世紀九十年代末，鍾如雄在認真研讀、總結前輩"轉注"

---

① 孫鈞錫：《中國漢字學史》第228頁，學苑出版社1991年版。

研究理論的基礎上，提出了"本字轉形"的新構想。他認爲，漢字的本字運用"'六書'轉換原理"，可以將舊形轉換成新形（指事字、會意字、形聲字）。他説："'建類一首'的語法結構是聯合式述賓結構，'建'和'一'都是動詞，'類'與'首'分別是它們的支配對象（賓語）。意思是：重建義類或聲類，或統一部首。凡是用轉注法造的新字，都是在原有字形的基礎上重新建立表示字義的類別或聲符，或是統一用原來的部首。""'同意相受'，是説凡用轉注法再造的某組字，其詞義可以貫通互釋"。爲此，他將"轉注"的規律歸納爲：其一，轉注構形法是指在原有字形的基礎上重新建立義類或聲符，或統一使用同一個部首製造新字的方法。初文與後起字之間讀音相同，意義相同，字形略異，故能互相注釋。其二，用轉注法所造的後起字與初文（通常是象形或會意字，也有極少部分形聲字）的形體結構關係爲：或爲"同書"關係，或爲"異書"關係。總的規律是：在初文基礎上重建或統一使用同一義類後造出的新字多爲會意字，而在會意字基礎上再造的字或爲會意字或爲形聲字。但人們總以爲後出的字都是形聲字，因爲原字在新字中確有表音的作用。其三，"轉注字"是爲了區别於其他五書（實際上是象形、指事、會意、形聲四書）所造的字而特設的概念。换句話説，祇有在分析用轉注法所造的字時纔使用的一個動態性、歷時性術語。轉注是初文孳乳爲後起字時纔使用的一種造字方法。背離了這個條件轉注就不能成立。事實上，祇有將所有的漢字放在同一個平面（共時）上分析時，漢字的形體結構纔能作或象形結構，或指事結構，或會意結構，或形聲結構等四種切分，不存在轉注結構和假借結構。因此，所謂"轉注字"（也包括假借字），在實際歸類時應視其平面切分的結果而各歸其類。[①]鍾如雄的"轉注"理論包含以下内容：

---

① 鍾如雄：《説文解字論綱》第139—140頁，中國社會科學出版社2014年第2版。

第一,"轉注"是將舊形改造翻新成新形的方法,因此"舊形(被轉注字)"與"新形(後出轉注字)"之間形轉而音、義不轉,也就是説,兩者的差異僅僅是字形的不同,其本義、讀音不變。比如 ☒(求)由象形字轉換成形聲字"裘",其本義都是皮毛裸露在外的皮衣,今音 qiú;☒(莫)由會意字轉換成形聲字"暮",其本義都是傍晚,今音 mù;"穅"由形聲字轉換成形聲字"糠",其本義都是谷皮,今音 kāng;☒(㪙)由會意字轉換會意字"启",再轉換成亦聲字(會意兼形聲)☒(啓),其本義都是在外敲門叫屋内的人開門,今音 qǐ,等等。

第二,用"轉注"方法改造翻新的字不僅僅是形聲字,有會意字、指事字等,從廣義上講六書皆可轉換。

第三,"轉注字"是"爲了區别於其他五書(實際是象形、指事、會意、形聲四書)所造的字而特設的概念","祇有在分析用轉注法所造的字時纔使用的一個動態的、歷時術語",如果"將所有漢字放在同一個平面(共時)上分析時,漢字的形體結構祇能作或象形結構、或指事結構,或會意結構,或形聲結構等四種切分,不存在轉注結構和假借結構","轉注字"和"假借字"此時到哪裏去了呢?"在實際歸類時應視其平面切分的結果而各歸其類"。這種認識,徹底擺脱了傳統"形轉"説中祇將轉換部件視爲"部首"的嚴重局限,將"轉注"視爲漢字整個系統的一種舊形改造的法則,而不僅僅是某一種字形的改造法則,從而再現出許慎"轉注"思想的偉大和神奇。其研究結論得到何九盈先生充分肯定:"關於'六書',不知前人已經做過多少文章了。著者對這個'子系統'也做出了新鮮文章,提出了'六書轉換原理'的新概念,認爲'六書'轉換祇能産生指事、會意、形聲三種形體中的任何一種,而轉換的樞紐是'轉注'。"[①]

---

① 何九盈:《説文解字論綱序》,見《説文解字論綱》,中國社會科學出版社 2014 年第 2 版。

5.3.13 白兆麟的"義轉"説

白兆麟先生在漢字理論研究發展史上是位很重視"六書"研究的學者，二十世紀八十年代初他就在《安徽大學學報》上發表過《轉注説源流述評》，[①] 後收入《文法訓詁論集》中。[②] 二十世紀初期又發表了《孫詒讓論"轉注"——重讀〈名原·轉注揭櫫〉》，[③] 2003年他又發表了《論傳統"六書"本原意義》，在該文中，集中展示了白先生的"轉注"思想。他説：

> 要想探明許慎之原意，祇有採用"以許證許"的原則。《説文敘》曰："其建首也，立一爲端；……方以類聚，物以群分……據形系聯，引而申之……畢終於亥。"又解説"會意"云："比類合誼，以見指撝。"據此，所謂"建類"之"類"，應是"方以類聚"、"比類合誼"之"類"，也就是"事類"，即語詞意義的事類範疇。"一首"之"首"，即《敘》所言"建首"之"首"，也就是大致標誌事類範疇的部首字。因此"建類一首"就是建立事類範疇，統一部首意符。所謂"同意"，指與部首意符所代表的類屬相同。"相受"即"受之"。如此説來，"轉注"之"轉"謂義轉，即由詞義引申或音同假借而字義轉變；"注"謂注明，即注入部首意符以彰明原來字形的義類。孫詒讓於其《名原·轉注揭櫫》云："凡形名之屬未有專字者，則依其聲義，於其文旁詁注以明之。"此深得許氏之旨。故簡言之，轉注

[①] 白兆麟：《轉注説源流述評》，《安徽大學學報》1982年第1期。
[②] 白兆麟：《文法訓詁論集》，語文出版社1997年版。
[③] 見白兆麟《校勘訓詁論叢》，安徽大學出版社2001年版。

者即字義轉變注入相關意符也。轉注當包括兩類：其一是追加意符，例如"考、糾、娶、燃、暮"等，其中"老、糸、女、火、日"即爲後加的意符；其二是改造意符，例如"悅（說）、訃（赴）、間（後疑脫'閒'——引者注）、措（錯）、賑（振）"等，其中"心、言、日、手、貝"即取代了原來的"言、走、月、金、手"，以適應字義的改變。有一點容易引起學者誤解，需要作點說明："六書"中每一書所舉例字，除"轉注"外都平列二字；而"考、老"並非平列關係，"老"是類首字（建類一首），而"考"是轉注字（同意相受）。許慎謂"考，从老省"，即是佐證。①

白兆麟先生採用"以許證許"的原則，從《說文·敘》中歸納出"類"的所指是"事類"（語詞意義的事類範疇），"首"的所指是"大致標誌事類範疇的部首字"，"同意"是"指與部首意符所代表的類屬相同"，"相受"是指"受之"，由此得出"建立事類範疇，統一部首意符"、"字義轉變而注入相關意符"的"轉注"原則和方法來。理性地講，白先生的"轉注"祇不過是黃懷信、孫雍長等"加注意符"見解的傳承之說而已，並無多少新意。此外，他對孫詒讓的"轉注"觀也有誤解，因爲孫詒讓所說的"凡形名之屬未有專字者，則依其聲義，於其文旁詁注以明之"，是指在"未有專字"的"字"中"詁注文旁"的方法，而並沒有說"詁注"之後"其聲義"會轉變。爲此孫氏補充說："其後遞相沿襲，逐成正字"。② 據我們察

---

① 白兆麟：《論傳統"六書"之本原意義》，《安徽大學學報》（哲社版）2003 年第 2 期。

② （清）孫詒讓遺書，戴家祥校點：《名原·轉注揭櫫》第 13 頁，齊魯書社 1986 年版。

觀分析，凡構成轉注關係的字組、字群，其本義、讀音是很穩定的，不會轉變，尤其是其本義，絕對不會有絲毫變化。這種穩定性是由"轉注"的本質決定的。

5.3.14 劉志成的"義借形借加旁"説

二十一世紀初的頭三年，我們祇拜讀過劉志成、白兆麟兩位學者討論"轉注"的論著。劉志成先生雖然尚未發表文章專門討論"轉注"問題，但其"轉注"思想已在他的著作《文化文字學》一書中發表了出來。他説："許慎《説文解字·敘》：'轉注者，建類一首，同意相受，考、老是也。'因理解各異，莫衷一是。《説文》釋老會意、考形聲是據形譌誤解。甲文二字無大異，都是長髮老人佝背之形，考字不過多一老人所拄之杖。考、老二字古音亦同，都屬幽部，聲母可能是複輔音。從考、老二字看，轉注字之間存在着形、音、義聯繫。'建類'指音聯繫，語音相類，'一首'指形聯繫，有某部首充形符或聲符，'同意'指義聯繫，義同或義近。田、畋，佃、甸，禾、年，帀、師等互相都是轉注關係。即由義借、形借、加旁演變來的形聲字和原字，互相之都是轉注。可見，轉注也是造字方法，經轉注造的字會意兼形聲，有同源關係。"[①] 劉先生的"轉注"思想包含以下内容：第一，他明確指出"轉注也是造字法"。第二，轉注構成條件是：被轉注字（原字）與"轉注字之間存在着形、音、義聯繫"，它們之間的關係是"同源關係"。第三，轉注的方法是義借、形借、加旁（加意符或聲符）。如此"演變出來的形聲字和原字互相之間都是轉注"。由此可見，劉先生"轉注"觀依然繼承着章炳麟、

---

① 劉志成：《文化文字學》第86頁，巴蜀書社2002年版。

張舜徽等老一輩國學大師的"文字孳乳"思想。

　　自二十世紀初以來的一百餘年間,"轉注"理論的討論總的說來業已形成兩條主體發展態勢：一條是以"文字孳乳"爲主線,從漢字歷史發展的高度去審視許慎的"轉注"思想。這條線由清代的饒炯引出,其後有鄭珍父子、孫詒讓、章炳麟、劉師培等,現當代則有楊樹達、黎錦熙、梁東漢、陸宗達、徐中舒、張舜徽、黄懷信、孫鈞錫、孫雍長、鍾如雄、白兆麟、劉志成等,儘管其中派系交錯,説解或異,但總是圍繞"文字孳乳"這根中軸展開討論的。另一條是以"寫詞"爲主線。這條線由二十世紀八十年代後期的王夢華引出,之後無人繼續展開討論。這種態勢,表明現當代的漢字理論研究者業已清醒地意識到,要準確地感悟許慎的"轉注"思想,必須從漢字歷史發展規律中去把握,徹底抛棄傳統的"義轉"、"聲轉"之臆測,"轉注"的本旨纔能最終被揭示出來。

第 6 章　轉注研究啟示錄

對"轉注"研究的當今心態,一方面較多學者已爲之意冷心灰,認爲"我們應該把轉注問題看作文字學史上已經過時的一個問題,完全沒有必要再去爲它花費精力",[①] 另一方面部分學者則執著繼進,認爲祇要能找到突破口,終能令其奧秘昭然顯出。我們很欽佩那些爲科學研究鍥而不捨的文字學家們,同時我們也將忝列其中,尋覓求索。揭開"轉注"之謎,我們充滿信心。

有些極具啟發性的現象常在我們眼前晃悠,人們覺得它太過於平常而並不在意。諸如《易》學的變易思想,楊雄的"轉語"方法論,《説文》中的"重出"字和"亦聲"字現象,同字異構分析現象等等,或許對我們揭秘"轉注"就會有幫助。

6.1　"易窮則變"的啟示

"變通"是"轉注"建立的思想理論基礎和指導原則。"變通"的義理,任何一個民族都沒有華夏民族領悟得那麼深透,它是主宰整個民族無論過去、現在還是將來立身處世、待人接物的基本準則。華夏民族的思想意識、言語行動等等,無不爲"變通"所支配左右。

---

① 裘錫圭:《40 年來文字學研究的回顧》,《語文建設》1989 年第 3 期。

有句傳世古語叫做"窮則思變"。什麼叫"窮"？通俗地講就是不暢通，不暢通就會形成阻塞，而阻塞的結果，不管是有形之物還是無形之物，也不管是政治的法則還是生活的秩序，總之，一切"神奇"都會"復化爲臭腐"，因此必須設法改變，使之暢達無阻，充滿生機，這就是《周易·繫辭下》所說的"《易》窮則變，變則通，通則久"的變通易思想。人類對"變易"的認知不知道始於何時，但我們的祖先早在兩萬年以前就懂得變易了。比如山頂洞人將赤礦鐵粉撒在死者身上，讓冰冷的屍體再生活力。他們認爲人的"生"是永恆的，而"死"祇是短暫的止息，所以在死者身上撒上赤礦鐵粉，象徵着他（她）軀體血液的流通永不止息，而生命的恢復就意味着死者的"轉生"。轉生後的死者依然同生者一樣生生不息，祇不過他們的生活環境起了變化，不再和生者同居共食，而到了另外一個屬於死者的天國去了，他們的靈魂與生者同在。由此，人類就有了天國和凡間兩個生存區域，而"生"與"死"祇是在這兩個區域內周而復始地轉換罷了。後來黃帝將人類生死的轉換總結成一種"聚散"轉換定律。他對"知"說："生也死之徒，死也生之始，孰知其紀。人之生，氣之也。聚則爲生，散則爲死。若死生爲徒，吾又何患？故萬物一也。是其所美者爲神奇，其所惡者爲臭腐。臭腐復化爲神奇，神奇復化爲臭腐。故曰：通天下，一氣耳。聖人貴一。"（《莊子·知北遊》）生是死的繼續，死也是生的繼續，兩者輪回相續，相互轉換，而萬物都統一在"生"與"死"的輪回變化之中。莊子認爲，貫通天地萬物的死與生、彼與此、臭腐與神奇等變化，是"天地之強陽氣"道支配着萬物，表現爲萬物變化的同一性，所以聖人很重視這種同一性。

"轉換"是萬物變化的同一性，其核心思想是"變"。這種思想影響、支配、深化着遠古先民的主體意識，於是《周易》便成了一部傳授變易思想和法則的集大成著作，它指引着後世道、儒、法等各種貌似分立實爲一體的學派的形成和發展，再由各自轉換後的"道"、"仁"、"法"等思想來影響引導整個華夏民族的心靈趨向。儒家崇尚禮教，卻也主張處事"權變"；道家推崇"無爲"，卻也信奉死生輪回；法家宣揚唯法是從，卻也提倡法後王之法等等，總之，所有陳舊的、不合時宜的東西都要改變更新，纔能體現出"流水不腐、户樞不蠹"（《吕氏春秋·盡數》）的生命永恆。

　　戰國初期的思想家墨翟（？前468—前376，戰國時魯國人，一説宋國人）已感悟到易變的神奇魅力。他對"化"字作過如下詮釋："化，若鼃爲鶉。損，偏去也者，其體或取或存，謂其存者損。"（《墨子·説經上》）[1]墨子認爲，"化"的核心意義就是某種物"其體或取或存"，比如鼃，經過一番轉化之後就變成了鶉，但是，化成鶉後鼃並没消亡，祇是改變了它的外形特徵，而它的本質特徵則被鶉保存了下來。這種化生墨子稱之爲"損"與"存"，也就是清人王引之所説的"或去或存"，而其同時代的張文伯領悟更爲透徹："一物兼二體，體一去一存。"《墨子·説經上》還説："化，徵易也。"張文伯云："徵之言轉。"張氏所説的"徵之言轉"，用通俗的話來説就是外形特徵的轉化。墨子的化生思想對後世影響極大，如戰國思想家荀子、西漢思想家劉安和唐代經學家孔穎達等等，都傳承和發揚了墨子的化生思想。荀卿（？前313—前238，戰國時趙國人）對"化生"本質特徵作過更爲形象的解説："狀變而實無別異謂之化，有化

---

　　[1] （清）孫詒讓閒詁："王引之云：'《經上》云"損，偏去也。"此則當云："損，偏去也者，兼之體也，其體或去或存，謂其去者損"，寫者脱誤耳。'張云：'一物兼二體，體一去一存。就其存者言則損矣。'案：王校增'或'字，是也，今據補。'謂其去者損'，當如張説。'存'字非誤，今不據改。"見（清）孫詒讓撰，孫啓治點校《墨子閒詁》第340—341頁，中華書局2001年版。

而無別謂之一實。"(《荀子·正名》)劉安也説:"夫蝦蟇爲鶉,水蠆爲蟌蕊,皆生非其類,唯聖人知其化。"(《淮南子·齊俗訓》)劉文典集解:"鶉,鷚也。[蟌蕊]青蛉也……其化視陰入陽,從陽入陰。"①對"狀變而實無別異謂之化,有化而無別謂之一實"這一變易規律,唐代經學家孔穎達作過精簡的論述。《禮記·月令》:"(季春之月)桐始華,田鼠化爲鴽,虹始見,萍始生。"孔穎達等正義:

> 凡云"化"者,若田鼠化爲鴽,鴽還化爲鼠。皇氏云:"反歸舊形爲之化。"按:《易·乾》道變化,謂先有舊形,漸漸改者謂之"變";雖有舊形,忽改者謂之"化",及本無舊形,非類而改亦謂之"化"。故鄭注《周禮》云:"能生非類曰化也。"②

墨子、荀子、淮南子、孔穎達等所謂"狀變而實無別異"的化生規律,就是外形轉換的規律。先秦文獻詞義是怎樣記錄遠古語言詞義的?宋永培先生認爲:"先秦文獻詞義生動深刻地保存了中國早期語言詞義記錄、指稱客觀事物的方法與經驗。我們的先民沉浸於特定的情境,採取整體連貫與具體實證的方法,通過對普遍聯繫的自然萬象與人事百態的精心觀察與領悟,把選取、加工過的客觀事物的形象特徵升華、積澱成爲意義,貯存在詞裏面,形象特徵不是客觀事物的形象,而是古人對客觀事物的形象有了感受,認識之後對形象進行選擇、加工的結果。因此,形象特徵是古人對客觀形象的再造。這種再造包括三個內容:一是摹擬形象的外貌或特徵,二是把情感注入形象,三是從形象中概括出觀念。由形象特徵的這三個內

---

① 劉文典:《淮南鴻烈集解》第346—347頁,中華書局1989年版。
② (唐)孔穎達等:《禮記正義》,見(清)阮元校刻《十三經注疏》第1363頁,中華書局1980年版。

容綜合、凝聚而成的意義，構成了詞的核心部分，我們稱爲核心詞義。詞的核心義對詞的其他相關意義起統率作用。經過形象特徵的再造與核心詞義的凝聚，就產生了早期語言的詞義。"①"易"、"變"與"化"三個字，記錄的意義正是遠古先民對"化生"規律的統一認識。"易"的字形義象太陽的光芒直射大地。《説文·易部》云："易，蜥易、蝘蜓、守宫也。象形。《祕書》説：'日月爲易。'象陰陽也。一曰从勿。"（九下）蜥蜴爲"易"不確，"日月爲易"近是。"易"甲骨文作 （五期《佚》518），象太陽的光芒直射大地之形。遠古先民用男女的交媾來比擬太陽與大地的交合。又《日部》説："日，實也。太陽之精不虧。从口一，象形。"（七上）所謂"太陽之精不虧"，即指强烈的陽光向大地釋放生命能量永不減弱，陰冷的大地之母接納太陽的照射而萌生萬物。因此"日"也被擬人化成了男根，故人類的交媾也叫"日"（引申義）。史前岩畫中的太陽就取象爲"易"。（圖14： 内蒙古陰山岩畫太陽圖。）内蒙古陰山岩畫太陽圖中的大地之母被淡出了，衹能憑光芒的直射意會。 被文字化後，其字形義獲得了賜予（直射）義，引申義有變易、交換等。陰陽交合而化生萬物，遠古先民將這種認識化爲一種定律，叫做"易"的定律，簡稱"易"。《周易·繫辭下》説："日新之謂盛德，生生之謂易。"什麼叫做"德"？宋永培先生説："'德'的精義，指陰陽統合、化生時充盈與迸發的蓬勃生機。《周易》稱之爲'生'或'生生'"，而"生機的展現則是四時代序的生命歷程"。②

《周易》所説的"易"包含兩個核心内容，"生"和"轉生"。"生"指萬物的孕育、萌生和繁殖，即《繫辭下》所謂"天地之大

---

① 宋永培：《〈説文〉與上古漢語詞義研究》第7頁，巴蜀書社2001年版。
② 同上，第355頁，巴蜀書社2001年版。

德曰生"之"生"。生命的初生必須依賴於"陰"和"陽"的合和運動,如男與女、雄與雌、公與母、特與牝、正與副等兩個極的永恒交合。而"轉生"指萬物的生命延續,它又包含兩個内容:"代生"和"轉生"。"代生"指生命的代代相傳,"轉生"則指生命的轉移變换。"生"是萬物的生命本源,"轉生"是萬物的"新生"。實現"生"的物質基礎和條件是陰陽的交合,實現"轉生"的樞紐是變化。《周易·乾卦》:"乾道變化,各正性命,保合太和。"孔穎達等正義:"變,謂後來改前,以漸移改,謂之變也;化,謂一有一無,忽然而改,謂之爲化。"宋永培先生在論述陰陽交合化生萬物的法則時曾對"化"的義理作過分析。他認爲:"'化'的本義爲孕育、化生。'化'的本字寫作'匕',《説文》解釋爲'變也'(八上·匕部),就是變化。變化的先兆是孕育。所以《書·堯典》正義在解釋'乳化曰孶'時指出:'胎孕曰化。'《吕氏春秋·過理》有一句話叫做'剖孕婦而觀其化',這個'化'指正在孕育的胎兒。可見'化'的意義特點是'孕育',孕育的結果將是'化生',所以《禮記·樂記》説:'和故萬物皆化。'鄭注:'化猶生也。'這個'化'指經過孕育而出生。'化'的本義爲孕育、化生,這在《説文》本書中也可得到證明。《説文》:'媧,古之神聖女,化萬物者也。'(十二下·女部)化萬物,就是孕育、化生萬物。"①

孔穎達將"變化"的規則分成兩類三種。第一類是"變"——"舊形漸改"。"舊形"是指事物的原形原貌,"漸改"是指在原來的基礎上不斷改進或改造,使之趨於完善。比如良種的培育、河道的改造、服飾的改進等等。第二類是"化"。其中又分爲"舊形忽改"和"非類而改"兩種。"舊形忽改"的前提條件同"舊形漸改",它

---

① 宋永培:《〈説文〉與上古漢語詞義研究》第353頁,巴蜀書社2001年版。

依然是對原物的改進或改造,但這種改進或改造是突發性的而不是漸進性的。比如朝代的改換、制度的變革、戰局的改變等等。"非類而改"無原物可依,從此類物化生成彼類物。比如《莊子·逍遥遊》中講的"鯤"化爲"鵬","鯤"爲魚類,"鵬"爲鳥類,《梁山伯與祝英台》中的"化蝶",梁山伯、祝英台是人類,"蝶"是昆蟲類等等。《易》學的變易思想已成爲中國古代哲人認識世界的基本法則和模式。這種變易思想對遠古先民的漢字"轉注"觀的形成、影響是積極的、潛移默化的。因此,"變易"是我們揭示漢字"轉注"本質的指導思想。

6.2 楊雄"轉語"的啟示

楊雄的"轉語"方法論是揭示漢字"轉注"的示範性原則。我國方言學的創始人、西漢語言學家文學家楊雄,運用變易思想,首次成功地揭示出了古語和今語、通語與方言之間字詞的通轉規律。研究楊雄的"轉語"原理和方法,對揭示漢字的"轉注"奥秘具有重要的指導意義。

中國的漢代,以"文景之治"的輝煌揭開了封建社會生機盎然的歷史新篇章,而漢語語言學也適時地在"經學"的裂縫中挺然而出、茁然獨立。以楊雄、許慎、劉熙等爲代表的語言學家,在古文經學和今文經學的對壘舌戰中,別出新裁,另闢蹊徑,以其獨特的睿智,在語言學的不同領域(方言學、文字學、訓詁學和詞源學)潛心研究,開創出了令後代子孫心折口碑的輝煌。

在中國語言學史上,有名有姓的語言學家且真正稱得上"漢語言學之父"的是西漢時期的楊雄("楊"也作"揚",本書從《説文》引文作"楊"①,前53—18,字子雲,蜀郡成都人)。他用了二十七年的時間從事漢語方言研究,給後人留下了一部具有劃時代意義的巨著《方言》。《方言》一問世,立即得到時人極高的評價,稱之爲"是懸日月不刊之書也"(張伯松語)。② 何九盈先生説:"歷史證明,這個評價不算過分。"③用日月之高懸和光明來形容一部著作的價值,古今中外,恐怕都是絶無僅有的。《方言》"是懸日月不刊之書",並非譽美之辭,究其原因,在於楊雄爲漢語詞源學的研究建立了一條極爲寶貴的理論和方法——"轉語"法。轉語法的發明,被繼後的許慎、劉熙等語言學家成功運用於漢語詞義研究的實踐,且取得了驚人的成就,而元明清的語言學家又在其基礎上推闡發明,逐漸縮小轉語法的外延,將它演變成爲"因聲求義"法。這種推演雖然極具實用價值,卻掩蓋了轉語法的本質和内涵。故當今之語言學者,祇知清有"因聲求義",不明古之"轉語"法者夥矣。即使是研究中國語言史的專家學者,他們在評價《方言》時,也祇是簡略地介紹其編纂體例,而對其"轉語"方法則一筆帶過,更有甚者,乾脆避而不談。轉語法的與時掩没,真令學人擔憂。

"轉語"作爲一種探求漢語詞源的理論方法,初始是什麽樣子?後世作過種種揣摩推闡,最終認定就是"音轉"。可是,在楊雄的心目中,"轉語"能不能等於"音轉"呢?前人爲了證明"轉語"就是"音轉",都喜歡引用《方言》卷十"煤,火也"條作爲立論的依據。

① 煤,火也。楚轉語也。猶齊言烔,火也。

---

① 參看鍾如雄、楊華東《西漢語言學家"揚雄"本姓再考》,見四川大學漢語史研究所《漢語史研究集刊》第十五輯,巴蜀書社2012年版。
② 見(清)錢繹《方言箋疏》第831頁,上海古籍出版社1984年版。
③ 何九盈:《中國古代語言學史》第39頁,河南人民出版社1985年版。

第6章 轉注研究啟示錄

這條訓釋,按《方言》的釋詞慣例,可改爲:"火,齊謂之煋,楚謂之煓。皆轉語也。"或:"齊謂火曰煋,楚謂火曰煓。皆轉語也。"被釋詞爲"煓"、"煋",釋詞爲"火"。"煓"、"煋"、"火"三字因讀音相近便構成"音轉"關係。這是常人的見解,並非楊雄本意。我們認爲:楊雄是説"火"是漢代的"通語",而"煓"和"煋"分別是楚、齊兩個方言區的"别語","别語"與"通語"之間因字形構件的不同而影響到讀音的差異。因此可以運用"轉注"的構形原理將其系聯貫通。

"火"是象形字,可以運用漢字造字法的"轉注"原理,增附聲母使之變成形聲字。至於選用哪個構件作爲被轉注字的聲母,須視該方言區"火"的讀音而定。楚方言區的"煓"與"火"同音,故用"果"作"煓"的聲母;齊方言區的"煋"與"火"同音,故用"尾"作"煋"的聲母。如此,漢代共通語的"火",在楚方言區則轉注爲"煓",而在齊方言區則轉變爲"煋"。由此構成"火"、"煓"、"煋"轉注字系列。從字源上看,"煋"可能是保留在齊方言區中的古字。《詩經·周南·汝墳》:"魴魚赬尾,王室如燬。"毛傳:"燬,火也。"陸德明釋文:"燬,音毁。齊人謂火曰燬。郭璞又音貨,字書作煋,音毁,《説文》同,一音火尾反。或云:楚人名火曰燥,齊人曰燬,吴人曰煋。此方俗譌語也。"①《説文·火部》云:"煋,火也,从火尾聲。《詩》曰:'王室如煋。'"(十上)又:"燬,火也。从火毁聲。《春秋傳》曰:'衛侯燬。'"《玉篇·火部》云:"煋,火也,烈火也。"《集韻·紙韻》:"燬,火也。或作煋。"清馬瑞辰《毛詩傳箋通釋》云:"燬、煋實一字,異體。"由此可知,"燬"是"煋"的後出轉注字,《説文》引《詩經》作"煋",今本《詩經》作"燬",爲

---

① (唐)陸德明撰,黄焯斷句:《經典釋文》第55頁,中華書局1983年版。

後人所改。又《釋文》説"楚人名火曰燥",不曰"煤","齊人曰燬"不曰"烰"。《説文》"燬"段玉裁注:"燬、烰實一字。《方言》'齊曰烰',即《爾雅》郭[璞]注之'齊曰燬'也。俗乃強分爲二字二音。"孔穎達等《毛詩正義》:"[三國魏]孫炎曰:'方言有輕重,故謂火爲燬也。'"《方言》説齊人曰"烰",《釋文》則説"吴人曰烰",説明在漢字史上"烰"在多個方言區使用過。從上述引證可知,表示物體燃燒時發出的光和焰,最早用象形字"火"來取象,繼後或在其上增附表音構件"尾"、"果"或"毁",分別轉注出"烰"、"煤"和"燬"來,由此構成一組轉注字。而從詞源學的角度看,它們都是"火"的轉語。但是,楊雄所説的"煤,火也。楚轉語也",並不是説"煤"和"火"在楚方言中音近通轉,而應理解爲:共通語中的"火"字,在楚方言中轉注成"煤",也就是説,楚方言中重造"煤"字來表示共通語中"火"的意義。明瞭這一點很重要。爲了證明我們的看法,可以窮舉《方言》中楊雄注明的轉語字詞進行分析。

②庸謂之倯。轉語也。(卷三)

③撲、鋌、漸、盡也。南楚凡物盡生者曰撲生,物空盡者曰鋌。鋌,賜也。鋌、賜、撲、漸,皆盡也。鋌,空也。語之轉也。(卷三)

④䎎哻、譁諽,拏也。東齊周晉之鄙曰䎎哻。䎎哻亦通語也。南楚曰譁諽,或謂之支註,或謂之詀諛,轉語也。拏,揚州會稽之語也。或謂之惹,或謂之䛸。(卷十)

⑤緤、末、紀,緒也。南楚皆曰緤,或曰端,或曰紀,或曰末,皆楚轉語也。(卷十)

⑥籠蠢,蠢螯也。自關而西秦晉之間謂之蠢螯;自關而東

趙魏之郊謂之䵷蟗，或謂之蠾蝓。蠾蝓者，侏儒語之轉也。（卷十一）

《方言》中與轉語相關的祇有六條，全見於卷三、卷十和卷十一，其稱謂除用"轉語"外，還別稱"語之轉"和"代語"。例②的"庸謂之倯。轉語也"，被釋詞"倯"沒有指明出自哪個方言區。郭璞注："倯，猶保倯也。今隴右人名爲䙴。"清戴震疏證："䙴，即古嬾字。"郭氏説"倯"爲"隴右"話，而今四川話也有此説，形容人懶惰或懶散叫"懶倯倯"或"倯垮垮"。楊雄是成都人，故"倯"爲古蜀方言字詞無疑。釋詞"庸"也是懶惰，後出字作"慵"。《説文·心部》新附字："慵，懶也。从心庸聲。"（十下）楊雄《法言·五百》："噫者，吾於觀庸邪！"清汪榮寶義疏："庸之言倦也。今字作慵。"錢繹箋疏："庸、倯、甬聲義並相近，保倯與保庸亦同是語也。"例③"鋌，空也。語之轉也"，"鋌"爲古語詞。《左傳·文公十七年》"鋌而走險"，即指被强敵威逼到山窮水盡之地則走險犯難，故"鋌"有"盡、空"義。[①] 錢繹説"逞與鋌聲近字通"，不確。"鋌"定紐耕部，"空"溪紐東部，兩者讀音相去甚遠，怎麼能構成音轉。祇能理解爲古代表示"物盡空"的意義，漢代共通語用"空"來代替。例④的"譁譹、支註、詀謵"，楊雄認爲它們均屬楚方言區的轉語。"拏"是漢代共通語，郭璞注爲"言諸拏也"，[②] 意思是言語煩絮不可解。這個意思在當時的楚方言中稱"譁譹"，或稱"支註、詀謵"。符定一《聯綿字典》卯部云："支註，譁譹也……雙聲端紐。"又西部云："詀謵，譁譹也。"[③] 但不管是"譁譹"，還是"支註、

---

① 鍾如雄：《"鋌而走險"考辨》，《西南民族大學學報》2002年第9期。
② 見周祖謨《方言校箋》第62頁，中華書局1993年2月。
③ 符定一：《聯綿字典》卯部第371頁、西部第35頁，中華書局1954年版。

詀讕",都是表示同一個意思的雙聲聯綿字。例⑤"緤、端、紀、末",楊雄認爲"皆楚轉語也"。"緒"(邪紐魚部)本義爲絲頭。《說文·糸部》:"緒,絲耑也。从糸者聲。"(十三上)段玉裁注:"抽絲者得緒而可引。"引申爲末端。《廣雅·釋詁一》:"緒,末也。""緤"(心紐月部),也寫作"紲",本義爲繩索。《禮記·少儀》:"大則執緤。"鄭玄注:"緤,所以繫制之者。"孔穎達等正義:"紲,牽犬繩也。"引申爲拴、捆綁。《説文·糸部》:"紲,系也。从糸世聲。《春秋傳》曰:'臣負羈紲。'緤,紲或从枼。"再引爲端緒。《方言》卷十:"緤,緒也。南楚皆曰緤。""紀"(見紐之部)本義爲絲頭。《説文·糸部》:"紀,絲制也。从糸己聲。"朱駿聲通訓定聲:"按:此後出字,己爲十干借義所專,因又製此加糸傍也。"①王筠句讀:"紀者,端緒之謂也。"《墨子·尚同上》:"譬若絲縷之有紀,罔罟之有綱。"《淮南子·泰族訓》:"繭之性爲絲,然非得工女煮以熱湯而抽其統紀,則不能成絲。"引申爲頭緒、開端。《列子·湯問》:"物之終始,初無極已;始或爲終,終或爲始,惡知其紀。""端"(端紐元部)初文作"耑"。《説文·耑部》:"耑,已生之題也。上象生形,下象其根也。"(七下)"徐鉉等注:"中一,地也。"徐鍇繫傳:"題猶額也、端也。古發端之耑直如此而已。一,地也。端、湍、顓、遄從此。象形。"②段玉裁注:"古發端字作此,今端行而耑廢,乃多用耑爲專。"羅振玉《增訂殷虛書契考釋·文字弟五》:"卜辭耑字增ᐧ,象水形,水可養植物者也。上从ꕯ,象植物初苗漸生歧葉之狀,形似止字而稍異。"③《漢書·藝文志》:"言感物造耑,材如深美。"顏師古注:"耑,古端

---

① (清)朱駿聲:《説文通訓定聲》第175頁,武漢古籍書店1983年影印本。
② (南唐)徐鍇:《説文解字繫傳》第147頁,中華書局1987年版。
③ (清)羅振玉:《增訂殷虛書契考釋》,見《殷虛書契考釋三種》第453—454頁,中華書局2006年版。

字。"耑"的本義爲植物破土挺出的頭，後增附類母"立"轉形爲"端"。《禮記·禮運》："故人者，天地之心也，五行之端也。"孔穎達等正義："端，猶首也。""末"（明紐月部）本義爲樹木的頂梢。《說文·木部》："末，木上曰末。从木，一在其上。"（六上）《左傳·昭公十年》："末大必折，尾大不掉。"這組轉語，除"緤、緒"同屬精系，"緤、末"同屬月部外，其餘的字詞看不出它們在語音上有多大關聯。例⑥的"蠾蝓者，侏儒語之轉也"，趙魏方言區稱蜘蛛爲"蠾蝓"，而共通語則稱"侏儒"。"侏"（章紐侯部）從"朱"得聲，"朱"有小而圓之義，增附類母"人"表示人容貌過於矮小。"儒"（日紐侯部）統稱人。《說文·人部》："儒，柔也，術士之稱。从人需聲。"（八上）徐灝注箋："人之柔者曰儒，因以爲學人之稱。"故知"侏儒"特稱身材矮小的人。《禮記·王制》："瘖聾、跛躃、斷者、侏儒、百工，各以其器食也。"鄭玄注："侏儒，短人也。"孔穎達等正義："侏儒，謂容貌短小。""儒"從"需"得聲，"需"（心紐侯部）與"俞"（以紐侯部）古音近可互換。《方言》卷四："襦，西南蜀漢謂之曲領，或謂之襦。"郭璞注："字亦作褕。""襦"（日紐魚部）是短衣。《說文·衣部》："襦，短衣也。"（八上）更換聲母作"褕"（以紐侯部）。故"侏儒"也稱"蠾蝓"（"蠾"章紐屋部，"蝓"以紐魚部）。

根據上述考察分析，楊雄的"轉語"條例包括以下內容：

第一，音轉。被轉換的字詞與轉換的字詞之間義同音近（或雙聲或疊韻），形體上沒有任何聯繫。如"侏儒"轉換爲"蠾"，"嘽咩"轉換成"諢謰"，"支註"轉換成"詀謕"，"庸（慵）"轉換成"俗"等。

第二，形轉。被轉換的字詞與轉換的字詞之間音義相同，形體上有密切關聯，而這種關聯，是通過漢字的構形法"轉注"來實現的。如"煤"通過更換聲母"果"轉形成"焤",再更換聲母"尾"轉形成"燬"。"煤"、"焤"、"燬"同音同義,它們之間的微小差異僅僅在聲母書寫形式的變易上。

第三,義轉。被轉換的字詞與轉換的字詞之間僅僅義同或義近,形與音均無關聯。這類轉語實際上是傳承《爾雅》的釋義體例而略有變易,即明確指出被釋詞在方言區的分佈,而這種分佈則是通過轉語來實現的。如"空"轉換成"鋌",而"鋌"屬楚方言;"緒"轉換成"緤、端、紀、末",而"緤、端、紀、末"均分佈在楚方言區内。今人或有不懂揚雄"轉語"之理者,仍以爲"所謂轉語,顧名思義,就是轉化的語詞。具體地講,就是指因時代不同或地域不同而語音發生轉化的語詞"。① 其誤在於人云亦云,没有潛心研讀《方言》。祇有梳理清楚轉語的初始條例之後,纔談得上重建揚雄轉語的理論方法問題。

"轉語"的本質是"轉",故揚雄也稱"語之轉"。何謂"轉"?"轉"就是"變"。《商君書·立本》:"兵生於治而異,俗生於法而萬轉。"高亨注:"萬轉,萬變,指風俗多變化,有好有壞。"世間萬物既永恆又萬變,"生"是永恆,"死"爲變化,生死輪回則可再生。就漢語字詞而言,古語詞被今語詞所取代,共通語被方言詞所取代,此方言詞被彼方言詞所取代,其變化的法則就是"轉",就是"通"。"轉語"就是漢語的古語與今語之間,共通語與方言之間可以相互替換的字詞,所以揚雄也稱之爲"代語"。《方言》卷十:"誠、鰓、乾、都、耇、革,老也。皆南楚江湘之間代語也。"郭璞注:"皆老者,皮色枯瘁之形也。凡以異語相易謂之代也。"錢繹箋疏:"代語者,劉歆《與揚雄書》'三代周秦軒車使者、遒人使者,以歲八月

---

① 朱國理:《試論轉語理論歷史發展》,《古漢語研究》2001年第1期。

巡路宋代語、僮謠、歌戲'，又上文'嘖、無寫，憐也'，注云：'皆南鄙之代語也。'後卷十三注云：'鼻祖皆始之別名也，轉復訓以爲居（原注無"以"字——引者注），所謂代語者也。''南鄙'，諸刻作'秦漢'，蓋淺人不知，誤以'代'爲'時代'，遂改爲'秦漢'，非其義矣。"郭氏認爲，楊雄的"語之轉"就是"轉復訓"，而"轉復訓"就是"以異語相易"，故"代語"也是"轉語"。因此，所謂"轉語"，就是古今語之間和共通語與方言之間可以轉換替代的字詞，而轉換替代的方法則謂之"轉訓"。

"轉訓"實施的步驟是：首先確定共通語中的某個字詞與古語詞或方言詞之間的同義關係；其次確定某個字詞是"通語"，某個或一組字詞爲"別語"，再次運用"轉訓"方法將"別語"與"通語"的詞義系聯貫通。例如：

　　　盂，宋楚魏之間或謂之㿷，㿷謂之盂，或謂之銚銳，㿷謂之櫂，盂謂之柯；海岱東齊北燕之間謂之盎。（卷五）

"盂"與"㿷"、"櫂"、"柯"、"盎"、"銚銳"爲同義關係。而"盂"是漢代共通語中的字詞（通語），其餘屬方言字詞（別語）。"盂"（云紐魚部）爲盛飯用的器皿。《説文·皿部》："盂，飯器也。从皿于聲。"（五上）（段注依小徐本改爲"飲器也"，本書依大徐本。）《韓非子·外儲説左上》："爲人君者猶盂也，民猶水也。盂方水方，盂圜水圜。""㿷"（影紐元部）爲小盂。《説文·皿部》："㿷，小盂也。从皿夗聲。"更換類母"皿"轉形爲"椀"、"碗"。《玉篇·皿部》："㿷，小盂。亦作椀。"北周庾信《春賦》："芙蓉玉碗，蓮子金杯。""盎"，古有三種讀音，意思均與"盂"有關。《廣韻·仙韻》："盎，㿷也。"臣員切，《集韻·願韻》俱願切。《仙韻》："棬，屈木盂也。或作㿿。"驅圓切。"柯"（見母歌部），《廣雅·釋器》"盂也"。《荀子·正論》："故魯人以榶，衛人用柯，齊人用革，土地形制不同者，械用備飾不可不異也。""櫂"（定紐錫部），《廣雅·釋器》"盂也"。"銚銳"（銚，以鈕宵部；銳，以鈕月部），音 yáo yuè，又音 diào yuè，義同"盂"。《集韻·薛韻》："銳，楚宋謂椀曰銚銳。"章炳麟《新方言·釋器》："《方言》：'謂之盂，或謂之銚銳。盌謂之櫂。'案：銚與櫂一語也。今浙沿海鄞人多移以音甕，謂小甕曰䍜，即銚、櫂等字也。"[1] 同爲"碗"義，或以音轉爲訓，"㿿"與"柯"、"櫂"、"盂"與"銚銳"、"盌"與"㿿"；或以形轉爲訓，如"盂"與"椀"、"碗"、"㿿"與"棬"；或以義轉爲訓，如"盂"與"㿿"、"盌"、"柯"、"櫂"等。郭璞説：《方言》："轉相釋者，廣異語也。"異語有四方之別，而"四方異語而通者"（卷十），轉語之功也。楊雄的"轉語"方法論啟示我們，漢語的形、音、義都會適時轉變，不可能一成不變。

6.3 《説文》重文的啟示

"重文"是指被編排在同一部字書的不同部首下的異體字。傳統按部首編排的字書，對異體字的處理遵循"據形系聯"、"以類相從"的編排原則。比如《漢語大字典·凡例》中就有"異體關係在異體字下根據不同情況分別同'同某'、'後作某'、'也作某'表示"的說明。[2] 例如"煣"和"揉"、"粦"和"舞"：

---

[1] 章炳麟：《新方言》，見《章太炎文集》（七）第103頁，上海人民出版社1999年版。
[2] 見徐中舒主編《漢語大字典》，四川辭書出版社、湖北崇文書局2010年版。

煣，用火烘烤木條使之彎曲或伸直。也作"揉"。《説文·火部》："煣，屈申木也。从火柔，柔亦聲。"(《火部》)①

　　揉，同"煣"。使之彎曲或伸直。《集韻·有韻》："揉，《説文》：'屈申木也。'或作揉。"清雷浚《説文引經例辨》："揉，《説文》'屈申木也'，此揉之正字。"(《手部》)②

　　粦，磷火。後作"粦（磷）"。《説文·炎部》："粦，兵死及牛馬之血爲粦。粦，鬼火也。从炎舛。"徐鍇繫傳："從炎舛聲。"邵瑛群經正字："今經典作燐……粦既從炎旁，又加火，贅。後人以炎變作米，故又加火也。"《廣韻·真韻》："粦，鬼火也。今作燐，同。"(《火部》)③

　　粦，磷火。後作"磷"。《廣韻·真韻》："粦，鬼火也。今作燐，同。"又《震韻》："粦，《説文》作粦，鬼火也，兵死及牛馬之血爲之。"(《米部》)④

"揉"是"煣"的異體字，《漢語大字典》將"揉"編入《手部》，將"煣"編入《火部》，且在"煣"的釋義後作了"也作'揉'"的説明。"粦"（磷）是"粦"的異體字，《漢語大字典》將它們分别編入《米部》和《火部》，且在"粦"的釋義後也作了"後作'磷'"的説明。但《火部》"燐"也是"粦"的異體字，《漢語大字典》的編者未注明"後也作'磷'"，失審。南朝梁顧野王的

---

　　① 見徐中舒主編《漢語大字典》第2380頁，四川辭書出版社、湖北崇文書局2010年版。

　　② 同上，第2040頁。

　　③ 見徐中舒主編《漢語大字典》第2384頁，四川辭書出版社、湖北崇文書局2010年版。

　　④ 同上，第3355頁。

《玉篇》對異體字的編排也是採取以類相從、據形系聯的原則，如"覩"與"睹"在《玉篇》中分屬《目部》和《見部》：

覩，都扈切，古文睹。(《見部》)[①]
睹，東魯切。見也。與覩同。(《目部》)[②]

"據形系聯"、"以類相從"，是東漢文字學家許慎編撰《説文》時初創的字形編排原則，這條原則被後世歷代字書編纂者奉爲圭臬。其運作方法是：先將收録的漢字分成"正篆"和"重文"兩個部分，然後將正篆9353個字按據形系聯的原則分理出540個類，並以之作爲部首，繼後再按以類相從的原則，將9353字分别部居於540個類（部首）之内，使之"同條牽屬，共理相貫"(《説文·後敘》)；對"重文"的編排則不採用"據形系聯"的原則，而是在正篆的釋義析形之後補充説明（許慎叫做"合以古籀"）。例如：

① 靼，柔革也。从革从旦聲。𩊚，古文靼从亶。(三下《革部》)
② 睹，見也。从目者聲。覩，古文从見。(四上《目部》)
③ 烏，譁也。象形。𪁗，篆文烏从佳省。(四上《烏部》)
④ 鴇，鳥也。肉出尺戴。从鳥㐄聲。䳈，鴇或从包。(四上《烏部》)
⑤ 刅，傷也。从刃从一。創，或从刀倉聲。(四下《刃部》)
⑥ 㭔，兩刃臿也。从木丫，象形。宋魏曰也。鈂，或从金从亐。(六上《木部》)
⑦ 仿，相似也。从人方聲。㑶，籒文仿从丙。(八上《人部》)

---

① 《宋本玉篇》第91頁，北京市中國書店1983年影印本。
② 同上，第84頁。

⑧ 屍，髀也。从尸下丌居几。𦞠，屍或从肉隼。𩪜，屍或从骨殿聲。（八上《尸部》）

⑨ 磺，銅鐵樸石也。从石黄聲。讀若穬。卝，古文磺。《周禮》有"卝人"。（九下《石部》）

⑩ 凷，墣也。从土，一屈，象形。塊，凷或从鬼。（十三下《土部》）

⑪ 辠，犯法也。从辛从自。言辠人蹙鼻，苦辛之憂。秦以辠似皇字，改爲罪。（十四下《辛部》）

對《說文》的"同部重文"，清代王筠詳發其凡，總歸爲"無部可入之字"、"偏旁相同之字"和"聲意不合之字"三類。[①] 而我們從《說文》正篆和"重文"的對比中發現這樣一條規律：同一個字的古今變體都是有理據可說的，要麼從象形變成會意或形聲，要麼從會意變成形聲，要麼從形聲變成形聲。上述十一例中，正篆與重文的形體變易，可以歸納爲四種類型：

第一，象形字轉換爲形聲字。如例⑥的"枱"與"鈶"，例⑨的"卝"與"磺"、"礦"，例③的"烏"與"雗"。"枱"甲骨文寫作𣎵，象木叉做的翻地農具。後世以類母"金"與聲母"台"組合再造形聲字"鈶"，爾後更換成聲母"廣"再造形聲字"鑛"。《說文》"兩刃臿也"段玉裁注："枱、鑪古今字。""卝"象礦石累積之形，鄭氏以後出轉注字釋初文。後世以類母"石"與聲母"黄"組合再造形聲字"磺"。《說文》"磺，銅鐵朴石也"徐鍇繫傳："銅鐵之生多連石也。"段玉裁注："銅鐵樸者，在石與銅鐵之間，可爲銅鐵而未成者也。不言金玉者，舉觕以該精也。《周禮》：'卝人掌金玉

[①] （清）王筠:《說文釋例》第 126 頁，中華書局 1987 年版。

錫石之地，而爲之厲禁以守之。'〔鄭玄〕注：'卝之言礦也。金玉未成器曰礦。'未成器，謂成金玉。"清張慎儀《蜀方言》卷上："五金璞曰磺。"① 再更換聲母轉形爲"礦"。《說文》未收"礦"字，"磺"下曰："卝，古文礦。"此"礦"字疑爲後人竄改，原文應爲"卝，古文磺"。《集韻·梗韻》："磺，《說文》：'銅鐵樸石也。'或作礦。"《周禮·地官·序官》"卝人"鄭玄注："卝之言礦也。金石未成器曰礦。"或在初文"卝"基礎上增附類母"石"轉注爲形聲字"矿"。《直音篇·石部》："矿"同"礦"。"舄"金文作 ，象形字，篆文轉形爲形聲字"雗"。段玉裁注："此以今字釋古字之例。古文作舄，小篆作雗……自經典借爲履舄字，而本義廢矣。"朱駿聲通訓定聲："今謂之喜鵲，字亦作鵲。""雗"爲《說文》重文。《玉篇·隹部》："雗，雅雗。"《墨子·魯問》："公輸子削竹木以爲雗，成而飛之，三日不下。"後世再更換類母"隹"轉形爲"鵲"。《廣雅·釋鳥》："雅鵲，鵲也。"《廣韻·藥韻》引《纂文》："舄，古鵲字。"《詩經·召南·雀巢》："維鵲有巢，維鳩居之。"舊題周師曠《禽經》："靈鵲兆喜。"晉張華注："鵲噪則生喜。"

　　第二，會意字轉換爲會意字。如例⑪的"皋"與"罪"。"皋"象施剠刑，故從辛從自會意。《楚辭·九章·惜往日》："何貞臣之無皋兮，被離謗而見尤。"漢王逸注："皋，一作罪。"或作"罪"，從网從非會意。《說文·网部》："罪，捕魚竹网。从网非。秦以罪爲皋字。"（七下）段玉裁注："本形聲之字，始皇改爲會意字……《文字音義》云：始皇以皋字似皇，乃改爲罪。按：經典多出秦後，故皆作罪。"許君說"罪"本義爲"捕魚竹网"，不確，應與"皋"同；也非形聲字，應爲會意字，許君說是，段氏説非是。

---

① 紀國泰：《〈蜀方言〉疏證補》第 59 頁，巴蜀書社 2007 年版。

第三，會意字轉換爲形聲字。如例⑤的"刅"與"創"，例⑩的"凷"與"塊"，例⑧的"屍"與"脽"、"臀"。"刅"初文爲會意字（或説指事字），象劍的雙刃。後世增附聲母轉形爲"創"。《説文》重文有"創"字。《集韻·陽韻》："刅，或作創。"《正字通·刀部》："《説文》刅，重文作創。徐［鍇］曰：此正刀創字，言刃所傷也。"《荀子·禮論》："創巨其日久；痛甚者，其瘉遲到。"唐楊諒注："創，傷也。""凷"象土塊裝在筐中，初文會意字。《禮記·大喪記》："父母之喪，居倚廬，不塗，寢苫枕凷。"《五十二病方·尤［疣］》第四治方："以月晦日日下餔時，以凷大如雞卵者，男子七，女子二七，先以凷置室後，令南北列，以晦往之凷所，禹步三，道南方始取凷言曰：'今日月晦，靡［磨］疣北。'凷一靡［磨］盡，已靡［磨］，置凷其處，去，勿顧。"《漢書·律曆志下》引《左傳》："重耳處狄十二年而行，過衛五鹿，乞食於墼人，墼人舉凷而與之。"後世更換"凵"轉爲形聲字"塊"。朱駿聲通訓定聲：當爲"從土鬼聲"。《爾雅·釋言》："塊，墢也。"郭璞注："土塊也。"玄應《一切經音義》卷七引《三蒼》："凷，土塊也。"《國語·晉語四》："（重耳）過五鹿，乞食於野人，野人舉塊以與之。"韋昭注："塊，墣也。""屍"象人的臀部坐於几上，上從"尾"，下從"几"，與"尻"字構形相同，以坐的樣態來表示人體坐的部位。後世以類母"肉"和聲母"隼"構形，另造形聲字"脽"。《説文》重文有"脽（脽）"字。《廣韻·魂韻》："臀，《廣雅》云：臀謂之脽，亦謂之脾。《説文》作屍髀也。（徒渾切）屍、脽、臀並同上。見《説文》。"①桂馥《札樸·温經·臀》："殿即屍也，謂脽也。"再更換聲母"隼"轉形爲"臋（臀）"。《周禮·考工記·梟人》："其

---

① 《宋本廣韻》第99頁，北京市中國書店1982年影印本。

臋一寸,其實一豆。"陸德明釋文:"此謂䩱之底著地也。"《四部叢刊》本作"臋"。《周易·夬》:"九四,臀無膚,其行次且,牽羊悔亡,聞言不信。"《國語·周語下》:"且吾聞之成公之生也,其母夢神規其臀以墨。"明陶宗儀《輟耕錄》卷十四:"(人臘)口、耳、目、鼻與人無異,亦有髭鬚,頭髮披至臀下。"再更换聲母"肉"轉形爲"臋"。《説文》重文有此字,段玉裁注:"今《周禮》《春秋》《考工記》皆作臋。"《玉篇·骨部》:"臋,與臀同。"又因方音更换聲母"殿"轉形爲"腚"。清蒲松齡《聊齋志異·仙人島》:"緑雲告其父:渠爲姊夫續下一句矣。云:'狗腚響弸巴。'"

第四,形聲字轉换爲形聲字。如例①的"䩱"與"靼",例②的"覭"與"睹",例④的"鴇"與"鴘",例⑦的"仿"與"俩"。形聲字"䩱",許慎認爲是古文,後世更换聲母"亶"轉形爲形聲字"靼"。《説文》"靼"段玉裁注:"此云'柔革',謂革之柔耎者也。"《淮南子·氾論訓》:"乃爲靼蹻而超千里,肩負儋之勤也。"王念孫雜志:"念孫案:靼皆當爲靼,字從旦,不從且。"[①] 形聲字"覭",許君以爲古文。《周易·乾》:"聖人作而萬物覩。"後世更换類母"見"轉形爲形聲字"睹"。《玉篇·目部》:"睹,見也。"《禮記·中庸》:"君子戒慎乎其所不睹。""鴇"從鳥𠂉聲。《詩經·唐風·鴇羽》:"肅肅鴇羽,集於苞栩。"陸德明釋文:"鴇,似雁而大,無後指。"後世更换聲母"𠂉"轉形爲形聲字"鴘"。《釋文》重文有"鴘"字。《廣韻·皓韻》:"鴇,鳥名。亦作鴘。"南朝梁簡文帝《六根懺文》:"雖復鴘腴鹿胃,猶不稱甘;鳳肺龍胎,更云不美。"再更换聲母"包"轉形爲"鵃"。《廣韻·皓韻》:"鴇,鳥名。亦作鵃。"唐張祜《阿鵃湯》:"金輿未到長生殿,妃子偷尋阿鵃湯。""仿"本

---

① (清)王念孫:《讀書雜志》第880頁,江蘇古籍出版社2000年版。

爲形聲字，後世更換聲母"方"轉形爲"倣"，許君說籀文如此。晉陸雲《贈鄭曼季》："發憤潛惟，倣佛有思。"

"茉"由象形字轉形爲形聲字"釺"、"鐸"，"屮"由象形字轉形爲形聲字"磺"、"礦"，"烏"也由象形字轉形爲形聲字"雕"、"鵲"；"皋"由會意字轉形爲會意字"罪"；"办"由會意字轉形爲形聲字"創"，"凵"由會意字轉形爲形聲字"塊"，"屍"由會意字轉形爲形聲字"脾"、"脾"、"臀"（臋）、"腚"；"韇"由形聲字轉形爲形聲字"靶"，"覦"由形聲字轉形爲形聲字"睹"，"鸹"由形聲字轉形爲形聲字"鮑"，"仿"由形聲字轉形爲形聲字"倣"。這些字的初文，或象形，或會意，或形聲，但後世都作了換形翻新，或轉爲一形，或轉爲二三形，或轉爲四五形。它們的原形爲什麽會改變，怎樣改變？這些疑問，我們應該與六書的"轉注"聯繫起來思考。

6.4 《説文》重出字的啟示

"重出字"是指編排在不同"類"（部首）中的異體字，前人稱之爲"異部重文"。它是僅就《説文》這部字書而專設的術語。宋永培先生説："'異部重文'是指隸屬於不同部首的重出的異體字，它們不同字而同一義位。例如《三上〔言部〕》：訥，言難也。《三上〔《向部》〕》：向，言之訥也。《段注》：'此與言部訥音義皆同，故以訥釋向。'可見是異部重文，因而合併爲'口訥'這一義位。"[①]《説

[①] 宋永培：《〈説文〉漢字體系與中國上古史》第190頁，廣西教育出版社1996年版。

文》中的"重文"就是後世所说的異體字、或體字。按許慎的編排原則,統統將它們收錄在正篆之後。比如"卄"收錄在"磺"後,"剏"收錄在"刅"後,"塊"收錄在"凷"後,"胜"(脾)、"臋"收錄在"尻"後等等。這樣編排,使讀者對同一個字的不同形體一目了然,既省去了再次檢索的麻煩,也能對該字的形體流變一覽無餘。但是,這種編排不便於檢索、查閱,有一定局限性。既然"重文"祇編排在正篆之後,異類同字的異體字就不可能出現在不同的部首下面。比如"舛"在《舛部》,其重文"踳"屬"足"類,就不再出現在《足部》,"岬"(崩)在《山部》,其重文"𨺬"屬"阜"類,就再不出現在《阜部》,"睹"在《目部》,其重文"覩"屬"見"類,就不再出現在《見部》等等。也就是説,祇要是同一字,不管它有多少個重文(異體、或體),也不管那些重文所屬的類有多大差別,它們統統附於正篆之後,不再各歸其類。這就意味着在《説文》正篆中不存在"重出字"的問題,但事實上,這種現象完全存在,而且爲數眾多。

《説文》中的重出字可分成兩類:同部重出字和異部重出字。[①]

(1)同部重出字例

> 蒚,蘆也。从艸富聲。(一下《艸部》)
> 蒚,蘆也。从艸畐聲。(一下《艸部》)

> 籭,竹器也。可以取粗去細。从竹麗聲。(五上《竹部》)
> 篩,篩箄。竹器也。从竹徙聲。(五上《竹部》)

[①] 王筠也講過"異部重文"。見(清)王筠:《説文釋例》第154頁,中華書局1987年版。

第 6 章 轉注研究啟示錄

罌，缶也。从缶賏聲。(五下《缶部》)

䍃，備火長頸缾也。从缶熒省聲。(五下《缶部》)

杇，所以涂也。秦謂之杇，關東謂之槾。从木亏聲。(六上《木部》)

槾，杇也。从木曼聲。(六上《木部》)

形聲字"蔔"從"畐"得聲，"葍"則從"富"得聲，兩字重出於《艸部》，且互爲訓釋。"蔔"爲多年生藤纏草本植物。花葉似蘿菜而小，蔓生田野，對農作物有害，古稱"惡菜"。《詩經·小雅·我行其野》："我行其野，言采其葍。"毛傳："葍，惡菜也。"鄭玄箋："葍，蔔也。亦仲春時生，可采也。"又"葍"朱駿聲通訓定聲："(葍)即'蔔'之或體，方音偶謂微異耳。"[①] 後世更換聲母"畐"轉形爲"蔔"。《集韻·屋韻》："蔔，《説文》：'也葍。'或作蔔。"《宋書·謝靈運傳》："楊勝所拮，秋冬蔔穫。"自注："楊，楊桃也。蔔，音覆。字出《字林》。"《説文》"蔔"朱駿聲通訓定聲："字亦作蔔。"

形聲字"籚"從"麗"得聲，"筵"則從"徙"得聲，兩字重出於《竹部》。許君認爲，兩者都是竹，祇因"籚"是"可以取粗去細"的，而"筵"是"筵箄"，故分爲兩篆。其實"籚"與"筵"、"篩"、"筵"、"簁"都是異體字。《説文》"籚"段玉裁注："俗云筵籚也。《廣韻》云：'籚，簁也。'能使麤者上存，細者簁下。籚、筵，古今字也。《漢[書]·賈山傳》作篩。"又"筵"注："按：筵箄，器名。以上下文例之，是盛物之器，而非取粗去細之器也。可以取粗去細之器，字作'籚'，不作'筵'。若《廣韻·支韻》云：'筵，

---

① （清）朱駿聲：《説文通訓定聲》第 224 頁，武漢市古籍書店 1983 年影印本。

下物竹器。'《紙韻》曰：'筵，籭也。'《皆韻》曰：'筵，筵籭也。古以玉爲柱，故字从玉，今俗作筵。'此皆用'筵'爲'籭'，古今字變，非許意也。"①朱駿聲通訓定聲："'筵'與'籭'略同。字亦作筵，今俗謂之篩，可以取粗去細。"《急就篇》："筵箪箕帚筐篋籔。"顏師古注："筵，所以籭去麤細者，今謂之篩。大者曰筵，小者曰箪。"鍾如雄《釋"箪"》云："'箪'與'筵'、'籭'是有區別的：籮篩中體大、孔眼粗空、能漏過米粒者謂之'筵（籭）'；體小、孔眼細密、祇能漏過粉末者謂之'箪'。"②《玉篇·竹部》："籭，所街、所飢二切。竹器也，可以除麤取細。篩，同上；篩，同上。"③

形聲字"罌"從"賏"得聲，"罃"從"熒"得聲，兩字重出於《缶部》。許君認爲，"罌"爲"缶"，而"罃"爲"備火長頸缾"，故分爲兩篆。《說文》"罌"段玉裁注："罌，缶器之大者。"《廣雅·釋器》："罌，瓶也。"《墨子·備穴》："令陶者爲罌，容四十斗以上，固順［幎］之以薄輅車，置井中，使聰耳者伏罌而聽之，審知穴之所在。"可知，能容四十斗以上的"罌"不是通常所說的"缶"，而是腹大口小的大瓶。而"罃"許君認爲是"備火長頸缾"。什麼是備火長頸缾？後人或不明了。徐灝注箋："熒［罃］即今俗所用火煤缾也。是爲火器，故從熒爲聲，而與罌絶異也。"《漢語大字典》編撰者不明許説，解釋爲"古代盛燈油的油壺"，④甚爲不妥。所謂備火長頸缾，就是將燃燒的木炭夾入大肚子瓶中，然後將瓶口密封，使火炭在密封的瓶中熄滅。這是古代鄉里制炭的原始方法，

---

① （清）段玉裁：《說文解字注》第192—193頁，上海古籍出版社1988年第2版。
② 鍾如雄：《釋"箪"》，見《西南民族大學學報》2009年第11期。
③ 《宋本玉篇》第271頁，北京市中國書店1983年影印本。
④ 見徐中舒主編《漢語大字典》第2版第3135頁，四川辭書出版社、湖北崇文書局2010年版。

我小時候常見母親這樣制炭。如果要想使備的火炭不熄滅，就將其埋在竈中，叫做"爓"。《蜀方言》卷上："藏火以備復燃曰爓。"徐灝說"（罃）與罍絶異"，也不確。段玉裁注："近人謂罍、罃一字。依許則劃然二物二字。罍大罃小，用各不同。"此説也待商榷。朱駿聲通訓定聲："（罃）與罍略同。字亦作甇。"《字彙・缶部》："罃，與罍同。"唐柳宗元《瓶賦》："鴟夷蒙鴻，罍罃相追。"宋韓醇注："罃，缶也……罃本當作罍。"《玉篇・瓦部》："甇，長頸瓶也。"《集韻・耕韻》："罍，亦作甇。"

形聲字"杇"從"亏"得聲，"槾"則從"曼"得聲，兩字重出於《木部》。許君認爲，"杇"、"槾"都表示"所以塗"，仍分爲兩篆。"杇"爲泥鏝，俗稱瓦刀、抹子，泥瓦匠人用於塗抹的工具。後世轉形爲"圬、槾、鏝、墁"等。《說文》"杇"段玉裁注："涂、塗，古今字。涂者，飾牆也。《土部》曰：'塗，涂也；墍，仰涂也；堲，涂地也。'……按：此器今江浙以鐵爲之，或以木……故从木例之，疑杇古全用木。故杇、槾古字也，鈣、鏝今字也。"[1] 又"槾"桂馥義疏："杇也者，《論語》[陸德明]釋文：槾，塗工之器。"王筠句讀："槾之器用金，而以木爲柄，故此從木，而《金部》又有鏝。所塗者泥也，泥用土及水，故《孟子》'毀瓦畫墁'從土。"《集韻・模韻》："杇，《説文》：'所以塗也。'或作圬。"《論語・公冶長》："糞土之牆不可杇也。"《史記・仲尼弟子列傳》引作"圬"，裴駰集解引三國魏王肅曰："圬，墁也。"《左傳・襄公三十一年》："司空以時平易道路，圬人以時塓館宫室。"《爾雅・釋宫》："鏝謂之杇。"郭璞注："泥鏝。"陸德明釋文："鏝，本或作槾，又作墁，同。亡旦、武安二反。《説文》云：'鐵杇也。'杇，音烏，又音胡。引李[巡]云：

---

[1] （清）段玉裁：《説文解字注》第256頁，上海古籍出版社1988年第2版。

'泥鏝一名杇，塗工之作具。'《説文》云：'所以塗也。'秦謂之杇，關東謂之槾。"[①] 桂馥義疏："鏝，古蓋用木，後世以鐵，今謂之泥匙。"《説文·金部》："鏝，鐵杇也。从金曼聲。槾，鏝或从木。"（十四上）"釫"，《説文》爲"枽（鏵）"之重文，後世與"杇"音義合流。《廣韻·模韻》："杇，泥鏝。圬、釫並同上。"《集韻·模韻》："杇，泥鏝也，塗工之具。或作釫。"但不屬於"杇"、"槾"的轉形字。

（2）異部重出字例

　　趋，僵也。从走音聲。（二上《走部》）
　　踣，僵也。从足音聲。《春秋傳》曰："晉人踣，之。"（二下《足部》）

　　迋，往也。从辵王聲。《春秋傳》曰："子無我迋。"（二下《辵部》）
　　往，之也。从彳㞷聲。迋，古文从辵。（二下《彳部》）

　　諿，知也。从言骨聲。（三上《言部》）
　　㥯，知也。从心骨聲。（十下《心部》）

　　敲，擊頭也。从殳高聲。（三下《殳部》）
　　敆，橫擿也。从攴高聲。（三下《攴部》）
　　擎，旁擊也。从手敫聲。（十二上《手部》）

形聲字"趋"與"踣"，其聲母相同，許君爲互訓，但不知二字爲

[①] （唐）陸德明：《經典釋文》第 415 頁，中華書局 1983 年版。

第6章 轉注研究啟示錄

異體,故分別重出於《走部》和《足部》。"趌"許君釋爲"僵",即往前僕倒。段玉裁注:"僵,偾也。此與《足部》之'踣'音義並同。未審孰爲本字,孰爲後增。""踣",《爾雅》:"斃,踣也。"郭璞注:"前覆。"宋邢昺疏:"前卻顛倒之名也。斃又謂之踣,皆前覆也。"《説文》"踣"段玉裁注:"踣與仆音義皆同。孫炎曰:'前覆曰仆。'《左傳》正義曰:'前覆謂之踣。'對文則偃與仆別,散文則通也。《走部》'趌'同。"①

形聲字"迋"與"往",其聲母相同,許君以"往"釋"迋",但不知二字爲異體,故分別重出於《辵部》和《彳部》。《廣雅·釋詁一》:"迋,往也。"王念孫疏證:"迋者,《漢書·五行志》'迋'作'往'。往、迋、徃聲並相近。"又《釋詁二》:"迋,歸也。"王念孫疏證:"迋,即往字也。《莊公二年·穀梁傳》云:'王者,民之所歸往也。'顔師古注《漢書·揚雄傳》云:'迋,古往字。'"②"往"甲骨文作𤞟,從止王聲。商承祚説:"《説文》:'徃,古文往,(依倒補)从辵。'案甲骨文作𤞟,不從彳,從止王聲。與《㞢部》爲𡳿一字。"③

形聲字"諝"與"惛",其聲母相同,許君爲互訓,但不知二字爲異體,故分別重出於《言部》和《心部》。"諝"許君釋爲"知"。"知"即"智"(才智)。《廣雅·釋詁三》:"諝,智也。"楊雄《太玄·戾》:"女不女,其心予,覆夫諝。"唐王涯注:"諝,智也。"晉陸機《辨亡論上》:"謀無遺諝,舉不失策。"或更換類母"言"轉形爲"惛"。《説文》"惛"徐鍇繫傳:"有才智也。"段玉裁

---

① (清)段玉裁:《説文解字注》第83頁,上海古籍出版社1988年第2版。
② (清)王念孫:《廣雅疏證》第8、61頁,中華書局1983年影印本。
③ 商承祚:《説文中之古文考》第14頁,上海古籍出版社1983年版。

注：" 此與《言部》'謂'音義皆同。" ①《玉篇·心部》："惈，才智稱也。"

形聲字"毃"、"敲"、"摮"，許君不知其爲異體，故分別重出於《殳部》、《攴部》和《手部》。"毃"許君釋爲"擊頭"，即今所言"打腦殼"。《廣韻·覺韻》："敲，打頭也。"《吕氏春秋·當務》："（盗蹠）死而操金椎以葬，曰：'下見六王五伯，將毃其頭矣。'"高誘注："毃，擊也。"或更換類母"殳"轉形爲"敲"。許君釋"敲"爲"橫擿"。徐鍇繫傳："橫擿，從旁橫擊也。"桂馥義證："（毃）或借敲字。"王筠句讀："案：毃、敲同從高聲，而殳、攴義又近，故經典多借用者。"② 二氏所言失審。《玉篇·殳部》："毃，擊頭也。或作敲。"《廣韻·效韻》："敲，擊也。"《左傳·定公二年》："邾莊公與夷射姑飲酒，私出。閽乞肉焉，奪之杖以敲之。"杜預注："奪閽之杖以敲閽頭也。"陸德明釋文："敲，《説文》作毃，云：'擊頭也。'"或更換聲母轉形爲"敦"。《説文·攴部》重出字有"敦"字，云："敦，鳌田也。从攴堯聲。"段玉裁注："其訓葢本作擊也。敦者，旁擊也。一譌爲鳌，再譌又衍田，莫能通矣。"段氏説是。桂馥義證："鳌田也者，鳌當爲擊字之誤也。《倉頡篇》：'敦，擊也。'《三蒼解詁》：'敦與毃同，下擊也。'《玉篇》：'敦，擊也。'"③朱駿聲通訓定聲："字從攴，當訓敦，與敲同。""敦"亦作"殽"。《字彙補·殳部》："殽，與敲同。見《蒼頡篇》。"或類母、聲母全換作"摮（摮）"，也寫作"撽"、"摮"。《集韻·效韻》："摮，或書作撽。"《公羊傳·宣公六年》："熊蹯不熟，（靈）公怒，以斗摮而殺之。"漢何休注："摮猶擎也。摮謂旁擊頭項。"陸德明釋文："摮，五羔反，又苦交反，猶擊也。

---

① （清）段玉裁：《説文解字注》第506頁，上海古籍出版社1988年第2版。
② （清）王筠：《説文解字句讀》第105頁，中華書局1988年版。
③ （清）桂馥：《説文解字義證》第268頁，中華書局1987年版。

摮，口弔反，擊也。"① 何休説"摮猶摮"不確。"摮"陸德明"又苦交反"，是"摮"異體字，音義與"摮、敲、㲉"等同。《集韻·爻韻》："敲，《説文》：'横摘也。'或作摮。"後世再轉形爲"搞"。《集韻·爻韻》："敲，《説文》：'横摘也。'或作搞。"

僅就前文的分析中我們不難看出，所謂《説文》重出字，嚴格説來是指《説文》中分別部居在同一個部首和不同部首之内的異構正篆字，它與許慎所謂"重文"應該是同一性質的，但是，許慎爲什麽錯誤地將它們編入正篆，而不作"重文"處理？最可信的解釋是：許慎認爲它們並非"重文"，而是互不相干的字。總體而言，無論同部重出字還是異部重出字，它們的構形部件都有差異；但同部重出字的差異多爲聲母，異部重出字的差異多爲類母。我們分析《説文》重出字現象，對漢字的轉注"研究"有什麽積極意義呢？它可以啟發我們通過這種貌似隱秘的同字異構現象，去認識漢字形體嬗變中形成的變易轉換規律。

6.5 《説文》"亦聲"字的啟示

理性地講，每一個漢字的形體分析祇能在象形、指事、會意和形聲四種中得出一種結果，要麽是象形字，要麽是指事字，要麽是會意字，要麽是形聲字。但是，在《説文》中，有些字的分析，可以得出兩種相互關聯的結果，那就是"亦聲"字。"亦聲字"得名於《説文》中的"亦聲"。如《説文·句部》云："鉤，曲也。从金从句，

---

① （漢）何休：《公羊傳注》，見（清）阮元校刻《十三經注疏》第2279頁，中華書局1980年影印本。

句亦聲。"(三上)[1] 被析字"鉤",其形由"金"、"句"兩个构件組合而成,而其中的"句"又兼表讀音("亦聲"),故"鉤"的構形可作雙重分析:一,"从金,从句",會意(字);二,"从金,句聲",形聲(字)。由此可知,亦聲字是能作形聲分析的會意字。清代段玉裁稱之为"會意兼形聲"、"會意包形聲"、"形聲包會意"、"形聲中[有]會意"、"形聲包會意字"、"舉形聲包會意"等。例如:

① 吏,治人者也。从一从史,史亦聲。(一上《一部》)徐鍇繫傳:"凡言'亦聲',備言之耳,義不主於聲。會意。"段玉裁注:"此亦會意也。……凡言亦聲者,會意兼形聲也。凡字,有用六書之一者,有兼六書之二者。"

② 禬,會福祭也。从示从會,會亦聲。《周禮》曰:"禬之祝號。"(一上《示部》)小徐本作:"從示會聲。"段注本作:"从示會聲。"段玉裁注:"此等皆舉形聲包會意。"

③ 鉤,曲也。从金从句,句亦聲。(三上《句部》)小徐本作:"從金句,句亦聲。"徐鍇繫傳:"古兵有鉤有鑲。引來曰鉤,推去曰鑲。"段注本作:"曲鉤也。从金句,句亦聲。"段玉裁注:"'鉤'字依《韻會》補。曲物曰鉤,因之,以鉤取物亦曰鉤。'鉤鑲、吳鉤、釣鉤'皆金為之,故从金。按:'句'之屬三字,皆會意兼形聲,不入《手》《竹》《金》部者,會意合二字為一字,必以所重為主。三字皆重'句',故入《句部》。"

④ 瞑,翕目也。从目冥,冥亦聲。(四上《目部》)段玉裁注:"《韻會》引小徐曰會意。此以會意包形聲也。"

⑤ 劑,齊也。从刀从齊,齊亦聲。(四下《刀部》)小徐本作:"從刀齊聲。"徐鍇繫傳:"《字書》曰:翦刀,劑也。"段

---

① (漢)許慎:《說文解字》第50頁,中華書局1963年影印本。

第6章　轉注研究啟示錄　　　　　　　　　　　　　　　*215*

注本作:"从刀齊聲。"段玉裁注:"从刀者,齊之如用刀也……形聲包會意。"

⑥旄,幢也。从㫃从毛,毛亦聲。(七上《㫃部》)小徐本作:"從㫃毛聲。"段注本作:"从㫃毛聲。"段玉裁注:"舉形聲包會意。"

⑦娣,女弟也。从女从弟,弟亦聲。(十二下《女部》)小徐本作:"從女弟聲。"段注本作:"同夫之女弟也。从女弟聲。"段玉裁注:"小徐本有'夫之'二字,而尚少'同'字,今補。'同夫'者,女子同事一夫也。《[爾雅·]釋親》曰:'女子同出,謂先生爲姒,後生爲娣。'孫、郭皆云:'同出,謂俱嫁事一夫。'……形聲中[有]會意。"

⑧萅,推也。从艸从日。艸春時生也。屯聲。(一下《艸部》)小徐本作:"從艸從日……屯亦聲",徐鍇繫傳:"春,陽也,故從日;屯,草生之難也,故云亦聲。"段注本作:"从日艸屯,屯亦聲。"段玉裁注:"[从]日、艸、屯者,得時艸生也。屯字象艸木之初生。[屯亦聲]會意兼形聲。此七字依《韻會》,今二徐本,皆亂以錯語。"

⑨㝃,生子免身也。从子免。(十四下《子部》)段玉裁注:"按:許書無免字,據此條則必當有免字,偶然逸之,正如由字耳。免聲當在十四部,或音問,則在十三部,與兔聲之在五部者迥不同矣。但立乎今日以言六書,免、由皆不能得其象形、會意,不得謂古無免、由字也。'㝃'則會意兼形聲。"

⑩釂,歓盡也。从嚼省聲。(十四下《酉部》)段玉裁注:"酒當作爵。此形聲包會意字也……大徐'嚼省聲',非也。"①

在段氏提出"會意兼形聲"說之後,王筠則提出了"會意兼

---

① 以上例證分別見於(清)段玉裁《說文解字注》第1、4、47、88、134、312、615、742、749頁,上海古籍出版社1988年第2版。

聲"説，^①且在闡發《説文》"亦声"條例，離析《説文》"亦聲"字構形規律等方面都卓有成就。

第一，闡發條例，揭示義理。在《説文解字句讀》中，他發明了許君"亦聲"説"聲義相備"條例。通覽《句讀》，"聲義相備"有三種或稱，即"聲義互相備"、"兼聲"和"兼取×聲"。"義聲互相備"是王筠對許書條例的發明，其含義是，可作"亦聲"分析的構形部件，既表示該亦聲字的字義（本義），又表示該亦聲字的讀音。他巧妙地表達出了形聲字的聲母既具有表意的功能又具有標音的功能。

第二，離析"亦聲"。王筠認爲：許君所説的"亦聲"實際上包括"會意字而兼聲"、"形聲字而兼意"、"分别文之在本部"等三層含義。他在《説文釋例·亦聲》中説："言亦聲者凡三種：會意字而兼聲者，一也；形聲字而兼意者，二也；分别文之在本部者，三也。會意字之從義兼聲者爲正，主義兼聲者爲變。若分别文則不然，在異部者概不言義，在本部者概以主義兼聲也。"^②王氏所揭示的"亦聲"三條例，是其細心揣摩許君設立"亦聲"之旨而歸納出來的，爲後世亦聲字的深入研究指明了方向。^③

"亦聲"字初始爲象形字或會意字，隨着漢字形體構造的歷代改造翻新，逐漸演變成了形聲字。研究亦聲字具有重大意義：

第一，亦聲字能折射出漢字構形法的歷史演變。西漢的文字學家們通過説解漢字的形體構造，總結出了前所未有的"六書"理論。但因受時代的局限，他們還衹能以共時的眼光看待"六書"，即用

---

① 見（清）王筠《説文解字句讀》第168頁"曾"字注，中華書局1988年版。
② （清）王筠：《説文釋例》第54頁，中華書局1987年版。
③ 參看胡娟、鍾如雄《〈説文〉四大家之"亦聲"觀》，見河北師範大學文學院編《燕趙學術》2012年秋之卷，四川辭書出版社2012年版。

第 6 章 轉注研究啟示錄

六書的原理和方法來逐一分析漢字，尚未對六書中的每一"書"作出歷時的發展分析。東漢的文字學家許慎踵武通人而多有發明，不僅全然分析了九千三百五十三個漢字的結構，而且爲六書作出了理論定義。他在"據形系聯"的分析實踐中，發現了"六書"的創造發明有個歷史過程，並將這一發現隱藏在"亦聲"字的分析中，暗示後人：有的漢字能用兩種構形法作出分析，切勿死守"一字一法"的析形原則。透過亦聲字分析，我們能彰顯許慎的析形理論和方法，揭示漢字構形理論和方法的發展演變軌跡和規律。

第二，亦聲字能折射出六書的"轉注"原理。關於六書的"轉注"原理，自發現的那天起，就留給後世一個個懸而未決的疑問。特別是面對許慎"建類一首，同意相受"的理論定義，歷代學者絞盡腦汁，從訓詁、音理、構形等多角度詮釋，但至今共識尚未達成。六書的"轉注"顯然屬於文字構形的問題，與文字的音義僅僅是一種間接的關係。揭秘"轉注"必須從漢字舊形改造入手，而亦聲字的形成，就是漢字舊形改造的結果。原有的象形字或會意字，通過改造翻新，就變成了形聲字。這類形聲字，清代説文家段玉裁定名爲"會意兼形聲"，雖然它僅僅是亦聲字的一個來源。但透過"會意兼形聲"的亦聲字分析，也能夠幫助我們揭示"轉注"的奧秘。

第三，亦聲字能折射出漢字表意的客觀規律。東漢劉熙《釋名》的聲訓原則、北宋王聖美的"右文説"等，其立論依據都是建立在"亦聲"字的表意規律上的。可以説沒有許君的"亦聲"觀，後世則無"右文説"。

據我們分析，《説文》中"亦聲"字的形成有三種情況：第一種是改造原有的象形字而成，第二種是改造原有的會意字而成，第三種是改造原有的形聲字而成。

6.5.1 象形字改造變成"亦聲"字

象形字改造成爲"亦聲"字，是舊形改造翻新中最爲簡單最爲便捷的一種轉形方法。因爲祇要在原字的基礎上增附類母就能完成，《説文》中的一部分"亦聲"字就是採用這種方法轉形的。例如：

①像，象也。从人从象，象亦聲。讀若養。（八上《人部》）
②派，別水也。从水从辰，辰亦聲。讀若稗縣。（十一上《水部》）
③沈，水从孔中疾出也。从水从穴，穴亦聲。（十一上《水部》）
④酒，就也。所以就人性之善惡。从水从酉，酉亦聲。一曰造也，吉凶所造也。古者儀狄作酒醪，禹嘗之而美，遂疏儀狄。杜康作秫酒。（十四下《酉部》）

例①的"像"，是由象形字声化后孳乳而来。桂馥義證："'象亦聲'者，當爲'象聲'。"例②的"派"是"辰"的後出轉注字。"辰"初文象水道分流之形。《説文·辰部》："辰，水之衺流別也。从反永。"（十一下）徐鉉等注："永，長流也，反即分辰也。匹卦切。"段玉裁注："'辰'與《水部》'派'音義皆同，'派'蓋後出耳。"段氏説甚是。容庚先生説"辰與永爲一字"，[①] 恐不確。《集韻·卦韻》："辰，水分流也。"例③的"沈"是在象形字"穴"上增附類母"水"孳乳出來的亦聲字，但二者無轉注關係。例④的"酒"初文作"酉"，

---

① 容庚編著，張振林、馬國權摹補：《金文編》第749頁，中華書局1985年影印本。

小篆酉與甲骨文〔圖〕、金文〔圖〕構形相同，象盛酒的罐子之形。《酉部》云："酉，就也。八月黍成，可爲酎酒。象古文酉之形。"許慎説"象古文酉（酒）之形"，甚确。後世在"酉"上增附類母"水"轉形爲形聲字"酒"。"像"、"沈"爲"象"、"冗"的孳乳字，"派"、"酒"爲"辰"、"酉"的轉注字。

象形字孳乳爲形聲字，在整個漢字集團中爲數不多，而能轉形爲"亦聲"字的更是屈指可數。

6.5.2 會意字改造變成"亦聲"字

會意字的改造，遵循孔穎達"舊形忽改"的轉換原則，在"舊形"會意字的基礎上增附類母，改造翻新成爲會意兼形聲字。例如：

① 褅，紩衣也。从衣从㡀，㡀亦聲。（八上《衣部》）
② 化，教行也。从匕从人，匕亦聲。（八上《匕部》）
③ 禮，履也。所以事神致福也。从示从豊，豊亦聲。（一上《示部》）
④ 阱，陷也。从阜从井，井亦声。〔圖〕，阱或从穴。〔圖〕，古文阱从水。（五下《井部》）
⑤ 劑，齊也。从刀从齊，齊亦聲。（四下《刀部》）

"㡀"初文象刺繡的圖案之形。《説文·㡀部》："㡀，筴縷所紩衣。从㡀，丵省。"（七下）徐鍇繫傳："㡀，象刺文也。"王筠句讀："'㡀，筴縷所紩衣。''衣'蓋衍文，或'也'字之譌。又案'㡀'字之形，當以刺繡爲專義。"李孝定《甲骨文字集釋》："契文、金文㡀字，正象所刺圖案之形。"屈萬里《釋㡀屯》："金文裹所常見的玄衣㡀屯，便是玄色衣服而用黹形花紋飾着它的邊沿了。從金文的資料看,有黹形花紋的衣服是由天子所特賜的。"引申爲縫製衣服。後世增附類母"衣"孳乳爲"襹",也寫作"紩"、"緻"。《說文》"襹"段玉裁注:"《糸部》曰:紩者,縫也。縫者,以鍼紩衣也。"王筠句讀:"襹乃黹之累增字。"朱駿聲通訓定聲:"按:'紩'爲籀文,曰黹。凡衣縫紉曰黹〔衣〕,字亦作'緻'。""匕",初文象變化之形《說文·匕部》:"匕,變也。从到〔倒〕人。"(八上)段玉裁注:"凡變化當作匕,教化當作化。許氏之字指也。今'變匕'字盡作化,化行而匕廢矣。"朱駿聲通訓定聲:"倒子爲去,生也;倒人爲匕,死也。經傳皆以化爲之。"《玉篇·匕部》:"匕,變也。今作化。""化"原爲象形字,後世增附"人"孳乳爲"亦聲"字。"豊"初文象豆中盛滿稻米之形。《說文·部》:"豊,行禮之器也。从豆,象形。讀與禮同。"(五上)元周伯琦《六書正譌》:"即古禮字……禮重於祭,故加'示'以別之。"甲骨文作 ![] (一期後下8.2),王國維《釋禮》説:"象玉在器之形。古者行禮以玉。"①"豊"爲會意字,增附類母"示"轉形爲會意兼形聲字"禮"。"丼"初文象井中有水之形。《說文·丼部》:"丼,八家一井。象構韓形。•,罋之象也。古者伯益初作井。"(五下)段玉裁注:"韓,井上木闌也。其形四角或八角,又謂之銀床。"《說文》重文或作"𩰿"。後增附類母"𨸏"轉形爲"阱"。段玉裁注:"穿地陷獸,於大陸作之如井。"注意:按《說文》"以類相從"的編排原則,"阱"應該歸入《𨸏部》,而許君卻將它歸入《丼部》,說明他將"丼"看作是"阱"的初文。後世更換"𨸏"轉形爲"𩰿"。玄應《一切經音義》卷一引《蒼頡篇》:"𩰿謂掘地爲坑,張禽獸者也。"《尚書·費誓》:"敜乃𩰿。"僞孔安國傳:"𩰿,穿地陷獸,當

---

① 王國維:《觀堂集林》第290頁,中華書局1956年版。

以土斂之。"孔穎達等正義:"斂以捕小獸,穿地爲深坑,入必不能出,其上不設機也。""阱"、"穽"均爲會意兼形聲之字。"齊"甲骨文作 ᪾(五期《前》2.15.3),象麥穗齊出之形,後增附類母"刀"孳乳出形聲字"劑",句讀本依小徐本作"從刀齊聲",王筠句讀:"聲義互相備也。"

6.5.3 形聲字改造變成"亦聲"字

形聲字的改造遵循孔穎達所謂"舊形漸改"原則,在"舊形"形聲字的基礎上增附類母,改造翻新成爲形聲兼會意字。例如:

① 糶,出穀也。从出从糴,糴亦聲。(六下《出部》)
② 煣,屈申木也。从火柔,柔亦聲。(十上《火部》)
③ 萍,苹也。水艸也。从水苹,苹亦聲。(十一上《水部》)

"糴"本爲形聲字。《説文·米部》:"糴,穀也。从米翟聲。"(七上)徐鍇繫傳:"糶、糴字皆從此。"後世增附類母"出"轉形爲"糶"。桂馥義證:"'糶亦聲'者,當爲糴聲。"《廣雅·釋詁三》:"糶,賣也。"《玉篇·出部》:"糶,出穀米也。"

"柔"本爲形聲字,意爲質地柔軟可以伸曲的樹木。《説文·木部》:"柔,木曲直也。从木矛聲。"(六上)《詩經·小雅·巧言》:"荏染柔木,君子樹之。"孔穎達等正義:"言荏染柔忍之木,君子之人所樹之也。"後世增附類母"火"作"煣",意爲用火烘烤木頭,使之彎曲或挺直。王筠句讀:"桂氏曰:'申當爲曲。《玉篇》:"煣,以火屈曲木。"《廣韻》:"烝木使曲也。"'案:非也。《木部》'柔'下云:'木曲直也。'言木性或曲或直,亦言木可曲可直也。故此文承之曰

'屈申木也',謂屈直木使之曲,申屈木使之直也。"《玉篇·火部》:"煣,以火屈木曲。"《周易·繫辭下》:"斲木爲耜,煣以爲耒。"《漢書·食貨志上》顏師古注:"煣,屈也。"後換類母轉變爲"揉"。《集韻·有韻》:"煣,或作揉。"清雷浚《説文引經例辨》:"《説文》:'屈申木也。'此揉之正字。"《周易》"煣以爲耒"之"煣",《十三經注疏》本作"揉"。① 《周禮·考工記·輪人》:"凡揉牙,外不廉而内不挫,旁不腫,謂之用之善。"賈公彦疏:"凡屈木多外廉絶,理内挫折中,旁腫負起,無此三疾,是用火之善也。"

"萍"本爲形聲字,意爲浮萍。《説文·艸部》:"苹,蓱也,無根,浮水而生者。从艸平聲。"(一下)《爾雅·釋草》:"苹,蓱,其大者蘋。"郭璞注:"水中浮蓱,江東謂之薸。"愚案:今川東南、黔北地區俗稱"浮漂兒"。《大戴禮記·夏小正》:"(七月)湟潦生苹,湟下處也。有湟然後有潦,有潦而後有苹。""苹"爲水生草本植物,後增類母"水"轉形爲"萍",故《説文》重出於《水部》。《禮記·月令》:"(季春之月)萍始生。"《後漢書·鄭玄傳》:"萍浮南北,復歸邦鄉。""苹"、"萍"從艸從水均可,又轉形爲"蓱"。故《爾雅》以"蓱"訓"苹",以後出轉注字訓被轉注字"萍"。王筠句讀:"《唐石經》、《釋草》:'苹,蓱'是也,今本作'萍、蓱',釋文作'苹,萍',云:'萍本或作蓱。'《詩·鹿鳴》[毛]傳云:'苹,蓱也。'即《釋草》文,而釋文曰:'蓱本又作萍'……蓋'萍'者'蓱'之俗字,時世所便,故'蓱'或作'萍','苹'亦或作'萍'也。且以字體論,'萍'字水艸兼從,而以艸爲主,水爲從,設許君收之,當入《艸部》,爲'蓱'之重文矣,豈得在此。"徐灝注箋:"《爾雅·釋草》:'苹,蓱,其大者蘋。'即許所本。與'苹,蘋

---

① (清)阮元校刻:《十三經注疏》第84頁,中華書局1980年版。

蕭'異物同名，因以'苹'爲藾蕭之專名，又增水旁作'萍'以爲浮萍。今本《水部》'萍'字，乃後人所增耳。"徐灝説是。後再換聲母"洴"轉形爲"薄"。《集韻·青韻》："薄，水中浮艸。"《正字通·艸部》："薄，俗蓱字。"黄侃《字正初編·青韻》説"苹"、"萍"均爲正字，是也。①

上述第三類"亦聲"字，如果平面、静止地看，與第二類"亦聲"字完全没有區别，它們一律是在原有形聲字的基礎上增附構形部件造成的。但細心觀察，它們顯然不同。"糧"與"柔"，增附"出"、"火"，分别轉形爲"糶"與"煣"。改造後的"糶"與"糧"、"煣"與"柔"雖然同屬形聲字，但它們之間是一種異形、異字、異義的關係。"糧"的意思是穀物，"糶"的意思則是賣出穀物；"柔"的意思是柔忍性好的樹木，"煣"的意思則是烘烤加工樹木使之或曲或直。"蓱"與"萍"就不同了，"蓱"是浮萍，增附"水"仍然是浮萍，"苹"、"萍"、"蓱"、"薄"是同字異形、同義關係，也就是我們後面要討論的"轉注"字關係。明瞭這種區别，對我們討論"轉注"問題就有了感性的認識，這很重要。同樣是"亦聲"字，有的能構成轉注關係，有的卻没有轉注關係，這是爲什麽？清代鄭珍父子將《説文》中的"亦聲"字，全都視爲轉注字，説明他們没有真正搞清楚這類字構形的本質特徵。

6.6 "改易殊體"的啟示

漢字的所謂"改易殊體"，是指它在歷史的演變過程中，忽然

---

① 黄侃:《字正初編》第92頁，武漢大學出版社1983年版。

改變了自身的構形面貌。後世通過對種種忽變後傳承、積澱下來的不同形體的分析研究,就能尋找到漢字整個系統每次忽變的主客觀規律,並從這種有規律的變化中,發現漢字"轉形"的理據。在漢字理論研究發展史上,首次論及漢字形體變化和變化原因的是我國文字學之父許慎。他在《説文·敘》中作過如下論述:

  倉頡之初作書,蓋依類象形,故謂之文,其後形聲相益,即謂之字。字者,言孳乳而浸多也。著於竹帛謂之書。書者,如也。以迄五帝三王之世,改易殊體,封于泰山者七十有二代,靡有同焉……及宣王太史籀,著《大篆》十五篇,與古文或異。至孔子書"六經",左丘明述《春秋傳》,皆以古文,厥意可得而説。其後諸侯力政,不統於王,惡禮樂之害己,而皆去其典籍,分爲七國。田疇異畝,車涂異軌,律令異法,衣冠異制,言語異聲,文字異形。秦始皇帝初兼天下,丞相李斯乃奏同之,罷其不與秦文合者。斯作《倉頡篇》,中車府令趙高作《爰歷篇》,太史令胡母敬作《博學篇》,皆取史籀大篆,或頗省改,所謂小篆者也。是時秦燒滅經書,滌除舊典,大發隸卒,興役戍官,獄職務繁,初有隸書,以趣約易,而古文由此絕矣。自爾,秦書有八體:一曰大篆,二曰小篆,三曰刻符,四曰蟲書,五曰摹印,六曰暑書,七曰殳書,八曰隸書,漢興有草書……及亡新居攝,使大司空甄豐等校文書之部,自以爲應制作,頗改定古文。時有六書:一曰古文,孔子壁中書也;二曰奇字,即古文而異者也;三曰篆書,即小篆,秦始皇帝使下杜人程邈所作也;四曰佐書,即秦隸書;五曰繆篆,所以摹印也;六曰鳥蟲書,所以書幡信也。[①]

[①] (漢)許慎:《説文解字》第314—315頁,中華書局1963年影印本。

第6章 轉注研究啟示錄

許慎歷數自"五帝三王之世"至"亡新居攝",漢字在無數次的王朝更替中無數次"改易殊體",至秦漢有"六書"、"八體"之異形文字,而"文字異形"的根本原因是王權合—分—合造成的。漢字改易殊體的原理是什麼?許慎未曾論及。從歷時宏觀的角度綜述漢字系統性嬗變的第一人是東漢文字學家許慎,而從共時微觀的角度點評漢字個例性變化的第一人是北齊家訓之祖顏之推。顏之推認爲漢字個例變化之緣由主要是因爲正字的俗化或譌化。《顏氏家訓・書證》云:

> 或問曰:"《東宫舊事》何以呼鴟尾爲祠尾?"答曰:"張敞者吴人,不甚稽古,隨宜記注,逐鄉俗譌謬,造作書字耳。吴人呼祠祀爲'鴟祀',故以祠代'鴟'字;呼'紺'爲'禁',故以糸旁作禁代'紺'字;呼'盞'爲竹簡反,故以木傍作展代'盞'字;呼'鑊'字爲霍字,故以金傍作霍代'鑊'字;又金傍作患代'鐶'字,木傍作鬼爲'魁'字,火傍作庶爲'炙'字,既下作毛爲'髻'字;金花則金傍作華,窗扇則木傍作扇。諸如此類,專輒不少。"①

也就是説,"紺"的俗體"繠","盞"的俗體"棖","鑊"的俗體"鏵","鐶"的俗體"鎴","魁"的俗體"槐","炙"的俗體"熓","髻"的俗體"氁";"金花"字作"鏵","窗扇"字作"橍"等,是吴人張敞根據吴方言的"鄉俗譌謬"而造出來的。後出轉注字的理據是吴方言的實際讀音,被轉注的字形涉及會意字和形聲字。如原爲會意字的"炙"改造成了形聲字的"熓",原爲形聲字的

---

① 王利器:《顏氏家訓集解》第444頁,上海古籍出版社1980年版。

"紺"、"盞"、"鑊"、"鐶"、"魁"、"髻",改造成了形聲字"綟"、"榳"、"鎡"、"鐌"、"槐"、"爐"等。

"炙"轉形爲"爐"。《説文·炙部》:"炙,炮肉也。从肉在火上。爒,籀文。"(十下)段玉裁改"炮"爲"炙",並注:"《小雅·楚茨》[毛]傳曰:'炙,炙肉也。'""炙"金文作𤎯(戰國古尊),象肉置於火上燒烤之形(會意),本義爲燒烤肉。《詩經·小雅·瓠葉》:"有兔斯首,燔之炙也。"毛傳:"炕火曰炙。"《釋名·釋飲食》:"炙,炙也。炙於火上也。"[1]籀文增附"柬"轉形爲"爒",仍爲會意字,《説文》收入重文。魏晉時期,吴方言"炙"音同"庶",故更换"肉"轉形爲形聲字"爐"。"炙"爲烤肉,故纍增"肉"轉形爲"胾"。《集韻·禡韻》:"炙,燔肉。或從肉。"

"紺"轉形爲"綟"。《説文·糸部》:"紺,帛深青揚赤色。从糸甘聲。"(十三上)段玉裁注:"《釋名》曰:'紺,含也。青而含赤色也。'按:此今之天青,亦謂之紅青。"《墨子·節用中》:"冬服紺之衣,輕且暖。"魏晉時期,吴方言"紺"音同"禁",故更换聲母"甘"轉形爲"綟"。《集韻·沁韻》:"綟,青色。"明李時珍《本草綱目·草部·藍》:"此即今染襟碧所用者,以尖葉者爲勝。"朱駿聲通訓定聲:"按:(紺)蘇俗謂之頹青是也。以朱入深青,其色紺;若入黑,其黑緻。字亦作綟。"[2]

"盞"轉形爲"榳"。《説文》未收"盞"字。《方言》卷五:"盞,桮也。自關而東趙魏之間曰椷,或曰盞。"郭璞注:"盞,最小桮也。""盞"本作"醆"。《説文·酉部》:"醆,爵也。一曰酒濁而微清也。从酉戔聲。"(十四下)朱駿聲通訓定聲:"此字大徐補入《説

---

[1] (漢)劉熙撰、(清)王先謙撰集:《釋名》第211頁,上海古籍出版社1984年版。

[2] (清)朱駿聲:《説文通訓定聲》第137頁,武漢古籍書店1983年影印本。

第6章 轉注研究啟示錄

文》,爲十九文之一,今附於此。"《詩經·大雅·行葦》:"洗爵奠斝。"毛傳:"斝,爵也。夏曰醆,殷曰斝,周曰爵。"《禮記·禮運》:"醆、斝及尸君,非禮,是謂僭君。"鄭玄注:"醆、斝,先王之爵也。"後世更換類母"酉"轉形爲"盞"。魏晉時期,吳方言"盞"音同"展",故轉造"榐"字。

"鑊"轉形爲"鑩"。《説文·金部》:"鑊,鑴也。从金蒦聲。"(十四上)《周禮·天官·亨人》:"掌共鼎鑊。"鄭玄注:"鑊,所以煮肉及魚臘之器。"清凌廷堪《禮經釋例·器服之例上》:"凡亨牲體之器曰鑊。"《淮南子·説山》:"嘗一臠肉,知一鑊之味。"高誘注:"有足曰鼎,無足曰鑊。""鑊"甲骨文作 🄐 (一期《後》下14.13),或省"水"作 🄑 (一期《乙》2818),或鼎下增"火"增"又"作 🄒、🄓,象烹煮獵物之鼎形,本爲會意字。清羅振玉析形爲"从鬲隻聲"(《增訂殷虛書契考釋·鑊》),變成形聲字"鬹"。徐中舒《甲骨文字典》卷十四:"羅振玉釋鑊可從。《説文》篆文從金乃後起字。"魏晉時期,吳方言讀"鑊"音同"霍",故又轉造"鑩"字。顏之推《顏氏家訓·書證》:"(吳人)呼鑊字爲霍字,故以金傍作霍代鑊字。"王利器集解:"從霍之字,古以音近互注或疊用,故六朝俗別字以金旁作霍代鑊字也。"《正字通·金部》:"鑩,俗鑊字。"

"鐶"轉形爲"鍰"。《説文》未收"鐶"字。《集韻·刪韻》:"鐶,金環也。"《洪武正韻·刪韻》:"鐶,指鐶也。"《正字通·金部》:"凡圜郭有孔可貫系者謂之鐶,通作環。"《戰國策·齊策五》:"軍之所出,矛戟折,鐶鉉絶。"《爾雅·釋器》:"肉倍好謂之璧,好倍肉謂之瑗,肉好若一謂之環。"郭璞注:"肉,邊;好,孔。"《説文·玉部》有"環"字,云:"璧也。肉好若一謂之環。从玉睘聲。"(一上)《左傳·昭公十六年》:"宣子有環,其一在鄭商。"杜預注:"玉環。同工共樸(璞),自共爲雙。"孔穎達等正義引李巡云:"肉好若一，其孔及邊肉大小適等曰環。"《荀子·大略》："絶人以玦，反絶以環。"楊倞注："古者臣有罪，待放於境，三年不敢去，與之環則還，與之玦則絶，皆所以見意也。""環"本玉質中間有孔的圓形物，後世易之以金屬，故更換類母"玉"轉形爲"鐶"，魏晉時期吳方言"鐶"音"患"，故張敞轉造"鎖"字。

"髻"轉形爲"氅"。《説文·髟部》新附字："髻，總髮也。從髟吉聲。古通用結。"（九上）清李楨逸字辨證："髻，古作結。西漢以前無髻者。"《玉篇·髟部》："髻，髮結也。"《後漢書·馬援傳》："長安語曰：'城中好高髻，四方高一尺。'""髻"意爲盤挽在頭頂或腦袋後的髮結。《説文·髟部》有"紒"字，云："簪結也。從髟介聲。"《廣雅·釋詁四》："紒，髻也。"王念孫疏證："[隋]曹憲云：'《説文》紒即籀文髻字。'《太平御覽》引《説文》云：'髻，結髮也。'則是《説文》原有髻字，而紒即髻之重文。"王氏説可信。《晉書·藝術傳·佛圖澄》："頭悉縮入肩中，惟冠紒黻髣髴微出。"《南史·夷貊下·倭國》："男女皆露紒，富貴者以錦繡雜采爲帽，似中國胡公頭。"後世更換聲母"介"轉形爲"髻"，魏晉時期吳方言"髻"音"既"，故張敞轉造"氅"字。《字彙·毛部》："氅，古無此字。《顔氏家訓》曰：'吳人以既下作毛爲髻字。'"

開啓"轉注"研究思路的管鍵遠遠不衹上述五個方面，許許多多看似平常的現象，衹要稍加留心觀察、聯想，或許對我們破譯"轉注"的奥秘都有幫助。遠古先民陰陽合德、生生不息的意識，鑄就了夏華民族的易學思想；西漢語言學家楊雄感悟於"易窮則變"，運用"轉語"原理，揭示出了古今方俗語言形、音、義之間的轉換規律；東漢文字學家許慎感悟於楊雄的"轉語"原理，揭示出了漢字"形聲相益"的孳乳法則；晉代語言學家張敞感悟於方俗與通語之間的形、音、義的貫通關係，爲漢字形體的個例轉注作出了示範性的探討；清代《説文》學家段玉裁感悟於許慎的"亦聲"説，揭示出了漢字構形的"包兼"原理，等等。儘管他們感悟的領域、對象、角度各不相同，然而，引導他們感悟的核心思想全都是建築在易學的"生生"與"變易"基礎上的。因此，易學的"生生"和"變易"，是人類揭示種種不解之迷的管鍵，也是我們揭示漢字"轉注"之謎的主導思想。明代經學家陳第在《毛詩古音考·自序》中説："蓋時有古今，地有南北，字有更革，音有轉移，亦勢所必至。"[1] 陳第明瞭"變易"的客觀規律，纔打破了"叶音"在古音研究史上的神秘，而變易的漢字發展規律，也將爲我們揭示"轉注"的神秘鋪平道路。

---

[1] 吴文琪、張世禄主編：《中國歷代語言學論文選注》第102頁，上海教育出版社1986年版。

第 7 章　漢字轉換原理

　　《周易》、墨子、荀子的"變易"思想，楊雄的"轉語"方法論、《説文》的"重文"、重出字和"亦聲"字現象，陳第的"字有更革"觀，段玉裁的"包兼"説，陸宗達先生的"漢字發展的法則"，等等，如果將這些散見於歷史典籍中的思想、理論、觀點和現象系聯貫通在一起，进行縝密地分析、歸納、提取、總結，我們就會得出這樣一個結論：在文字理論發展史上的"轉注"，是漢字生成、轉換的根本大法。它深深地植根於華夏民族博大精深的變易沃壤裏。説"轉注"是漢字生成、轉換的根本大法，祇憑這樣一句話誰都不會相信。因此，要將這樣一種假説變成一種信眾的科學結論，就必須對以下幾個備受關注的問題作出理性的、誠信解釋。

　　其一，"轉注"屬不屬於六書中的造字原理和方法？如果屬於，它是怎麼樣的一種造字原理和方法？

　　其二，"轉注"是否僅僅屬於一種造字原理和方法？它與六書中的"象形"、"會意"和"形聲"是怎樣的一種關係？

　　其三，"轉注"對整個漢字系統的嬗變有着什麼樣的影響？這種影響是個別現象還是系統性的變化？

　　總之，"轉注"的性質到底是什麼？在討論這些問題之前，我們先認識一下馬、驢和騾的生成關係。比如，有這樣一個馬廄，一眼看去全都是馬，我們就會得出"馬"的判斷；但走近細看，纔發現它們不全是馬，還有驢和騾，於是按其外形特徵和生活習性分出馬、驢和騾來，但它們的類屬都是馬科動物。自東漢許慎以來的一千八百餘年間，歷代文字學家研究漢字的眼光僅僅局限於此，衹會作出某字屬於"象形"、"指事"、"會意"、"形聲"之類的分析，再也沒有辦法繼續深入認識下去了。這種靜態的分析，衹能説明某個漢字的結構是什麼，而不能更沒有設想到它爲什麼會變成現在的樣子。但是，如果是個動物遺傳學家，他除了會研究馬、驢和騾三種動物的外貌特徵、生活習性外，還會深入研究"騾"這種動物是怎樣產生的。唐慧琳《一切經音義》卷十七引《説文》説："騾者，驢父馬母所生也。""騾"今本《説文·馬部》作"驘"，曰："驢父馬母。从馬嬴聲。𤙯，或从羸。"（十上）古人認爲，是公驢與母馬的雜交纔生出了騾這種雜種動物來。由此得出結論：騾是馬和驢的"轉生"動物，這種轉生現代遺傳科學叫做"轉基因"。客觀事物的"轉生"反應在漢字構形的轉換中就叫做"轉注"。

7.1 "轉注"與傳統"六書"的關係

漢字理論研究發展史上的"六書"之名，始見於《周禮·地官·保氏》。其文曰："保氏掌諫王惡而養國子以道，乃教之六藝：一曰五禮，二曰六樂，三曰五射，四曰五馭，五曰六書，六曰九數。"東漢經學家鄭玄注引鄭眾曰："六書，象形、會意、轉注、處事、假借、諧聲也。"[①]《漢書·藝文志》也説："古者八歲入小學，故《周官》保氏掌養國子，教之'六書'。謂象形、象意、象聲、轉

[①] （漢）鄭玄：《周禮注》，見（清）阮元校刻《十三經注疏》第731頁，中華書局1980年版。

注、假借,造字之本也。"至此,"六書"不僅有了名稱,而且有具體的細目。"'六書'從《周禮》中的一個孤零零的名稱,到了劉歆、班固時代已闡發成有形的細目,應該說是漢字理論發展史上一大飛躍。"① 漢字理論研究發展史上的第二次飛躍是"六書"理論的形成。《說文·敘》說:"《周禮》八歲入小學。保氏教國子先以六書:一曰指事。指事者,視而可識,察而可見,② 上、下是也。二曰象形。象形者,畫成其物,隨體詰詘,日月是也。三曰形聲。形聲者,以事爲名,取譬相成,江河是也。四曰會意。會意者,比類合誼,以見指撝,武信是也。五曰轉注。轉注者,建類一首,同意相受,考老是也。六曰假借。假借者,本無其字,依聲托事,令長是也。"許慎的"六書"理論,算得上是前無古人後無來者的不刊之論了。但是,後世褒貶、是非卻由是而興,紛爭了一千八百餘年而不息,何也? 不悟許君之說也。

　　漢字的理論研究發軔於西漢,而楊雄爲第一人。楊雄採用字形的系聯貫通方法來研究古今方俗語言中的語義關係,並在此基礎上創立了"轉語"方法。③ 字形的轉換、語音的轉換、語義的轉換,是夏華民族溝通古今方俗語言文字的重要橋樑。"轉"作爲漢語語言學中的一個重要命題被揭示了出來,而成爲後世歷代小學家、經學家、方言學家研究古今方俗文字、音韻、字義等的理論基礎和行動指南,而兩漢的"六書"理論研究,也是建立在楊雄"轉語"理論基礎上的。換句話說,先有楊雄的"轉語"方法論,後世爲之感悟,纔開始將目光投向漢字的理論研究。"六書"說也發軔於西漢,其名稱雖

---

① 　鍾如雄:《說文解字論綱》第89頁,中國社會科學出版社2014年第2版。
② 　(清)段玉裁據(唐)顏師古《漢書·藝文志》注改爲"察而見意"。見(清)段玉裁《說文解字注》第755頁,上海古籍出版社1988年第2版。
③ 　參看鍾如雄《"轉語"方法論》,《西南師範大學學報》2003年第6期。

說始見於《周禮》,而《周禮》爲劉歆僞作,並非先秦之《周禮》,因爲其内容多與周代的禮儀不盡相合,發此非議者就是漢代的今文經學家。二十世紀二十年代末,吕思勉先生已有過質疑,他在《字例略説·論六書》中說:"學問歷時愈久,則研究愈深;研究愈深,則立説愈密。果使作《周官》之時,已有六書之説,至許君時,研究者必已甚多,某字當屬某書,當早有定論,安得茫昧如此乎?故六書决非古説也。"① 六書説出於劉歆,其後父子相傳、師生相承,至許慎始臻完善。鄭衆的父親鄭興,許慎老師賈逵的父親賈徽,都是劉歆的學生。後世,特別是元明以來,講文字學的學者,因不悟轉注、假借二書之旨,相繼對班固"造字之本"説發難,於是"四體二用"説、"三書"説、"二書"説等等層出不窮。他們一方面肯定漢代學者提出六書説是有功勞的,另一方面又在批判崇經媚古學風的基礎上,否定六書的功用而重建自己的主張。② 首次對六書本質提出質疑的是明代經學家楊慎,他在《六書索隱》中明確指出:"六書以十爲分,象形居其一,象事居其二,象意居其三,象聲居其四。假借,借此四者也;轉注,注此四者也。四象以爲經,假借、轉注以爲緯。四象之書有限,假借、轉注無窮。"③ 楊慎的"四經二緯"説後被吴元滿直接變成了"四體二用"。吴元滿在《六書總論》中説:"象形,文之純;指事,文之加也;會意,字之純,諧聲,字之變也。假借、轉注,則字之用也。"④ 其後,趙宧光在《六書長箋·變

---

① 吕思勉:《字例略説·論六書》,見《文字學四種》第 111 頁,上海古籍出版社 2009 年版。

② 參看裘錫圭《文字學概要》第 103 頁,商務印書館 1988 年版。

③ (明)楊慎:《六書索隱》,見《四庫存目叢書》經部第 189 本,齊魯書社 1997 年版。

④ (明)吴元滿:《六書總論》,見《四庫存目叢書》經部第 194 本第 473 頁,齊魯書社 1997 年版。

體》中改"四體二用"爲"五體一用"。他認爲:"五書爲本,假借爲用。"①至清代,戴、段師徒傳承楊慎吳元滿之説,段玉裁曾極爲自信地宣告:"戴先生曰:'指事、象形、形聲、會意四者,字之體也;轉注、假借二者,字之用也。'聖人復起,不易斯言也。"②但是,段氏之音尚在繞梁,"三書"説已蜂起矣。現當代文字學家唐蘭先生在批判六書説的同時,提出了漢字構形"三書"説的新理論。他説:"六書説的缺點,第一是不精密,我們不能把它來分析一切文字,第二是不清晰,我們狠難知道牠們的確實的定義。這種學説是早應當廢棄的。"又説:"我把中國文字分析爲三種,名爲三書。第一是象形文字,第二是象意文字,這兩種是屬於上古期的圖繪文字。第三是形聲文字,是屬於近古期的聲符文字。這三種文字的分類,可以包括盡一切中國文字,不歸於形,必歸於義,不歸於意,必歸於聲……用三書來解釋中國文字的構造,是最簡便,而且是最合理的。"③唐蘭先生自認爲"最合理的"三書説,五十四年後就遭到了裘錫圭的徹底否定。裘先生在《文字學概要·三書説》中指出:"唐先生批判六書説,對文字學的發展起了促進作用,但是他的三書説卻没有多少價值。"他認爲"三書説"存在以下四個問題:

1. 把三書跟文字的形意聲三方面相比附。唐先生所説的文字的形意聲,就是一般所説的文字的形音義。把象意字和形

---

① (明)趙宧光:《六書長箋》,見《四庫存目叢書》經部第197本第43頁,齊魯書社1997年版。

② (清)段玉裁:《説文解字敘注》,見《説文解字注》第755頁,上海古籍出版社1988年版。

③ 唐蘭:《古文字學導論》(增訂本)第402—403頁,1934年手寫石印本,齊魯書社1981年版。

聲字分別跟字義和字音聯繫起來，多少還有些道理。因爲象意字的字形是表示字義的，形聲字的聲旁是表示字音的。可是把象形字跟文字的形聯繫起來，就使人難以理解了。所謂字音字義實際上就是字所代表的詞的音義。字形可以説是詞的書寫形式。象形字固然是詞的書寫形式，象意字和形聲字又何嘗不是呢？爲什麽單單把象形字跟字形聯繫起來呢？如果從字形跟所代表的詞發生聯繫的途徑來看，象形字跟象意字並没有多大區別。因爲象形字的所象的形，是詞所指的事物之形，而詞所指的事物就是詞義的內容。象形字的字形跟象意字的字形一樣，也是表示字義的。詞並没有一個獨立在詞義之外的、可以爲象形字所象的"形"。

2. 没有給非畫圖文字類型的表意字留下位置。唐先生的象形字和象意字都屬於圖畫文字（大致相當於我們所説的用形符造成的表意字）。所以在他的三書説裏，非圖畫文字類型的表意字是没有位置的。大概唐先生認爲那些字都是後起的，而且數量也不多，可以不去管它們。但是作爲關於漢字構造的一種基本理論，不考慮這些字，總不免是一個缺陷。唐先生曾把這種字稱爲"變體象意字"（《中國文字學》93頁）。這當然不是認真解決問題的辦法。實際上就是拿時代較早的商周文字來説，有些表意字也已經很難説是圖畫文字了。例如"明"、"鳴"等字（甲骨文有從"日"從"月"的"明"字和由象雞的形符跟"口"組成的"鳴"字），雖然跟後世"歪"一類會意字還有很大距離，但是要説它們是圖畫文字顯然也是很勉強的。又如⊜（宦）字，字形表示在別人家裏當臣僕的意思，"宀"下的"⊜"祇能理解爲"臣"字，而不能看作一隻豎起來的眼睛。⊜（去）字從"大"從"口"，是"呿"的初文，意思是張口

(《莊子・秋水》"公孫龍呿而不合"），它所從的"大"，也不是用作象正面人形的形符，而是用來表示"張大"的意思的。總之，以"圖畫文字"來概括漢字的表意字是不全面的。

3. 象形、象意的劃分意義不大。唐先生自認爲三書説的分類非常明確，一點混淆不清的地方也沒有。其實象形、象意的界線並不是那麼明確的。唐先生在《古文字學導論》上編裏把"雨"當作象形字，在上編的"正誤"里加以糾正，説"雨"應該是象意字。《導論》把"上"、"下"當作象意字，到《中國文字學》裏，"上"、"下"、"囗"（方）、"○"（圓）都變成了象形字。他説象形字一定是"名字"（當是名詞之意），"方"、"圓"所代表的詞恐怕不能説是"名字"。可見他自己在劃分象形、象意的時候也有舉棋不定的情形。

4. 把假借字排除在漢字基本類型之外。三書不包括假借，因爲唐先生認爲假借不是造字方法。説假借不是造字方法，是可以的。但是因此就不把假借字看作漢字的一種基本類型，卻是不妥當的。一個表意字或形聲字在假借來表示一個同音或音近的詞的時候，是作爲音符來起作用的。所以，假借字（如花錢的"花"）跟被借字（花草的"花"），在文字外形上雖然完全相同，在文字構造上卻是不同性質的（花草的"花"是由意符和音符構成的形聲字，花錢的"花"是完全使用音符的假借字）。過去有人説假借不是造字的造字，也就是這個意思。假借字不但在構造上有自己的特性，而且數量很大，作用很重要。在建立關於漢字構造的理論的時候，必須把假借字看作一種基本類型，不然就不能真正反映出漢字的本質。[1]

---

[1] 裘錫圭：《文字學概要》第105—106頁，商務印書館1988年版。

第7章 漢字轉換原理

裘錫圭先生在否定唐蘭三書説的同時,卻對陳夢家先生的三書(象形、假借、形聲)説[①]加以改造,成爲了自己的三書(表意、假借、形聲)説。他説:"三書説把漢字分成表意字、假借字和形聲字三類。表意字使用意符,也可以稱爲意符字,假借字使用音符,也可以稱爲表音字或音符字。形聲字同時使用意符和音符,也可以稱爲半表意半表音字或意符音符字。這種分類,眉目清楚,合乎邏輯,比六書説好得多。"其實二十世紀三十年代中後期(1936),黎錦熙先生就大刀闊斧地改造過"六書"。他説:"舊時所謂'六書',當今定一新説:一曰指事,二曰象形,此爲單體的圖像文字;三曰會意,此爲合體的圖像文字:皆離音而制字,故這三'書'可統於'象形'。四曰假借,此爲純音標文字;五曰轉注,六曰形聲,此爲半音標文字:皆准音以定形,故這三'書'可統於'假借',假借者,假借字形以表語音也。析之則六,統之則二,曰象形,曰假借而已。(這種'六書新説',我的朋友錢疑古先生玄同也曾談論過,我極以爲然,祇是我這篇中的講法和他略有大同小異之處。)"[②]陳、裘二氏的"三書"説是現今漢字理論研究中最新的觀點。據我們推測,它是建立在許慎關於"依類象形,故謂之文,其後形聲相益,即謂之字"的理論基點上的産物,即"象形"爲文,"形聲"爲字,再加上"假借",即爲陳夢家的"三書"。裘先生認爲:"陳氏的三書説基本上是合理的,祇是象形應該改爲表意(指用意符造字)。這樣纔能使漢字裏所有的表意字在三書裏都有它們的位置。"也就是説,將傳統六書中的象形、指事、會意合併爲"表意",同時繼承假借、形聲二書,裘先生的"三書"説就定型了。在陳、裘二氏的三書説中,傳

[①] 陳夢家:《殷墟卜辭綜述》第76—80頁,科學出版社1956年版。
[②] 黎錦熙:《中國文字之正反合辯證式的歷史進展》,見《黎錦熙語言學論文集》第70—71頁,商務印書館2004年版。

統六書中的"轉注"被徹底拋棄了。因爲裘先生認爲,爭論究竟應該怎樣給轉注下定義是"白白浪費"精力。我們以爲,作爲著名的古文字學家,在没弄清楚"轉注"真諦的情況下,則斷然否定"轉注"的客觀存在,似乎有失慎重。

　　傳統六書中的"轉注"真的像前輩學者所認識的那樣是個子虛烏有的名稱嗎?二十世紀八十年代末,裘錫圭先生是這樣告誡我們的:"在今天研究漢字,根本不用去管轉注這個術語。不講轉注,完全能够把漢字的構造講清楚。至於舊有的轉注説中有價值的内容,有的可以放在文字學裏適當的部分去講,有的可以放到語言學裏去講。總之,我們完全没有必要捲入到無休止的關於轉注定義的爭論中去。"① 裘先生是當代古文字研究的著名學者,他的勸誡應該是有客觀依據的,不可能是隨便説説。早在二十世紀八十年代,我們對揭示"轉注"之謎就很有信心,但自拜讀裘先生的《文字學概要》後,曾一度對自己的思考産生過動摇和懷疑:"轉注"是否客觀存在?如果客觀存在,而人們至今鬧不明白的原因可能是研究的方向出現了偏差,南轅北轍或隔靴搔癢式的思考,注定永遠走不出那片一望無邊的沼澤地。是古人的信口雌黄,故意給後人設了個局嗎?可是,提出"六書"及其理論的都是漢代的著名學者,他們有必要如此戲弄自己的後代子孫嗎?如果不是後者,那就是前者出了問題。裘先生説"不講轉注,完全能够把漢字的構造講清楚",這話乍聽起來很有道理,但事實上没有用。因爲許慎"講轉注"還没有完全弄清楚漢字的構造,何況講不講"轉注"祇是對漢字的構造是否有理論上的認識問題,不懂構形原理,而在實際分析中無意識地運用了該原理,乃是中國人古往今來的傳統習慣。比如西漢楊雄的"轉

---

① 裘錫圭:《文字學概要》第102頁,商務印書館1988年版。

語"方法論，後世學者幾乎都不明白，卻能無意識地運用"轉語"原理來解決古今方俗語言之間形、音、義的系聯問題。因爲一切理論都是對前人實踐規律的總結和升華，世上絕對没有先有理論然後再去實踐的先例。

我國的字書很多，其中收字較全的戰國末期有《爾雅》，漢代有《説文解字》，梁代有《玉篇》，宋代有《類篇》，清代有《康熙字典》，當代有《漢語大字典》。作爲漢字理論研究的學者，如果連這些字書都没有通讀過，還能把握漢字的整個系統嗎？漢字理論的研究，需要的是高屋建瓴式的觀察，即對漢字整個系統的聚合貫通和古今貫通，而不能局限於個例的静態觀察。一葉障目式的分析會導致結論的主觀性。我們在通讀《漢語大字典》時，對其所收録的五萬六千來字進行逐一排查分析，然後以《説文解字》爲樞紐，將《甲骨文字典》（徐中舒主編）、《戰國古文字典》（何琳儀編）、《説文解字》（許慎撰）、《類篇》（司馬光等編）和《漢語大字典》（徐中舒主編）進行系聯貫通，且運用轉注的理論，將《漢語大字典》中的"轉注"字群分類抄出，然後再按同字轉換的原則，分成轉注字組，共計一萬零三十餘組，三萬七千五百餘字，在此基礎上寫成了《漢字轉注字表》。此表因涉及很多字的異體，打印一時難以處理好，故暫不附録於本書。但從該表中，我們會清楚地看到"轉注"的特質：從共時的角度看，它是"生生"漢字的原理和方法；從歷時的角度看，它是"轉換"漢字構形原理和方法的樞紐。對此結論，我們將在本章第二、三兩個部分討論。

"轉注"與其他五書的關係是：作爲構形的原理和方法，它們是共同的，也就是説它們都是"造字之本"（造字的基本原理和方法），所不同的是，其他五書對某個"詞"祇能造出一個字形，而運用"轉注"的原理和方法，則能造出除"象形"、"假借"以外的多種結構的字形來。從這個意義上講,"轉注"是一種特殊的構形法,即轉形造字法(或叫增形法)。徐通鏘先生說:"語言的結構格局是一根無形的指揮棒,它控制着變異的方向和範圍,因而會自發地指揮言語社團對它進行調整。"[①] 而指揮、控制着漢字變異方向和範圍的,正是傳統六書中的"轉注"。

7.2 "轉注"是漢字舊形改换的根本大法

本節要討論的内容,祇限於"轉注"的第一個問題——漢字"生生"的原理和方法,而不是"轉注"的全部内涵。

《説文·敘》云:"轉注者,建類一首,同意相受,考、老是也。"這個定義包括"轉注"的構形原理、表意原理和例證説明。所謂"類"、"首",是兩個既相互關聯又有區别的概念。"類"包括字的義類和聲類,即許慎所説的"形聲相益"中的"形"和"聲"兩個部分,因爲用"轉注"法造出來的字,據我們調查98%以上都是會意兼形聲字或形聲字,而"首"僅僅指義類化的部首。"建"和"一"都是動詞,表示"重建"或"統一"。由此可知"建類一首"是指在原字形體的基礎上重建義類或聲類,或統一部首。"同意相受"是指具有轉注關係的字之間的同義互釋原理。既然轉注是對原字形體的改造翻新,就必然牽涉到改造前的原形字和改造後的新體字,"原形"與"新體"的字形義(或本義)、讀音都是相同的,並不因爲經過一番改造翻新之後就會產生差異,起變化的部分僅僅是外形

---

① 徐通鏘:《語言論——語義型語言的結構原理和研究方法》第131頁,東北師範大學出版社1998年版。

特徵。好比某個人做了次整容手術，術前和術後看上去判若兩人，那祇是"他（她）"外貌的某些部位起了變化，但"他（她）"怎麼也變不成"你"或"我"。從這個意義上講，"轉注"是漢字集團中的"整容術"。整容必須有"容"可"整"，轉形也必須有"形"可"轉"。因此，我們認識的轉注原理，借用唐代孔穎達的"舊形"改造規律來講，就是漢字的舊形轉換規律，即對原有的字形進行改造翻新的規律。轉注者，舊形更換者也。"轉"是更換，"注"也是更換。其方法是：在原字的基礎上重建表示字義的義類（也稱"類母"）或表示讀音的聲類（也稱"聲母"），或統一部首來創造新字。"重建"的方式主要有"增附"（或稱"增益"）和"更換"兩種。如 ㄨ（网）的字形義是漁网，增附聲母"亡"轉形爲"罔"，再增附類母"糸"轉形爲"網"或"綱"；ㄨ（般）的字形義爲搖船，增附類母"手"轉形爲"搬"。而"網"、"綱"、"罔"與"网"，"搬"與"般"，其字形義相同，讀音也相同（歷史演變後的讀音可能會有細微差別，如"圭"與"珪"等），祇是字形構造不同。爲稱謂的方便，我們管原字叫"被轉注字"（或"原形字"），轉換變形後的字叫做"後出轉注字（或"轉形字"）"，"被轉注字"與"後出轉注字"之間形成的關係叫做"轉注關係"。再如：

ㄨ：派

"辰"甲骨文作ㄨ（一期《前》4.13.1），象江河的支流。①《說文·部》："辰，水之衺流別也。从反永。讀若稗縣。"（十一下）徐

---

① 徐中舒云："ㄨ，從彳從人，人之旁有水點，會人潛行水中之意，爲泳之原字。《說文》：'永，長也。象水巠理之長。《詩》曰：'江之永矣。'' 按訓長乃借義，謂象水巠理之長亦不確。永字既爲長義所專，遂更加水旁而作泳以表永之本義。又自永之原字形觀之，其中有偏旁彳及水點，故以象水流之別出支派，如道路之歧出也，後世爲與永字區別，遂反永而爲辰。《說文》：'辰，水之衺流別也。從反永。'甲骨文正反每無別，故永、辰初爲一字。"見《甲骨文字典》第1235頁，四川辭書出版社1989年版。

鍇繫傳:"永,長流也。反即分也。"段玉裁注:"與《水部》派音義皆同,派蓋後出耳。"王筠句讀:"出於大水而別流也。"《集韻·卦韻》:"𠂢,水分流也。"後增附類母"水"轉形爲"派"。《説文》異部重出字有"派"字。《水部》云:"派,別水也。从水从𠂢,𠂢亦聲。"(十一上)《古今韻會舉要·卦韻》:"派,本作'𠂢'。從反永。徐[鍇]曰:'永,長流[也]。反則分派也。'今文又增'水'作'派'。"晉郭璞《江賦》:"源二分於崌崍,流九派而浔陽。"段玉裁認爲"派"是"𠂢"的後出轉注字,甚是。元周伯琦《六書正譌》:"𠂢,普卦切。水之裹流别也。水長流,反則分𠂢。从反永。轉注。俗作派。""𠂢"由象形字轉形爲會意兼形聲字"派"。

𫯰:戣:鈝:𢧢

今出土的甲骨文未見"矛"字,金文作𫯰(《貳簋》),象長柄有刃的直刺兵器,段玉裁説是"刺兵"。《説文·矛部》:"矛,酋矛也。建於兵車,長二丈。象形。𢧢,古文矛从戈。"(十四上)于省吾《駢續》説:"(金文矛)上象其鋒,中象其身,下端有䤜,所以納柲,一側有耳,耳有孔,蓋恐納柲於䤜之不固,以繩穿耳以縛之,亦有兩側有耳者。"《尚書·牧誓》:"稱爾戈,比爾干,立爾矛,予其誓。"可見"矛"有形(獨體象形字)、有音(《廣韻·尤韻》莫浮切,今音máo)①、有義(長柄直刺兵器),後世增附類母"戈"轉形爲"戣",《説文》作爲"矛"的重文收録。《玉篇·戈部》:"戣,莫侯切。古文矛。"于省吾先生不知象形字可轉换成形聲字的規則,誤認爲《説文》的"古文,乃形之譌變"。"矛"爲青銅或鐵鑄成,故可以"金"爲類母轉形爲"鈝"。《玉篇·矛部》:"矛,莫侯切。酋矛,長二丈,建兵車。鈝,古文。"《集韻·侯韻》:"矛,《説文》:'酋矛

---

① 《宋本廣韻》第191頁,北京市中國書店1982年影印本。

也。建於兵車，長二丈。象形。'或從金。"晉葛洪《抱朴子・詰鮑》："鈘恐不利，盾恐不厚。""矛"爲直刺兵器，故還可以"戉"爲類母轉形爲"䟽"。清吳任臣《字彙補・矛部》："䟽，古文矛字。""矛"從象形字轉爲形聲字"䟽"、"鈘"、"䟽"。

悶：悗：懣

《說文・心部》："悶，懣也。从心門聲。"（十一下）"悶"的構形應爲"从心从門，門亦聲"的亦聲字，義爲心煩。《周易・乾》："遯世無悶，不見是而無悶。"或移"心"於門左寫作"悗"。《集韻・恨韻》："悶，亦書作悗。"或更換聲母"門"轉形爲"懣"。《說文》同部重出字有"懣"字，云："懣，煩也。从心从滿。"小徐本作："從心滿聲。"段玉裁注："煩者，熱頭痛也。引申之，凡心悶皆爲懣。"《史記・扁鵲倉公列傳》："濟北王阿母自言足熱而懣。"《漢語大字典・心部》說"同懣"。[①] 後世在"悶"上纍增類母"心"轉形爲"懣"。《集韻・混韻》："懣，亦作懣。"高麗釋一然《三國遺事》卷三："萱多妻妾，有子十餘人。第四子金剛，身長而多智，萱特愛之，意欲傳位。其兄神劍、良劍、龍劍知之憂懣。""悶"從會意兼形聲字轉爲形聲字"懣"、"懣"。

豉：豉：豉：䜴

"豉"今俗稱"豆豉"，以黃豆爲主要原料，利用毛黴、麴黴或細菌蛋白酶的作用，分解其蛋白質，達到一定程度時，加入鹽、酒、生薑等製成的佐食豆製品，分乾豆豉、水豆豉兩大類。因其製作的主要原料是黃豆，故初文以從尗支聲構形。《說文・尗部》："豉，配鹽幽尗也。从尗支聲。豉，俗豉从豆。"（七下）或更換類母"尗"轉形

[①] 見徐中舒主編《漢語大字典》第2520頁，四川辭書出版社、湖北崇文書局2010年版。

爲"豉"。《釋名·釋飲食》:"豉,嗜也。五味調和,須之而成,乃可甘嗜也。故齊民謂之豉,聲如嗜也。"《玉篇·未部》:"䜌,以調五味也。今作豉。"《說文》重文有"豉"字。王寧先生說:"'豉'的正字作'䜌',從'未','未'是'豆'的古字。《說文·七下·未部》:'䜌,配鹽幽未也。'重文作'豉',並說:'俗䜌從豆。'段玉裁說:'此可證未、豆爲古今字。'這說明,豉是豆製品。'幽'同'鬱',是一種封閉加溫使之發酵的作法,所以《齊民要術[·作豉法]》說,作豉必室中溫暖。"① 後世再更換聲母轉形爲"䜌"和"䜌"。《集韻·寘韻》:"䜌,《說文》:'配鹽幽未也。'或從豆,亦作䜌。"《龍龕手鑑·豆部》:"䜌","豉"俗字。今西南官話不讀chǐ,而讀sì(不捲舌),與《釋名》聲訓音同。"䜌"由形聲字轉爲形聲字"豉"、"䜌"、"䜌"。

  尊:尊:樽:隋:鱒:壿:甑

  "尊"甲骨文作尊(一期《前》5.4.7),象雙手捧尊上舉之形,會意字,或增附類母"阜"轉形爲尊(一期《前》5.4.4),象以酒祭奠山川之形,會意兼形聲字。金文尊(《作父辛鼎》)與甲骨文尊同。《說文·酋部》:"尊,酒器也。从酋,廾以奉之。《周禮》六尊:犧尊、象尊、著尊、壺尊、太尊、山尊,以待祭禮賓客之禮。尊,或从寸。"(十四下)段玉裁注:"廾者,竦手也;奉者,承也。設尊者必竦手以承之。"後世以"寸"更換"廾"轉形爲"尊"。《周禮·春官·小宗伯》:"辨六尊之名物,以待祭祀賓客。"鄭玄注引鄭司農云:"六尊:獻尊、象尊、壺尊、著尊、大尊、山尊。"《詩經·魯頌·閟宮》:"白牡騂剛,犧尊將將。"孔穎達等正義引三國魏王肅曰:"將將,盛美也。大和中,魯郡於地中得齊大夫子尾送女器有犧尊,以犧牛爲

---

① 王寧:《訓詁學原理》第308頁,中國國際廣播出版社1996年版。

第 7 章 漢字轉換原理

尊。然則象尊，尊爲象形也。"[1]或再更換成類母"木"轉注爲"樽"。《玉篇·木部》："樽，酒器也。"《周易·坎》："六四，樽酒，簋貳，用缶。"《左傳·襄公二十三年》："臧孫命北面重席，新樽絜之。"今彝族等少數民族的酒尊仍用木材製作。或再更換成類母"缶"轉注爲"罇"。《玉篇·缶部》："罇，與樽同。"徐鉉"尊"注："今俗以'尊'作尊卑之尊，別作'罇'。"明張自烈《正字通·缶部》："罇，《說文》：'酒器。'字本作尊，後加缶、加木、加瓦、加土者，隨俗所見也。"《說文》"尊"段玉裁注："凡酌酒者必資於尊，故則引申以爲尊卑字……自專用爲尊卑字，而別造罇樽爲酒尊字矣。"《晏子春秋·內篇雜上第五》："酌寡人之罇，進之於客。"或再更換成類母"瓦"轉形爲"甑"。《集韻·魂韻》："甑，《說文》：'酒器也。'或從寸、從瓦。"或再更換成類母"土"轉形爲"墫"。《集韻·魂韻》："尊，《說文》：'酒器也。'或從土，通作樽。"愚按：《說文·士部》有"墫"字，云："舞也。从士尊聲。《詩》曰：'墫墫舞我。'"（一上）今本《詩經·小雅·伐木》作"蹲"。《玉篇·士部》："墫，亦作蹲。"表示舞蹈行爲的"墫"從"士"，常與表示酒器的"墫"字形相混，還需明辨，切勿"墫"、"墫"不分。"尊"由會意字一轉爲會意字"尊"，再轉爲形聲字"樽"、"罇"、"隥"、"墫"、"甑"。

漢字的形體轉換在漢字集團中不是個別的現象，也不是處在一種無序的混亂之中，而是在一種客觀的、理性的、科學的轉換理論的指導下有序地、漸進地、隱秘地推進，粗心的人很難察覺得到它們的變化，即使是睿智思精的飽學之士，多惑於自己的好惡而失之明辨。雖然即使不懂或不講轉注的人也能成爲曠代文字學專家，如

---

[1] （唐）孔穎達等：《毛詩正義》，見（清）阮元校刻《十三經注疏》第 616 頁，中華書局 1980 年版。

像南唐的二徐、清代的《説文》四大家等,但是,如果他們能精通轉注理論,漢字的轉注系統早已建立了起來。許慎是精通轉注的,他不但給轉注下了個精確定義,而且在具體的個例分析中也能運用該理論來指導"説文"與"解字"。比如《説文·缶部》説:"䍇,受錢器也。从缶后聲。古以瓦,今以竹。"(五下)[①] 所謂"古以瓦,今以竹",是説在他以前,做儲錢罐的材質還是陶土,而到了他生活的那個時代已經換成竹器了。故段玉裁説:"'䍇'即以瓦者,'篅'即以竹者,許云'今以竹',則許時用竹者多也。"儘管"今以竹"的"篅"字後世不曾造出來,但是許慎卻給我們揭示出了一條漢字轉換的規律,即器物製作材料的變化,會引起記録該器物名稱的字的形體發生轉換,明代文字學家張自烈把此種轉換規律叫做"隨俗所見"。

作爲舊形轉換造字法"轉注"的運用,必將給漢字集團孳乳出無數的異體字來,這些異體字的存在和繼續湧出,雖然在一定程度上給後人的文字使用帶來了麻煩,但由它們記載下來的華夏文明,卻是中華民族不可多得的寶貴財富。據我們調查,在《漢語大字典》所收的近五萬六千來個漢字中,有轉注關係的佔70%左右。如果用"轉換"的原則將它們編織在轉注鏈裏,就會形成一個龐大的漢字轉注系統。漢字轉注系統的建立,必將催生出一部按轉注原則編排的《漢語轉注字字典》來。

"轉注"的第一個職能是對漢字的舊形實施改造。改造的結果,在漢字集團中就有了"被轉注字"和"後出轉注字"兩大系統,就像"同源字"、"異體字"、"古今字"、"假借字"、"同義字"、"反義字"等等諸多稱謂一樣,它們都屬於群體性的稱謂,就單個字而

---

① (漢)許慎:《説文解字》第110頁,中華書局1963年影印本。

言，誰也不會叫它"同源字"或"假借字"，祇有在兩個或更多的字形成對比的條件下，纔會説"某字"是"某字"的同源字或假借字。基於此理，"轉注字"也祇有在對"轉注字羣"或"轉注字組"的具體分析時纔會有此稱謂，它不像象形字、會意字、形聲字那樣獨木就能成林。我們能説"某字"是象形字、會意字或形聲字，卻不能説"某字"是轉注字。因爲用"轉注"法改造出來的字，根據它們改造後的構形特徵，分別歸入會意字、形聲字中去了，而對個例的分析不能用"轉注字"這一稱謂。

7.3　"轉注"是漢字構形法轉換的根本大法

"轉注"的第一個特徵是與六書中的其他五書相同的，是創造漢字的基本原理和方法，但是它的第二大特徵是其他五書不具備的，它不僅能改造轉換漢字的"舊形"，同時還能轉換創造漢字的原理和方法——"指事"、"會意"和"形聲"。因此，"轉注"又是轉換其他構形法的根本大法。清代語言學家孫詒讓説："文字之初，固以象形爲本，無形可象，則指事爲之。邐後孳乳浸多，而六書大備。"[①]孫氏是從"窮則變"的歷史發展的辯證思想來認識六書的孳乳與嬗變的。"象形"法孳乳出"會意"法（也包括"指事"法），就意味着"象形"法的"窮"；"會意"法的初生，也意味着"象形"法的"變"。同理，"會意"法孳乳出"形聲"法，就意味着"會意"法的"窮"；而"形聲"法的初生，也意味着"會意"法的"變"。由"生"而"窮"，由"窮"而"再生"，是世間一切事物發展的客觀規律，

---

① （清）孫詒讓遺書，戴家祥校點：《名原》第1頁，齊魯書社1986年版。

"六書"的產生與發展,也必然遵循這一規律。由"生"而"窮",由"窮"而"再生",其中起決定作用的是"變"的定律,這種變易定律在漢字理論發展史上叫做"轉注"。而"轉注"在六書的變易中則以"轉換"的形式表示出來。轉換的運動,使六書在起點"象形"法和終點"形聲"法這樣一球形的圓中循環反復,永不止息。

前人研究"六書",很自然地將它們放在同一個平面靜態地觀察分析,結果認爲,它們都是各自獨立、互不相干的造字原理和方法,看不出它們相依相生、互爲牽貫的傳承、轉生關係來。這種慣性認識已經誤導了許多代人,更爲可悲的是,這種沉重的誤導還在繼續。然而,如果你將腳步從叢林中移到高山之巔,再觀察群山萬壑中生長的暢茂森林,此時你的眼裏不再是一棵棵挺拔獨立的蒼天大樹,而是一望無垠、起伏多姿、生機勃勃的林海。它們枝枝勾連、互相擁抱。漢字集團就像這樣的林海。在漢字發展史上,漢字構形法發生了三次大飛躍,而每一次飛躍都有一種新的構形方法誕生,它們都會創造出了一大批構形原理相同的漢字來。新體字的產生會使舊體字顯得蒼老古樸,於是我們的祖先想到改造,而改造的方法"轉注"就在變易思想的啓迪中產生了,成爲改造舊形的科學而有效的方法。舊形改造的結果必然會產生許許多多的異體字,如此一來,漢字集團中必然會沉澱着爲數眾多的"轉注字"。在舊形改造前,首先必須對原有的構形方法作適當的調整,而調整的過程,就是構形方法轉換的過程,因此"轉注"又肩負起轉換構形法的重任。

在漢字初創的象形階段,漢字理論中不存在"轉注",因爲那時象形法的造字功能還很旺盛,待它的能量日趨衰減,人們已意識到必須運用新的方法繼續造字的時候,"轉注"法便適時地產生了,並且從此肩負起轉換舊的構形法的重任。作爲轉換漢字構形法的"轉注",是怎樣對舊的構形法實施轉換的呢?據我們初步研究,是由

第7章 漢字轉換原理

它的轉形法功能參與的作用。在此，我們用"率"字的形體改造源流來加以説明。

"率"甲骨文作〔〕（一期《寧滬》3154），金文作〔〕（《孟鼎》），象燈籠的火光照射地面之形，後世則將其頂部的手柄和底部的飾物分別易變成"亠"和"丁"，故字寫作"率"，依然象形。夜路行走，燈照人前，人隨燈行，故引申出帶領、率領、沿着、遵循、首領、表率等義來；燈光白直，故又引申出直爽、坦率、粗獷、漂亮等義來。《説文·率部》："率，捕鳥畢也。象絲罔，上下其竿柄也。"（十三上）段玉裁注："畢者，田网也。所以捕鳥。亦名率。"王筠句讀："畢，田网也，其小而僅可捕鳥者謂之率。"其説均不可信。周伯琦《六書正譌》説："率，大索也。象形。上下兩端，象絞索之具，中象索，旁象麻秒之餘。"更爲可疑。金文由象形轉換成會意。如《毛公鼎》增燈光照射的道路"行"轉形爲"衛"。《説文·行部》有"衛"字，曰："將衛也。从行率聲。"（二下）應爲从行从率，率亦聲，會意兼形聲。段玉裁、王筠改"將衛"爲"將衛"。段玉裁注："衛者，導也，循也。今之率字。率行而衛廢也。率者，捕鳥畢也。將帥字古衹作將衛，帥行而衛又廢也。帥者，佩巾也。'衛'與《辵部》'達'音義同。"[1] 王筠句讀："經典作'將率'，省形存聲字，又作'將帥'，則聲借字。"[2] 段、王二氏均認爲《説文》的"將衛"應該改成"將衛"，就是率領的意思，其説源於周伯琦的"衛，將衛也，繞也"（《六書正譌》卷三）。我們認爲，"衛"不能改成"衛"。《説文·行部》："衛，宿衛也。从韋帀、从行。行，列衛也。"（二下）《周易·大畜》："曰閑輿衛。"王弼注："衛，護也。"甲骨文

---
[1] （清）段玉裁：《説文解字注》第78頁，上海古籍出版社1988年第2版。
[2] （清）王筠：《説文解字句讀》第67頁，中華書局1988年版。

"衛"作 、、，金文作 ，省形作 ，均用會意法構形，象眾人巡夜護衛村落、城邑或部落首領之形。《説文·宀部》："宿，止也。从宀佰聲。佰，古文夙。"（七下）《玉篇·宀部》："宿，夜止也。"《楚辭·東方朔〈七諫·初放〉》："塊兮鞠，當道宿。"王逸注："夜止曰宿。"可見許慎釋"衛"爲"宿衛"，是特指夜間巡邏，釋"衛"爲"將衛"，則是特指率領族民夜巡。《周禮·天官·宫正》："夕擊柝而比之。"鄭玄注："夕，莫也。莫行夜以比直宿者，爲其有解惰離部署。鄭司農云：'柝，戒守者所擊也。'《易》曰：'重門擊柝，以待暴客。'《春秋傳》曰：'魯擊柝聞於邾。'"孔穎達等正義："後鄭云：'莫行夜以比直宿者'，謂直宿即坐持更之人，則行夜者擊柝校比直宿人，故先鄭云'柝，戒守者所擊也'。"《周易·繫辭下》："重門擊柝，以待暴客。"陸德明釋文引馬融云："柝，兩木擊相以行夜也。"《左傳·哀公七年》："魯擊柝聞於邾。"陸德明釋文："柝，音託，以兩木相擊以行夜也。字又作檬，同。"[1]"率"由會意轉換成會意兼形聲"衛"，再增附類母"止"轉換成會意兼形聲"衛"。何琳儀《戰國古文字典·脂部》："或加止旁繁化。"後隸變爲"達"。《説文·辵部》："達，先道也。从辵率聲。"（二下）段玉裁注："道，今之導字，達經典假'率'字爲之。"段説不可信。《正字通·辵部》："達，與衛通。《詛楚文》：衛者侯之兵。"《古文苑·詛楚文》作"率"，郭沫若《詛楚文考釋》作"衛"。可見"率、衛、衛、達"是一組轉注字，其字形義都表示巡夜人隨燈光走動，本義是帶領、率領。這類字群，如果不運用"轉注"的原理去觀察、分析，就會誤將它們視爲異形、異字（非指異體）、異

---

[1] （唐）陸德明：《經典釋文》第 299 頁，中華書局 1983 年版。

義。要是研究文字學的學者都明白"轉注"的道理,漢字集團中許多字之間的錯綜複雜的關係是不難梳理清楚的,許多無聊的紛爭都可以平息或避免。

《周易·繫辭下》說:"天地絪縕,萬物化醇;男女構精,萬物化生。"漢字是天地萬物之"物",也是記錄天地萬物之"物",它的化生在於"象形"的"生生"和"轉注",六書(除"假借")的相遞運用能使漢字生機盎然,而"轉注"的運用則能使漢字的構形方法變化不息,使漢字的形體趨於美觀、實用。故《周易·繫辭上》說:"參伍以變,錯綜其數;通其變,遂成天地之文;極其數,遂定天下之象。非天下之至變,其孰能與於此?""至變"是萬物永不"臭腐"的運動,而漢字的生機勃勃,就在於轉注永不止息地神奇運動。華夏民族的歷史車輪已經飛躍到二十一世紀,然而漢字的理論研究成就卻還遠遠地停留在一千多年前的漢代水平上,原因是文字家的匠人意識左右着漢字理論研究的發展,祇注意一個字一個字地考證,而輕視漢字系統性的貫通研究。

第 8 章　漢字轉注系統

　　用"吐故納新"來概括"轉注"功能是十分恰當的。吐故納新是漢字集團內部的自我調節,它轉換新形揚棄舊形,使集團內部每個成員都充滿生機和活力,更能有效地爲華夏民族記言記事服務。

　　漢字的轉注,包括字形結構和構形方法兩大系統的轉換,前者簡稱"形轉",後者簡稱"法轉"。"形轉"是"法轉"的表現形式,是漢字舊形一次次的改造翻新;"法轉"是"形轉"的指揮中樞,是漢字舊形改造翻新必須遵循的根本規則。但是其目的是相同的,通過舊形的改造轉換,使漢字的表意更加明瞭,讀音更加直接,書寫更加實用,形體更加美觀。二十世紀末,我們將六書理論研究的最新思考向學界同仁作了扼要介紹,意外地得到了老一輩語言學家的肯定和鼓勵,其中有的是曾經諄諄教導、循循善誘過我的恩師何九盈、陸儉明、向熹先生。何九盈先生在《說文解字論綱序》中指出:"關於'六書',不知前人已經做過多少文章了。著者對這個'子系統'也做出了新鮮文章,提出了'六書轉換原理'的新概念,認爲'六書'轉換祗能產生指事、會意、形聲三種形體中的任何一種,而轉換的樞紐是'轉注'。"[①]其實,在二十世紀九十年代初,孫雍長先生已出版了《轉注論》一書,但筆者在寫作《說文解字論綱》時無

---

　　① 何九盈:《說文解字論綱序》,見鍾如雄《說文解字論綱》,中國社會科學出版社 2014 年第 2 版。

緣拜讀。後在同門師弟李索教授處尋得一册，讀之方知孫先生早已主張"要研究漢字的創制，要正確評價漢人的六書理論，要如實反映中國文字學史，'轉注'實在是一個至關重要、無法迴避的問題。"（《自序》）他認爲："'轉注'爲漢字孳乳之大法"，"六書中的'轉注'造字法，簡單地說，就是將一個'轉注原體字'移附授注到一個'類首'加注一個'類首'符號（即意符）的造字之法"，"實際上也就是'加注意符'這一極其重要的構形模式"。[①] 孫先生雖然對"轉注"在漢字系統歷史發展過程中的卓越功績作了充分地肯定，但他對其本質依然沒有準確把握，因爲"轉注"涉及的不僅僅是"加注意符"這樣簡單的問題。如果將它設定在"加注意符"這樣一條狹窄的軌道上，它將使人們錯誤地判定月亮的光輝就是太陽的全部。在漢字構形法發展的三次大飛躍的歷史進程中，"轉注"不僅僅是一種構形方法，而是生成和再生漢字的根本法則。

第一，"轉注"的功能是：將原有的象形字轉換成會意字；將原有的會意字再轉換成會意字；將原有象形字或會意字轉換成形聲字；將原有的形聲字再轉換成形聲字，使漢字的舊形在歷史發展的進程中獲得再生。

第二，"轉注"的原理是：或聚象（象形→會意），或再聚象（會意→會意），或聲化（象形、會意→形聲）。

第三，"轉注"的方法是：重建義類（增附或纍增）（象形/會意→會意/形聲）；或重建聲類（增附或纍增）（形聲→形聲、會意←形聲）；或更換義類、聲類（會意→會意、形聲→形聲）等等。

第四，"轉注"的研究方法是：運用系聯和分離方法，將轉注字系聯成轉注字組、轉注字系、轉注字系統。爲此，"轉注"的研究，

[①] 參看孫雍長《轉注論》第48—51頁，嶽麓書社1991年版。

必須將它放在共時（靜態）和歷時（動態）兩大時點中進行觀察、分析、歸納、總結，把握"轉注"既是構形法又超越於構形法之上以催生漢字"三度成熟"的神奇功能。

建立漢字的轉注系統，前人沒有引起關注，因爲他們對漢字理論中是否存在"轉注"尚爭論不休，不可能設想漢字集團中還存在着轉注系統。所以我們今談漢字轉注系統的建立還是個新鮮話題，如果要讓大家明白並接受這樣一個系統，就必須有充分的理由和依據。我們考察分析後認定，漢字中存在着轉注系統，這個系統的形成極爲隱秘，粗心者很難看透，它表面上給人以散亂無章的異體印象，實際上整個系統極爲嚴密，有理據可說。

漢字轉注系統由兩部分構成：第一部分是構形法轉換系統，第二部分是字形轉換系統。分別討論如下。

8.1 構形法轉換系統

漢字構形法轉換系統包括"順向轉換"、"逆向轉換"和"平行對轉"三個部分，它是字形轉換的指揮系統，決定着漢字舊形轉換的方向、方式和結果。

8.1.1 順向轉換

"順向轉換"簡稱"順轉"，是指漢字構形法遵循從"象形"到"會意"、"形聲"的歷時順序轉換。順向轉換祇限於"象形轉爲會意"、"象形轉爲形聲"和"會意轉爲形聲"等三種轉換方式。

（1）**象形轉爲會意**。運用會意構形法改造翻新象形字，使之變成會意字（或會意兼形聲字）。例如：

☗（象形）：爵（會意）

"爵"甲骨文作☗、☗、☗，象飲酒器爵之形。李孝定《甲骨文字集釋》按語："契文爵字即象傳世酒器爵斝之爵，兩柱，側視之，但見一柱，故字祇象一柱、有流、腹空、三尺、有耳之形。"金文換用會意法，增附字母"又"改造其形，轉換成☗（《父癸卣》）。《說文·鬯部》："☗，禮器也。象爵之形。中有鬯酒。又，持之也。所以飲器。象爵者，取其鳴節節足足也。☗，古文爵。象形。"（五下）[①]今寫作"爵"，爲楷書譌變。"☗"、"爵"的字形義均爲酒器，且讀音相同。《禮記·禮器》："貴者獻以爵，賤者獻以散。"鄭玄注："凡觴，一升曰爵，二升曰觚，三升曰觶，四升曰角，五升曰散。"《說文》"爵"段玉裁注："古說今說皆云爵一升。《韓詩》說爵、觚、觶、角、散，總名曰爵。"

☗（象形）：囬（會意）

"目"甲骨作☗、☗，象人眼，或象目光下射之形。商承祚先生說："甲骨文金文目字偏旁作☗☗，其作☗則與小篆同矣。"[②]六國古文或運用會意法改造舊形，增"面"和"眉"作"囬"。《說文·目部》："目，人眼。象形。重童子也。☗，古文目。"（四上）段玉裁注：

[①] 許君本條釋語，臧克和等讀爲："禮器也。象爵之形，中有鬯酒，又持之也，所以飲。器象爵者，取其鳴節節足足也。"其讀有誤。一，"又"爲"☗"構形部件，許君釋其義爲"持之"，故宜讀爲："又，持之也。"二，"又持之也所以飲器象爵者取其鳴節節足足也"，段玉裁讀爲："又，持之也。所以飲器象爵者，取其鳴節節足足也。"新訂本讀爲："所以飲。器象爵者，取其鳴節節足足也。""所以飲"連上讀不妥。宜讀爲："又，持之也。（爵）所以飲器。象爵者，取其鳴節節足足也。"又《說文》"☗"從"寸"不從"又"，新訂本從"又"，誤。見臧克和、王平校訂《說文解字新訂》第332頁，中華書局2002年版。

[②] 商承祚：《說文之古文考》第30頁，上海古籍出版社1983年版。

"(古文囧之)囗象面,中象眉目。江沅曰:外象匡,内象起目。"商承祚先生説:"《説文》:'囧,古文目。'案此字當横看,象童子及眥也。"商先生認爲"囧"是"目"的變體,而並非由構形法引起的形體轉换,其説不確,段氏説是。徐灝注箋"小篆從古文變耳",也不確,應爲小篆傳承甲金文字而變横體爲直體,而六國古文則是運用轉换方法另造的異體。"目"、"囧"的字形義都指人的眼睛,且讀音相同。《素問·陰陽應象大論》:"在竅爲目。"唐王冰注:"目所以司見形色。"

8（象形）：𢆶（會意）

"糸"甲骨文作 𢆶 、 𢆶 ,象束絲之形,本義爲蠶絲。《説文·糸部》:"糸,細絲也。象束絲之形。讀若覛。幺,古文糸。"(十三上)段玉裁注:"絲者,蠶所吐也。細者,微也。細絲曰糸。糸之言蔑也,蔑之言無也。"① "絲"甲骨文寫作 𢆶 、 𢆶 ,也象束絲之形,但構形則採用同母重疊的方法。《絲部》:"絲,蠶所吐也。从二糸。"(十三上)羅振玉《增訂殷虛書契考釋·糸》:"《説文解字》:糸,古文作𢆶。此與許書篆文合。貝象束餘之緒,或在上端,或在下端,無定形。"又《絲》云:"象束絲形,兩端則束餘之緒也。"② 其實"糸"象形,"絲"會意,本義無"細絲"與非細絲的區别,同字異體,讀音古今有所變化。《漢語大字典》注云:"甲骨文'糸'、'絲'、'幺',原是一字。"《管子·輕重丁》:"君以織籍籍於糸,束爲糸,籍糸撫織再十倍其賈。"《淮南子·説山訓》:"千年之松,下有茯苓,上有兔絲。"高誘注:"(兔絲)一名女蘿也。"在秦漢簡帛中"兔絲實"均寫作"兔糸實"。如《武威漢代醫簡》:"治諸癃:石癃出石,血癃

---

① （清）段玉裁:《説文解字注》第643頁,上海古籍出版社1988年第2版。
② （清）羅振玉:《殷虛書契考釋三種》第467頁,中華書局2006年版。

出血，膏瘴出膏，泔瘴出泔。此五瘴，皆同藥治之，瘴、薑、瞿麦各六分，兔糸實、滑石各七分，桂半分。"

囟（象形）：膟（會意）

"囟"甲骨文作囟（一期《甲》507）[①]，象人的腦蓋骨未長攏之形，俗稱"囟門"或"囟腦門兒"。《説文·囟部》："囟，頭會腦蓋也。象形。膟，或从肉宰。𡆧，古文囟字。"王筠句讀："頭之會，腦之蓋也。會者，合也。"《禮記·內則》："（出生）三月之末，擇日剪髮爲鬌，男角女羈，否則男左女右。"鄭玄注："鬌，所以遺髮也。夾囟曰角。"孔穎達等正義："囟是首腦之上縫。"阮元校勘記："'夾囟曰角'，惠棟校宋本同，岳本同，嘉靖本同，閩監本囟作囟，衛氏《集説》同，考文引古本、足利本同釋文，出夾囟，毛本囟誤自，盧文弨云作囟，是。按：依《説文》當作囟。其字象小兒頭腦未合也。段玉裁曰：《説文·人部》'兒'下云：从儿，上象小兒頭腦未合也。《九經字樣》云：《説文》作囟，隸變作囟，今字多譌作囟，所謂象小兒腦不者，不可見矣。"[②]象形字"囟"，或運用會意構形法改換成"膟"，見《説文》重文。

牙（象形）：齬、㸦（會意）

"牙"金文作牙（《師克盨》），象牡牙上下咬合之形。《説文·牙部》："牙，牡齒也。象上下相錯之形。𤘈，古文牙。"（二下）何琳儀先生説："戰國文字承襲兩周金文，或加齒之古文表意，其牙旁往往省如丩形作齬。"[③]"牙"早期金文用象形法構形，戰國古文換用會意法構形，故轉換成"齬"（齖），後世也寫作"㸦"。《字彙補·牙

---

① 徐中舒云："囟，象鬼頭形，與《説文》由字篆文形同。《説文》：'由，鬼頭也。形象。'"見《甲骨文字典》第1024頁，四川辭書出版社1989年版。録備一説。

② 見（清）阮元校刻《十三經注疏》第1472頁，中華書局1980年版。

③ 何琳儀：《戰國古文字典——戰國文字聲系》第511頁，中華書局1998年版。

部》:"犽,牛加切,音牙。"《漢語大字典·牙部》沒有説明"犽"與"牙"的關係,應補"同'牙'"。"牙"、"䶒"、"犽"的字形義均爲"牡齒",且讀音相同。《左傳·隱公五年》:"皮革、齒牙、骨角、毛羽,不登於器。"孔穎達等正義:"頷上大齒謂之牙。"清紐樹玉《説文校録》:"《九經字樣》作'壯齒也'。"段玉裁據石刻《九經字樣》改《説文》"牡齒也"爲"壯齒也",並注:"《士部》:'壯,大也。'壯齒者,齒之大者。統言之皆稱齒稱牙;析言之則前當脣者稱齒,後在輔者稱牙。牙較大於齒,非有牝牡也。"段氏説不可信。王筠句讀未改,衹説:"牡,《九經字樣》、《通志》並作'壯'。壯者,大也。""齒"爲牝牙,"牙"爲牡齒。在門牙兩側的犬齒纔叫"牙"。草食、肉食動物的犬牙,雄性長於雌性,而雌性動物的犬牙一般不會長成獠牙,因此,犬牙成了區别雄雌動物的特徵。比如,四川方言稱"公豬、公狗、公貓"爲"牙豬、牙狗、牙貓"。牙齒有"牡"、"牝"之分,我們曾討論過,可參看鍾如雄《系聯、分離法在詞義研究中的意義》一文。①

田(象形):𤰶(會意)

"田"爲"畋"的初文,甲骨文作田(四期《屯南》102),象打獵用的火圍子。遠古先民狩獵,主要採用火獵、网獵、阱獵和漁獵四種。火獵即放火燒山,燒死動物。《淮南子·本經》:"焚林而田,竭澤而漁。"火燒之後,山林成焦土,然後再刀耕火種。故"田"的字形義爲"火獵",而本義爲圍獵,引申義爲耕種的土地。《説文·田部》:"田,陳也。樹穀曰田。象四口,十,阡陌之制也。"(十三下)許君所釋,爲"田"的引申義而非本義。② 蔣禮鴻《讀字肊記》:

---

① 鍾如雄:《系聯、分離法在詞義研究中的意義》,見《西南民族大學學報》1999年第1期;中國人民大學書報資料中心複印報刊資料《語言文字學》(H1)1999年第10期。

② 參看鍾如雄《"里"義探源》,見《苦粒齋漢學論叢》第309頁,中國社會科學出版社2013年版。

"有樹穀之田字,有獵禽之田字,形同而非一字也","田即网也。田所以取鳥獸,因之凡取鳥獸皆曰田矣。"《字彙‧田部》:"田,獵也。"《周易‧恒》:"九四,田無禽。"孔穎達等正義:"田者,田獵也,以譬有事也。無禽者,田獵不獲,以喻有事無功也。"《詩經‧鄭風‧叔于田》:"叔于田,巷無居人。"毛傳:"田,取禽也。""田"爲圍獵,後被引申義耕種的土地專用,故另造"畋"字來表示本義。甲骨文"畋"作 (一期《乙》454)、 (一期《前》6.11.2),從攴從田會意。《説文‧攴部》:"畋,平田也。从攴田。《周書》曰:'畋尒田。'"(三下)許君所釋爲引申義。《廣韻‧先韻》:"畋,取禽獸也。"《尚書‧五子之歌》:"乃盤遊無度,畋于有洛之表,十旬弗反。"《文選‧司馬相如〈子虛賦〉》:"楚使子虛使於齊,王悉發車騎,與使者出畋。"李善注引西晉司馬彪曰:"畋,獵也。"宋王觀國《學林》卷五:"如田者,字母也,或爲畋獵之畋,或爲佃田之佃,若用省文,唯以田字該之。"後世纍增類母"虍"轉形爲"虥"。《集韻‧先韻》:"畋,亦作虥。"

"田"轉爲"畋","牙"轉爲"䯒",從單個的字形中是看不出由象形法轉換爲會意法的痕跡的,祇有將"田"與"畋"、"牙"與"䯒"放在一起對比分析時,纔能發現其換形的奥秘。象形轉換成會意,會意轉換成會意,會意轉換成形聲,形聲轉換成形聲,都是如此。運用會意構形法將象形字改造成會意字,在漢字發展史上非常罕見,但這種轉換具有顯著的特色:與被轉注字(象形字)比較,後出轉注字(會意字或會意兼形聲字)具有明顯的聲化趨向,它是形聲字的先聲。因爲被轉注字原本是形、音、義的完美統一體,雖然光看字形沒有明顯的標音特徵,但經過約定俗成之後,它的讀音已經融入該字中了,其後在它的基礎增附别的構形部件,而舊形的讀音便顯示了出來。比如"牙",音 yá,義牡齒,後增附"臼"或

"齒"作"䫜"或"䶒",而"牙"在"䫜"、"䶒"中,具有明顯的標音作用。因此,這類後出轉注字,其形體結構多數既可作會意字分析,也可作形聲字分析,故段玉裁稱之爲"會意兼形聲字"。

(2)**象形轉爲形聲**。運用形聲構形法改造翻新象形字,使之變成形聲字。例如:

丣（象形）：酒（形聲）

"酒"甲骨文作丣（四期《京》3966）,金文作丣（《臣辰盉》）,象密封的酒罈之形。《説文·酉部》:"酉,就也。八月黍成,可爲酎酒。象古文酉之形。丣,古文酉从卯。卯爲春門,萬物已出；酉爲秋門,萬物已入。一,閉門象也。"（十四下）"酉"爲盛酒窖藏的罈子,許君説"象古文酉（酒）之形",故代表酒。《睡虎地秦墓竹簡·秦律·田律》:"百姓居田舍者毋敢酤［酤］酉。"《馬王堆漢墓帛書·春秋事語》:"縣鍾而長飲酉。"後世增附類母"水"轉形爲會意兼形聲字"酒"。《説文》同部重出字有"酒"字,云:"酒,就也。所以就人性之善惡。从水从酉,酉亦聲。一曰造也,吉凶所造也。古者儀狄作酒醪,禹嘗之而美,遂疏儀狄。杜康作秫酒。"（十四下）郭沫若《甲骨文字研究》:"金文、卜辭每多假以爲'酒'字。許之釋就,蓋用轉注法以牽就其八月之義。酉縱爲就,自當後起。"郭氏説"（酉）金文、卜辭每多假以爲'酒'字",這正好説明"酒"的初文是"酉",但並非"假借"。《六書故·工事四》:"酉,醴之通名也……借爲卯之酉,借義擅之,故又加水作酒。"《六書證譌·酉韻》:"酉,古酒字。"

豆（象形）：梪、䇺（形聲）

"豆"甲骨文作豆（一期《後》上6.4）,金文作豆（《豆閉簋》）,象食肉之器形。《説文·豆部》:"豆,古食肉器也。从口,象形。豆,古文豆。"（五上）王筠句讀:"是通體象形也……⊙是器中有肉之形，小篆迻肉在上耳。'H'是校形，'一'則校上圅飾，有無皆通，下'一'則鐙形。"商承祚《説文中之古文考》："今證以原器，極得豆之形狀。'一'其蓋也。王［筠］《説文釋例》謂'一'象盛物，非是。"或運用形聲構形法改造成形聲字"桓、䇺"。《爾雅·釋器》："木豆謂之豆。"郝懿行義疏："此文豆當作桓。"郝氏説不確。遠古時代的"豆"，或用土陶燒制而成，或木材製作。今四川凉山彝族的食用器具酒杯、豆盤、碗筷等均爲木製品，與遠古相同，故《爾雅》所釋不誤。又《説文》同部重出字有"桓"字，云："木豆謂之桓。从木豆。"王筠句讀："《韻會》引以爲豆之或體，是也。《[爾雅·]釋器》曰：'木豆謂之豆，竹豆謂之籩，瓦豆謂之登。'此文最爲明瞭。蓋上古未知範金和土之時，先有木豆，迨有竹豆、瓦豆，遂於木豆字加木爲桓，以爲區別。而經典竟無桓字，則用古文也。惟《韓勑碑》'爵鹿柤桓'尚用此字。然豈有同義同音而爲兩字者乎？"[①]《玉篇·木部》："桓，《説文》：'古食肉器也。'或从木。"又《竹部》："䇺，禮器。"《集韻·侯韻》："豆，《説文》：'古食肉器也。'或從竹。""豆"、"桓"、"䇺"的字形義均爲高足或有蓋的盤。《爾雅·釋器》："木豆謂之豆，竹豆謂之籩，瓦豆謂之登。"郭璞注："豆，禮器也。"《詩經·大雅·生民》："卬盛于豆，于豆于登。"毛傳："木曰豆，瓦曰登。豆，薦菹醢也。"鄭玄注："祀天用瓦豆，陶器質也。"《國語·吳語》："在孤之側者，觴酒、豆肉、簞食，未嘗敢不分也。"韋昭注："豆，肉器。"

𠃌（象形）：鉤（形聲）

"句"甲骨文作𠃌（三期《甲》940），象鉤子鉤取之形，本義爲鉤子（名詞），後來纔發展爲動詞"鉤取"《説文·句部》："句，

[①] （清）王筠：《説文解字句讀》第172頁，中華書局1988年版。

曲也。从口丩聲。"(三上)段玉裁注:"古音總如鉤。後人句曲音鉤,章句音屨,又改句曲字爲'勾'。"西南官話説:"用句句句。"用重言"句句"表示名詞,最後一個"句"爲動詞。《文子·自然》:"若夫規矩句繩,巧之具也,而非所以爲巧也。"遠古鉤子用木叉爲之,後世易之金屬,故增附類母"金"轉形爲"鉤"。《説文·句部》:"鉤,曲也。从金从句,句亦聲。"段注本作"曲鉤也",段玉裁注:"'鉤'字《韻會》補。曲物曰鉤,因之以鉤取物亦曰鉤。鉤鑲、吳鉤、釣鉤皆金爲之,故从金。按:'句'之屬三字皆會意兼形聲。""鉤"爲木鉤、鐵鉤,故引申爲鉤取,即段玉裁所謂"曲物曰鉤,因之以鉤取物亦曰鉤"。在上古文獻中,"鉤"已有鉤取、鉤住義。《左傳·襄公二十三年》:"又注則乘槐本而覆,或以戟鉤之,斷肘而死。"《莊子·天運》:"論先王之道而明周、召之跡,一君無所鉤用。"陸德明釋文:"鉤,取也。"《戰國策·西周策》:"夫射柳葉者,百發百中,而不已善息。少焉氣力倦,弓撥矢鉤,一發不中,前功盡矣。"《史記·周本紀》:"夫去柳葉百步而射之,百發而百中之,不以善息。少焉氣衰力倦,弓撥矢鉤,一發不中者,百發盡息。"魏晉以後"句"譌變爲勾(晉祀後土殘碑)。唐王仁昫《刊謬補缺切韻·侯韻》:"句,俗作勾。""句"俗作"勾"後,"鉤"也隨之作"鈎"。

𡰪(象形):豭(形聲)

"𡰪"甲骨文作𡰪(一期《合》353),象種豬勢出之形。唐蘭《天壤閣甲骨文存考釋》:"象牡豕之形,故並繪其勢,當爲豭之本字。"《甲骨文字典》卷九:"象牡豕有勢之形,爲豭之初文,豭乃後起之形聲字。"後世運用形聲構形法另造從豕叚聲的"豭"字。《説文·豕部》:"豭,牡豕也。从豕叚聲。"(九下)楊樹達《釋雌雄》:"按叚聲字亦多含大義。""𡰪"、"豭"的字形義均爲種豬。《左傳·隱

第8章 漢字轉注系統

公十一年》："鄭伯使卒出豭，行出犬雞，以詛射潁考叔者。"孔穎達等正義："豭謂豕之牡者。"《史記·秦始皇本紀》："夫爲寄豭，殺之無罪。"司馬貞索隱："豭，牡豕也。言夫淫他室，若寄豭之豬也。"

𦅫（象形）：雥、鵲（形声）

"舄"金文作𦅫（《孟鼎》），象喜鵲展翅高飛之形，後世運用形聲構形法改換成"雥"和"鵲"。"雥"從隹昔聲，"鵲"從鳥昔聲，"隹"、"鳥"不分。《説文·舄部》："舄，誰也。象形。雥，篆文舄从隹昔。"（四上）段玉裁注："古文作舄，小篆作雥……自經典借爲履舄字，而本義廢矣。"王筠句讀："舄，古鵲字……從舄聲者，猶讀如鵲也。"朱駿聲通訓定聲："今謂之喜鵲，字亦作鵲。"《字彙·隹部》："雥，同鵲。"陳獨秀《小學識字教本》："鵲，以昔象鵲鳴聲。"清孔廣居《説文疑疑》："舄之象形可疑，昭孔謂舄善爲巢，故舄字下從鳥省，上從巢省，象舄作巢形。"孔氏以會意析"舄"不可信。"舄"、"雥"、"鵲"的字形義均爲喜鵲，故許慎以後出轉注字釋被轉注字，段玉裁稱這種釋義方式爲"以今字釋古字之例"，王筠則稱爲"以同字爲説解之例"。《詩經·召南·鵲巢》："維鵲有巢，維鳩居之。"《墨子·魯問》："公輸子削竹木爲雥，成而飛之，三日不下。"舊題師曠《禽經》："靈鵲兆喜。"張華注："鵲噪則喜生。"

如果説以"會意"轉換"象形"而孳乳的會意字已成爲漢字聲化的先聲，那麽，以"形聲"轉換"象形"而孳乳的形聲字則業已完全聲化。以會意、形聲，特別是形聲法對原有的象形字進行改造翻新，粗略地講，它僅僅屬於運用某種方法對某類字實施"整容"行爲，而這類整容行爲似乎不會影響到漢字原來的構形體系的發展方向。但是，祇要縝密分析、研究這類轉換的性質及其因轉換而帶來的結果——漢字的聲化問題，就會形成一個前人未曾發現過的結論：漢字舊形的轉換是加速漢字集團聲化的發酵劑，而不祇是簡單地改造個別漢字舊形的行爲。這個結論,將會在後面的討論中進一步驗證。

(3) **會意轉爲形聲**。運用形聲構形法改造翻新會意字,使之變成形聲字。例如:

👁(會意):鑑、鏡(形聲)

"監"甲骨文作 👁(一期《拾》11.13)、👁(三期《摭續》190)、👁(三期《佚》932)等,象對着器皿中的水正容之形。字形義爲照面,本義爲遠古時期照面正容的工具,相當於後世的鏡子。《説文·臥部》:"監,臨下也。从臥,𪉣省聲。𥅱,古文監从言。"(八上)唐蘭《殷虛文字記》:"象一人立於盆側,有自其容之意。"郭沫若《殷周青銅器銘文研究·晉邦𪭹韻讀》:"鑑之爲用,據《周官·淩人》:'春始制鑑(《釋文》云:"本或作監")。凡外内饔之膳羞,鑑焉。凡酒漿之酒醴,亦如之。祭祀共冰鑑。'鄭注云:'鑑如甄,大口,以盛水,置食物於中以禦溫氣。'似此則鑑之爲用始如今人之冰櫃,以有蓋者爲宜。伯盨餴𪭹即此類也。然古人亦以鑑正容,在未以銅爲鑑之前,乃鑑之以水。《周書·酒誥》引古言:'人無于水監,當于民監。'揆其制當以監盛淨水而爲之,此以無蓋者爲宜。吳王夫差之禦監當即此類。今觀晉邦𪭹銘文中有'整辭爾容'語,足爲余説之一鐵證矣……(金文監)乃會意字,象人立於皿旁凝目而監於皿。皿即監也。皿上或益以一若·者,監中之水也。是則古人日常服御之器必有盛水之器以爲監,其高貴者乃以青銅爲之,是又可以斷言。"[①] 又《兩周金文辭大系圖録攷釋》:"臨水正容爲監,盛水正容之器亦爲監。"遠古無鏡之時,或面臨江湖,或面臨盆水照自己的影

---

① 郭沫若著作編輯出版委員會編:《郭沫若全集·考古編》第四卷第134—135頁,科學出版社2002年版。

像，甲骨文中的㇒字，就是照水時呈現在水面的人影，[1] 而 "監" 則是照的行爲（字形義），本義爲照面正容的工具。《管子·輕重己》："擖玉總，帶金監。" 漢賈誼《新書·胎教》："明監，所以照形也。" 後世 "監" 用青銅製作，故運用形聲構形法再造 "鑑" 字，也寫作 "鑒"。《說文》異部重出字有 "鑑" 字。《金部》曰："鑑，大盆也。一曰監諸，可以取明水於月。从金監聲。"（十四上）許君所謂 "大盆"，就是盛有水的、照面正容的大盆，而並非 "浴器"。林義光《文源》云："監即鑑之本字。上世未制銅時，以水爲鑑。" 林氏說是。《廣韻·鑑韻》："鑑，鏡也。亦作監。"《詩經·邶風·柏舟》："我心匪鑒，不可以茹。"《左傳·莊公二十一年》："鄭伯之享王也，王以後之鞶鑑予之。" 陸德明釋文："鞶，步干反，又蒲官反，紳帶也。鑑，上暫反，鏡也。"[2]《新唐書·魏徵傳》："以銅爲鑑，可以正衣冠。" 清鄭觀應《盛世危言·西學》："古云：臨鑒立影。" 後世再更換聲母 "監" 轉形爲 "鑬"。《龍龕手鑑·金部》："鑬，舊藏作鑑。"《字彙補·金部》："鑬，與鑑音義同。" 又《說文》重文 "䰞" 也由形聲構形，不過其中的 "言" 是 "皿" 的譌變。

㇒（會意）：杸（形聲）

"杸" 的初文爲 "殳"，甲骨文作 ㇒（《乙》1153），象一手高舉木槌形，本義爲古代一種木制的槌形兵器（或工具）。《說文·殳部》："殳，以杸殊人也。《禮》：'殳以積竹，八觚，長二尺，建於兵車，車旅賁以先驅。' 从又几聲。"（三下）許君釋形誤。從甲骨文的構形看，應爲會意字。林義光《文源》："古（殳）象手持殳形，亦象手有所持以治物。故從殳之字與又、攴同意。"《詩經·衛風·伯

---

[1] 參看鍾如雄、胡娟《釋"況"》，《西南民族大學學報》2011 年第 10 期。
[2] （唐）陸德明撰，黃焯斷句：《經典釋文》第 229 頁，中華書局 1983 年版。

兮》:"伯也執殳,爲王前驅。"《淮南子·齊俗訓》:"昔武王執戈秉鉞,以伐紂勝殷,搢笏杖殳,以臨朝。"許慎注:"殳,木杖也。"《文選·張衡〈西京賦〉》:"但觀罝羅之所罥結,竿殳之所揘畢。"李善注引三國吳薛綜曰:"罥,縊也;結,縛也;竿,竹也。殳,杖(殳)也。八稜,長丈二而無刃。或以木爲之,或以竹爲之。"① 後世運用形聲構形法另造"杸"字。許君以後出轉注字"杸"釋被轉注字"殳",又同部重出字有"杸",曰:"軍中士所持殳也。从木从殳。司馬法曰:'執羽从杸。'"王筠句讀:"杸當爲殳之重文。"朱駿聲通訓定聲:"杸,按此字當爲殳之或體。"《急就篇》:"鐵錘檛杖棁柲杸。"顏師古注:"杸,與殳音義同。"

燚(會意):爛、焰(形聲)

"燚"甲骨文作燚(一期《乙》8691),象烈火熊熊燃燒之形。《說文·燚部》:"燚,火華也。从三火。"(十上)段玉裁注:"凡物盛則三之。"《廣韻·錫韻》:"燚,火焰也。"《淮南子·覽冥訓》:"往古之時,四極廢,九州裂,天不兼覆,地不周載。火爁炎而不滅,水浩洋而不息。"王念孫《讀書雜志·淮南子内篇》"爁炎、浩洋"條云:"念孫案:炎當爲燚,字之誤也。《說文》:'燚,火華也。'《玉篇》弋贍切。《廣韻》力驗切。爁炎,火延也。《太平御覽·皇王部》三引此作'爁燚',與《廣韻》合。"② 《易林·屯之坎》:"朽根倒樹,花葉落去,卒逢火燚,隨風偃僕。"《文選·張衡〈思玄賦〉》:"紛翼翼以徐戾兮,燚回回其揚靈。"李善注:"《說文》曰:'燚,火華也。'言光之盛如火之華。"後更換"炎"增附聲母"閻"轉形爲形聲字"爓"。《說文》異部重出字有"爓"字。《火部》曰:"爓,火

---

① (南朝梁)蕭統編、(唐)李善注:《文選》第46頁,中華書局1977年版。
② (清)王念孫《讀書雜志》第818頁,江蘇古籍出版社2000年版。

門也。从火閻聲。"(十上）沈濤古本考："'火門'蓋'火爓'之壞字。"沈氏説甚確。《文選·班固〈西都賦〉》："發五色之渥采，光爓朗以影彰。"李善注引《字林》曰："爓，火貌也。"或更換聲母"閻"轉形爲"焰"。南朝梁簡文帝《對燭賦》："宵深色麗，焰動風過。"杜甫《火》："風吹巨焰作，河漢騰煙柱。"注意：魏晉以前未造"焰"字，故《説文》袛收"焱"、"爓"二字，《漢語大字典》編者不知"焰"爲"焱"的異體字，[①] 應補充説明。

奔（會意）：逩（形聲）

"奔"金文作奔（《孟鼎》），象一壯男抛手奔跑之形。從人從三止，會意字。從三"止"表示其雙腳前後急速運動之意。《説文·夭部》："奔，走也。从夭，賁省聲。與走同意，俱从夭。"（十下）徐鍇繫傳："從夭卉聲。"許慎和小徐均認爲"奔"是形聲字，不可信。後世運用形聲構形法增附"辶"轉換爲亦聲字"逩"。金文《貮簠》作逩。"奔"、"逩"的字形義均表示人奔跑。容庚《金文編》卷十："从夭，从三止，奔之意也。"[②]《篇海類編·人事類·足部》："逩，逩走也。"《正字通·糸部》："逩，疾走。按：疾走義同奔。奔亦有去聲，俗作逩。"元王子一《誤入桃園》三折："你逩關山千百重，進程途一萬里。"清洪昇《長生殿·賂權》："那時犯弁殺條血路，逩出重圍。""奔（逩）"指人跑，動物跑用"犇"。《玉篇·牛部》："犇，牛驚。"《正字通·牛部》："犇，牛駭群走也。"後二字混用，屬於同源字，無轉注關係。

韭（會意）：韮（形聲）

《説文·韭部》："韭，菜名，一種而久者，故謂之韭。象形，

[①] 徐中舒主編：《漢語大字典》第 2368 頁，四川辭書出版社、湖北崇文書局 2010 年版。

[②] 容庚編著，張振林、馬國權摹補：《金文編》第 701 頁，中華書局 1985 年影印本。

在一之上。一，地也。此與耑同意。"（七下）"韭，菜名，一穜而久者"，段注本改作："韭菜也，一穜而久生者。"段玉裁注："（韭菜也）三字一句……韭、久疊韻。"①《詩經·豳風·七月》："四之日其蚤，獻羔祭韭。"北魏賈思勰《齊民要術·種葵》："諺曰：'觸露不掐葵，日中不剪韭。'"後世運用形聲構形法增附類母"艸"轉形爲"韮"。《廣韻·有韻》："韭，俗作韮。"《南齊書·庾杲之傳》："（杲之）清平自業，食唯有韭葅、瀹韭、生韭、雜菜。或戲之曰：'誰謂庾郎貧，食鮭常有二十七種。'言三九也。"

    ǎ（會意）：評、呼、謼、嘑（形聲）

"呼"初文爲"乎"，甲骨文作ǎ（一期《鐵》45.1），象人引頸喊叫、聲從口出之形。凡物體發出聲響，甲骨文多在該物的左、右或上用彡、㣺或㣺表示聲音傳出的方向。如"彭"，《説文·壴部》："鼓聲也。从壴彡聲。"（五上）徐鉉注："當从形省，乃得聲。"許、徐二氏析形均誤，應爲从壴从彡會意。"壴"甲骨文作豈（戩43.1），或作㷱（林19.7）、或作㷱（《後》下32.9），②金文作㷱（《王孫鐘》）。"壴"爲"皷"的初文（不是"鼓"的初文），"彡"或"彡"表示鼓聲向上傳出。同理，ǎ（乎）上的三豎表示呼聲的上揚。《説文·兮部》："乎，語之餘也。从兮，象聲上越揚之形也。"（五上）"聲上越揚"，就是高聲叫喊。後世用形聲法增附類母"言"或"口"轉換爲"評"、"呼"。《説文·口部》："呼，外息也。从口乎聲。"（二上）又《言部》："評，召也。从言乎聲。"（三上）段玉裁注："《口部》曰：'召，也。'後人以呼代之，呼行而評廢矣。"楊樹達《積微居小學述林》："考之《尚書》及古金文，'乎'字絶少作語末詞用者，

---

① （清）段玉裁：《説文解字注》第336頁，上海古籍出版社1988年第2版。
② 見徐中舒主編《甲骨文字典》第514頁，四川辭書出版社1989年版。

而甲文、金文'乎'字皆用評作召之'評'……以此知'乎'本'評'之初文，因後人久借用爲語末之詞，乃有後起加'言'旁之字。古但有'乎'而無'評'，説金文者往往謂'乎'爲'評'字之假，非也。呼召必高聲用力，故字形象聲上越揚，猶'曰'字表人發言，字形象氣出也。"段、楊二氏説甚是。後世再更換聲母"乎"作"謼"。《説文·言部》："謼，評謼也。从言虖聲。"（三上）段玉裁注、王筠句讀均據《韻會》引文改作"評也"。再更換類母"言"轉形爲"嘑"。《説文·口部》："嘑，唬也。从口虖聲。"（二上）"乎"、"評"、"呼"、"謼"、"嘑"的字形義均爲大聲喊叫。許慎説"乎"爲"聲上越揚"，楊樹達説"乎本評之初文"，段玉裁説"後人以呼代之，呼行而評廢。"又許慎説"呼"的字形義爲"外息"，失之甄別，應與"評"同，段氏説是。《詩經·大雅·蕩》："式號式呼，俾晝作夜。"鄭玄箋："醉則號呼相傚。"陸德明釋文："崔本作評。"清陳奐傳疏："呼，亦號也。"向熹《詩經詞典》："呼（謼、嘑），叫喊。"《周禮·春官·雞人》："大祭祀，夜嘑旦以嘂百官。"陸德明釋文："嘑，本又作呼。"《漢書·息夫躬傳》："仰天大謼。"《玉篇·言部》："謼，大叫也。"《漢書·賈山傳》："一夫大謼，天下回應者，陳勝是也。"顏師古注："謼字與呼字同。謼，叫也。""乎"、"評"、"呼"、"謼"、"嘑"爲一組轉注字，《説文》分別部居且又作重文處理，説明許慎不知道它們是同字轉注關係。

牖（會意）：牗（形聲）

"牖"本義爲土牆上安裝的木窗。《説文·片部》："牖，穿壁以木爲交窗也。从片、户、甫。譚長以爲：'甫'上'日'也，非'户'也。牖，所以見日。"（七上）段玉裁注："交窗者，以木横直爲之，即今之窗也。在牆曰牖，在屋曰窗。"馬宗霍引通人考："從户從日之説，又均可通於穿壁交窗之義。"《玉篇·片部》："牖，牕牖也。"《尚書·顧命》："牖間南向，敷重篾席。"孔穎達等正義："牖謂窻也。"後世運用形聲構形法轉換成形聲字"埲"。《馬王堆漢墓醫書·雜禁方》："又（有）犬善皋（嗥）於壇（壇）及閒，埲井上方五尺；夫妻相惡，埲户口方五尺；欲微貴人，埲門左右五尺；多惡薨［夢］，埲牀下方五尺；姑婦善爭，埲户方五尺；嬰兒善泣，埲埲上方五尺。"《漢語大字典》未收"埲"字，宜據秦漢簡帛文獻增補。

運用形聲構形法改造原有的會意字，客觀上進一步鞏固和強化了漢字集團的聲化發展。

8.1.2 逆向轉換

"逆向轉換"簡稱"逆轉"，即運用已有的構形方法，按照會意、指事、象形的反方向順序，對漢字集團中的某些字進行改造翻新。在漢字構形法三度成熟之後，漢字集團内部會作適當和適量的調整，進一步完善漢字的表意能力，而"逆向轉換"就是對原有的字作小範圍的改造，使其表意更加鮮明、準確。同時，逆向轉換也説明，漢字構形法即使發展到以形聲法爲主體的造字時期，會意法的構形能力依然十分旺盛。對此我們應該有清醒的認識。

照理說，逆向轉換應該適用於會意、指事、象形中任何一種字形的轉換，但據我們調查分析，它主要運用於會意構形法對形聲字的改造，即對原有的形聲字的改造翻新，使之變成會意字。例如：

地（形聲）：坔、坔（會意）

"地"的本義爲大地，與"天"相對。《説文·土部》："地，元气初分，輕、清、陽爲天，重、濁、陰爲地。萬物所陳列也。从土也聲。墜，籀文地从隊。"（十三下）《周易·乾》："本乎天者親上，

第8章 漢字轉注系統

本乎地者親下，則各從其類也。"或更換聲母"也"轉形爲"墬"。《說文》重文有"墬"。《楚辭·天問》："康回馮怒，墬何故以東南傾？"王逸注："墬，一作地。"《淮南子·天文訓》："天墬未形，馮馮翼翼，洞洞灟灟，故曰太昭。"《漢書·敘傳上》："班壹避墬于樓煩，致馬牛羊數千羣。"顏師古注："墬，古地字。"或從山從水從土轉形爲會意字"墬"，省文作"坔"。《玉篇·土部》："坔，古地字。"《集韻·至韻》："地，或作坔，唐武后作墬。"《字彙補·土部》："墬字或謂武后所制。然竇蘋《唐書音義》已云見《戰國策》。又《亢倉》、《鶡冠》皆以'地'作'墬'，其爲古文無疑。《集韻》或作'坔'，省文也。"

穨（形聲）：頹（會意）

"穨"本義爲因脫髮而禿頂。《說文·禿部》："穨，禿皃。从禿貴聲。"（八下）段玉裁注："此从貴聲，今俗字作頹，失其聲矣。"徐灝注箋："禿者，髮落。"邵瑛群經正字："此爲首禿之穨。經典少用此義，亦少用此貴聲之字。"引申爲下落、倒塌、衰微、衰落、衰老、流逝、柔軟、寂靜、暴風等義。後世再運用會意法逆轉爲會意字"頹"，譌體作"頽"。《廣韻·灰韻》："頹，禿。"《六書故·人事三》："頹，首禿也。"

辯（形聲）：譶（會意）

"辯"的初文作"辡"，會意字。《說文·辡部》："辡，辠人相與訟也。从二辛。"（十四下）後世增附類母"言"順轉成會意兼形聲字"辯"。《說文》同部重出字有"辯"字，云："辯，治也。从言在中辡。"清姚炯部首訂："辡，即爭辯本字，謂辠人互訟，爭論屈直，各自疏解其事，故從二'辛'見意。蓋'辡'爲辠人自辯其非。"姚說甚精。"辯"爲"辡"的後出轉注字，而許君將其部居於同部正篆之內，說明他不知二字有轉注關係。後世再運用會意法逆轉爲"譶"，從巧從言，會意字。宋孫奕《示兒編·字説·集字二》："後魏江式嘗譏俗人好撰字，云：'巧言爲辯。'因作'䜝'字。今《唐史》亦有'康䜝'。"《字彙補·言部》："辯字本作䜝，北齊所造也。"清吳任臣不知"辯"與"䜝"的歷史淵源關係，誤認爲"辯字本作䜝"。"辯"（辡）、"䜝"的字形義均爲巧言爭辯。許慎説"辯，治也"，恐非"辯"的字形義。《墨子·經上》："辯，爭彼也。辯勝，當也。"孫詒讓閒詁："彼，吳鈔本作攸。"《尚書·太甲下》："群罔以辯言亂舊政。"孔安國傳："利口覆國家，故特慎焉。"《老子》第八十一章："善者不辯，辯者不善。"漢河上公注："辯，謂巧言也。"《孟子·滕文公下》："予豈好辯哉，予不得已也。"漢趙岐注："好辯，好辯爭。"《資治通鑒·隋煬帝大業三年》："帝謂秘書監柳䜝曰。"元胡三省注："䜝與辯同。"

涙（形聲）：泪（會意）

"涙"從水戾聲，譌變作"淚"。《玉篇·水部》："涙，涕涙也。淚，同上，俗。"《集韻·至韻》："涙，目液也。"後世運用會意法逆轉爲"泪"，從目從水，會意字。漢印有"泪"字。《字彙·水部》："泪，與涙同，目液也。"今用通"泪"。"涙"、"泪"的字形義均爲眼淚。《戰國策·燕策三》："高漸離擊筑，荆軻和而歌，爲變徵之聲，士皆垂涙涕泣。"南朝梁沈約《春旴》："袵中萬行涙，故無一相思。"

闚（形聲）：閲（會意）

"闚"爲形聲字。《説文·門部》："闚，閃也。从門規聲。"（十二上）又："閃，闚頭門中也。从人在門中。"慧琳《一切經意義》卷一百："闚，《集訓》云：'門中竊見也。'"後世運用會意構形法逆轉爲"閲"，從門從視，會意字。《龍龕手鑑·門部》："閲，俗；闚，正。大規反。小視也。""闚"、"閲"的字形義均爲偷看。《周易·豐卦》："闚其户，其無人，自藏也。"《史記·管晏列傳》："晏子爲齊相，出，其御之妻從門閒而闚其夫。其夫爲相御，擁大蓋，策駟馬，意氣揚揚，其自

第 8 章　漢字轉注系統

得也。"又《河渠書》："太史公曰：余南登廬山，觀禹疏九江，遂至於會稽太湟，上姑蘇，望五湖，東闚洛汭大邳，迎河，行淮泗濟漯洛渠。"漢無名氏《故民吳仲山碑》："府縣請召，未曾闚城。"

趣、赾（形聲）：趍（會意）

《說文·走部》："趣，疾也。从走取聲。"（二上）清承培元《廣說文答問疏證》："趣，疾走也……凡言走之疾速者，皆以'趣'爲正字。"《廣雅·釋詁一》："趣，遽也。""赾"從走予聲。《字彙·走部》："赾，即趣字。"清年希堯《增補五方元音·地韻》："赾，同趣。"《古文苑·周宣王〈石鼓文〉》："赾赾六馬，射之奘迃。"宋章樵注："鄭云：赾即趣字……六馬，天子所駕也，趣趣然調和閑習，射則矢鏃之發舒徐不迫。"後世運用會意構形法逆轉爲"趍"，從走從步，會意字。《直音篇·走部》："趍，疾也，向也。趍，同趣。""趣"、"赾"、"趍"的字形義均爲快步跑。

在漢字發展史上，"逆轉"現象是客觀存在的，雖然它衹是運用在形聲轉換爲會意這一有限的範圍內。運用會意法轉換形聲字是漢字嬗變過程中的"復古"現象。按理說漢字構形法發展到第三度成熟時期，即以形聲爲主體的構形時期，是不應該出現像"逆轉"這類復古現象的，因爲形聲構形法的開放性較之會意構形法來說不知要強過多少倍。但是，我們衹能這樣認爲，"逆轉"的存在，是在有形可會的客觀事物聲化後，而後世改用會意法來再現其群象。它的運用帶點兒"拾遺補缺"的味道。因此，"逆轉"的適度運用，能重塑原本可以用會意法來創造的形聲字的形象。

8.1.3　平行對轉

"平行對轉"簡稱"對轉"。即用與原字構形相同的方法對其結構進行改造翻新。改造後的形體結構與原字相同，都是會意或形聲構造，不同的僅僅是構形部件比原字有所增附或更換。"對轉"的運用範圍原則上適用於象形、指事、會意和形聲等字，但實際上主要有"會意"和"形聲"的對轉。而在漢魏以後，"形聲"的對轉在漢字轉注系統中佔80%以上。

（1）**會意構形法對轉**。指運用會意構形法對原有的會意字進行改造翻新，使之變成新的會意字。我們的祖先早在殷商時期就悟出了會意構形法對轉的道理。在已出土的甲骨文中，這類對轉屢見不鮮。比如"牢"，甲骨文以"宀"和"牛"構形，表示在土屋內圈養牛。但是既然是圈養，圈中養的不僅是牛，還有羊、馬之類的動物，於是將"牛"換成"羊"或"馬"，字形就轉換成了𡆥、𡆨，甲骨文中就有了𡆥、𡆨、𡆩等多個會意字，它們都是"牢"的異體。《說文·牛部》："牢，閑也。羊牛馬圈也。从牛，冬省，取其四周帀也。"（二上）許君的釋義是正確的，但釋形不對。羅振玉《增訂殷虛書契考釋·牢》："牢爲獸闌，不限牛，故其字或从羊。"李孝定《甲骨文字集釋》也說："所謂從冬者，實象牢形，即許言'取其四周帀'者是也。"另"宀"是土屋，"穴"也是土屋。故𡆥、𡆨可以更換成"穴"作"窂"、"窐"。《玉篇·穴部》："窂，與牢同。"漢劉歆《遂初賦》："畋烈烈而厲高兮，寥琤窔以梟窂。"宋梅堯臣《泊下黃溪》詩："牛鳴向牢犢，犬喜入衣時。"𡆥與𡆨屬於會意對轉，而𡆥、𡆨與"牢"、"窂"也屬於會意對轉。秦漢以後，相繼淘汰了"窂"、"窐"、"窋"，而統一用"牢"字。再如：

𢼄（會意）：𠷎（會意）

"啓"甲骨文有𢼄（二期《戩》36.3）、𠷎（三期《粹》645）、𠷎、𢼄等多種構形。𢼄隸變爲"啓"（啟），象舉棒敲打房門之形；𢼄是𢼄的或體，改爲用手敲打房門，字形結構中少了棒之類敲打物體；而𠷎則將𢼄（攴）更換爲𠙵（口），表示用口叫門，祇叫不敲；⿰口攴則是將⿰口and⿰聚合在一起，表示一邊叫，一邊敲門。⿰、⿰、⿰都是會意字，而⿰口攴則是會意兼形聲字。《説文・口部》："啟，開也。从戶从口。"（二上）段玉裁注："此字不入《戶部》者，以口戶爲開戶也。後人用啓字，訓開，乃廢啟不行矣。"《説文》異部重出字有"啓"字。《攴部》云："啓，教也。从攴启聲。《論語》曰：'不憤不啓。'"（三下）楊樹達《積微居小學述林》："愚謂當解爲從口戌聲。蓋教者必以言，故字從口。教者發人之蒙，開人之智，與啓戶事相類，故字從戌聲，兼受戌字義也。"許君、楊氏均顛倒了"啓"的本義與引申義的關係。"啓"爲"启"之或體，本義都是叫人開門。《廣雅・釋詁三》："啓，開也。"《尚書・金縢》："啓籥見書，乃並是吉。"《楚辭・天問》："西北辟啓，何氣通焉？"王逸注："言天西北之門，每常開啓，豈元氣之所通？"也寫作"啓"。《龍龕手鑑・口部》説"启"是"啓"的古文。"戌"也是叫人開門。《六書故・人八》："戌，溪禰切，開戶也。"清王延鼎《説文佚字輯説》卷一："夫戌，從攴户聲，當是啟之正字，引申爲啓口，故又加口。"《正字通・攴部》："戌，啓同。""啓"初文作"戌"（戌）或"启"，爲會意對轉，後轉爲會意兼形聲字。今通用"启"字。

⿰（會意）：孝（會意）

"教"甲骨文主要有⿰（一期《前》581）、⿰（一期《前》5202）、⿰（一期《甲》206）等多種構形，象手舉條狀物抽打孩子使之效仿之形。故從子從爻從攴，會意；或省"子"，從爻從攴，會意；或省"爻"，從子從乂從攴，會意。後世或改體罰爲言傳身教，故運用會意對轉法換"攴"爲"言"。《説文・教部》："教，上施下所以效也。从攴从孝。⿰，古文教。⿰，亦古文教。"（三下）徐鍇繫傳："攴，所執以教道人也。孝，音教，效也，會意……古言字以教言之。"[1]"敩"

---

[1] （南唐）徐鍇：《説文解字繫傳》第62頁，中華書局1987年版。

爲"教"之異體。《集韻·效韻》:"敎,古作效。""敚"(敎、效)、"𢼒"的字形義均爲上施教,下效仿。"效"從"爻"。《廣雅·釋詁三》:"爻,效也";"效,效也"。王念孫疏證:"《[周易·]繫辭傳》云:'爻也者,效此者也。'又云:'爻也者,效天下之動者也。'又:'效法之謂坤。'古本皆作爻,是爻、效同聲同義……效者,《太平御覽》引《春秋元命包》云:'畋垂文象,人行其事謂之效。'效之爲言效也。言上爲而下效也。《說文》:效,上所施,下所效也。從攴𡥀聲。𡥀,效也。從子爻聲。爻,亦效也。"①"爻"義同"效","𡥀"與"爻"義同。《說文·子部》:"𡥀,放也。从子爻聲。"(十四下)段玉裁注:"效、仿古通用。𡥀訓效者,謂隨之依之,今則專用仿矣。教字,學字,皆以𡥀會意。教者,與人可以放(仿)也;學者,放而像之也。"玄應《一切經音義》卷二引《三蒼》曰:"教,誨也。"《廣韻·效韻》:"教,教訓也。"《孟子·滕文公上》:"人之有道也,飽食、煖衣、逸居而無教,則近於禽獸。"《禮記·學記》:"教也者,長善而校其失者也。""教"初文 𦓐 、𦕓 、𣀯 爲會意構形,《說文》重文換"攴"爲"言"寫作"𢼒",依然爲會意構形。

辠(會意):罪(會意)

《說文·辛部》:"辠,犯法也。从辛从自。言辠人蹙鼻,苦辛之憂。秦以辠似皇字,改爲罪。"(十四下)徐鍇繫傳:"自,古者爲鼻字,故從自。"徐灝注箋:"辠人蹙鼻苦辛,說近穿鑿。辠、罪古字通,見於經傳者不可枚舉,亦非秦人始改用之。竊謂辠從辛者,辛即辛也,自當爲聲。"徐灝認爲"辠"字從自辛聲不確。《說文·辛部》:"辛,秋時萬物成而熟。金剛味辛,辛痛即泣出。从一从䇂。䇂,辛也。辛承庚,象人股。"(十四下)郭沫若《釋干支》云:"辛、䇂實

---

① (清)王念孫:《廣雅疏證》第104頁,中華書局1983年版。

第8章 漢字轉注系統

本一字……字乃象形，由其象形以判之，當系古之剞剧。《説文》云：'剞剧，曲刀也。'""其所以轉爲愆皋之意者，殆亦有説。蓋古人於異族俘虜或同族中之有罪而不至於死者，每黥其額而奴使之……有罪之意無法表示，故借黥刑以表示之，黥刑亦無法表示於簡單之字形中，故借施黥之刑具剞剧以表現之。剞剧即辛辛，是辛辛可有剭義。"①郭説爲是。"辛"、"皋"均爲犯法，故"皋"從辛從自會意，後世對轉爲"罪"。《説文·网部》："罪，捕魚竹网。从网非。秦以罪爲皋字。"（七下）段玉裁注："本形聲之字，始皇改爲會意字也……《文字音義》：始皇以爲皋字似皇，乃改爲罪。按：經典等出秦後，故皆作罪。罪之本義少見於竹帛。"段氏説"（皋）本形聲之字"，不確。邵瑛群經正字："今經典作罪……秦以罪爲皋。""皋"、"罪"的字形義同爲作惡犯法。《説文》："皋，犯法也。"《廣雅·釋詁三》"畏、諄、訧、蘖、慼，戮，皋也。"王念孫疏證："訧者，《説文》：'訧，皋也。'"今大徐本作："訧，罪也。"②"罪"《説文》爲異部重出字，許君釋爲"捕魚竹网"，但從其構形"從网非"中，看不出有此義，應與"皋"同義。《玉篇·网部》："罪，犯法也。"《楚辭·九章·惜往日》："何貞臣之無皋兮，被離謗而見尤。"王逸注："皋，一作罪。"《周禮·天官·甸師》："王之同姓有皋，則死刑焉。"鄭玄注引鄭司農云："王同姓有罪當刑者，斷其獄於甸師之官也。"《周易·解》："君子以赦過宥罪。"孔穎達等正義："罪謂故犯。"《漢書·王莽傳》："惡不忍聞，罪不容誅。""皋"與"罪"會意對轉，《説文》應作爲"皋"的重文處理，而不宜分別編入異部正篆。

---

① 郭沫若：《釋干支》，見于省吾主編《甲骨文字詁林》第2498頁，中華書局1996年版。

② （漢）許慎：《説文解字》第57頁，中華書局1963年影印本。

𭺌（會意）：茻（會意）

"茻"甲骨文作𭺌。《説文・茻部》："莽，南昌謂犬善逐菟艸中爲莽。从犬从茻，茻亦聲。"（一下）又："茻，眾艸也。从四屮。讀與冈同。"許君認爲"茻"爲眾"艸"之象，"莽"爲"犬逐菟艸中"之象，二字無轉注關係，故均編排在《茻部》正篆之内，但他又明確指出"莽"、"茻"都是會意字。我們認爲：四屮爲"茻"，聚象眾草群生之形，而在茻中增附"犬"，則聚象犬在草叢中追逐之形，再現的客觀物象均爲生長茂盛的草叢，故清人薛傳均《説文答問疏證》説："茻，眾艸也，是正字。"薛説爲是。朱駿聲通訓定聲："經傳艸茻字皆以'莽'爲之。"説明歷代經學家都知道"莽"、"茻"形異而實同，字形義同爲叢生的草。"莽"的字形義許君説是"南昌謂犬善逐菟艸中"，説明該字爲方言所造。玄應《一切經音義》卷十一引《説文》："木叢生曰榛，眾草曰莽也。""眾草曰莽"，説明"莽"、"茻"的字形義相同。《左傳・哀公六年》："吳日敝於兵，暴骨如莽，而未見德焉。"杜預注："草之生於廣野莽莽然，故曰草莽。"南朝宋鮑照《蕪城賦》："灌莽杳而無際，叢薄紛其相依。""灌莽"即叢生的灌木和野草。"茻"與"莽"會意對轉，《説文》應作爲"茻"的重文處理，而不宜編入同部正篆。

𨺅（會意）：𨺅、陟、偗（會意）

"陟"甲骨文作𨺅（一期粹167）。羅振玉《增訂殷虛書契考釋・陟》："案：从𨸏，示山陵形，从𣥂，象二足由下而上。此字之意但示二足上行，不復別左右足。"[①] 李孝定《甲骨文字集釋》："或從步，或從止不拘，但象其上升之形。"[②] 徐中舒《甲骨文字典》卷

---

① （清）羅振玉：《殷虛書契考釋三種》第514頁，中華書局2006年版。
② 李孝定編述：《甲骨文集釋》，"中央"研究院歷史語言研究所專刊五十）第4139頁，"中華民國"五十九年十月再版。

十四："從阜從步，象雙足循腳窩上升之形，故會登陟之意。"甲骨文或對轉爲🅐（隂），上"止"被更換成了"人"，從阜從人止會意。《三體石經·君奭》在"步"中增"日"轉形爲"隫"，聚象在太陽初昇時登高之意。《説文·阜部》："陟，登也。从阜从步。𨙷，古文陟。"（十四下）商承祚《説文中之古文考》："案：（隂）甲骨文作🅑，金文散盤作🅒，石經古文作隫，皆不從人。人乃阜之寫失。"其説不可信。甲骨文"陟"或作🅐，其構形中有"人"與否可隨意，有"阜"與否也可隨意。比如甲骨文🅓（降）或作🅔，其中就無"阜"。而"陟"許君所據古文作"𨙷"，構形中無"阜"而有"人"，依然會意，並非"寫失"。"陟"、"隂"、"隫"、"𨙷"的字形義同爲登山。《爾雅·釋詁》："陟，升也。"《詩經·周南·卷耳》："陟彼崔嵬，我馬虺隤。"毛傳："陟，升也。""陟"，一轉爲"隂"，二轉爲"隫"，三轉爲"𨙷"，它們都屬於會意對轉。

會意對轉，像象形轉會意一樣，會産生兩類字，即會意字和會意兼形聲字。如前文例證中的"启：啓"、"教：𢽦""皋：罪"、"莽：䰃"、"陟：隂、隫、𨙷"等，被轉注字與後出轉注字均爲會意字，而"启：啓"、"教：𢽦"則有所不同，後出轉注字"啓"、"𢽦"有聲化的趨向，它們既可以作會意字分析，又可以作形聲字分析，屬於會意兼形聲字。

（2）形聲構形法對轉。指運用形聲構形法對原有的形聲字進行改造翻新，使之變成新的形聲字。比如《説文·目部》曰："睨，衺視也。从目兒聲。"（四上）《史記·李將軍列傳》："廣詳死，睨其旁有一胡兒騎善馬，廣暫騰而上胡兒馬。""睨"的本義是斜着眼睛看，但是，無論是斜着眼睛看還是眯着眼睛看，都與看的行爲有關，故更換類母"目"轉形爲"覝"。《説文》異部重出字有"覝"字。《見部》曰："覝，旁視也。从見兒聲。"（八下）段玉裁注："《目部》曰：

'睨，衺視也。'二字音义皆同。""衺視"和"旁視"有何區別呢，但許君分屬《目部》和《見部》，是以他的"依類相從"爲原則的，所以這類同字異形轉注字，在《説文》中依類編排的現象極爲普遍。如"趯"、"躍"同字，一個在《辵部》，一個在《足部》；"遺"、"嫷"同字，一個在《辵部》，一個在《女部》；"趉"、"鞧"同字，一個在《辵部》，一個在《革部》等等。再如：

壻（形聲）：婿（形聲）

"壻"古代稱丈夫，也泛稱女兒等的丈夫，故從"士"構形。《爾雅·釋親》："壻之父爲姻，婦之父爲婚。"《説文·士部》："壻，夫也。从士胥聲。《詩》曰：'女也不爽，壻貳其行。'士者，夫也。讀與細同。婿，壻或从女。"（一上）段注本作"从士胥"。段玉裁注："夫者，丈夫也。然則壻爲男子之美稱，因以爲女夫之稱。《[爾雅·]釋親》：'女子之夫爲壻。'鉉本有'聲'字，誤。《周禮注》、《詩箋》皆曰：'胥，有才知之稱。'又曰：'胥讀如諝。謂其有才知爲什長。'《説文·言部》曰：'諝，知者也。'然則从胥者，从諝之省。"①《女部》云："姻，壻家也。女之所因，故曰姻。从女从因，因亦聲。"（十二下）又云："婚，婦家也。《禮》：'娶婦以昏時。'婦人陰也，故曰婚。从女从昏，昏亦聲。"後世更换類母"士"轉形爲"婿"。《説文》重文有"婿"字。南朝宋劉義慶《世説新語·文學》："裴散騎娶王太尉女，婚後三日，諸婿大會，當時名士，王、裴子弟悉集。郭子玄在坐，挑與裴談。子玄才甚豐贍，始數交未快。郭陳張甚生，裴徐理前語，理致甚微，四坐咨嗟稱快。王亦以爲奇，謂諸人曰：'君輩勿爲爾，將受困寡人女婿。'"②在同一段文字中，前

---

① （清）段玉裁：《説文解字注》第20頁，上海古籍出版社1988年第2版。

② 余嘉錫撰，周祖謨、余淑宜整理：《世説新語箋疏》第209頁，中華書局1983年版。

第8章 漢字轉注系統

後文"壻"、"婿"混用，説明劉宋時期用字並不規範統一。段玉裁認爲，"壻"的構形採用的是會意法而不是形聲法，故改許君"从士胥聲"爲"从士胥"，又説"婿"爲"以女配有才知者，爲會意"。我們覺得，"壻"、"婿"均爲會意兼形聲字，許説不誤。"壻"、"婿"一從"士"一從"女"，屬於形聲對轉。

逾（形聲）：踰（形聲）

《説文·辵部》："逾，越進也。从辵俞聲。《周書》曰：'無敢昏逾。'"（二下）段玉裁注："越進，有所超越而進也。"《玉篇·辵部》："逾，越也。"《尚書·禹貢》："浮于江沱潛漢，逾于洛，至于南河。"僞孔安國傳："逾，越也。"《説文》異部重出字有"踰"字，《足部》云："踰，越也。从足俞聲。"（二下）《周易·謙》："謙尊而光，卑而不可踰，君子之終也。"孔穎達等正義："卑謙而不可踰越，是君子之所終也。"《詩經·鄭風·將仲子》："將仲子兮，無踰我里。"毛傳："踰，越也。""逾"、"踰"的聲母同爲"俞"，而類母"逾"從"辵"，"踰"則從"足"，本義都是超越、跨越，同字異體，形聲對轉。

越（形聲）：越（形聲）

《説文·辵部》："越，踰也。从辵戉聲。《易》曰：'雜而不越。'"（二下）吴玉搢引經攷："今《易·繫辭》作'越'。《説文長箋》：'越、越二字音聲訓義皆同。'"《説文》異部重出字有"越"字，《走部》云："越，度也。从走戉聲。"（二上）清李富孫正俗："越訓度，與過字義同。"《六書故·人九》："越，踰越險阻也。"又許君以"越進"釋"逾"，以"越"釋"踰"，説明"逾"、"踰"與"越"、"越"本義相同，均爲超越、跨越。"越"、"越"聲母相同，而類母"越"從"辵"，"越"則從"走"，同字異體，形聲對轉。

翍（形聲）：翄（形聲）

《説文·羽部》："翍，翼也。从羽支聲。翄，翍或从氏。"（四上）"翄"是鳥類的翅膀，或寫作"翅"。《漢書·禮樂志》："幡比翄回集，貳雙飛常羊。"顔師古注引文穎曰："舞者骨騰肉飛，如鳥之回翄而雙集也。"《爾雅·釋獸》清王先謙補注引陸德明釋文："翄，本或作翅。""翄"更換聲母"支"轉形爲"翄"，見《説文》重文。《廣韻·寘韻》："翅，鳥翼。施智切。翄、翄並同上。"《史記·楚世家》："三國布翄，則從不待約而可成也。"司馬貞索隱："翄，亦作翅。"再更換聲母"支"轉形爲"翄"。《説文》同部重出字有"翄"字，云："鳥之彊羽猛者。从羽是聲。"許説於傳世典籍無徵，實爲"翄"之異體字。《龍龕手鑑·羽部》説"翄"是"翅"的俗體。《字彙·羽部》："翄，與翅同。"《周禮·秋官·翄人》："翄氏，下士二人，徒八人。"鄭玄注引鄭司農云："翄，讀爲翅翼之翅。"清龔自珍《説爵》："雀，二角一翄三足。"也寫作"翄"。《玉篇·羽部》："翄，居攱切。鳥翮也；鳥之强羽猛也。翄，同上。"再更換聲母"支"轉形爲"翄"。《玉篇·羽部》："翅，升攱切，翼也。翄，同上；翄，同上。"[1] "翄"（翅）一轉爲"翄"，再轉爲"翄"（翄），三轉爲"翄"，被替換的均爲聲母。

苣（形聲）：炬（形聲）

"炬"初文作"苣"。《説文·艸部》："苣，束葦燒。从艸巨聲。"（一下）徐鉉等注："今俗別作炬。"王筠句讀改作"束葦而燒之，謂大燭也"，並注："字俗作炬。"邵瑛群經正字："今經典作炬。如《儀禮·士喪禮》鄭［玄］注：'燋，炬也，所以燃火者也。'"後世更換類母"艸"轉形爲"炬"，從火巨聲。《玉篇·火部》："炬，火炬。"《集韻·語韻》："苣，《説文》：'束葦燒。'或從火。"黄侃《字正初編·語韻》："炬，別，正作苣。"今通用"炬"。"苣、炬"的字形義均爲火把。唐慧苑《華嚴經音義》上引《桂苑珠叢》："苣，謂苣

---

[1] 《宋本玉篇》第 476 頁，北京市中國書店 1983 年影印本。

苣，束草爇火以昭之也。"《墨子·備城門》："寇在城下，聞鼓音，燔苣。"《史記·田單列傳》："牛尾炬火光明炫耀。"《後漢書·皇甫嵩傳》："嵩及約勑軍士皆束苣乘城。"宋陸游《夜行》詩："路長憂炬盡，馬弱畏泥深。"

糧（形聲）：粮（形聲）

"粮"初文作"糧"。《説文·米部》："糧，穀也。从米量聲。"（七上）後世形聲對轉爲"粮"，從米良聲。《玉篇·米部》："糧，穀也。粮，同糧。"黄侃《字正初編·陽部》："糧，正；粮，俗。""糧"、"粮"的字形義均爲穀物，特稱出門時隨身帶的乾糧。王筠句讀改爲"穀食"，並注："群書言糧無不謂行道者，許君但言'穀食'，則如今之麨，居家者亦食之也。"桂馥義證："糧乃行者之乾糧。"《尚書·費誓》："峙乃糗糧，無儆不逮。"《周禮·地官·廩人》："凡邦有會同師役之事，則治其糧也。"鄭玄注："行道曰糧，謂糒也；止居曰食，謂米也。"賈公彦疏："《詩經[·大雅·公劉]》云：'乃裹餱糧。'是行道曰糧。"《墨子·魯問》："今賤人也，亦攻其鄰家，殺其人民，取其狗豕、食糧、衣裘。"孫詒讓注引清畢沅校："粮，糧字俗寫。"①

衿（形聲）：襟、衿（形聲）

"衿"金文作衿（《彧鼎》），形聲字。《説文·衣部》："衿，交衽也。从衣金聲。"（八上）後世更換声母"金"轉形爲"襟、衿"。邵瑛群經正字："衿，今經典作襟，亦作衿。《説文》無襟字，正字當作衿。"黄侃《字正初編·侵韻》："襟、衿，《説文》但有衿字。衿見《詩》，襟見《爾雅》，皆後出。"今通用"襟"。"衿"、"襟"、"衿"的字形義均爲衣服的交領。《爾雅·釋器》："衣眥謂之襟。"郭璞注："交領。"《釋名·釋衣服》："襟，禁也，交於前所以禁禦風寒

---

① （清）孫詒讓撰，孫啟治點校：《墨子閒詁》第469頁，中華書局2001年版。

也。"《廣韻·侵韻》:"襟,袍襦前袂。衿,上同。"《方言》卷四:"衿謂之交。"郭璞注:"衿,衣之交領也。"又:"(襌衣)有裵者,趙魏之間謂之祛衣。"清錢繹箋疏:"衣前襟亦謂之裵……[郭璞]注:'前施裵囊者,謂右外衿。'古禮服必有裵,惟襃衣無裵。"《楚辭·離騷》:"攬茹蕙以掩涕兮,霑余襟之浪浪。"劉義慶《世說新語·文學》:"(支道林)因論《莊子·逍遙遊》。支作爲千言,才藻新奇,花爛映發。王(逸少)遂披襟解帶,留連不能已。"南朝梁沈約《春旴》:"衿中萬行淚,故無一相思。"《詩經·鄭風·子衿》:"青青子衿,悠悠我心。"毛傳:"青衿,青領也,學子所服。"顏之推《顏氏家訓·書證》:"古者,斜領下連於衿,故謂領爲衿。"

箴(形聲):葴、鍼、鐵、鐵、針(形聲)

"針"初文作"箴"。《説文·竹部》:"箴,綴衣箴也。从竹咸聲。"(五上)清王筠句讀:"《金部》:'錆,郭衣鍼也。'綴與郭蓋同意。'鐕'下云:'可以綴箸物者。'蓋作衣者,以箴周其衣而著之於案而後縫之。'鍼'下云:'所以縫也。'乃縫衣之鍼也。周之故曰'郭',箸於物故曰'綴'。"《武威漢代醫簡》:"次刺膝下五寸分間,榮深三分,留箴如炊一升米頃,出箴。名曰三裏。"後世形聲對轉爲"葴"、"鍼"、"鐵"、"鐵"、"針"。遠古冶鐵技術未發明,縫衣針衹能用竹製作,冶鐵技術發明之後,"箴"更換類母"竹"轉形爲"鍼"。《説文》異部重出字有"鍼"字。《金部》:"鍼,所以縫也。从金咸聲。"(十四上)段玉裁注:"縫者,以鍼紩衣也。《竹部》'箴'下曰:'綴衣箴也。'以竹爲之,僅可聯綴衣,以金爲之,乃可縫衣。"或在初文"箴"上纍增類母轉換爲"鐵"。《集韻·侵韻》:"鍼,《説文》:'所以縫也。'或從箴。"《字彙·金部》:"鐵,同鍼。"又因"箴"所從之"竹"可更爲"艸"而作"葴"(《鮮于黃碑》),故"鐵"也可轉換爲"鐵"。《集韻·沁韻》:"針,縫也,刺也。或

第8章 漢字轉注系統

從箴。"《正字通·金部》："鍼,俗鍼字。"後世再更換聲母"咸"、"箴"、"葳",對轉形爲"針"。玄應《一切經音義》卷十八："鍼,《字詁》又針、箴二形,今作鍼,同。"慧琳《一切經音義》卷六十四："鍼,俗作針。"黄侃《字正初編·侵韻》："鍼,正;針,別。""箴"、"葳"、"鍼"、"鑯"、"鐵"、"針"的字形義均爲縫衣針。《説文》"箴"段玉裁注："綴衣,聯綴之也,謂箴之使不散;若用以縫,則從金之鍼也。"段氏不知"箴"與"鍼"的相承關係(古人先用竹骨之針,後世用鐵制之針),誤將其視爲綴衣、縫衣之二物。但他在《糸部》"紩,縫也"(十三上)下注則説:"凡鍼功曰紩。"《荀子·賦》:"簪以爲父,管以爲母,既以縫表,又以連裏,夫是謂箴理。"《禮記·内則》:"衣裳綻裂,紉箴請補綴。"《六書故·地理一》:"鍼,芒鐵所以引線縫紉也。"《左傳·成公二年》:"楚侵及陽橋,孟孫請往賂之,以執斫、執鍼、織紝皆百人,公衡爲質,以請盟。"杜預注:"執鍼,女工。"《莊子·人間世》:"挫鍼治繲,足以餬口。"唐成玄英疏:"挫鍼,縫衣也。"顔之推《顔氏家訓·風操》:"男則用弓矢紙筆,女則用刀尺鍼縷。"明何景明《鉦衣》:"裁以金剪刀,縫以素絲鍼。"《廣韻·侵韻》:"針,針線。鍼,上同。《説文》曰:'所以縫也。'"《篇海類編·珍寶類·金部》:"針,縫器。"漢繁欽《定情詩》:"何以結中心?素縷連雙針。"北周庾信《對燭賦》:"燈前桁衣疑不亮,月下穿針覺最難。"唐李白《冬歌》:"素手抽針冷,那堪把剪刀。"唐樞《蜀籟·金部》:"針對針線對線,針過得線過得。"[1]"箴"一轉爲"葳",再轉爲"鍼",三轉爲"鑯"、"鐵",四轉爲"針"。或更換類母(葳、鍼),或纍增類母(鑯、鐵),或類母、聲母全換(針)。

---

[1] 唐樞輯:《蜀籟》第292頁,四川人民出版社1982年新1版。

線（形聲）：綫、綫、繾（形聲）

"綫"初文作"線"，從糸泉聲。《說文·糸部》："綫，縷也。从糸戔聲。線，古文綫。"（十三上）又曰："縷，綫也。从糸婁聲。""線"許君作爲"綫"的重文收錄，並說是"綫"的"古文"，但今出土的甲骨金文等均未見"線"字。後世更換聲母"泉"轉形爲"綫、綫、繾"。《集韻·線韻》："線，亦作綫。"《字彙·糸部》："綫，同線。"《集韻·線韻》："綫，《說文》：'縷也。'亦作繾。"黄侃《字正初編·線韻》："線，正；綫，亦正，同。""線"、"綫"、"綫"、"繾"的字形義同爲縫紉線。《周禮·天官·縫人》："縫人掌王宮之縫線之事。"鄭玄注引鄭司農云："線，縷也。"又《考工記·鮑人》："察其線，欲其藏也。"鄭玄注："故書線或作綜。杜子春云：綜當爲糸旁泉。讀爲綫，謂縫革之縷。""線"一轉爲"綫"，再轉爲"綫"，三轉爲"繾"，被替換的均爲聲母。

扞（形聲）：捍（形聲）

"捍"初文作"扞"。《說文·手部》："扞，忮也。从手干聲。"（十二上）《廣韻·翰韻》："扞，以手扞。又衛也。"《尚書·文侯之命》："汝多修，扞我于艱。"僞孔安國傳："扞我於艱難，謂救周誅犬戎。"《漢書·刑法志》："夫仁人在上，爲下所卬（仰），猶子弟之衛父兄，若手足之扞頭目，何可當也？"顏師古注："扞，禦難也。"後更換聲母"干"轉形爲"捍"。《集韻·翰韻》："扞，衛也。或作捍。"《商君書·賞刑》："千乘之國，若有以捍城者，攻將凌其城。"唐韓愈《張中丞傳後敘》："守一城，捍天下，以千百就盡之卒，戰百萬日滋之師。"

搣（形聲）：撼（形聲）

"撼"初文作"搣"。《說文·手部》："搣，搖也。从手咸聲。"徐鉉等注："今別作撼。"清朱駿聲通訓定聲："搣，字亦作撼。"《廣雅·釋詁一》："撼，動也。"清王念孫疏證："《說文》：'搣，搖也。'搣與撼同。"《文選·司馬相如〈長門賦〉》："擠玉户以撼金鋪兮，聲嚆呟而似鐘音。"李善注引《說文》曰:"撼,搖也。"韓愈《調張籍》:"撼山易,撼岳家軍難。"蘇曼殊《斷鴻零雁記》第七章:"搖山搣城,聲若雷霆。"

形聲的轉生能力是非常強勁的。可以這樣說,在古往今來的漢字集團中,最能彰顯活力的是形聲構形法,而最能轉生漢字的依然是形聲構形法。形聲法的運用,既源源不斷地孳乳新的漢字,又能時時刻刻地更新原有的漢字。它無窮無盡的活力和神奇的再生能力,使漢字集團充滿生機。

適時地、適當地轉換漢字集團內部某些成員(字)的外貌特徵,以適應時代發展的用字之需,是我們的祖先繼漢字發明之後的又一偉大創舉。漢字的舊形改造翻新,屬於漢字集團中某個字、某些字的自我調適,而不是整個漢字集團的舊形變革。假如某一天,漢字突然從表意性質的文字脫化成爲拼音性質的文字,那樣的變化纔是漢字集團的本質變化。漢字的單個轉換,好比樹葉的秋落春生,形變而本不變。樹葉的秋落春生,包含着兩個意義:一是"秋落",預示着來年春天的生機勃發,年復一年,由小而壯,挺拔暢茂;二是"春生",新綠茁然,夭夭宜人。漢字的轉換具有同樣的意義,一是革新舊形,生機爲之勃然煥發,更能充分滿足華夏民族"寫其言如其意,情得展舒"(唐孔穎達語)的欲望和需求;二是形體蛻變,給人以似舊猶新的美妙感受。因此,漢字構形法轉換的運用,能收到化臭腐爲神奇的功效。

8.2 字形轉換系統

構形法轉換系統,是漢字構形法轉換方式的系統展示。比如順向轉換,展示象形字轉換成會意字、會意兼形聲字、形聲字,以及會意字轉換成形聲字的方式等等,通過構形法轉換的方式,以揭示文字舊形改造翻新的主觀動因和客觀規律。字形轉換系統則屬於構形法轉換的結果,即通過構形法的轉換,以揭示文字舊形被改變成一種什麼樣的結構了。但要實現構形法轉換的結果,必然還要涉及與之相吻合的轉換方法。

字形轉換系統包括以下內容:(1)象形字轉換成會意字或亦聲字(會意兼形聲字);(2)象形字轉換成形聲字;(3)會意字轉換成形聲字;(4)會意字轉換成會意字;(5)形聲字轉換成形聲字;(6)形聲字轉換成會意字等。

(1)**象形字轉換成亦聲字**。在"8.1 構形法轉換系統"中我們討論了"𠂤"、"牙"、"囟"的轉換問題。"𠂤"、"牙"、"囟"轉形爲"爵"、"𤘗"、"腦",從字形對比上看,初文與後出字之間形體產生了變化,但是這種變化上升爲理論解説應該是:一、構形方法不同,即由象形法轉變成了會意法;二、轉形後的結果不同,即由象形字轉變成了亦聲字。接下來我們要討論的是"轉形後的結果"問題,即象形字轉換成亦聲字。

象形字轉換成亦聲字的轉換方法是:在象形字的基礎上增附類母。例如:

𠁈(形象字):涃、淵(亦聲字)

"𠁈"甲骨文作𠁈,象激流中卷起的漩渦,或作𠁈,或累增類母"水"轉形爲𠁈。王襄先生説:"古淵字。"(《類纂正編》)李孝定先生《甲骨文字集釋》説:"此(卜辭)與古文同。辭云:'戊戌卜行貞王其田于淵。'地名。金文作𠁈《沈子簋》,其右旁所從與此略同。"[1]《説文·水部》:"淵,回水也。从水,形象。左右,岸也;中,

---

[1] 見于省吾主編、姚孝遂按語編撰:《甲骨文字詁林》第1300頁,中華書局2009年版。

第 8 章 漢字轉注系統

象水皃。冎，淵或省水。⌘，古文从水口。"（十一上）石鼓文作⌘，小篆"淵"承甲骨文或體⌘和金文⌘（《沈子簋》）而來。《篇海類編·地理類·水部》："淵，水盤旋處爲淵。"引申爲深潭。《管子·度地》："溝流於大水及海者，命曰川水；出地而不流者，命曰淵水。"《文選·郭景純〈江賦〉》："若乃曾潭之府，靈湖之淵，澄澹汪洸，瀇瀁囦泫。"李善注："鄭玄毛詩箋曰：'曾，重也。'王逸《楚辭》注曰：'楚人名淵曰潭府。'〔泫〕音玄。皆水深廣之貌。《説文》曰：'汪，廣也。'"[1]"冎"初文象形，其字形義《説文》《篇海類編》解釋最爲精當。其後或纍增"水"轉形爲"淵"。《集韻·先韻》："淵，古作冎。"或江流中的漩渦譌變爲"水"寫作⌘（囦）。北周衛元嵩《元包經·太陰·復》："氣蠢於莫，物萌於囦。"唐李江注："囦，古淵字。"或在"囦"再纍增"水"轉形爲⌘（洇）。《改併四聲篇海·水部》引《類篇》："洇，音淵。"《字彙補·水部》："洇，音義與淵同。""冎"是象形字，"洇"、"淵"是亦聲字，"囦"是譌體。

云（象形字）：雲（亦聲字）

"云"甲骨文⌘，象漂浮在天空中的雲彩之形。《正字通·二部》："云，雲本字。"《戰國策·秦策四》："楚燕之兵云翔不敢校。"宋鮑彪本作"雲翔"。後世增附"雨"轉形爲"雲"。《説文·雲部》："雲，山川氣也。从雨云，象雲回轉形。⌘，古文省雨。⌘，亦古文雲。"（十一下）[2] 孫詒讓云："雲，古文作⌘……象雲之騰於天也……爲雲之原始象形文，'云'爲增變文，'雲'爲後定文。"[3] 于省吾《釋

---

[1] （南朝梁）蕭統編、（唐）李善注：《文選》第 185 頁，中華書局 1977 年版。

[2] "从雨云，象雲回轉形"，臧克和新訂本、《漢語大字典》讀爲："从雨，云象雲回轉形。"均誤讀。分別見臧克和、王平校訂《説文解字新訂》第 766 頁，中華書局 2002 年版；徐中舒主編《漢語大字典》第 2 版第 4323 頁，四川辭書出版社、湖北崇文書局 2010 年版。

[3] （清）孫詒讓：《名原》第 19 頁，齊魯書社 1986 年版。

雲》："云爲雲之初文，加雨爲形符，乃後起字。甲骨文稱：'今兹云雨。'（前六.四三.四）'兹云其雨。'（乙四〇〇）是均以云爲雲之證。"① "云"初文象形，後世增附"雨"轉形爲亦聲字"雲"，故大徐本作"从雨云"，小徐本則作"從雨云聲"，于省吾釋爲形聲字。

（2）象形字轉換成形聲字。轉換方法是：在象形字的基礎上增附類母或聲母，或運用形聲法重造形聲字。比如前文所說的形聲字"酒"、"桓"，就是在象形字"酉"、"亘"的基礎上增附類母"水"或"木"而成；形聲字"罔"則是在象形字"网"的基礎上增附聲母"亡"而成；形聲字"雒"（鵲）、"貑"，則是放棄象形字𦐇（鳥）、犭（犹）之後，運用形聲法重新造的字。因此，象形字轉換成形聲字，涉及"改造"和"重造"兩種方式。

第一類：改造象形字。例如：

肙（象形字）：蜎（形聲字）

《說文·肉部》："肙，小蟲也。从肉口聲。一曰空也。"（四下）王筠句讀："肙，此蜎之古文也。"林義光《文源》也云："'口'非聲。'肙'象頭、身、尾之形，即蜎之古文。""肙"是個象形字，王、林二氏說甚確。後增附類母"虫"轉形爲"蜎"。《說文》異部重出字有"蜎"。《虫部》曰："蜎，蜎也。从虫肙聲。"（十三上）段注本、桂注本、句讀本、朱注本均作："蜎，肙也。"段玉裁注："肙，各本作蜎，仍複篆文不可通。攷《肉部》：'肙'下云：'小蟲也。'今據《韻會》引《說文》'井中蟲也'，恐是據《爾雅》注改。肙、蜎蓋古今字。《［爾雅·］釋蟲》：'蜎，蠉。'蠉本訓蟲行，叚作肙字耳。郭［璞］云：'井中小蛣蟩赤蟲，一名子孓。'《廣雅》云：'子孓，蜎也。'……今水缸中多生此物，俗謂之水蛆。其變爲蠱。"② 王

---

① 于省吾：《甲骨文字釋林》第29頁，中華書局2009年版。
② （清）段玉裁：《說文解字注》第671頁，上海古籍出版社1988年第2版。

筠句讀:"蜎,𦙷也。依《集韻》引改。此以母釋子之法也。𦙷字從肉,蟲無骨也。從口者,𦙷掉尾向首,其曲如環也。蜎再加虫,是𦙷所孳育也。"① 朱駿聲通訓定聲:"(蜎)即𦙷之或體。"且在"𦙷"字下注:"當作:'水蟲也。'從肉,無骨也。口,象首尾可接之形。即蜎之古文⋯⋯按:今蘇俗謂之打拳蟲,揚州謂之翻跟兜蟲。生水中久則化爲蚊。"② 按《説文》的編排體例,"蜎"應作爲"𦙷"的重文處理,今《説文》卻別立兩篆,而以本字釋後出轉注字。"蜎"爲"𦙷"的後出轉注字,繼後更換聲母"𦙷"轉形爲"蠉"。《集韻·獮韻》:"蜎,井中小蟲。或作蠉。"

豈(象形字):鼓(形聲字)

"壴"甲骨文作豈(《戬》43.1),象鼓形。《説文·壴部》:"壴,陳樂立而上見也。从屮从豆。"(五上)徐鍇繫傳:"壴,樹鼓之象;屮,其上羽葆也。象形。"徐中舒《甲骨文字典》卷五:"象鼓形,上象崇牙,中象鼓身,下象建鼓之虡,爲鐘鼓之鼓本字。""鼓",《説文·鼓部》:"郭也,春分之音,萬物郭皮甲面出,故謂之鼓。从壴支。象其手擊之也。"(五上)段玉裁改爲:"从壴从屮又。屮,象垂飾;又,象其手擊之也。"並注:"凡作皷作鼓者皆誤也。从屮从又,非从屮殳滑之殳,後人譌刪。"其實,"鼓"甲骨文作𣀉(一期《京》2212),從壴從攴,象手持鼓槌擊鼓之形(動詞),爲"壴"引申義擊鼓造的字,後世"壴"廢棄不用,纔用"鼓"兼名詞義,今或不審,以爲名詞用如動詞。後世在象形字"壴"的基礎上增附類母"皮"轉形爲形聲字"皷"。《説文》無"皷"字。《戰國策·秦策三》:"甘茂攻宜陽,三皷之而卒不上。"此"皷"字疑爲後人所改。《敦煌變文集·李陵變文》:"(李)陵欲攢軍,方令擊皷。一時杅(打)其

---

① (清)王筠:《説文解字句讀》第536頁,中華書局1988年版。
② (清)朱駿聲:《説文通訓定聲》第732頁,武漢市古籍書店1983年影印本。

鼓不鳴。"

㫑（象形字）：鑄（形聲字）

"鼎"甲骨文作㫑、㫑，象三足兩耳之鼎形。《說文·鼎部》："鼎，三足兩耳，和五味之寶器也。象析木以炊也。籀文以鼎爲貞字。"（七上）後世增附類母"金"轉形爲形聲字"鑄"。《說文》無"鑄"字。陳直《中國器物文字叢考·西安高窯村出土西漢銅器銘考釋》云："十號鼎名有'昆陽乘輿銅一'……鼎字繁文作鑄，亦見漢汝陰侯鼎。"可見，"鼎"轉形爲"鑄"不會晚於西漢，但唐代以前的傳世古籍除變文外均未見用例。《敦煌變文集·李陵變文》："覩（魚）遊鑄中，鶯巢幕下，鑄燔魚爛，幕動巢傾。"

燕（象形字）：鷰（形聲字）

"燕"金文作燕，象燕子迎面飛翔之形。《說文·燕部》："燕，玄鳥也。籋口，布翅，枝尾。象形。"（十一下）"燕"本屬鳥類，後世增附類母"鳥"轉形爲形聲字"鷰"。《說文》無"鷰"字。《後漢書·輿服志上》："（諸馬之文）王公列侯……絳扇汗，青翅鷰尾。"《晉書·慕容載記》："是時鷰巢於正陽殿之西椒。"《集韻·霰韻》："燕，《說文》：'玄鳥也。'亦書作鷰。"《敦煌變文集·李陵變文》："覩（魚）遊鑄中，鶯巢幕下，鑄燔魚爛，幕動巢傾。"

果（象形字）：菓（形聲字）

"果"金文作果（《果簋》），象果實掛在樹上之形。《說文·本部》："果，木實也。从木，象果形在木之上。"（六上）也泛稱植物所結的果實，無草本木本之分，故增附"艸"轉形爲形聲字"菓"。《說文》無"菓"字。《漢書·叔孫通傳》："古者有春嘗草菓，方今櫻桃孰，可獻。"《廣韻·果韻》："果，果敢。又勝也；定也；剋也；亦木實。《爾雅》曰：'果不熟爲荒。'俗作菓。古火切。菓，見上注。"《敦煌變文集·張義潮變文》："田地今年別滋潤，家菌菓樹似口脂。"

第 8 章 漢字轉注系統

冊（象形字）：笧（形聲字）

"册"甲骨文作冊（一期《前》7.12.4），象竹简。《説文·册部》："册，符命也。諸侯進受於王也。象其札一長一短中有二編之形。笧，古文册从竹。"（二下）邵瑛群經正字："冊，今作册，或作笧。""册"有"冊、册"等多個異體，它們都是在"册"的基礎上增減筆劃而成，没有理據可説，故與字形轉換無關。而"笧"則不同，它是在"册"上增附類母"竹"造成的形聲字。《説文》重文有"笧"。《正字通·竹部》："笧，同册。"《廣韻·麥韻》："冊，簡冊。《説文》：'符命也。諸侯進受於王也。象其札一長一短中有二編之形。'笧，古文。"或作"笧"。

凷（象形字）：塊（形聲字）

"塊"初文作"凷"。《説文·土部》："凷，墣也。从土，凵屈，象形。塊，凷或从鬼。"（十三下）《禮記·喪大記》："父母之喪，居倚廬，不塗，寢苫枕凷。"馬王堆帛書《五十二病方·尤》第四治方："以月晦日日下餔時，以凷大如雞卵者，男子七，女子二七，先以凷置室後，令南北列，以晦往之凷所，禹步三，道南方始取凷。言曰：'今日月晦，靡［磨］疣北。'凷一靡［磨］盡，已靡［磨］，置凷其處，去，勿顧。靡［磨］大者。"後世去其"凵"增附聲母"鬼"轉形爲"塊"。《説文》重文有"塊"字。徐鍇繫傳："俗凷從土鬼。"朱駿聲通訓定聲改"或從鬼"爲"或從土鬼聲"。朱氏説是。[①]《爾雅·釋言》："塊，堛也。"郭璞注："土塊也。"玄應《一切經音義》卷七引《三蒼》："凷，土塊也。"《國語·晉語四》："（重耳）過五鹿，乞食於野人。野人舉塊以與之。"韋昭注："塊，墣也。"唐陸龜蒙《耒耜經》："耕之土曰墢。墢，猶塊也。""凷"（塊）、"墣"、

[①] （清）朱駿聲：《説文通訓定聲》第 598 頁，武漢市古籍書店 1983 年影印本。

"塪"、"墢"音近義同。

第二類：重造形聲字。例如：

犭（象形）：豤（形聲）

"豤"甲骨文作犭（一期《合》353），隸變爲"犻"，象種豬勢出之形。唐蘭《天壤閣甲骨文存考釋》："象牡豕之形，故並繪其勢，當爲豤之本字。"《甲骨文字典》卷九："象牡豕有勢之形，爲豤之初文，豤乃後起之形聲字。"後世運用形聲構形法重造"豤"字。《説文·豕部》："豤，牡豕也。从豕叚聲。"（九下）楊樹達《釋雌雄》："按叚聲字亦多含大義。""犻"、"豤"的字形義均爲種豬。《左傳·隱公十一年》："鄭伯使卒出豤，行出犬雞，以詛射穎考叔者。"孔穎達等正義："豤謂豕之牡者。"《史記·秦始皇本紀》："夫爲寄豤，殺之無罪。"司馬貞索隱："豤，牡豕也。言夫淫他室，若寄豤之豬也。"

巿（象形）：韍、紱、韡（形聲）

"巿"爲"芾"、"紱"、"韍"、"韡"等的初文。《説文·巿部》："巿，韠也。上古衣蔽前而已，巿以象之。天子朱巿，諸侯赤巿，大夫葱衡。从巾，象連帶之形。韍，篆文巿从韋从犮。"（七下）徐鉉等注："今俗作紱。"朱駿聲通訓定聲："祭服曰巿。上古衣獸皮，先知蔽前，繼之蔽後。巿象前蔽以存古。"《五十二病方·傷痙》第一治方："傷痙：痙者，傷，風入傷，身信而不能詘。治之，燔鹽令黃，取一斗，裹以布，卒醇酒中，入即出，蔽以巿，以熨頭。"象形字"巿"轉換爲形聲字，歷經四次重造、一次改造。第一次重造成"韡"，从韋畢聲。《説文》異部重出字有"韡"字。《韋部》云："韡，韍也，所以蔽前以韋。下廣二尺，上廣一尺，其頸五寸。一命緼韡，再命赤韡。从韋畢聲。"（五下）沈濤古本考："韡，《廣韻·五質》引韍作紱，即韍之俗，又引無'以韋'二字，蓋古本如是，今本誤衍。"《詩經·檜風·素冠》："庶見素韡兮，我心藴結兮。"宋朱熹集傳:"韠,蔽膝也。以韋爲之。冕服謂之韍,其餘曰韠。韠從裳色,素衣素裳則素韠也。"第二次重造成"韍",從韋犮聲。見《説文》同部重出字。段玉裁注:"鄭玄注《禮》曰:'古者佃漁而食之,衣其皮,先知蔽前,後知蔽後,後王易之以布帛而獨存其蔽前者,不忘本也。'"《禮記·玉藻》:"一命緼紱幽衡,再命赤紱幽衡,三命赤紱蔥衡。"鄭玄注:"此玄冕爵弁之韠,尊祭服異其名耳。"孔穎達等正義:"他服稱韠,祭服稱韍,是異其名。韍、韠皆言爲蔽,取蔽鄣之義也。"第三次重造成"紱",從糸犮聲。《周易·困》:"紱服方來。"孔穎達等正義:"紱,祭服也。"《正字通·糸部》:"朱紱,朱裳也。"《漢語大字典》將此義列在第二義項,而將"系官印的絲帶"列爲第一義項,顛倒了字義發展的歷史,欠妥。①第四次重造成"鞍",從革犮聲。《師克盨銘》:"赤巿五黄。"郭沫若考釋:"'赤巿五黄':巿一般作芾,亦作紱或鞍等,古之蔽膝,今之圍腰,古人以爲命服。《詩·小雅·采芑》云:'服其命服,朱芾斯皇,有瑲蔥珩。'又《曹風·候人》:'三百赤芾',毛傳云:'一命緼芾黝珩,再命赤芾黝珩,三命赤芾蔥珩。'《禮記·玉藻》亦云:'一命緼紱幽衡,再命赤紱幽衡,三命赤紱蔥衡。'自漢以來,均以珩若衡爲玉佩。珩乃後起字,衡乃假借字。珩若衡在金文則作黄。"②第一次改造成"芾",從艸巿聲。遠古以皮革爲蔽膝,或以草爲之。《詩經·小雅·采菽》:"赤芾在股,邪幅在下。"鄭玄箋:"芾,大古蔽膝之象也。冕服謂之芾蔽膝,其他服謂之韠。以韋爲之。"《漢語大字典》説"芾,通'韍'。古代禮服上的蔽膝。"③失審。從上文分析得知,

---

① 徐中舒主編:《漢語大字典》第3601頁,四川辭書出版社、湖北崇文書局2010年版。

② 《郭沫若全集·考古編》第369—370頁,科學出版社2002年版。

③ 徐中舒主編:《漢語大字典》第3387頁,四川辭書出版社、湖北崇文書局2010年版。

"芾"的初文作"市",後轉形爲形聲字"韠"、"韍",再更换類母或聲母轉形爲"鞂"、"紱",或增附類母"艸"轉形爲"芾",其本義爲蔽膝,相當於後世所説的"圍裙"、"圍腰"。①

丱（象形字）：磺、礦（形聲字）

"礦"初文作"丱"。《説文·石部》："磺,銅鐵樸石也。从石黄聲。讀若穬。丱,古文磺。《周禮》有'丱人'。"（九下）徐鍇繫傳："銅鐵之生多連石也。"段玉裁注："銅鐵樸者,在石與銅鐵之間,可爲銅鐵而未成者也。不言金玉者,舉牻以該精也。"許君的被釋詞和釋詞中出現了三個"磺"字,其中古文之"礦",疑爲後世篡改。古文"丱"象形,即象礦石累積之形。磺是"銅鐵樸石",故後世再按形聲字的構形原理重造"磺"、"礦"二字。《説文》未收"礦"字。《集韻·梗韻》："磺,《説文》：'銅鐵樸石也。'或作礦。"《周禮·地官·序官》"丱人"鄭玄注："丱之言礦也。金石未成器曰礦。"鄭氏以後出轉注字"礦"釋被轉注字"丱"。清張慎儀《蜀方言》卷上："五金璞曰磺。"或在初文"丱"的基礎上增附類母"石"轉注爲形聲字"䂫"。《直音篇·石部》："䂫"同"礦"。

鬲（象形字）：䰛（形聲字）

"鬲"甲骨文作鬲（四期《南明》625）,象圓口、三足、足中空而曲的鼎形炊具。《爾雅·釋器》："（鼎）款足者謂之鬲。"郭璞注："鼎曲腳也。"郝懿行義疏："鼎款足,謂足中空也。足中實者必直,空者必曲。故郭云'鼎曲腳也'。"《周禮·考工記·陶人》："鬲實五觳,厚半寸,脣寸。"孫詒讓正義："《方言》云：'（䰛）吴楊之間謂之鬲。'郭注云：'䰛,釜屬也。'……鬲形制與鼎同,但以

---

① 參看鍾如雄：《〈詛楚文〉"鞈輨"考釋》,四川大學漢語史研究所編《漢語史研究集刊》第十二輯,巴蜀書社2009年版。

第8章　漢字轉注系統

空足爲異，故許君云'鼎屬'。其用主於烹飪，與釜、鍑同，故《方言》又以爲鍑之別名。"《漢書·郊祀志》："禹收九牧之金，鑄九鼎……其空足者曰鬲。"顔師古注引三國魏蘇林曰："足中空不實者名曰鬲也。""鬲"初文象形，後世增附類母"金"或"瓦"轉形爲"鎘"、"甂"，或再按形聲字的構形原理重造"䥶"字。《說文·鬲部》："鬲，鼎屬。實五觳。斗二升曰觳。象腹交文，三足。甂，鬲或從瓦。䥶，漢令鬲从瓦厤聲。"（三下）《說文》重文有"鎘、甂、䥶"三個形聲字，並且明確指出："漢令鬲从瓦厤聲"。《集韻·錫韻》："鬲，《說文》：'鼎屬。'或作鎘。"王維《胡居士臥病遺米因贈》詩："牀上無氈臥，鎘中有粥否。"清趙殿成箋注："《爾雅》：'鼎款足［者］謂之鬲。'或作甂，又作鎘。"《玉篇·瓦部》："䥶，力的切，瓦器。今作鬲。"《呂氏春秋·安死》："君之不令民，父之不孝子，兄之不悌弟，皆鄉里之所釜甂者而逐之。"高誘注："以釜甂食之人，皆欲討逐之。"清畢沅新校正："甂，舊鬲旁作几，字書無攷，顧亭林引作甂，注云：'鬲同。'今從之。"

通過歷時的觀察與分析，有兩條規律值得注意：一是能用形聲法來改造翻新象形字和會意字，但絕不可能用象形法來改造翻新會意字和形聲字，尤其是形聲字。這是因爲象形字是獨體象形的，會意字是合體象形的，形聲字是聲化文字，故要想用象形法來轉換會意字、形聲字，即將它們改造成象形字，則是件極其困難的事情，也正因爲如此，要把象形字改造成會意字或形聲字，反而輕而易舉，很容易做到。所以，漢字集團中的初始象形字，被後世改造爲形聲字的可謂俯拾皆是。二是象形字轉換成形聲字慣用的方法是：將象形字聲化後再增附類母，就能順利完成構形轉換。比如"鬲"聲化後，增附類母"金"或"瓦"就轉換成形聲字"鎘"、"甂"；"冎"聲化後，纍增類母"水"就轉換成形聲字"淵"、"泅"；"㫃"聲化後,增附类母"虫"就轉換成形聲字"蜎"等等。初文聲化再增附類母,是象形字轉換爲形聲字最爲簡便易行的方法。

(3)**會意字轉換成形聲字**。轉換方法是:在會意字的基礎上增附類母。會意字與象形字一樣,其構形部件中沒有聲化(讀音)部件。要想使會意字能順利地轉換爲形聲字,最簡便易行的方法是,將被轉注字聲母化後再增附類母。比如"丰",《說文·丰部》云:"艸蔡也。象艸生之散亂也。"(四下)段玉裁注:"凡言艸芥,皆丰之假借也。芥行而丰廢矣。"段氏也認爲"丰"就是"芥"的初文,但在傳世文獻典籍中却未見用例。《說文·㓞部》還有個"㓞"字,許君說:"巧㓞也。从刀丰聲。"(四下)段玉裁注:"巧㓞,蓋漢人語。"清朱育仁部首箋正:"巧㓞,古語謂刻畫之工也。"許君釋"㓞"爲"巧㓞",後人苦心臆測多不得其解,唯有元周伯琦搞明白了。他說:"㓞,本音器,約也。從刀丰聲。象刀刻畫竹木以記事者。別作契、栔,後人所加。"(《六書正譌》)周伯琦的研究結論是可信的。"丰"初文會意,象在竹木上畫道道。其中的"彡"表示人類實施的行爲。後世增附字母"刀"轉形爲"㓞","丰"在"㓞"字已經被聲化了,所以"㓞"可以分析爲會意兼形聲字,依然表示刻畫義,許君說是"巧㓞",經傳無證。後世再增附類母"大"(代表人)或"木"(代表被刻畫的物體)轉形爲形聲字"契"、"栔",即周伯琦所謂"別作契、栔,後人所加"。"丰"一轉爲會意兼形聲字"㓞"(甲骨文作 ），再轉爲形聲字"契"、"栔",會意字"丰"在兩次形體轉換中被徹底聲化了。再如:

⿱比白(會意字):偕(形聲字)

"皆"金文作 ⿱比白 (《皆壺》),江陵楚簡作 ⿱比白,從字形構形理據看,表示異口同聲、眾口一詞之意,即言語"和諧"。或增附類母"人"轉形爲"偕"。《說文·白部》:"皆,俱詞也。从比从白(zì)。"

（四上）朱駿聲通訓定聲：" 會意。" 徐灝注箋：" 皆，又作偕。皆、偕古今字。" 林義光《文源》：" 從白非義。從白之字古多從口。'皆'，二人合一口，僉同之象。從口之字古多變爲曰。" 後泛指眾人言行相同、眾物行爲同一都叫 " 皆 "（偕）。《說文·人部》：" 偕，彊也。从人皆聲。《詩》曰：'偕偕士子。' 一曰俱也。"（八上）《詩經·小雅·北山》：" 執子之手，與子偕老。" 毛傳：" 偕，俱也。" 又《秦風·無衣》：" 王於興師，脩我甲兵，與子偕行。"《漢書·趙充國傳》引《秦詩》作 " 皆。"《周易·解卦》：" 《象》曰：天地解而雷雨作，雷雨作而百果草木皆甲坼。" " 皆甲坼 " 指草木的種子同時破殼而出。《詩經·周頌·豐年》：" 以洽百禮，降福孔皆。" 毛傳：" 皆，徧也。"《左傳·襄公二年》、漢劉向《說苑·貴德篇》均引作 " 降福孔偕 "。《呂氏春秋·離謂》：" 亡國之君，不自以爲惑，故與桀、紂、幽厲皆也。" 許維遹集解：" 皆，古偕字。偕，同也。"

淼（會意字）：渺（形聲字）

" 淼 " 從三水會意，本義爲水面寬闊無涯之貌。《說文·水部》新附字：" 淼，大水也。从三水。或作渺。"（十一上）《楚辭·九章·哀郢》：" 當陵陽之焉至兮，淼南渡之焉如？" 王逸注：" 淼，浩也，彌望無際極也。"《文選·左思〈吳都賦〉》：" 爾其山澤則嵬嶷嶢屼，嶔崟鬱岪，潰濩泮汗，滇㴸淼漫。" 李善注引劉逵曰：" 滇㴸淼漫，山水闊遠無涯之狀。" 或更換 " 沝 " 增附聲母 " 眇 " 轉形爲形聲字 " 渺 "。《說文》新附字 " 淼 " 的重文有 " 渺 " 字。《玉篇·水部》：" 渺，水長也。"《文選·木華〈海賦〉》：" 沖融沆瀁，渺瀰湠漫。" 李善注：" 渺瀰湠漫，曠遠之貌。"

姦（會意字）：奸、悍（形聲字）

" 奸 " 的初文作 " 姦 "。《說文·女部》：" 姦，私也。从三女。𢆶，古文姦从心旱聲。"（十二下）朱駿聲通訓定聲：" 從女從妏，妏亦聲。"朱氏認爲"姦"是亦聲字，不確。"姦"的本義爲男女私通。清江元《説文釋例》："私淫曰姦，引申爲一切奸宄字。俗乃用奸爲姦，而姦專爲姦宄字矣。"《左傳·莊公二年》："夫人姜氏會齊侯於禚。書：姦也。"《漢書·燕王劉澤傳》："定國與父康王姬姦，生子男一人。"或全部換形作"悬"。"悬"許君説"从心旱聲"。《集韻·刪韻》："姦，或作奸，古作悬。"或省"女"增附聲母作"奸"，從妏干聲。《玉篇·女部》："姦，姦邪也。奸，同上，俗。"注意：《説文·女部》有個"奸"字，云："犯淫也。从女干聲。""奸"本義爲冒犯、干犯，沒有"淫亂"之義，与"姦"僅爲同源關係，但二字多混用。王筠句讀："《集韻》引無淫字，是也。淫義自屬姦字。"《廣雅·釋詁四》："奸，犯也。"清王念孫疏證："各本犯下皆有衇字。案：衇字本在下條，與奸、夌、敢、犯四字義不相近，後人傳寫誤入此條耳。"《左傳·襄公十四年》："君制其國，臣敢奸之。"杜預注："奸，猶犯也。"段玉裁"奸"字注："奸，今人用爲姦，失之。"邵瑛群經正字："但俗有奸、姦通用者，則非也。"

屵、嵒、岩（會意字）：巖、礹、壧（形聲字）

"嵒"甲骨文作 屵（一期《前》7.7.2），象山中岩穴眾多之形。《説文·山部》："嵒，山巖也。从山品。讀若吟。"（九下）徐鉉等注："从品，象巖厓連屬之形。"南朝齊謝朓《郡内登望》："威紆距遥甸，巉嵒帶天遠。"或寫作"岩"、"嵓"。《龍龕手鑑·山部》："巖，古作岩。"《正字通·山部》："嵓，与嵒同。"三國魏曹植《洛神賦》："覩一麗人，於岩之畔。"三國魏曹丕《浮淮賦》："仰嵓岡之崇阻兮，徑東山之曲阿。"或更換"山"轉形爲"碞"，山、石不分。《説文》異部重出字有"碞"字。《石部》："碞，磛碞也。从石品。《周書》曰：'畏于民碞。'讀與巖同。"（九下）徐鉉等注："从品，與嵒同意。"[1] 段

---

① （漢）許慎：《説文解字》第195頁，中華書局1963年影印本。

第8章 漢字轉注系統

玉裁注:"嶜崟,猶上文嶃礹,積石高峻皃也……品象嶜礹,品亦聲也。"《集韻·侵韻》:"崟,山石皃。"或更換"品"增附聲母"嚴"轉形爲形聲字"巖"。《説文》異部重出字有"巗"。《山部》:"巗,岸也。从山嚴聲。"段玉裁改"岸"爲"厓",並注:"各本作'岸也',今依《太平御覽》所引正。《厂部》曰:厓者,山邊也。厓亦謂之巗。"宋永培先生説:"'水厓'指的是'岸'、'岸'與'巗'同,而'巗'與'山'連用爲'山巗','巗'既然訓釋爲'岸',則'山巗'即'山岸'……山岸的特點有三個:一是陡峭,二是四周水深,三是易崩。這三個特點互相聯繫,並不矛盾,它們從多方面記録山岸和狀貌與特點,在指稱與表述山岸這一實物時完滿地統一起來了。"[①] 宋先生之説甚爲精當。《山海經·海内西經》:"(百神)在八隅之巖。"郭璞注:"在巖間也。"袁珂校注:"謂百神居處昆侖八隅巖穴之間。""巖"也寫作"巚"。《正字通·山部》:"巚,同巖。"唐杜牧《題池州弄水亭》詩:"孤歌倚桂巚,晚酒眠松塢。"或更換類母"山"轉換成"礹"。《説文》異部重出字有"礹"字。《石部》:"礹,石山也。从石嚴聲。"(九下)段玉裁注:"巖主謂山,故从山;礹主謂石,故从石……諸書多假巖爲礹。"段氏不懂漢字轉注原理,纔强作區别,所謂"諸書"多用"巖",是因爲"巖"是個常用字,並無"主謂山"和"主謂石"之分。後世再更换類母"山"轉形爲"壧"。《字彙·土部》:"壧,與巖同。"《史記·司馬相如列傳》:"批壧衝壅,犇揚滯沛。"唐張守節正義:"礹,巖。"《漢書·禮樂志》:"霆聲發榮,礹處傾聽。"顔師古注:"晉灼曰:'壧,穴也。'師古曰:'壧,與巖同。'"會意字"品"(嵒),一轉爲會意字"崟",再轉爲會意字"岩",三轉爲形聲字"巖"(巚),四轉爲形聲字"礹",五轉爲形聲

---

① 宋永培:《〈説文〉與上古漢語詞義研究》第93—94頁,巴蜀書社2001年版。

字"壧"。今通用"岩"。西南官話讀音 ŋai21（陽平）。

🐾（會意字）：鬧、鬪（形聲字）

"鬥"甲骨文作 🐾 （一期《前》2.9.3），象兩人徒手搏擊之形。《說文·鬥部》："鬥，兩士相對，兵杖在後，象鬥之形。"（三下）段玉裁注："許之分部次弟，自云據形系聯。孔叩在前部，故受之以鬥，然當云爭也。"羅振玉《增訂殷虛書契考釋·鬥》："卜辭諸字皆象二人相搏，無兵杖也……自字形觀之，徒手相搏謂之鬥矣。"[①]《孫子·虛實》："敵雖眾可使無鬥，故策之而知得失之計。"後增附聲母"斲"轉形爲"鬪"。《說文·鬥部》："鬪，遇也。从鬥斲聲。""鬪"爲"鬥"的後出轉形字，許君說誤。慧琳《一切經音義》因《蒼頡篇》："鬪，爭也。"《論語·季氏》："血氣方剛，戒之在鬥。"《史記·范雎蔡澤列傳》："民怯於私鬥而勇於公戰，此王者之民也。"引申爲遇合、對立、競賽、相擊等。或更換聲母"斲"轉形爲"鬭"。《玉篇·鬥部》："鬭，鬪同，俗。"《吕氏春秋·蕩兵》："爭鬭之所自來者久矣，不可禁，不可止。"或更換聲母"斲"轉形爲"鬧"、"閙"。《改併四聲篇海·鬥部》引《玉篇》："鬧，爭也。"又："閙，同鬧。"或更換聲母"斲"轉形爲"閗"。《改併四聲篇海·鬥部》引《俗字背篇》："閗，閗爭也。"《字彙·鬥部》："閗，俗鬪字。"或重造形聲字"鬧"。《銀雀山漢墓竹簡·孫子兵法·勢備》："喜則合，怒而鬧，天之道也，不可止也。"《馬王堆漢墓醫書·雜禁方》："又（有）犬善皋（嗥）於亶（壇）及閒，埜井上方五尺；夫妻相惡，埜戶口方五尺；欲微貴人，埜門左右五尺；多惡蕙[夢]，埜牀下方五尺；姑婦善鬧，埜戶方五尺；嬰兒善泣，埜誘上方五尺。"或增類母"鬥"轉形爲"鬪"。《改併四聲篇海·鬥部》引《玉篇》："鬪，鬪競也。"《字彙·鬥

[①] （清）羅振玉：《殷虛書契考釋三種》第508頁，中華書局2006年版。

第8章 漢字轉注系統

部》:"鬮,俗鬮字。"明葉德祖《鶯鎞記·春賞》:"佔風光,林園此日鬭奇芳。""鬭"、"閙"、"鬨"、"訢"、"鬪"、"鬭"、"閗"都是"鬥"的後出轉注字。

𣲙（會意字）：沉（形聲字）

"湛"的初文作"沈",甲骨文有𣲙(一期《前》1.24.3)、𣲙(四期《粹》9)等多種形體,金文作𣲙(《沈子簋》),均象牛或羊之類動物掉在水中淹沒之形,後泛指人或物沉沒於水中,會意字。《説文·水部》:"沈,陵上滈水也。从水冘聲。一曰濁黕也。"段玉裁注:"謂陵上雨積停潦也。"許君析形、釋義均未安。《小爾雅·廣詁》:"沈,没也。"《篇海類編·地理類·水部》:"沈,投物於水中。"《詩經·小雅·菁菁者莪》:"汎汎楊舟,載沈載浮。"《左傳·成公十一年》:"晉人歸之施氏,施氏逆諸河,沈其二子。""湛"金文作𣲙(《猷匜》)。《説文·水部》:"湛,没也。从水甚聲。一曰湛水,豫章浸。𣳫,古文。"(十一上)段注本"豫章"作"豫州",段玉裁注:"古書浮沈字多作'湛'。'湛'、'沉'古今字,'沉'又'沈'之俗也。下文云:'没,湛也。'二字轉注。"①《漢書·五行志中》:"《左氏》昭公二十四年十月癸酉,王子鼂以成周之寶圭湛於河。"顏師古注:"《爾雅》曰:'祭川曰浮沈。'湛,讀曰沈。""沈"初文爲會意字,後世換形爲形聲字"沉"。《集韻·蒸韻》:"沉,《博雅》:'潛、沉,没也。'""沉"爲"沈"的譌變。《玉篇·水部》:"沈,直林切。没也……沉,同上,俗。"《易林·賁之乾》:"八口九頭,長舌破家,帝辛沉湎,商滅其墟。""沈"(湛),《廣韻·侵韻》直深切,今讀 chén,"沉"《集韻·蒸韻》辰陵切,今讀 chéng,二字的古今韻尾都有 -n、-ŋ 的區别,因此《漢語大字典》編者未將"沉"作爲"湛"

---

① （清）段玉裁:《説文解字注》第 556 頁,上海古籍出版社 1988 年第 2 版。

（沈）的異體處理。① 其實在西南官話中，"沉"、"湛"（沈）讀音相同，並無區別。

弇、奄（會意字）：揜、掩（形聲字）

"弇"金文作🔲（《古鉢》），象將某物私藏於洞穴（土屋）之形。《說文·廾部》："弇，蓋也。从廾从合。𢍃，古文弇。"（三上）段玉裁改爲"从廾合聲"，並注："《釋言》曰：'弇，同也；弇，蓋也。'此與'奄，覆也'音義同。《釋器》曰：'圜弇上謂之鼒。'謂弇其上不全蓋也……《皿部》有'盒'字，蓋弇之別體，後人所增也。"② 朱駿聲通訓定聲："古文從廾，從日在穴中。"段氏認爲"弇"是形聲字，朱氏則堅持許君的分析，許君說不誤。《爾雅·釋天》："弇日爲蔽雲。"郭璞注："即暈氣五彩覆日也。弇，掩也。"《廣雅·釋詁二》："弇，覆也。"《廣韻·琰韻》："弇，蓋也。"《管子·八觀》："塞其塗，弇其跡。""弇"字中原本有手的行爲，後世纍增"手"轉形爲會意兼形聲字"揜"。《說文》異部重出字有"揜"字。《手部》："揜，自關以東謂取曰揜。一曰覆也。从手弇聲。"（十二下）許君"一曰覆也"纔是"揜"的本義，而"取"袛是引申義。《廣雅·釋詁四》："揜，藏也。"《禮記·聘義》："瑕不揜瑜，瑜不揜瑕。"《淮南子·齊俗訓》："其耕不強者，無以養生；其織不強者，無以揜形。""弇"或再轉形爲"奄"。《說文》異部重出字有"奄"字。《大部》："奄，覆也。大有餘也。又欠也。从大从申。申，展也。"（十下）段玉裁注："覆乎上者，往往大乎下，故字从大。""奄"所從之"大"，與"去"所從之"大"同。即"去"字從大從口，"口"象食器，"大"象蓋子，蓋子揭開爲"去"。裘錫圭先生說："'去'字

---

① 徐中舒主編：《漢語大字典》第1733頁，四川辭書出版社、湖北崇文書局2010年版。

② （清）段玉裁：《說文解字注》第104頁，上海古籍出版社1988年版。

從'大'從'口',是'呿'。'大',也不是用作象正面人形的符號,而是用來表示'張大'的意思。"①《玉篇·口部》:"呿,張大皃。""張大"是爲"去"的引申義造的字,"去"的字形義是揭開蓋子,故本義是離開,"大"象蓋子無疑。裘先生説"去"就是"呿",恐誤解。"奄"的異體作"奄",象雙手抓物掩藏之形。《篇海類編·通用類·大部》:"奄,俗通作奄。"故推知"奄"所從之"电"不是"申",而是雙手抓物形,上從"大",表示掩藏,故"奄"本義爲覆蓋,與"弇"同義。《淮南子·脩務訓》:"萬物至衆,而不知足以奄之。"高誘注:"奄,蓋之也。"其後"奄"纍增"手"轉形爲會意兼形聲字"掩"。《説文》異部重出字有"掩"字。《手部》:"掩,斂也。小上曰掩。从手奄聲。"徐灝注箋:"《文選·[潘安仁]〈懷舊賦〉》注引《埤蒼》曰:'掩,覆也。'《淮南子·天文訓》注:'掩,蔽也。'此掩斂之本義也。"《方言》卷六:"掩,薆也。"戴震疏證:"《釋名》'薆,隱也'注云:'謂隱蔽。'"會意字"弇",一轉爲會意兼形聲字"捀",再轉爲會意字"奄",三轉爲會意兼形聲字"掩"。

用形聲法來轉換會意字,看起來好像與轉換象形字的結果是没有區别的,但衹要精心分析,其區别是極爲明顯的。

第一,用形聲法轉換會意字要經歷兩個步驟:增附或纍增類母;類母與聲化後的會意字拼合。這樣一來,改造翻新後的字就會呈現出"會意"和"形聲"兩種結構,也就是説,這種字仍舊可以作會意字分析,同時也可以作形聲字分析,但最後將會意字的特徵和形聲字的特徵綜合在一起,就變成了"會意兼形聲字"(即《説文》所謂"亦聲"字)。比如"弇",作爲會意字本身就由三個部件構成,去掉其中任何一個部件,都不能再表示"覆蓋"這一意義。

---

① 裘錫圭:《文字學概要》第105頁,中華書局1988年版。

"弁"聲化後蠹增類母"手"（其實蠹增的"手"顯得多餘）轉形爲"拚"。這個"拚"字既可以作"從手從弁"分析，又可以作"從手弁聲"分析。正因爲如此，在《說文》中，許君明確注明是"亦聲"的字雖然祇有兩百來個，但實際上，這兩百來亦聲字僅僅是《說文》亦聲字中微不足道的一小部分。

第二，用形聲法改造翻新後的象形字，祇能作形聲字或會意兼形聲字分析，絕不可能存在"象形兼形聲字"這樣的結構。因爲象形字在聲化以前是獨體構形的，聲化後與增附的類母拼合而構成的新字祇能是形聲字或會意兼形聲字。所以，由象形字轉換而來的形聲字永遠不可能作"象形兼形聲字"分析。因此，在漢字集團中，唯有由象形字和會意字轉換而來的形聲字可以作"會意兼形聲字"分析。

（4）**會意字對轉**。轉換方法是：更換原字中某個（或全部）構形部件，轉換成另一個會意字。比如"嵒"，"从山从品"構形。徐鉉説："從品，象巖厓連屬之形。""山"與"石"類似，故更換"山"轉形爲"碞"，仍然是個會意字。或再將"山"、"石"重疊轉形爲"岩"，照樣是個會意字。"弇"與"奄"轉換也同此原理。"弇"《説文》説"从廾从合"，表示將物品偷偷隱藏起來，或更換構形部件轉形爲"奄"，依然是個會意字，音義與"弇"毫無區别。再如：

赤（會意字）：烾（會意字）

"赤"甲骨文作 （一期《乙》2908），象人在烈火上焚燒之形。羅振玉《增訂殷虛書契考釋·赤》：" ，从大火，與許書同。"[①]《説文·赤部》："赤，南方色也。从大从火。 ，古文从炎土。"（十下）

[①] （清）羅振玉：《殷虛書契考釋三種》第433頁，中華書局，2006年版。

徐鍇繫傳:"南方之星,其中一者最赤,名大火。會意。"段玉裁注:"火者南方之星,故赤爲南方之色。从大者,言大明也。"清饒炯部首訂:"南方陽盛之區,其象昭著。火爲之行色赤。赤者,光明顯耀也。凡火皆有明著之象,然微則熒熒,大則赫赫,故赤從大火會意。"但愚以爲"赤"的本義表示遠古先民的火葬場面,而非"南方色"。今四川涼山彝族葬俗:人死後用白布等包裹,坐於木柴堆上火化。"南方色"或"太陽之色"是其引申義,因爲古人認爲南方象徵生命力旺盛。《釋名·釋采帛》:"赤,赫也,太陽之色也。"《周易·說卦》:"乾爲天,爲圜……爲大赤。"孔穎達等正義:"爲大赤,取其盛陽之色也。"再則,人火化之後,靈魂升到天國去了,留在凡間的唯有灰燼,故"赤"引申爲"空盡、一無所有"等義。《韓非子·十過》:"晉國大旱,赤地三年。"陳奇猷集釋:"[明]焦竑曰:'古人謂空盡無物曰赤。'"人死火化爲土,故字形改爲從炎從土會意。《說文》重文有"烾"字(疑"烾"字所從之"炎",由𡘋譌變而來),除此以外傳世典籍、字書無徵。

𣥂(會意字):𣥂、歰(會意字)

"歰"甲骨文作𣥂(𣥂),二𣥂順向平行重疊,會意字,或作𣥂(𣥂),三𣥂上下重疊,依然是會意字。《說文·止部》:"歰,不滑也。从四止。"(二上)王筠《說文釋例·會意》:"按:一人兩足。四止者,兩人之足也。上二止倒之,而且反之者,兩人相對,則其足趾相向,故倒之;其左右正相反,故反之。苟相順從,必二人從行矣。今兩足相牾,是憤爭之狀也,故得不滑之意。"[①]唐蘭《殷虛文字記》:"'𣥂'即《說文》之'歰'字也。""四疊之字或從三疊","'𣥂'象三足,'歰'象四足,本有周帀之意。《說文》訓'不滑'

[①] (清)王筠:《說文釋例》第85頁,中華書局1987年版。

者，實後起之意也"。《玉篇·止部》："歰，難轉也。"後增附"水"轉形爲會意兼形聲字"澀"。《說文》"歰"朱駿聲通訓定聲："歰字亦作澀。"《正字通·止部》："歰，別作澀。"《周禮·考工記·廬人》："凡試廬事，置而搖之，以眡其蜎也；灸諸牆，以眡其橈之均也。"鄭玄注："置猶戠也。灸猶柱也。以柱兩牆之間，輓而內之，本末勝負可知也。正於牆，牆歰。"孫詒讓正義："云'正於牆，牆歰'者，《釋文》云：'歰，本又作澀，又作刃同。'案：《說文·止部》云：'歰，不滑也。'澀、刃並歰之俗。取牆歰者，欲其柱之定也。"①丁福保《說文解字詁林·續編》："《說文》無澀字。《止部》：'歰，不滑也。从四止。色力切。'即澀字。"或省作"涩"。或更換聲母"歰"轉形爲形聲字"濇"。《說文》異部重出字有"濇"字。《水部》："濇，不滑也。从水嗇聲。"《素問·通評虛實論》："脈虛者不象陰也。如此者，滑則生，濇則死也。"清蒲松齡《聊齋志異·雲翠仙》："山路濇，母如此蹐蹐，妹如此纖纖，何能便至？"

丨（會意字）：𠂊、遂（會意字）

"遂"甲骨文作丨（一期《庫》295），從夊從幺，或增附"彳"作𠂊（《周甲探》47）。《說文·彳部》："後，遲也。从彳从幺从夊者，後也。遂，古文後从辵。"（二下）徐鉉等注："幺，纍蹟之也。"林義光《文源》："丨古玄字，繫也。夊象足形，足有所繫，故後不得前。"又《夊部》："夊，從後至也。象人兩脛後有致之者。讀若黹。"（五下）許君以"遲"釋"後"。甲骨文"遲"的構形與"後"相似，初文作𠂊，表示小孩跟隨大人走路，後增"彳"作𠂊，字形義仍然表示落後於大人，本義也是行走遲緩。《說文·辵部》："遲，徐行也。从辵犀聲。《詩》曰：'行道遲遲。'遟，或从尺。𧗟，籀文遲从屖。"（二

---

① （清）孫詒讓：《周禮正義》第3415頁，中華書局1987年版。

下)"尺"是倀的譌變，而非"尺"聲。由此推知，甲骨文🦴從夊從幺會意，象足被繩索絆住走動遲緩之形，爲"後"的初文；後增"彳"轉形爲會意字"後"。《論語·雍也》："非敢後也，馬不進也。"再纍增"止"轉形爲會意兼形聲字"逡"。《玉篇·辵部》："逡，胡苟切。古文後。"徐中舒則認爲："🦴從夊（倒止）系繩下，即表世系在後之意，此即後之本義，是爲文字之初形中所保存古代以結繩紀其世系之遺制。"① 其說可供參看。

會意字對轉，在漢字集團中爲數極少。這是因爲會意字的構形都屬於聚象構形，即通過兩個或兩個以上相同或不同（主要是不同）的構形部件來拼合成一個字形，表示一種群象概念。如果某一個會意字一旦造成並使用開來，後世要作改造翻新，衹能採用增附類母的方法，但增附類母后，很容易使原來的會意字發生聲化，從而使得新造的字成爲形聲字。比如"後"，原來"从彳从幺从夊"構形，增附"止"後轉形爲"逡"，其中的🦴已經聲化了，而"逡"也自然變成了會意兼形聲字。正因爲如此，我們的祖先很少採用會意對轉的方法來對漢字進行舊形改造。

(5) 形聲字對轉。將原有的形聲字轉換成新的形聲字，是漢魏以後漢字形體變化的主要趨勢。漢代以後，漢字系統加快了"聲化"的發展步伐，原有的象形字、指意字、會意字，或增加類母，或增加聲母，或更換類母，或更換聲母，相繼轉換成了形聲字，向着更便於讀音的方向發展。魏晉至唐宋，漢字的聲化發展已成主流，"右文"的表意作用日趨淡化。所以，此時的形聲字相互轉換是漢字改變形體結構的最爲常用的方式。形聲字的相互轉換方式較之象形字、會意字的轉換方式來說要複雜得多，常用的主要有"類母增附"、

---

① 徐中舒主編：《甲骨文字典》第 164 頁，四川辭書出版社 1989 年版。

"類母更換"、"聲母更換"和"類母聲母全換"四種。以下例證引自《說文》大徐本。

第一種，類母增附。在原字形上增附（或纍增）類母。例如：

① 宅，所託也。从宀乇声。閈，古文宅，庄，亦古文宅。（七下《宀部》）
② 恐，懼也。从心巩聲。忎，古文。（十下《心部》）
③ 煙，火气也。从火垔聲。烟，或从因。烾，古文。㷒，籀文从宀。（十上《火部》）

例①的"宅"，《說文》收了兩個重文。第一個"閈"（古文），是將原字所從的類母"宀"換成了"宀"，並纍增了類母"土"；第二個"庄（古文），則是將原字的類母"宀"換成了"广"。例②的"恐"，《說文》收了一個重文。"忎"是將原字的聲母"巩"換成了"工"。另後世又在"恐"上纍增類母"心"轉形為"愯"，或在"忎"上纍增類母"廾"轉形為"恐"。《劉知遠諸宮調·知遠走慕家莊沙沱村入舍》："信懷愯懼。"《字彙補·心部》："愯，即恐字。"例③的"煙"，《說文》收了兩個重文。第一個"烾"（古文），是將原字所從的類母"火"換成了"宀"；第二個"㷒"（籀文），則是在原字上纍增類母"宀"換成了"广"。

第二種，類母更換。更換原字中的類母。例如：

① 駕，馬在軛中。从馬加聲。䮟，籀文駕。（十上《馬部》）
② 熬，乾煎也。从火敖聲。䥻，熬或从麥。（十上《火部》）
③ 扶，佐也。从手夫聲。𢪛，古文扶。（十二上《手部》）
④ 璽，王者印也。所以主土。从土爾聲。壐，籀文从玉。

(十三下《土部》)

⑤動，作也。从力重聲。𨔝，古文動从辵。(十三下《力部》)

⑥鑣，馬銜也。从金麃聲。䪊，鑣或从角。(十四上《金部》)

⑦醮，冠娶禮祭。从酉焦聲。䘼，醮或从示。(十四下《酉部》)

例①重文"犕"(籀文)的類母是"牛"，更換成"馬"轉形爲"駕"。"牛"、"馬"屬同類替換。例②"熬"的類母是"火"，更換成"麥"轉形爲"麷"。"火"、"麥"屬異類替換。例③重文"扷"(古文)的類母是"攴"，更換成"手"轉形爲"扶"。"手"、"攴"屬近類替換。例④重文"堲"(籀文)的類母是"玉"，更換成"土"轉形爲"堲"。"玉"、"土"屬近類替換。例⑤重文"𨔝"(古文)的類母是"辵"，或更換成"力"轉形爲"動"。"辵"、"力"屬近類替換。例⑥"鑣"的類母是"金"，更換成"角"轉形爲"䪊"。"金"、"角"屬異類替換。例⑦"醮"的類母是"酉"，或更換爲"示"轉形爲"䘼"。"酉"、"示"屬近類替換。

第三種，聲母更換。更換原字中的聲母。例如：

①䘸，袒也。从衣羸聲。裸，或从果。(八上《衣部》)

②髳，髮髳也。从髟易聲。髢，髳或从也聲。(九上《髟部》)

③廟，尊先祖皃也。从广朝聲。𢉧，古文。(九下《广部》)

④搯，引也。从手舀聲。抽，搯或从由。挎，搯或从秀。(十二上《手部》)

⑤紟，衣系也。从糸今聲。䘩，籀文从金。(十三上《糸部》)

⑥蚓，側行者。从虫寅聲。蚓，或从引。(十三上《虫部》)

例①的重文"祼"從"果"得聲，而正篆"臝"則從"羸"得聲。其類母同是"衣"，屬異聲替換。例②的重文"髢"從"也"得聲，而正篆"鬄"則從"易"得聲。其類母同是"髟"，屬異聲替換。例③的重文"庿"（古文）從"苗"得聲，而正篆"廟"則從"朝"得聲。其類母同是"广"，屬異聲替換。例④的重文"抽"、"㩅"分別從"由"、"秀"得聲，而正篆"擂"則從"畱"得聲。其類母同是"手"，屬異聲替換。例⑤的重文"䘩"（籀文）從"金"得聲，而正篆"紟"則從"今"得聲。其類母同是"糸"，屬異聲替換。例⑥的重文"蚓"從"引"得聲，而正篆"蚓"則從"寅"得聲。其類母同是"虫"，屬異聲替換。

第四種，類母聲母全換。將原字的類母声母全部更換，重造新字。例如：

①然，燒也。从火肰聲。蘺，或从艸難。(十上《火部》)

②㳬，逆流而上曰㳬洄。㳬，向也。水欲下違之而上也。从水㡿聲。𣶏，㳬或从朔。(十一上《水部》)

③銳，芒也。从金兌聲。厹，籀文銳从厂剡。(十四上《金部》)

例①的重文"蘺"，从艸難聲，而正篆"然"則"从火肰聲"，"然"與"蘺"的類母聲母都不相同。"然"或纍增類母轉形為"燃"。徐鉉等注："今俗作'燃'，蓋後人增加。《艸部》有'蘺'，

第 8 章 漢字轉注系統

注云：'艸也。'此重出。"例②的重文"遡"，從辵朔聲，而正篆"溯"（泝）則"从水㡭聲"。"溯"與"遡"的類母聲母都不相同。"溯"還可以更換聲母"㡭"轉形爲"溯"、"㴍"。《集韻·莫韻》："溯，《説文》：'逆流而上曰溯洄。溯，向也。水欲下違之而上也。'或作遡溯。"《字彙·水部》："溯，與泝同。"《文選·王仲宣〈七哀詩〉》："方舟溯大江，日暮愁我心。"李善注："《爾雅》曰：'逆流而上曰溯流。'"①今本《爾雅·釋水》作"泝洄"。②《龍龕手鑑·水部》："㴍"同"泝"。例③的重文"劌"（籒文）從厂刾聲，而正篆"鋭"則"从金兌聲"。"鋭"與"劌"的類母聲母都不相同。

通過前文的比較分析，我們對"形聲對轉"有了個初步認識：形聲對轉是漢字舊形轉換中最爲便捷、最爲常見的構形法轉換方式。説它"便捷"，是説原字的結構無論多麽簡單或複雜，祇要符合適用、美觀兩個基本原則，都可以運用增附類母或聲母、更換類母或聲母，乃至類母聲母全換等方法，輕而易舉地加以改造翻新。説它"常見"，是説在漢字演變的整個歷史進程中，用形聲法來改造翻新原有的形聲字是最爲普遍、易行的。

但值得注意的是，形聲字既然可以對轉，其中聲母增附的方法應該也可以採用。但在整個漢字集團中，運用"聲母增附"的方式來改造形聲字極爲罕見。就其原因，則因爲原有的形聲字已經有了標音部件，如果再縈增聲母，那麽，同一個字必然會出現兩個標音部件，而兩個標音部件在同一個字中存在，既會使該字的標音不準確，又顯得累贅，讓人不知道該讀哪個纔正確，難以分辨。比如"嚮"這類形聲字，其中"鄉"、"向"都有可能是標音部件，初學

---

① （南朝梁）蕭統編，（唐）李善注：《文選》第 329 頁，中華書局 1977 年版。
② （清）郝懿行：《爾雅義疏》第 910 頁，上海古籍出版社 1983 年版。

者誰能分辨得清楚。如果這類字在漢字集團中大量存在，那麽，整個漢字系統的讀音非亂套不可。

漢字的轉注思想和理論基礎是建立在華夏民族傳統的易窮則變的基礎上的，其理論基礎是"轉換"，轉換的規律包括構形方法的轉換和字形結構的轉換。由此，我們初步建立起了漢字的"轉注"系統——構形法轉換系統和字形轉換系統。但僅此還不能説漢字轉注系統業已建立起來，因爲漢字轉注系統實際上還包括音和義兩個轉換系統，雖然它們與字形的轉換系統表面上看起來没有多大關係，但是在漢語裏，字形是直接表意的，既然字形産生了轉換，其意義會不會産生變化？字形的變化會不會影響到語音的變化，諸如此類，都應該深入研究。不然，漢字的轉注系統依然建立不起來。

漢字的轉注系統的建立，目前還處於草創階段。在這個階段内，需要思考的問題很多，諸如轉注的理論基礎是什麽，轉注的本質特徵是什麽，怎樣建立漢字轉注的理論體系、轉注系統的結構體系，轉注字系統内部的形、音、義又是怎樣的關係，等等。

第9章　形聲字易形變聲原則和方法

　　漢字在古往今來的歷史演變過程中，形聲字的轉換尤爲普遍，它們不僅涉及類母的更換，而且更多地涉及聲母的更換。相對而言，類母的更換比較簡單，而聲母的更換則極爲複雜，因爲每個字的語音形式幾乎都有古今方俗的區別，而且即使是同一個音系的古今語音演變，今天的音韻學家已經很難全然理出其變化的科學規律來了。正因爲如此，我們專門用一章的篇幅來討論形聲字轉換問題。

　　形聲字的轉換存在着"易形變聲"原則和"易形變聲"方法。所謂易形原則，是指在漢字發展演變的歷史過程中形聲字更換類母的規律。"類同而種別"和"類別而理通"是形聲字更換類母的兩大基本原則。其易形方法是："同位更換"和"異位更換"。所謂變聲原則，就是實行"同音替換"。這個替換原則包含三個細則：（1）被轉注字與後出轉注字之間實施整體同音替換；（2）被轉注字與後出轉注字之間實施聲母同音替換；（3）被轉注字與後出轉注字之間實施聲母同韻替換。其變聲方法與易形方法相同。同音替換是形聲字改造翻新的通用原則。建立形聲字易形、變聲的原則，對漢字轉注系統的研究、訓詁方法的研究、異體字的整理等都具有極其重要的指導意義。

9.1 形聲字易形原則和方法

《說文・敘》云：戰國時期，"諸矦力政，不統於王，惡禮樂之害己，而皆去其典籍，分爲七國。田疇異畮，車塗異軌，律令異法，衣冠異制，言語異聲，文字異形。"① 許慎所謂"文字異形"，是指漢字的形體結構在戰國以前是比較定形、統一的，而到了戰國時期，因爲"諸矦力政，不統於王"，不僅周王室的各種法律制度遭到了嚴重破壞，就連言語的讀音、字形的結構也發生了較大的改變。"文字異形"是就漢字整個系統的形體結構而言的，而本節所說的"形"，衹限於形聲字的類母，而且要討論的"易形"原則，是指某個或某些形聲字在更換原字類母的時候採用了哪些或哪種轉換方式。

關於形聲字的"形"，文字學的傳統稱謂都叫"形符"或"義符"，本書稱之爲"字義類屬性字母"。所謂字義類屬性字母，"是指在形聲字的構形中表示字義所屬類別的字母"，簡稱"類母"。② 綜觀漢字發展史，同字異形漢字（異體字）的不斷孳乳，其中有個主要原因是歷代文人爲了適應時代的用字需要，有意識地更換原有形聲字的類母。

形聲字類母的更換，早在兩周時期業已開始，而成批的、大量的更換之風，興起於戰國時代，盛行於漢魏唐宋之間。初始時的類母更換，是受會意構形法的影響。用會意構形法造字，其構形部件具有更大的選擇性。比如，要用文字來表示較大獸類動物中的雄性，

---

① （漢）許慎：《說文解字》第 314—315 頁，中華書局 1963 年影印本。
② 參看鍾如雄《敦煌變文轉注字考》，見《古漢語研究》2007 年第 4 期。

其生殖器官"⊥"(且)最具有代表性,而雄性動物中有牛、羊、豬、狗、馬、鹿等等,造字時,不同部落或同一個人,都會任意選擇牛、羊、豬、馬、鹿等中的一種與"⊥"(且)組合構形,於是甲骨文中就出現了 ᄮ(牡)、ᅪ(牂)、ᄼ(狙)、ᅲ(駔)、ᄽ(麆)等會意(異體)字。楊樹達先生在《釋雌雄》一文中說:麆、鴉、殺、羒、牡之"受名"皆有"大"義,"雄之受名蓋以其大也"。[①] 徐中舒先生在《甲骨文字典》卷二中也指出:"⊥用以表示家畜或獸類,結合不同獸類的形符,分別爲雄性之牛、羊、豕、馬等之專名。楊樹達謂 ᄽ 當爲麆、ᅲ 爲駔、ᄮ 爲羒……各有專名,區分明確,後於農業社會中如此區別已無必要,漸爲死字,乃以從牛之牡爲雄畜之通稱。"[②] 雄性獸類雖說不同,但它們同屬雄性"獸"類,故其生殖器並無較大區別,"ᄮ"(牡)、"ᅪ"(牂)、"ᄼ"(狙)、"ᅲ"(駔)、"ᄽ"(麆)等會意字中更換的祇是代表不同獸的符號,而不是它們的生殖器符號。既然會意字中類同種別的物可以任意更換,同理,形聲字中代表字義所屬類別的字母(即類母)當然也可以更換。

　　商周甲骨文的字形構造,是以象形、會意爲主體的。在那時的文字系統中,形聲字所佔的比例還極爲有限,那時能作爲形聲字分析的,實際上都是會意字或會意兼形聲的字,也就是《說文》說的"亦聲"字或清代段玉裁所謂"會意兼形聲"的字。形聲字類母的更換,今天看來,顯然是直接受到象形字、會意字增附類母的啓發。比如"酉"(酒)甲骨文(ᄐ)和周代早期金文(ᄒ)都是象形字,象裝酒的罎子。罎子中原本是有"酒"的,酒由糧食的精液(乙醇)與水勾兌而成,故甲骨文或在象形字的基礎上增附類母"水"

---

① 楊樹達:《積微居小學金石論叢》第30—31頁,中華書局1983年版。
② 徐中舒主編:《甲骨文字典》第79頁,四川辭書出版社1989年版。

轉形爲𨟿（酒）。①《說文·酉部》云：“酉，就也。八月黍成，可爲酎酒。象古文酉之形。”（十四下）又云：“酒，就也。所以就人性之善惡。从水从酉，酉亦聲。一曰造也，吉凶所造也。古者儀狄作酒醪，禹嘗之而美，遂疏儀狄。杜康作秫酒。”“酎酒”的字形“酉”，形狀象盛酒的罐子，許慎說“象古文酉（酒）之形”，小篆與甲骨文、金文構形相同。郭沫若《甲骨文字研究·釋干支》云：“要之古十二辰第十位之酉字實象瓶尊之形，古金文及卜辭每多假以爲‘酒’字。許之釋就，蓋用轉注法以牽就其八月之義（許釋十二辰均用此法）。酉縱爲就，自當後起。”②“酉”、“酒”同字異形，無假借可言，郭說未安。再如“尊”，甲骨文一期或作𢍜，象兩手捧舉酒樽之形，初文會意。酒尊由陶泥燒制而成，土與山石同類，故可累增“𨸏”作“𨺅”。甲骨文一期、二期或增加類母“𨸏”作𨺅。《說文·酋部》：“尊，酒器也。从酋，廾以奉之。《周禮》六尊：犧尊、象尊、著尊、壺尊、太尊、山尊，以待祭祀賓客之禮。尊，尊或从寸。”（十四下）《周禮·春官·小宗伯》：“辨六尊之名物，以待祭祀賓客。”鄭玄注引先鄭云：“六尊：獻尊、象尊、著尊、壺尊、太尊、山尊。”“𨺅”從𨸏從尊，尊亦聲，爲會意兼形聲字。于省吾《甲骨文字詁林》收有“𨺅”字，③高明《古文字類編》“尊”字下收有異體字“𨺅”，④《說文解字》《漢語大字典》均未收錄。

形聲字的易形，必須在象形字、會意字轉換成形聲字之後纔有可能。

---

① 高明：《古文字類編》第467頁，中華書局1980年版。
② 見于省吾主編《甲骨文字詁林》第2687—2688頁，中華書局1996年版。
③ 見于省吾主編《甲骨文字詁林》第2694頁，中華書局1996年版。
④ 高明：《古文字類編》第457頁，中華書局1980年版。

9.1.1 形聲字易形原則

　　形聲字易形的總原則是：族群成員的約定俗成。所謂"族群成員的約定俗成"，是指同一族群內部由巫教首領（酋長、諸侯、帝王等）認定形聲字的類母更換，然後再將已經更換的新字形傳授給其子孫、門生、官吏、僚屬。早期的文字創造和字形轉換都必須信守這一原則，魏晉以後纔漸漸有所放寬。

　　中國文字的創造傳説是黃帝的史官倉頡，不管這一傳説是否可信，但最初發明文字的目的不是爲了教育族人或民衆，而是爲了滿足巫教首領、部落酋長記言記事、宣教明化、以乂百工的需要。文字這種初始功能，東漢的文字學家許慎認識得極爲透徹。他説："蓋文字者，經藝之本，王政之始，前人所以垂後，後人所以識古。故曰'本立而道生'，知天下至嘖而不可亂也。"（《説文·敘》）所以，中國文字的發明、孳乳、嬗變、發展、整理、規範、應用等等，在宋元以前，實際上是操縱在帝王手中的，因爲文字的社會本質是爲王政服務的。這一特徵決定着中國文字的不可變易性和變易的規律性、統一性、權威性。這是個核心的原則性問題，當今研究文字的許多學者還難以領悟。

　　形聲字易形的具體原則是：類同而種別或類別而理通。所謂"類同而種別"或"類別而理通"，指某一個具體的字（名）所指謂的物（概念＝意義）是同類事物中的某一種，或即使是指謂另類事物但本質上必須具有相同性或共通性。因此，在更換類母時可以選擇同類事物中相近的種類進行更換，亦可以選擇本質上相同或共通的另類事物進行更換。祇要做到類同而種別或類別而理通即可。例如：

　　"節"從竹，"茚"從艸。《説文·竹部》："竹，冬生艸也。象形。下垂者筈箬也。"（五上）又云："節，竹約也。从竹即聲。"《糸部》云：

"約，纏束也。从糸勺聲。"（十三上）段玉裁注："竹節如纏束之狀。［左太沖］《吳都賦》曰：'苞筍抽節。'引伸爲節省、節制、節義字。又假借爲符卪字。"①《史記·龜策列傳》："竹，外有節理，中直空虛。"《南史·王曇首傳》："簡廣數分，長二尺，皮節如新。"後世更換類母"竹"轉形爲"茚"。《説文·艸部》："艸，百芔也。从二屮。"（一下）"艸"是艸本植物的總名，"竹"是艸的一種（冬生艸），類同而種別，故"節"可轉形爲"茚"，今簡化爲"节"。

"裹"從衣，"綶"從糸。《説文·衣部》："裹，纏也。从衣果聲。"（八上）段玉裁注："纏者，繞也。"《詩經·大雅·公劉》："篤公劉，匪居匪康，廼場廼疆，廼積廼倉，廼裹餱糧，于橐于囊，思輯用光。"鄭玄注："乃裹糧食於囊橐之中。"向熹《詩經詞典》："裹，包。"②"裹"的本義是指用寬大的草木葉子、獸皮、布帛、口袋等將某種體積較小的物品包裹起來，或用藤條、繩索將體積較大的物體捆束起來。《説文》説"裹，纏也"，《玉篇·衣部》説"裹，苞也"，分別從兩個方面來解釋"裹"的含義。後世更換類母"衣"轉形爲"綶"。《篇海類編·衣服類·糸部》："綶，纏綶也。""裹"與"綶"本義、讀音（古火切）均同，是一對轉形字，《漢語大字典》沒有認同它們的異體關係，③未安。

"餯"從食，"粫"從米。《説文·食部》："餯，乾食也。从食矢聲。《周書》：'峙乃餯粻。'"（五下）"餯粻"就是乾糧。《爾雅·釋言》："粻，糧也。"《説文·米部》新附字："粫，食米也。""餯"之異體作"餱"。《爾雅·釋言》："餱，食也。"《廣韻·侯韻》："餱，

---

① （清）段玉裁：《説文解字注》第189頁，上海古籍出版社1988年第2版。
② 向熹：《詩經詞典》第151頁，四川人民出版社1986年版。
③ 徐中舒主編：《漢語大字典》第1版第3096、3413頁，四川辭書出版社、湖北辭書出版社1988年版。

第9章 形聲字易形變聲原則和方法

乾食。"《正字通·食部》："餴，餯本字。《説文》作餯。"《詩經·大雅·公劉》之"餯糧"，鄭玄注爲"糧食"。"餴"、"餯"都指乾糧，後世更換類母"食"轉形爲"糇"。《唐韻·侯韻》："糇，糇糧。"《集韻·疾韻》："糇，《説文》：'乾食也。'或從米。"漢張衡《思玄賦》："屑瑤蘂以爲糇兮，斟白水以爲漿。"唐杜甫《彭衙行》詩："野果充糇糧，卑枝成屋椽。"

"節"與"茚"，"裹"與"緥"，"餯"與"糇"，其類母的更換都符合"類同而種別"的原則。因爲"竹"、"艸"同屬"艸"類，"衣"、"糸"同屬"絲"類，"食"、"米"同屬"食"類。再如：

（1）"遺"本從"辵"，轉形後從"心"。《説文·辵部》："遺，習也。从辵貫聲。"（二下）徐鍇繫傳："《春秋左傳》曰：'使盈其遺。'當作此字。"段玉裁注："亦假貫，或假串。《左傳[·昭公二十六年]》：'貫瀆鬼神。'《[爾雅·釋詁]》曰：'貫，習也。'《毛詩[·大雅·皇矣]》曰：'串夷載路。'"段氏説"遺假貫"不確，"遺"是爲"貫"的引申義造的字，並非假借。後世更換類母"辵"轉形爲"慣"。《爾雅·釋詁下》："貫，習也。"陸德明釋文："慣，本又作貫。"《玉篇·心部》："慣，習也。"《正字通·辵部》："遺，本借貫，俗改從慣。"《宋書·宗慤傳》："（庾業）謂客曰：'宗軍人慣噉粗食。'"

（2）"粢"本從"禾"，轉形後從"米"。"粢"的本字作"齊"，本義爲"稷"，北方人稱"穀子"。《説文·禾部》："齊，稷也。从禾𠫓（齊）聲。粢，齊或从次。"（七上）清郭慶藩經字正誼："蓋稷名曰齊，實器用以祭祀亦曰齊。"後世更換聲母"齊"轉形爲"粢"，《説文》重出字有"粢"字。再更換類母"禾"轉形爲"粢"。段玉裁"齊"字注："今日經典粢盛皆从'米'作，則又粉餈之或字而誤叚之。"邵瑛群經正字："變從'禾'爲從'米'作

'粢',其字蓋始漢隸。"《玉篇·禾部》:"齋,子梨切。黍稷在器曰齋。亦作粢。"《集韻·脂韻》:"齋,或作粢。"《字彙·禾部》:"粢,同粢。"

(3)"監"本從"皿",轉形後從"金"。"監"甲骨文作𥌚,或省水作𥌚,周代金文或作𥌚(《頌鼎》),從皿從見,象人臨水照看自己臉面之形,會意字。《說文·臥部》:"監,臨下也。從臥,衉省聲。𥌚,古文監從言。"(八上)林義光《文源》云:"監即鑑之本字。上世未制銅時,以水爲監。故《[尚書·]酒誥》曰:'人無于水監,當于民監。'𥌚象皿中盛水,人臨其上之形。從臣,臣伏也。"唐蘭《殷虛文字記》云:"余謂監字本象一人立於盆側,有自監其容之意……其本義當爲'視也'。"李孝定《甲骨文集釋》也云:"象人臨監窺影之形。"[①]許君所謂"臨下"就是今天所說的"照鏡子"。但其析形未安,不是"從臥",而是從見;古文"警"所從之"言",是甲骨文𥌚字中𠃜的譌形,由此,後世再譌成"鹽"字。𥌚原本會意,後世纍增"皿"轉變成形聲字"鹽",後人不明,誤當成"墼(堅)"的譌字。如《廣韻·敢韻》:"鹽,鹽土之堅也。"周祖謨校勘記:"鹽,景宋本作墼,誤。"《集韻·敢韻》:"墼,堅土也。亦書作鹽。"清方成珪考正:"墼譌鹽。"均失審。《漢語大字典·皿部》從舊說,[②]當糾正。《爾雅·釋詁下》:"監。視也。"《尚書·酒誥》:"人無于水監,當于民監。"僞孔安國傳:"視水見己形,視民行事見吉凶。"後更換類母"皿"轉形爲"鑒",省"皿"作"鋻"。《廣韻·鑑韻》:"鑑照也。亦作監。"《說文·金部》:"鑑,大盆也。一曰監[方]諸,可以取明水於月。從金監聲。"(十四上)其實"鑑"

---

① 均見于省吾主編《甲骨文詁林》第 618 頁,中華書局 1996 年版。
② 徐中舒主編:《漢語大字典》第 2 版第 2755 頁,四川辭書出版社、湖北崇文書局 2010 年版。

第 9 章　形聲字易形變聲原則和方法

是"監"的重文，許君不明。《廣雅·釋詁二》："鑑，照也。"《左傳·昭公二十八年》："昔有仍氏生女，鬒黑而甚美，光可以鑑。"杜預注："髮膚光色，可以照人。"《廣韻·鑑韻》："鑒，同鑑。"《詩經·邶風·柏舟》："我心非鑒，不可以茹。"毛傳："鑒，所以察形也。"毛傳釋"鑒"爲鏡子，引申義，如《廣雅·釋器》"鑑謂之鏡"。陸德明《經典釋文》作"監"，又云："本又作鑒。"再更換類母"金"轉形爲"瞷"。《説文·目部》："瞷，視也。从目監聲。"（四上）段玉裁注："鑒，亦當爲臨視也。"許君亦不知"瞷"是"監"的重文，段氏説是。《漢語大字典·目部》未注明"同監"，[①]當改正。趙誠《古文字發展過程中的内部調整》："甲骨文有個 字，從皿從見，象人立於盆側，有自瞷其容之意，引申爲監視之義。此字金文作 、 等形，見旁逐漸分離爲從臣從人……古文暨目轉化爲臣，是合規律的，但一般人不甚清楚，因而監字的自瞷其容之義不易理解，於是再加一個目旁寫成了瞷。"[②]"監"纍增"皿"轉形爲"鑑"，更换類母"皿"轉形爲"鑒（鑑）"，再更换類母"金"轉形爲"瞷"。"皿、金、目"雖不同類，但都與"照鏡子"這一行爲或照的物體、照鏡子的人的視覺器官緊密相關，故其類母轉換也符合類別而理通的原則。

（4）"親"本從"見"，轉形後從"宀"。"親"《説文》收有兩個正篆，分別見於《宀部》和《見部》。《宀部》："寴，至也。从宀親聲。"（七下）段玉裁注："至者，親密無間之意。《見部》曰：親者，至也。然則寴與親音義皆同。"又《見部》："親，至也。从見亲聲。"（八

[①]　徐中舒主編：《漢語大字典》第 2 版第 2697 頁，四川辭書出版社、湖北崇文書局 2010 年版。

[②]　趙誠：《古文字發展過程中的内部調整》，見《古文字研究》第十輯第 358—359 頁，中華書局 1983 年版。

下）段玉裁注："《至部》曰：到者，至也。到其地曰至，情意懇到曰至。父母者，情之最至者也，故謂之親……李斯刻石文作親，左省一畫。"①"窺與親音義皆同"，說明段玉裁已經看出"親"、"窺"是同一個字的兩種書寫形式，而不是兩個完全不同的字。"親"金文或作𢃇（《中山王鼎》），從宀、辛、斤會意，或換"斤"爲"見"作𡪙（春秋《䚋侯鼎》），從宀、辛、見會意，或省"宀"作𧢲（晚周《克鐘》），從辛、見會意；《秦詛楚文》在"辛"下增"木"作"親"（"亲"乃"榛"字初文），從見亲聲，由會意字更形爲形聲字，《定縣竹簡》和《曹全碑》"辛"省一畫作亲，故"親"也省作"親"，今簡化作"亲"（原爲"榛"字初文）。《集韻·真韻》云："親，古作窺。"《泰山刻石》："窺輓遠黎。"《史記·秦始皇本紀》引作"親巡遠方黎民"。𢃇所從之"辛"、"斤"，都與刑具有關。郭沫若先生認爲，"辛"是古代施黥刑用的刻刀剞劂，故用施黥刑的刻刀來表示施黥刑這一行爲。他在《甲骨文研究·釋干支》中説："辛辛本爲剞劂，其所以轉爲愆辜之意者，殆亦有説。蓋古人于異族俘虜或同族中之有罪而不至於死者，每黥其額而奴使之……有罪之意無法表示，故借黥刑以表示之，黥刑亦無法表示於簡單之字形中，故借施黥之刑具剞劂以表現之。剞劂即辛辛，是辛辛可有剞義。"②從字形造意看，𢃇、𡪙、𧢲均象親臨觀看黥刑之形。看到族人遭受黥刑而痛哭流涕，而爲人子女者深感父母生養之艱難，故亦稱其父母爲"親"。③《墨子·節葬下》："子墨子言曰：'仁者之爲天下度也，辟之無以異乎孝子之爲親度也。'今孝子之爲親度也，將奈何哉？曰：'親

---

① （清）段玉裁：《説文解字注》第409頁，上海古籍出版社1988年版。
② 見于省吾主編《甲骨文字詁林》第2498頁，中華書局1996年版。
③ 參看鍾如雄、胡娟《"親戚"稱父母之來源考》，《西南民族大學學報》2010年第4期。

貧則從事乎富之，人民寡則從事乎眾之，眾亂則從事乎治之。'"《孟子·盡心上》："孩提之童無不知愛其親者。"孫奭疏："繈褓之童子無有不知愛其父母。"𢗅、𢢽、𡠦原本會意，後世更換成聲字"𡧧"，再換"見"形變成形聲字"親"。《廣韻·真韻》："親，愛也，近也。《說文》：'至也。'七人切。𡧧、𡧧，並古文。"①

類同而種別或類別而理通，是形聲字類母轉換的基本原則。這一原則無一例外地適合於古往今來任何一個形聲字的易形。如果某個形聲字逾越了這條基本原則，那麼它就沒有任何理據可言，不再屬於類母轉換的範疇，而屬於地地道道的譌字。

9.1.2 形聲字易形方法

在遵循"類同而種別"或"類別而理通"的基本轉換原則的前提下，形聲字的類母轉換通常採取"同位更換"和"異位更換"兩種方法。

（1）**同位更換**。在與原字形結構相同的位置更換類母。如前文談到的"節"與"茚"、"餕"與"糉"、"鑒"與"䃾"、"監"與"鑒"等，都是在相同的位置上更換了原字的類母。再以《說文》中的同篆重文和異部重出字為例：

① 迹，步處也。从辵亦聲。蹟，或从足責；𨒪，篆文迹从束。（二下《辵部》）

② 髀，股也。从骨卑聲。𩪯，古文髀。（四下《骨部》）

③ 稃，穅也。从禾孚聲。粰，稃或从米付聲。（七上

---

① 《宋本廣韻》第 82 頁，北京市中國書店 1982 年影印本。

《禾部》)

④醮,冠娶禮祭。从酉焦聲。𥛱,醮或从示。(十四下《酉部》)

⑤遺,媟遺也。从辵賣聲。(二下《辵部》)

⑥怛,驕也。从心且聲。(十下《心部》)

例①之"迹",戰國古文作𬦓(《師袁簋》),從辵束聲,《説文》重文或作"蹟",將類母"辵"更換成了"足"。注意:"蹟"的聲母"責"是在"束"下增加"貝"形成的譌體。"辵"、"足"均與腳的行走相關,類同而種别,故能更换。"迹"又轉形爲"跡"。"跡"的本義也是腳印。《廣韻・昔韻》:"迹,足迹。跡,同上。速,籀文。"《集韻・昔韻》:"跡,《説文》:'步處也。'或作速,或作蹟。"《字彙・足部》:"蹟,與迹同。"宋洪適《隸釋・繁陽令楊君碑》:"鄰遠歸懷,爰集疆場,州郡嘉異,並上絶速。"洪適注:"速,即迹字。"①清顧藹吉《隸辨・昔韻》:"速……《説文》迹,籀文作速,碑從籀文。"《莊子・天運》:"夫迹,履之所出,而迹豈履哉!"《左傳・昭公十二年》:"穆王欲肆其心,周行天下,將皆必有車轍馬跡焉。"《史記・三代世表》:"后稷母爲姜嫄,出,見大人蹟而履踐之,知於身,則生后稷。"《淮南子・説山》:"足蹍地而爲迹,暴行而爲影。""迹"、"速"與"蹟"、"跡",均爲左形右聲構形,音義相同。

例②之"髀",《説文》正篆從"骨",重文從"足",本義都是大腿外側、屁股。《説文》曰:"髀,股也。"段玉裁改釋詞"股"爲"股外",並注:"各本無'外'字,今依《爾雅音義》、《文選・七命》注、玄應書、《太平御覽》補。股外曰髀,股上曰髖。《肉部》曰

---

① (宋)洪適:《隸釋》第104—105頁,中華書局1986年版。

'股，髀也'，渾言之，此曰'髀，股外也'，析言之，其義相足。《大部》曰：'奎，兩髀之間。'"① 段說得之。《玉篇·足部》："踍，古髀字。股外也。"《集韻·旨韻》："髀，《説文》：'股也。'或作足。"《禮記·深衣》："帶，下毋厭髀，上毋厭脅，當無骨者。"鄭玄注："當骨，緩急難爲中也。"② "髀"與"踍"或從"骨"或從"足"，均爲左形右聲構形，音義相同。"骨"、"足"類同而種別，故能更換。"髀"還能更換聲母"卑"轉形爲"骰"、"髖"、"髉"等。慧琳《一切經音義》卷五十七引《考聲》曰："骰，股也。"《類篇·骨部》："髀、骰、髖，部禮切。《説文》：'股也。'或作骰、髖。"③《大方廣佛華嚴經·普賢行願品》："所往無難，如人之骰。"《北史·齊紀中》："支解其屍，弃其髉琵琶。"唐姚合《贈盧大夫將軍》詩："上山嫌骰重，拔劍歎衣生。"

例③之"稃"，《說文》正篆從"禾"，重文從"米"，本義都是稻穀生長的胎衣，即谷皮，川南稱"穀殼"或"糠殼"。《爾雅·釋草》："秠，一稃二米。"邢昺疏："稃，皮也。"《說文》曰："䅌䆃也。"徐鍇繫傳："稃即米殼也。草木華房爲柎，麥之皮爲麩，音義皆同也。"④《廣韻·虞韻》："稃，谷皮。"《詩經·大雅·生民》："誕降嘉種，維秬維秠，維穈維芑。"毛傳："秠，一稃二米也。"陸德明釋文："稃，龘穅也。"或更換聲母"孚"轉形爲"柎"、"秩"。《集韻·虞韻》："稃，或作柎。"《正字通·禾部》："柎，俗稃字。"又："秩，俗稃字。"再更換類母"禾"轉形爲"柎。""稃"（柎、秩）

---

① （清）段玉裁：《説文解字注》第 165 頁，上海古籍出版社 1988 年第 2 版。
② （漢）鄭玄：《禮記注》，見（清）阮元校刻《十三經注疏》第 1664 頁，中華書局 1980 年版。
③ （宋）司馬光等編：《類篇》第 145 頁，中華書局 1984 年版。
④ （南唐）徐鍇：《説文解字繫傳》第 142 頁，中華書局 1987 年版。

與"籿"或從"禾"或從"米",均爲左形右聲構形,音義相同。而米爲禾之實,故可以轉換。

例④之"醮",《說文》正篆從"酉",重文從"示",本義都是指古代男子在舉行加冠禮和結婚禮時的一種敬酒形式,即加冠者喝酒後或新郎新娘對飲合歡酒後,不再回敬賓客。《說文》:"醮,冠、娶禮祭。"段玉裁注:"詳經文不言祭也,蓋古本作:'冠、娶妻禮也。一曰祭也。'轉寫有奪,與祭者別一義,不蒙冠禮。"《玉篇·酉部》:"醮,冠、娶妻也。"《儀禮·士冠禮》:"若不醴,則醮用酒。"鄭玄注:"酌而無酬酢曰醮。醴亦當爲禮。"《禮記·昏義》:"父親醮子而命之迎。"孔穎達等正義:"受爵者飲而盡之,又不反相酬酢,直醮盡而已,故稱醮也。"《晉書·禮志下》:"古者,婚、冠皆有醮。"冠、娶醮酒雖非祭祀,然形同祭禮,故更換類母"酉"轉形爲"禳"。《玉篇·示部》:"禳,或作醮。""醮"與"禳"或從"酉"或從"示",均爲左形右聲構形,音義相同,類異而通,故可以轉換。

例⑤之"遭"、"嬻",《說文》分別編排在《辵部》和《女部》,其釋詞則相同,都是"媟遭"或"媟嬻"。何謂"媟嬻"?《說文·女部》:"媟,嬻也。从女枼聲。"許君以"嬻"釋"媟",說明二字同義。段玉裁注:"單言之曰媟、曰嬻,累言之曰媟嬻……今人以溝瀆字爲之,瀆行而嬻廢矣。"朱駿聲通訓定聲:"據《說文》則與遭同。經傳皆以黷以瀆爲之。"①《玉篇·女部》訓"媟"爲"慢也,嬻也",訓"嬻"爲"易也,媟也"。賈誼《新書·道術》:"接遇慎容謂之恭,反恭爲媟。"賈誼說"恭"的反義詞是"媟",亦就是輕慢、不恭敬。《國語·周語中》:"今陳侯不念胤續之常,棄其伉儷妃嬪,而帥其卿佐以淫於夏氏,不亦嬻姓矣乎!"韋昭注:"是爲媟嬻

---

① (清)朱駿聲:《說文通訓定聲》第369頁,武漢市古籍書店1983年影印本。

第9章　形聲字易形變聲原則和方法

其姓也。"嬻"從"女",更換類母轉形爲"遺"。《說文》云:"遺,媟遺也。"徐鍇繫傳:"不以禮自近也。"徐氏所謂"不以禮自近",就是輕慢不敬。段玉裁注:"今經傳作瀆。"朱駿聲通訓定聲:"據《說文》則與嬻同。""嬻"與"遺"或從"女"或從"辵",均爲左形右聲構形,類異而通,故可以轉換,許君誤將其分別部居,失審。

例⑥之"怚"與"嫭"同,而《說文》分別編排在《女部》和《心部》,其釋詞則同是"驕"(依段注本)。"嫭"的釋詞《說文》大徐本誤作"嬌",①故段玉裁據小徐本改成"驕",並注:"驕,俗本作嬌,小徐不誤,古無嬌字,凡云嬌即驕也。"又"怚"段玉裁注:"此與《女部》'嫭,驕也'音義同。嫭下今本作嬌,乃驕之俗字耳。"②"嫭"與"怚"或從"女"或從"心",均爲左形右聲構形,音義相同,類異而通,故可以轉換,許君誤將其分別部居,失審。

(2)異位更換。在與原字形結構不對稱的位置更換類母。如前文談到的"裹"與"裸",就是在不對等的位置更換了原字的類母。也以《說文》中的同篆重文和異部重出字爲例:

①尻,髀也。从尸下兀居几。𦞠,尻或从肉隼。𩪍,尻或从骨殿聲。(八上《尸部》)

②駕,馬在軛中。从馬加聲。𩢲,籀文駕。(十上《馬部》)

③壞,敗也。从土㞻聲。𡏳,古文壞省。𡐦,籀文壞。(十三下《土部》)

④歈,歈也。从歈省,叕聲。嘬,歈或从口从夬。(八下《欠部》)

---

① (漢)許慎:《說文解字》第263頁,中華書局1963年影印本。
② (清)段玉裁:《說文解字注》第508頁,上海古籍出版社1988年版。

啜，嘗也。从口叕聲。一曰喙也。（二上《口部》）
⑤ 睨，衺視也。从目兒聲。（四上《目部》）
覞，旁視也。从見兒聲。（八下《見部》）
⑥ 訢，喜也。从言斤聲。（三上《言部》）
欣，笑喜也。从欠斤聲。（八下《欠部》）

例①之"臀"，《說文》正篆作"𡱂"，會意字，正篆下收重文兩個，一個從肉隼聲，另一個從骨殿聲，後世再轉形爲"臀"（從肉殿聲）。《玉篇·尸部》："𡱂，與臀同。"《廣韻·魂韻》："臀，《廣雅》云：'臀謂之脽，亦謂之臀也。'《說文》作：'𡱂，髀也。'𡱂、脾、臀，並同上，見《說文》。"① 桂馥《札樸·溫經·臀》："殿即展，謂脾也。"又《說文》"𡱂"段玉裁注："今《周易》、《春秋》、《考工記》皆作'臀'。"《玉篇·肉部》："臀，《聲類》云：'𡱂也。'《易》曰：'臀無膚。'"又《骨部》："臀，與臀同。"《周易·夬》："九四，臀無膚，其行次且，牽羊悔亡，聞言不信。"《國語·周語下》："且吾聞之成公之生也，其母夢神規其臀以墨。"從會意字的"𡱂"，轉形爲形聲字"脾"（左類右聲）、"臀"（下類上聲）、"臀"（下類上聲），其本義依然是"股"，西南官話仍讀 dian^{21}（陽平）。

例②之"駕"，《說文》作爲正篆收在《馬部》，其重文有"㚉"。許君認爲"駕"的本義是專指"馬在軛中"，即把車套在馬上。段玉裁也說："駕之言以車加於馬也。"其實在遠古時代，馬、牛、羊等都可以駕車。《釋名·釋車》："羸車、羊車，各以所駕名之也。"畢沅云："《御覽》引曰：'羊車，以羊所駕名車也。'蓋節引此條，非別有一條也。前文雖已有'羊車'，前文以'祥、善'爲誼，此

---

① 《宋本廣韻》第 99 頁，北京市中國書店 1982 年影印本。

第9章 形聲字易形變聲原則和方法

則以駕羊爲稱，名同而實不同也。"① 既然"以所駕名之"，其動作名稱也相同，都是"駕"。《詩經·小雅·采薇》："戎車既駕，四牡業業。"《墨子·耕柱》："子墨子曰：'我將上大行，駕驥與羊，子將誰敺？'耕柱子曰：'將敺驥也。'"孫詒讓聞詁引王念孫云："羊不可與馬並駕，羊當爲牛。《太平御覽·地理》五引此已誤作羊，《藝文類聚·地部》及《白帖》五並引作牛。"② 王念孫説失審，因爲墨子説的是"我將上大行［山］"，是趕快馬去呢還是趕羊車去，而不是説趕由牛羊共拉的車去，所以耕柱子選擇"敺驥"。"駕"既然指馬、牛、羊等拉車，故更換類母"馬"轉形爲"犐"。"犐"《説文》引籀文從牛各聲，朱駿聲通訓定聲也説："籀文從牛各聲。"然"加"與"各"古今都不同音，怎麼能互換呢。疑"各"爲"加"之誤，應爲從牛加聲，許君所見籀文誤矣。

　　例③之"壞"，《説文》收在《土部》，從土褱聲，釋爲"敗也"。段玉裁注："敗者，毀也。毀、壞字皆謂自毀自壞。"《廣韻·怪韻》："壞，自破也。"又《説文·攴部》："敗，毀也。从攴从貝。"（三下）段玉裁注："貝亦聲。"《爾雅·釋言》："敗，覆也。"郭璞注："謂毀覆。"用今天的話來説就是"打翻了"。《論語·陽貨》："君子三年不爲禮則禮壞，三年不爲樂則樂崩。""壞"爲自破，"崩"也爲自塌。"壞"總有外力打擊，故更換成類母"攴"轉形爲"斁"。《説文》所收重文有古文䎱和籀文"斁"。籀文"斁"從攴褱聲（左聲右類）。徐珂《清稗類鈔·鑒攴賞類》："宋拓《孔廟碑》爲端忠湣藏，'高'字未斁本也。"

　　例④之"歇"，《説文》收在《欠部》，本義爲"喝"、"飲"。

---

① 見（清）王先謙《釋名疏證補》第363頁，上海古籍出版社1984年版。
② （清）孫詒讓：《墨子閒詁》第421頁，中華書局2001年版。

《玉篇·欠部》:"歙,大飲也。"《說文·欠部》:"欲,歙也。从欠合聲。"段玉裁注:"欲與吸意相近,與歙爲反對。"《廣韻·合韻》:"欲,大歙也。"《玉篇》《廣韻》分別以"大欲"、"大歙"解釋"歙"、"欲",說明兩字同義。《楚辭·漁父》:"衆人皆醉,何不餔其糟而歙醨?"朱熹注:"歙,飲也。"桂馥《札樸·鄉里舊聞·雜言》:"飲酒曰欲。"酒,水爲之。由此推之,飲水、喝粥、喝湯等也曰歙或欲。《禮記·檀弓下》:"歙主人、主婦、室老,爲其病也。君命食之。"鄭玄注:"歙,歙粥也。"唐段成式《酉陽雜俎·怪術》:"(術士)方欲水再三噀壁上,成維摩問疾變相。""歙"從歙省,叕聲,後世更換類母"欠"轉形爲"啜"。《爾雅·釋言》:"啜,茹也。"《廣雅·釋詁二》:"啜,食也。"《禮記·檀弓下》:"孔子曰:'啜菽飲水盡其歡,斯之謂孝。'"宋陸游《睡鄉》詩:"有酒君勿啜,入腸作戈矛。"其實"歙"、"啜"的本義都是喝,泛指喫喝,和四川話的"喫"相同,無論液體還是固體食物都能用。許君強分爲二字,未安。

例⑤之"睨",《說文》收在《目部》,從目兒聲,釋爲"衺視",即斜着眼睛看。《廣韻·霽韻》:"睥,睥睨也。"《集韻·霽韻》:"睥,睥睨,視也。"《篇海類編·身體類·目部》:"睥,睥睨,邪視。"《禮記·中庸》:"執柯以伐柯,睨而視之,猶以爲遠。"陸德明釋文:"睨,睥睨也。"《史記·李將軍列傳》:"(李)廣詳死,睨其旁有一胡兒騎善馬,廣暫騰而上胡兒馬,因推墮兒,取其弓,鞭馬南馳數十里。"裴駰集解引東晉徐廣曰:"一云'抱兒鞭馬南馳'也。"又"䙠",本是"睨"之重文,《說文》則收在《見部》,釋詞爲"旁視也。""旁視"也是斜着眼睛看,故段玉裁注:"《目部》

第9章 形聲字易形變聲原則和方法 　　333

曰：'睨，衺視也。'二字音義皆同。""睨"（左類右聲）從"目"，"覞"（左聲右類）從"見"，"目"爲視覺器官，"見"爲視覺器官的行爲，二者音義相同，類同而通，可以互換。許君不當分別部居。

　　例⑥之"訢"，《說文》收在《言部》，從言斤聲，釋爲"喜"，即喜悅、快樂。《玉篇·言部》："訢，樂也，喜也。"《孟子·盡心上》："終身訢然，樂而忘天下。"《莊子·大宗師》："古之真人，不知說生，不知惡死，訢其不出，其入不距。"又"欣"本是"訢"之重文，《說文》則收在《欠部》，釋詞爲"笑喜也"。"喜"本有"笑"義，故段玉裁注："《言部》'訢'下曰：'喜也。'義略同。按：《萬石君傳》：'僮僕訢訢如也。'晉灼云：'訢，許慎曰：古欣字。'晉所據《說文》似與今本不同。"又"訢"段玉裁注："此與《欠部》'欣'音義皆同。"段玉裁注或言"音義皆同"或言"義略同"，並不統一。其實"訢"、"欣"同字異體，沒有區別。《爾雅·釋詁上》："欣，樂也。"《玉篇·欠部》："欣，喜也。"《莊子·大宗師》說"訢其不出，其入不距"，而《養生主》則曰"殀不足惡，壽不足欣"。《漢書·王吉傳》："習治國之道，訢訢焉發憤忘食。"顏師古注："訢，古欣字。""訢"（左類右聲）從言，"欣"（左聲右類）從欠，"言"與"欠"都與口有關，二者音義相同，類同而通，可以互換。許君不當分別部居。

　　漢字系統中的形聲字易形，涉及類母的更換和聲母的更換。相對而言，類母的更換比較簡單，因爲在形聲字中，所有的類母都具有直觀的特徵，更換沒更換，怎麼更換的，一目了然。在本節中，我們初步梳理了形聲字的易形規律，這類梳理祇能算是作了個示範，有望更多的同仁繼續深入研究。

9.2 形聲字變聲原則和方法

漢字在古往今來的歷史演變過程中，形聲字的轉形尤爲普遍，它們不僅涉及類母的更換，而且更多地涉及聲母的更換。相對而言，類母的更換比較簡單，而聲母的更換則極爲複雜，因爲每個字的語音形式幾乎都有古今方俗的區別，而且即使是同一個音系的古今語音演變，今天的音韻學家已經很難全然理出其變化的科學規律來了。如果要用一個連古音學家們都難以普遍接受的擬音系統去說明形聲字聲母的更換規律，其難度是可想而知的。在本節中，我們主要採用王力先生的歷史語音研究結論來幫助說明形聲字的變聲原則及其方法。[1]

9.2.1 形聲字變聲原則

某個形聲字更換其原來的聲母轉形爲另外一個或一組形聲字後，其本義、讀音不變，我們管它叫做"形聲字的變聲"。關於形聲字的"聲"，文字學的傳統稱謂叫做"右文"、"聲符"或"諧聲偏旁"等，本書採用"聲義擴散性字母"的說法。所謂聲義擴散性字母，是指同一個讀音和義素向不同事物趨同的字母，簡稱"聲母"。

綜觀漢字發展史，同字異聲的漢字（異體字）的不斷孳乳，主要是歷代文人爲了適應時代的用字需要，有意識地更換原有形聲字的聲母。形聲字更換聲母始於春秋戰國時期。例如：

---

[1] 王力：《漢語語音史》，中國社會科學出版社 1985 年版。

第9章 形聲字易形變聲原則和方法

"願"戰國《中山王壺》作🔲,從心元聲,①三體石經《尚書·皋陶謨》、《說文》小篆、漢印等改爲從心原聲。《說文·心部》:"愿,謹也。从心原聲。"(十下)又:"愨,謹也。从心㱿聲。"《廣雅·釋言》:"愿,愨也。""愿"、"愨"、"謹"都表示心地善良、言行小心謹慎。《尚書·皋陶謨》:"皋陶曰:'寬而栗,愿而恭,亂而敬,擾而毅,直而溫,簡而廉,剛而塞,彊而義,彰厥有常,吉哉!'"僞孔安國傳:"愨愿而恭恪。"孔穎達等正義:"愿者,愨謹良善之名。謹愿者,失於遲鈍,貌或不恭,故愨愿而能恭恪乃爲德。"陸德明釋文:"愿,音願。"②顧寶田譯注:"愿,老實謹慎。"《左傳·襄公三十一年》:"愿,吾愛之,吾不叛也。"杜預注:"愿,謹善也。"《後漢書·劉寵傳》:"山民愿樸。"李賢注:"愿,謹也。"注意:"愿"與"願"古今都不相通。《說文·頁部》:"願,大頭也。从頁原聲。"(九上)引申爲心願、願望、願意、希望、羨慕、思念等,這些意義今天都能借用"愿"來表達,但是謹願、誠願之義絕對不能寫成"願"字。《現代漢語詞典》(第5版)辨析得很清楚。

"䥥"初文作"䥶"。《說文·鬲部》:"䥶,秦名土釜曰䥶。从鬲中聲。讀若過。"(三下)段玉裁注:"今俗作鍋。"清光緒年間所修《崇明縣誌·方言》引宋陸游詩:"沙䥶煮麥人。"按今本《陸游集·埭西小聚》作"鍋"。清姚鼐《莟王生》:"閭井歲苦飢,併日塵生䥥。""䥶"的異體作"鬲"。《廣雅·釋器》:"鬲,釜也。"王念孫疏證:"鬲,即今鍋字。"《集韻·戈韻》:"䥶,《說文》:'秦名土釜曰䥶。'或作鬲。"後世更換聲母"中"轉形爲"䥥"。《集韻·戈韻》:"鍋,鍋鑸,溫器。或作䥥。""鍋"的本義爲古代盛膏器。《方言》卷九:"車釭,

---

① 高明:《古文字類編》第157頁,中華書局1980年版。
② (唐)陸德明撰,黃焯斷句:《經典釋文》第38頁,中華書局1983年版。

燕齊海岱之間謂之鍋。"又:"盛膏者乃謂之鍋。"錢繹箋疏:"膏施於車釭,故釭亦得鍋名。"魏晉以後借用"鍋"來表示炊具的"鬴"。慧琳《一切經音義》卷十四:"鍋,燒器也。《字書》云:'小鑊也。'"《廣韻·戈韻》:"鍋,溫器。"晉徐廣《孝子傳》:"(吳人陳遺)母好吃鍋底焦飯。"今簡化爲"锅"。注意:"鍋"不是"鬴"後出轉注字,而是同源字。

"蔬"初文作"蔌"。《爾雅·釋器》:"菜謂之蔌。"郭璞注:"蔌者,菜茹之總名。"郝懿行義疏:"蔌者,悚之假音也。"① 《詩經·大雅·韓奕》:"其蔌維何?維筍及蒲。"毛傳:"蔌,菜殽也。"清馬瑞辰通釋:"蔌即悚字之異體……毛傳訓'蔌'爲'菜殽',蓋對肉蔌言之。鼎有肉有菜,肉謂之羹,菜謂之蔌,散言則菜亦可名羹,皆謂熟物,與'菹'爲生菜,以'醢'成味實於豆者不同。"高亨《詩經今注》:"蔌(sù速),蔬菜。"向熹《詩經詞典》:"蔌sù,蔬菜。"郝懿行説"蔌者,悚之假音",馬瑞辰説"'蔌'即'悚'字之異體",均失審。"蔌"應爲"蔬"的異體字,由更換聲母"欶"轉形而來。《爾雅·釋天》:"蔬不熟曰饉。"郭璞注:"凡草菜可食者通名爲蔬。"《説文》未收"蔬"字,《艸部》新附字:"蔬,菜也。从艸疏聲。"鄭珍新附攷:"古本蓋亦止作疏。《群經音義》引《字林》云:'蔬,菜也。'是漢、魏間字。"《國語·魯語上》:"昔烈山氏之有天下也,其子曰柱,能殖百穀百蔬。"韋昭注:"草食曰蔬。"關於"蔌"、"蔬"的讀音,古代聲調有入聲和平聲的區別,今普通話聲母有捲舌與非捲舌音的區別,但是在方言中比如西南官話,"蔌"、"蔬"均讀 sū。②

---

① (清)郝懿行:《爾雅義疏》第693頁,上海古籍出版社1983年版。
② 參看鍾如雄:《〈漢語大字典〉不明關係字疏證》,《西南民族大學學報》(人文社科版)2008年第2期。

"瘄"初文作"痎"。"痎"的本義指兩天一發的瘧疾，也泛稱瘧疾。《說文·疒部》："痎，二日一發瘧。从疒亥聲。"（七下）段玉裁注："今人謂間二日一發爲大瘧。顔之推云：'兩日一發之瘧，今北方猶呼痎瘧。'"《集韻·咍韻》："痎，瘧疾。"《素問·四氣調神大論》："逆之則傷心，秋爲痎虐。"《顔氏家訓·書證篇》："《左傳》曰：'齊侯痎，遂。'《說文》云：'痎，二日一發之瘧。疧，有熱瘧也。'案：齊侯之病，本是間日一發，漸加重乎故，爲諸侯憂也。今北方猶呼痎瘧，音皆。而世間傳本多以痎爲疥，杜征南亦無解釋，徐仙民音介，俗儒就爲通云：'病疥，令人惡寒，變而成瘧。'此臆說也。疥癬小疾，何足可論，寧有患疥轉作瘧乎？"王利器集解："器案：《說文繫傳》十四痎下引此，'痎'作'疥'，《左傳》昭公二十年本作'疥'，改'疥'爲'痎'，見《釋文》引梁元帝，及《正義》引袁狎説。推之從梁元帝甚久，此即用其説，《繫傳》改《家訓》爲'疥'，失其本真。"[①] "痎"後世更換聲母"亥"轉形爲"瘄"。《字彙·疒部》："瘄，同痎。"《素問遺篇·本病論》："民病瘄瘧骨熱，心悸驚駭，甚時血溢。"

"詘"初文作"詘"。《說文·尾部》："屈，無尾也。从尾出聲。"（八下）桂馥義證："無尾也者，本書'趉'讀若無尾之屈。《埤倉》：'屈，短尾。'《廣韻》：'屈，短尾鳥。'《一切經音義》卷十二：'《淮南子》"屈奇之服"許叔重曰："屈，短也。奇，長也。"'馥案：《古詩》：'我牛尾禿速。'禿速，屈之反語。"[②] 又《走部》："趉，走也。從走出聲。讀若無尾之屈。"（二上）徐灝注箋："讀若無尾之屈者，所以異於屈申之屈也。今粵人言無尾之屈，正讀瞿勿切。"引申爲

---

① （北齊）顔之推撰，王利器集解：《顔氏家訓集解》第391頁，上海古籍出版社1980年版。

② （清）桂馥：《説文解字義證》第741頁，中華書局1987年版。

彎曲。《玉篇·出部》:"屈,曲也。"《周易·繫辭下》:"尺蠖之屈,以求信也。"《戰國策·西周策》:"養由基曰:'人皆善,子乃曰可教射,子何不代我射之也。'客曰:'我不能教子支左屈右。'"後世爲"彎曲"義另造區别字"詘"。《説文·言部》:"詘,詰詘也。一曰屈襞也。从言出聲。誳,詘或从屈。"(三上)段玉裁注:"二字雙聲,屈曲之意。"《荀子·勸學》:"若挈裘領,詘五指而頓之,順者不可勝數也。"楊倞注:"詘,與屈同。"《五十二病方·傷痓》第一治方:"傷痓:痓者,傷,風入傷,身信而不能詘。"《史記·周本紀》:"養由基怒,釋弓搤劍,曰:'客安能教我射乎?'客曰:'非吾能教子支左詘右也。'"後世更换聲母"出"轉形爲"誳"。《説文》重文收有"誳"字。《淮南子·氾論訓》:"誳寸而伸尺,聖人爲之。"

"癲"初文作"瘨"。秦漢時期癲疾之"癲"本作"顛"。在上古文獻中"顛"有"倒下"義。《周易·鼎》:"鼎顛趾,利出否?"陸德明釋文:"顛,倒也。"慧琳《一切經音義》卷五十一:"顛,《廣雅》:'倒也。'"其後爲引申義造"蹎"字。徐鍇《説文解字繫傳》"顛"注:"顛,顛倒字作蹎。"癲癇病之"瘨"本也作"顛"。《急就篇》:"疝瘕顛疾狂失響。"顔師古注:"顛疾,性理顛倒失常,亦謂之狂猶妄動作也。"《尚書·盤庚中》:"乃有不吉不迪,顛越不恭,暫遇奸宄。"清孫星衍疏:"顛,與瘨通。《廣雅·釋詁》:'狂也。'""瘨"是爲"顛疾"造的本字。《説文·疒部》:"瘨,病也。从疒真聲。一曰腹脹。"(七下)又:"癇,病也。从疒閒聲。"徐鍇繫傳:"瘨,揚雄曰:'臣有瘨眩病。'瘨,倒也。"《素問·腹中論》:"石藥發瘨,芳草發狂。"王冰注:"多喜曰癲,多怒曰狂。"《五十二病方·顛疾》第三治方:"瘨疾者,取犬尾及禾在圈垣上者,段冶,湮汲以飲之。"《神農本草經·蛇牀子》:"除痹氣,利關節,瘨癇,惡創。"後世更换聲母"真"轉形爲"癲"。《廣韻·先韻》:"瘨,病也。癲同瘨。"再更換聲母"顛"轉形作"瘨"。《康熙字典・疒部》:"瘨,即瘨字之譌。"《康熙字典》析形錯誤,應爲轉注字,並非譌體。"瘨"、"癲"、"瘨"都是爲"顛"的引申義"癲癇"另造的區別字。

戰國以後,特別漢魏以來,更換聲母業已成爲形聲字發展的主流,原有的形聲字幾乎都在這段歷史時期進行了改造翻新,字還是那個字,而形體卻一變再變。因此,在歷代字書、韻書中,如東漢的《說文解字》,南朝梁的《玉篇》,宋代的《廣韻》《集韻》《類篇》,清代的《康熙字典》,乃至現代的《漢語大字典》、《中華字海》等等,裏面沉澱着數以萬計的形聲異體字。它們中的絕大多數,是採用更換聲母來實現形體的更新的。

改造翻新是漢字轉注的通用原則,而形聲字的聲母更換,則是在遵循改造翻新原則的前提下實施"同音替換"的變聲原則的。所謂變聲原則,就是實行"同音替換"。同音替換原則包含三個細則:(1)被轉注字與後出轉注字之間實施整體同音替換;(2)被轉注字與後出轉注字之間實施聲母同音替換;(3)被轉注字與後出轉注字之間實施聲母同韻替換。但是,無論採用何種替換原則,替換的結果是:在替換時,新字與原字的讀音必須相同,本義必須相同,無論方言還是共同語。如《類篇・火部》字:

焚、燓、炃、燌、燔,符分切。火灼物也。或作燓、炃、燌,古作燔。燔,又符袁切,《說文》:"爇也。"燓,又符袁切,《說文》:"燒田也。"炃、燌,又符悶切,火豔。焚,又方問切。文五,重音四。[①]

---

① (宋)司馬光等編:《類篇》第367頁,中華書局1984年版。

《類篇》收録"焚"的異體字共五個,"焚"爲會意字,"燓"爲會意兼形聲字,"炎"、"燌"、"燔"爲形聲字。"焚"甲骨文作㷊(一期《合》194),從火從林,或改從艸作㷊(一期《乙》5500),象焚燒森林之形;後增手持火把作㷊(三期《粹》1248)、㷊(三期《屯南》722),象一手或雙手高舉火把焚燒森林之形;或再省"木"作㷊(二期《後》下4.5),從火從木,本義爲放火圍燒山林草木。[①]《春秋·桓公七年》:"七年春二月己亥,焚咸丘。"杜預注:"焚,火田也。"後世換"林"爲"棥",由會意字轉形成會意兼形聲字"燓"。《説文·火部》:"燓,燒田也。从火从棥,棥亦聲。"(十上)段玉裁改爲從"林",並注:"各本篆作'燓',解作'从火棥,棥亦聲',今正。按《類篇》、《廣韻》有焚無燓。焚,符分切。至《集韻》、《類篇》乃合焚、燓爲一字,而《集韻》廿二元(韻)固單出燓字,符袁切。竊謂棥聲在十四部,焚聲在十三部。份古文作彬,解云:'焚省聲。'是許書當有焚字,況經傳焚字不可枚舉,而未見有燓,知《火部》'燓'即焚之譌。玄應書引《説文》:'焚,燒田也。'字从火,燒林意也,凡四見。然則唐初本有焚無燓,不獨篇、韻可證也。"[②]段氏説《説文》"唐初本有'焚'無'燓'",不可采信,因爲《説文》正篆無字而釋詞中有之者何衹一例;又據玄應《一切經音義》所引《説文》作"焚",以證今本《説文》"《火部》'燓'即'焚'之譌"更是妄言,抑或玄應也存段君之想法而改《説文》也有可能。再則"焚"初從林,後改從棥,既會意又兼音讀,更能章顯漢字構形的重大改進。許書以"燓"爲正篆,説明漢時"燓"字已經被時人接受並普遍使用。商承祚《殷虚文字類編》

---

① 分別見徐中舒主編《甲骨文字典》第1116—1117頁,四川辭書出版社1995年版;高明:《古文字類編》第505頁,中華書局1980年版。

② (清)段玉裁:《説文解字注》第484頁,上海古籍出版社1988年第2版。

第9章　形聲字易形變聲原則和方法　　341

云：''今證之卜辭，亦從林，不從槑，可爲段說佐證。或又從艸，於燒田之誼更明。"這衹能說明段、商二君不懂漢字轉注之原理。又《集韻·文韻》："焚，火灼物也。或作燓。""焚"由會意字轉形爲會意兼形聲字"燓"後，再換成聲母"番"、"賁"、"分"轉形爲"燔"、"燌"、"炃"。《說文》同部重出字有"燔"字，云："燔，爇也。从或番聲。"《玉篇·火部》："燔，燒也。"《集韻·文韻》："焚，古作燔。"《韓非子·和氏》："燔《詩》、《書》而明法令，塞私門之請，而遂公家之勞。"《漢書·東方朔傳》："推甲乙之帳，燔之於四通之衢。"顏師古注："燔，焚燒也。"漢王充《論衡·雷虛》："人爲雷所殺，詢其身體，若燔灼之狀也。""燔"與"燓"同字異體，許君不明，故分立而說之。又更換聲母轉形爲"燌"。《集韻·支韻》："焚，火灼物也。或作燌。"（符分切）王充《論衡·雷虛》："雷者火也。以人中雷而死，即詢其身，中頭則鬚髮燒燋，中身則皮膚灼燌。"《論衡》"燔灼"之"燔"與"灼燌"之"燌"實爲同字異體。再更換聲母轉形爲"炃"。《集韻·文韻》："焚，火灼物也。或作炃。"《篇海類編·天文類·火部》："炃，燒也。"

"燓"（燓）、"焚"（焚、炃）、"炃"、"燌"、"燓"、"燔"爲一組轉形字，還可以從音理上得以證明。"焚"上古屬並母文部，[①]《廣韻·文韻》符分切，後世更換"林"作"炃"。"分"上古屬幫母文部；"炃"從"分"得聲，上古無"炃"字，《集韻·文韻》符分切，與"焚"同音，又從"分"得聲的"汾"、"枌"、"棼"、"盆"、"蚠"等字上古都與"焚"同音。"炃"更換聲母作"燌"。"賁"上古屬幫母文部；"燌"從"賁"得聲，上古無"燌"字，《廣韻·文韻》符分切，與"焚"、"炃"同音，又從"賁"得聲的"濆"、

[①] 上古音據唐作藩《上古音手冊》，江蘇人民出版社1982年版。

"燌"、"獖"等字上古都與"焚"同音。"焚"後世或更換"林"作"樊"。"樊"從"棥"得聲，"棥"是"樊"的初文，上古屬並母元部；先秦無"樊"字，《集韻·文韻》符分切，與"焚"、"炎"、"燌"同音。"樊"或更換聲母作"燔"。"燔"從"番"得聲。上古"番"屬滂母元部；"燔"屬並母元部，與"棥（樊）"同音，《集韻·文韻》、《類篇·火部》符分切，與"焚"、"炎"、"燌"同音。由此可見，在中古時期，"焚"（炎、苂）"炎"、"燌"、"樊"、"燔"的讀音完全相同了，所以《類篇》將它們放在一塊解釋。

又如"髀"、"跰"、"䏶"、"骽"、"髀"。《説文·骨部》："髀，股也。从骨卑聲。跰，古文髀。"（四下）段玉裁改釋詞"股"爲"股外"，並注："股外曰髀，股上曰髖。《肉部》曰'股，髀也'，渾言之，此曰'髀，股外也'，析言之，其義相足。""跰"是"髀"的轉形字，《説文》重文説是"髀"的古文。《玉篇·足部》："跰，古髀字。股外也。"《集韻·旨韻》："髀，《説文》：'股也。'或作足。""髀"又更換聲母"卑"轉形爲"䏶"、"骽"、"髀"等。慧琳《一切經音義》卷五十七引《考聲》曰："䏶，股也。"《類篇·骨部》："髀、䏶、骽，部禮切。《説文》：'股也。'或作䏶、骽。"《大方廣佛華嚴經·普賢行願品》："所往無難，如人之䏶。"《北史·齊紀中》："支解其屍，弄其髀琵琶。"唐姚合《贈盧大夫將軍》詩："上山嫌䏶重，拔劍欺衣生。"從聲母讀音看，"毕"上古屬並母脂部，《廣韻·至韻》毗至切，又毗必切，"䏶"從"毕"得聲，《類篇》部禮切，讀音同"髀"；"包"上古幫母脂部，《廣韻·齊韻》邊兮切，《字彙》毗意切，"骽"從"包"得聲，《類篇》部禮切，讀音亦同"髀"；"畢"上古幫母質部，《廣韻·質韻》卑吉切，"髀"從"畢"得聲，讀音亦同"髀"；"卑"上古屬幫母支部，《廣韻·支韻》必移切，"髀"從"卑"得聲，上古屬並母支部，《廣韻·薺韻》傍禮切，又並彌切、卑履切，今音 bì。

形聲字的聲母更換原則就是同音替換。在文字發展史上，任何一個形聲字的聲母原則上說都有被更換的可能，因爲"蓋時有古今，地有南北，字有更革，音有轉移，亦勢所必至。"① 太炎先生曾指出："漢字自古籀以下，改易殊體，六經雖遙，文猶可讀。古字或以音通借，隨世相沿，今之聲韻，漸多譌變。由是董理小學，以韻學爲候人。"② 方言殊異，古今遞變，必然影響到文字形體的更革和讀音的變化。因此，在研究形聲字的聲母更換時，最好能弄清楚後出轉注字更換聲母的具體時代和地域，祇有這樣，纔能較爲準確地弄明白其聲母更換的理據。當然，在年越數千、方言糾葛、韻學乏人的今天，要搞清楚每個形聲字聲母更換的理據是件極其困難的事。

9.2.2 形聲字變聲方法

形聲字類母的轉換通常採用"同位更換"和"異位更換"兩種方法，③ 而形聲字聲母的轉換與類母的轉換完全相同，也採用"同位替換"和"異位替換"兩種方法。

（1）同位替換。在與原字結構相同的位置更換聲母。例如：

① "荅"換聲轉形爲"荇"。"荅"，即"荅菜"，龍膽科，多年生水生植物，莖細長，節上有根，沉于水中，葉對生，漂浮于水

---

① （明）陳第：《毛詩古音考序》，見吳文祺、張世祿主編《中國歷代語言學論文選注》第 102 頁，上海教育出版社 1986 年版。
② 章炳麟：《小學說略》，見吳文祺、張世祿主編《中國歷代語言學論文選注》第 189 頁，上海教育出版社 1986 年版。
③ 鍾如雄《漢字轉注的易形原則和方法》，見四川師範大學語言研究所編《語言歷史論叢》（第二輯），巴蜀書社 2008 年版。

面，夏秋開黃花。嫩莖可食，全草入藥，也可作飼料或肥料。《爾雅·釋草》："莕，接余。其葉苻。"郭璞注："叢生水中，葉圓，在莖端，長短隨水深淺。江東（菹）食之。"陸德明釋文："莕，本又作荇。"或更換聲母"杏"轉形爲"荇"。《説文·艸部》："莕，菨餘也。从艸杏聲。荇，莕或从行，同。"（一下）《詩經·周南·關雎》："參差荇菜，左右流之。"毛傳："荇，接餘也。"陸德明釋文："荇，亦本作莕。"顏之推《顏氏家訓·書證篇》："《詩》云：'參差荇菜。'《爾雅》云：'荇，接余也。'字或爲莕。先儒解釋皆云：水草，圓葉細莖，隨水淺深。今是水悉有之，黃花似蓴，江南俗亦呼爲猪蓴，或呼爲荇菜。劉芳具有注釋。而河北俗人多不識之，博士皆以參差者爲莧菜，呼人莧爲人荇，亦可笑之甚。"

②"薑"換聲轉形爲"蘁"。生薑之"薑"先秦文獻和出土的秦漢簡帛文獻均作"薑"。《論語·鄉黨》："不撤薑食，不多食。"《吕氏春秋·本味》："和之美者，陽樸之薑，招摇之桂。"《武威漢代醫簡·治諸癃》："石癃出石，血癃出血，膏癃出膏，泔癃出泔。此五癃，皆同樂[藥]治之。朮、薑、瞿麥各六分，兔糸實、滑石各七分，桂半分。"《説文》無"薑"而有"蘁"字。《艸部》云："蘁，禦濕之菜也。从艸彊聲。"（一下）《集韻·陽韻》："蘁，《説文》：'禦濕之菜。'或省。""蘁"除見於字書外，其他文獻無徵。可見"蘁"初文作"薑"，漢時更換聲母"畺"轉形爲"蘁"，今採用同音假借法簡化爲"姜"。"薑"、"蘁"均由上類下聲構形。

③"饟"換聲轉形爲"餉"、"饁"、"餫"。《説文·食部》："饟，周人謂餉曰饟。从食襄聲。"（五下）玄應《一切經音義》卷四："《説文》餉或作饟。"《詩經·周頌·良耜》："載筐及筥，其饟伊黍。"《禮記·郊特牲》鄭玄注引作"餉"。《漢書·灌嬰傳》："受詔别擊楚軍後，絶其饟道。"顏師古注："饟，古餉字。"《説文》同部重出

第9章 形聲字易形變聲原則和方法

字有"餉"字，云："餉，饟也。从食向聲。"清鈕樹鈺校錄："《一切經音義》卷十三及《韻會》引作'饟也'，《玉篇》注亦同。"《孟子·滕文公下》："有童子以黍肉餉。""餉"是"饟"的後出轉形字。《爾雅·釋詁下》："餉，饋也。"郝懿行義疏："饟、餉聲義同。"後世再更換聲母"襄"或"向"轉形爲"餉"、"饟"。《集韻·漾韻》："餉，《說文》：'饟也。'或作餉。"又《陽韻》："饟，饁也。或作餉、饟。"《改併四聲篇海·食部》引《埤雅》："餉，饋也。"《後漢書·章帝紀》："賜給公田，爲雇庚傭，賃種餉。"李善注："餉，古餉字。""饟"、"餉"、"餉"、"餉"均由左類右聲構形。

④"噍"換聲轉形爲"嚼"。《禮記·少儀》："燕侍食於君子，則先飯而後已。毋放飯，毋流歠，小飯而亟之，數噍毋爲口容。客自徹，辭焉則止。"陸德明釋文："噍，字又作嚼，子笑反，又在笑反。"清陳澔集說："'數噍毋爲口容'，言數數嚼之，不得弄口以爲容也。"陳澔以後出轉注字"嚼"釋被轉注字"噍"。《說文·口部》："噍，齧也。从口焦聲。嚼，噍或从爵。"（二上）《荀子·榮恥》："今是[夫]人之口腹，安知禮義，安知辭讓，安知廉恥、隅積，亦呻呻而噍，鄉鄉而飽已矣。人無師無法，則其心正其口腹也。"章詩同注："噍，咀嚼食物。"漢王充《論衡·道虛》："夫人之生也，稟食飲之性，故形上有口齒，形下有孔竅。口齒以噍食，孔竅以注瀉。""噍"更換聲母"焦"轉形爲"嚼"。《說文》重文有"嚼"字，段玉裁注："古焦、爵同部同音。《廣韻》乃分'噍'切'才笑'（《笑韻》），'嚼'切'才爵'（《藥韻》）矣。"《玉篇·口部》："嚼，噬嚼也。"《淮南子·說林訓》："嚼而無味者，弗能內於喉；視而無形者，不能思於心。"高誘注："形，象。無形於目，不能思之於心。"《現代漢語詞典》未收"噍"字條，祇見於複合詞"倒噍"；"嚼"有數音，一音jiáo，義爲"上下牙齒磨碎事物"，又音jiào（如"倒

嚼"），又音 jué，"義同'嚼'（jiáo），用於某些複合詞和成語：咀嚼｜過屠門而大嚼"。但是在第 277 頁收有"倒噍"和"倒嚼"兩個複合詞，"倒噍"條注明"同'倒嚼'"，而"倒嚼"的釋義是："反芻。也作倒噍"。① 這説明"噍"衹用於"反芻"義了。"噍"、"嚼"均左類右聲構形。

⑤ "癉"換聲轉形爲"禈"。《説文·疒部》："癉，勞病也。从疒單聲。"（七下）大徐本音丁榦、丁賀二切。或更換聲母"單"轉形爲"禈"。《爾雅·釋詁下》："禈，病也。"《廣韻·旱韻》"禈，病也"，音多旱切。《詩經·大雅·板》云："上帝板板，下民卒癉。"毛傳："癉，病也。"《禮記·緇衣》引作"禈"，陸德明釋文作"僤"，云："本又作癉，沈本作禈。"又《釋文》"癉"或作"僤"。《説文·人部》："僤，疾也。从人單聲。"（八上）《廣韻·翰韻》有"僤"無"癉"，音徒案切，"疾也"。② "癉"、"禈"均左類右聲構形。

⑥ "拱"換聲轉形爲"扻"《説文·手部》："拱，斂手也。从手共聲。"（十二上）段玉裁注："斂當作撿，與下篆相聯爲文。《尚書大傳》曰：'拱則抱鼓。'皇侃《論語》疏曰：'拱，沓手也。'九拜皆必拱手而至地，立時敬則拱手，如《檀弓》'孔子及門人立拱'，《論語》'子路拱而立'，《玉藻》'臣侍於君，垂拱'是也。行而張拱曰翔。凡拱不必皆如抱鼓也。推手曰揖，則如抱鼓；拜手，則斂於抱鼓；稽首、頓首，則以其斂於抱鼓者下之；引手曰厭，則又較斂於拜手。凡沓手，右手在內，左手在外，是謂尚左手。男拜如是，男之吉拜如是，喪拜反是。左手在內，右手在外，是謂尚右手。女拜如是，女之吉拜如是，喪拜反是。《喪服記》'袪尺二寸'〔鄭玄〕

---

① 《現代漢語詞典》第 84、691、748 頁，商務印書館 2005 年版。
② 《宋本廣韻》第 381 頁，北京市中國書店 1982 年影印本。

第9章　形聲字易形變聲原則和方法

注曰：'袪，袖口也。尺二寸足以容中人之併兩手也。吉時拱尚左手，喪時拱尚右手。'合《內則》'奔喪'、《檀弓》'尚左尚右'之文釋之，可以知拱時沓手之宐矣。"①《禮記·檀弓上》："孔子及門人立，拱而尚右，二三子亦皆尚右。子曰：'二三子之嗜學也，我則有姊之喪故也。'二三子皆尚左。"今更換聲母"共"轉形爲"抌"。"拱"、"抌"均左類右聲構形。

⑦"礿"換聲轉形爲"禴"。"礿"爲祭祀名，夏商兩代指春祭，周代指夏祭。《爾雅·釋天》："夏祭曰礿。"陸德明釋文："本或作禴。"《説文·示部》："礿，夏祭也。从示勺聲。"徐鍇繫傳："《老子》曰：'子孫祭祀不輟'是也。"（一上）《禮記·王制》："天子諸侯宗廟之祭，春月礿，夏曰禘，秋月嘗，冬曰烝。"鄭玄注："此蓋夏殷之祭名，周則改之，春曰祠，夏曰礿。"漢王充《論衡·祭義》："《易》曰：東鄰殺牛，不如西鄰之礿祭。言東鄰牲大福少，西鄰祭少福多也。"或更換聲母"勺"轉形爲"禴"。《集韻·藥韻》："礿，或作禴。"《周易·萃》："孚乃利於禴。"王弼注："禴，殷春祭名也，四時祭之省者也。"《詩經·小雅·天保》："禴祠烝嘗，于公先王。"毛傳："春曰祠，夏曰禴，秋曰嘗，冬曰烝。"

（2）**異位替換**。在與原字結構不對稱的位置更換聲母。例如：

①"喝"換聲轉形爲"唐"。《説文·口部》："唐，大言也。从口庚聲。喝，古文唐从口易。"（二上）《莊子·天下》："莊周聞其風而悦之，以謬悠之説，荒唐之言，無端崖之辭，時恣縱而不儻，不以觭見之也。"陸德明釋文："荒唐，謂廣大無域畔者也。"楊樹達《長沙方言考》："今長沙謂言語誇誕不實者曰扯唐。"② 現代漢語謂聞

---

① （清）段玉裁：《説文解字注》第595頁，上海古籍出版社1988年第2版。
② 楊樹達：《積微居小學金石論叢》第227頁，上海古籍出版社2007年版。

扯胡謅爲"扯淡",此"淡"應爲"唐"之異讀,而非"淡"字。今川南話前後鼻音韻尾多不分,故四川話"扯淡"、"扯唐"都説,但多説"扯把子"。"喝"左形右聲,"唐"下形上聲。

②"褎"換聲轉形爲"袖"。《説文·衣部》:"褎,袂也。从衣采。袖,俗褎从由。"(八上)《詩經·唐風·羔裘》:"羔裘豹褎,自我人究究。豈無他人,維子之好。"毛傳:"褎猶袪也。"《漢書·楊惲傳》:"拂衣而喜,奮褎低卬。"顏師古注:"褎,古衣袖字。"許君所謂"俗褎从由",指的是漢代民間的非規範用字。《説文·衣部》又云:"袂,袖也。从衣夬聲。""褏,袖也。一曰藏[俠]也。从衣鬼聲。"《釋名·釋衣服》:"袖,由也。手所由出入也。"《韓非子·五蠹》:"鄙諺曰:'長袖善舞,多錢善賈。'""袖"也寫作"袞",從外形內聲構形,與"褎"構形相同。《玉篇·衣部》:"袞,似又切。袂也。又余久切。色美皃也,進也。袖,同上。"又曰:"袂,彌鋭切。袖也。"①"褎"的聲母"采"是"穗"的本字。《説文·禾部》云:"采,禾成秀也。人所以收。从爪禾。穗,采或从禾惠聲。"(七上)段玉裁注:"采與秀古互訓。如《[禮記·]月令》'黍秀舒散',即謂黍采也。"《廣雅·釋草》:"粱、黍、稻,其采謂之禾。王念孫疏證:"(采)俗作穗。"《篇海類編·花木類·禾部》:"采,同穗。""褎"的譌體作"褏"。《漢書·佞幸傳·董賢》:"嘗晝寢,偏籍上褏。上欲起,賢未覺,不欲動賢,乃斷褏而起。"顏師古注:"褏,古袖字。""褏"是由"褎"轉形爲"袖"時,因未將原字中的"爪"省去而譌。"褎"外類內聲,"袖"左形右聲。

③"飆"換聲轉形爲"颱"。《説文·風部》:"飆,扶搖風也。从風猋聲。颱,飆或从包。"(十三下)桂馥義證:"扶搖風也者,[唐

---

① 《宋本玉篇》第502頁,北京市中國書店1983年影印本。

第9章 形聲字易形變聲原則和方法

徐堅、韋述等編]《初學記》引作'疾風也。'"《改併四聲篇海·風部》引《玉篇》:"飆,暴風也。"《漢書·揚雄傳》:"羲和司,顏倫奉輿,風發飆拂,神騰鬼趡。""飆"或體作"飈"。慧琳《一切經音義》卷九十二:"飈,郭璞注《爾雅》云:'飈謂暴風,從上而下者也。'"《篇海類編·天文類·風部》:"飆,亦作飈。"賈誼《惜誓》:"臨中國之眾人兮,託回颮乎尚羊。""飆"(飈)從"猋"得聲。《說文·犬部》:"猋,犬走皃。从三犬。"(十上)"犬走皃"就是狗風快地跑,今西南官話形容狗跑得快仍叫"猋",故從"猋"得聲的字都有快跑義。或更換聲母"猋"轉形爲"颮"。《說文》重文有"颮"字,許君曰"飆或从包",説明在漢代"飆"已轉形爲"颮"了。《文選·班孟堅〈答賓戲〉》:"遊説之徒,風颮電激,並起而救之。"李善注引韋昭曰:"颮,風之聚猥者也。"唐呂向注:"颮,急風也。"明楊慎《藝林伐山·颮風》:"韋昭曰:'颮,風之聚猥者也。'《詩》曰:'終風且颮。'""颮"今《詩經·邶風·終風》作"暴"。"飆"左聲右類,"飈"右類左聲,"颮"左類右聲。

形聲字聲母的更換是我們的祖先的一大創造。可惜這一創造被後世忽略了。由於古字"隨世相沿",原有的讀音"漸多訛變",因此就要適時調整、變更,以之章顯形聲字讀音的準確和便捷。今天我們研究形聲字聲母的更換有兩個重要意義:一是梳理形聲字聲母的更換規律,以精審地揭示六書轉注的本質特徵;二是根據形聲字聲母的隨世更換原則,更能科學地歸納、總結出古音隨世流變的規律來,儘量減少古音研究中不必要的主觀臆測。

第 10 章 轉注字的形音義關係

建立漢字的轉注系統，必然牽涉到轉注字的形、音、義關係問題，因爲在漢字形體的生成轉換中，會産生一大批後出轉注字。王寧先生指出："造字不是一人一時所爲，文字符號的重複現象時常存在。在書面漢語裏，異字同詞的情況任何時期都不可避免。"[①]後出轉注字與被轉注字之間的形體結構、語音形式、意義構成到底是種什麼關係，需要我們作精深而審慎的分析研討。如果這些關係處理不好，或得不到令人信服的解釋，就會影響到整個漢字轉注系統（形的轉注系統、音的轉注系統、義的轉注系統）的建立。

10.1 "轉注字"定義

運用"轉注"構形法的基本原理改造翻新原有的漢字後，必然出現兩種或兩種以上形體各異的漢字。比如《詩經·秦風·小戎》："在其板屋，亂我心曲。"《文選·左思〈三都賦序〉》："見在其版屋，則知秦野西戎之宅。"李善注："毛詩《秦風》曰：'在其版屋，亂我心曲。'毛萇曰：'西戎版屋也。'"[②]《詩經》的"板屋"，李善引作

[①] 王寧：《訓詁學原理》第 44 頁，中國國際廣播出版社 1996 年版。
[②] （南朝梁）蕭統編，（唐）李善注：《文選》第 74 頁，中華書局 1977 年版。

"版屋"。"板"、"版"異形。《説文·片部》:"版,判也。从片反聲。"(七上)段玉裁改"判"爲"片",並注:"舊作'判也',淺人所改,今正。凡施於宫室器用皆曰版。今字作板。"王筠句讀:"謂判之而爲版也。"又:"片,判木也。从半木。""判木"就是將圓木鐇成薄片,[①]故"版"以"片"爲類母,許慎説"版,判也"不誤,並非"淺人所改"。"板"《説文》《玉篇》均未收録。段玉裁説"今字作板",説明《詩經》的"板"爲後人所改,而唐李善注《文選》引《詩經》作"版",是其一證。又向熹先生在《〈詩經〉裏的異文》中説:"《廣韻·[潸韻]》'板'爲'版'的或體。"[②]又是一證。由此看來,"板"是"版"的後出轉注字。《集韻·潸韻》:"版,《説文》:'判也。'或從木。"《正字通·木部》:"板,同版。解木爲薄片也。""版"、"板"字形義相同,指將圓木鐇成薄片;讀音相同,《廣韻·潸韻》均爲布綰切;字形結構相同(形聲字),祇是所屬類母不同,"版"從片,而"板"從木。

又如《周易·繫辭下》:"重門擊柝,以待暴客。"陸德明釋文:"馬[融]云:'柝,兩木相擊以行夜。'"《左傳·哀公七年》:"魯擊柝聞於邾。"陸德明釋文:"柝,字又作㯓。"《説文·木部》:"㯓,夜行所擊者。从木橐聲。《易》曰:'重門擊㯓。'"(六上)朱駿聲通訓定聲:"經傳亦以柝爲之。"《周易》之"柝"《説文》引作"㯓",《左傳》之"柝"《釋文》説"又作㯓"。又《説文·木部》:"柝,判也。从木斥聲。《易》曰:'重門擊柝。'"段玉裁注:"土裂曰坼,木判曰柝,二字今可用。今人从手作拆,甚無謂也。自專以柝爲擊柝字,而柝之本義廢矣。"[③]但值得注意的是:許君以爲"柝"不同於

---

① 西南官話稱鐇木工人爲"鐇匠"。
② 向熹:《〈詩經〉語文論集》第134頁,四川民族出版社2002年版。
③ (清)段玉裁:《説文解字注》第252頁,上海古籍出版社1988年第2版。

"㯕"，然而所引的例證卻是同一部經典中的同一句話，這真叫人費解，段氏則强爲之辯解，更是令人不知所從。《集韻·鐸韻》："（㯕）或作柝。"《漢書·貨殖傳》："昔先王之制，自天子公侯卿大夫士至於皂隷抱關擊柝者，其爵禄奉養宫室車服棺槨祭祀死生之制各有差品，小不得僭大，賤不得踰貴。"顔師古注："皂，養馬者也。隷之言著也，屬著於人也。抱關，守門者也。擊，守夜擊木以警衆也。""㯕"、"柝"同部重出於《説文》正篆，其釋義雖異，而引文相同。清錢大昕《説文引經異文》説："《説文序》云：'其稱《易》孟氏、《書》孔氏、《詩》毛氏、《春秋》左氏，皆古文也。'乃有同稱一經而文異者，如《易》……'重門擊㯕'，又作'重門擊柝'。"[1]其讀音也同，大徐本均爲他各切；字形義也同，許慎雖分成"夜行所擊者"和"判也"兩種解釋，但《漢語大字典·本部》釋"柝"爲"舊時巡夜人敲以報更的木梆。也作'㯕'"；釋"㯕"爲"同'柝'"。[2]

"版"更换類母"片"轉形爲"板"；"㯕"更换聲母"橐"轉换爲"柝"。有很多字原本一形，或一轉爲二形，或再轉爲三形。如此，漢字集團中就出現了一種新型關係——"轉注"與"被轉注"關係。處於"轉注源"的字，是被改造轉换的對象，稱爲"被轉注字"（或稱原字、原形字、舊體字）；處於"轉注流"的字，是對"轉注源"的字改造翻新後產生的新字，稱爲"後出轉注字"（或稱後出轉形字）。如此，漢字集團中又形成了一種新型的形體對立——"被轉注字"與"後出轉注字。"被轉注字"是改造翻新前的"原形字"，是後出轉注字的舊形舊貌；"後出轉注字"則是改造翻新後的"轉形字"，是被轉注字的新形新貌。二者的關係不同於文字孳乳中"母"

---

[1] （清）錢大昕：《十駕齋養新録》第66頁，江蘇古籍出版社2000年版。
[2] 分别見徐中舒主編《漢語大字典》第2版第1270、1412頁，四川辭書出版社、湖北崇文書局2010年版。

與"子",而倒像是實施整容術前後的兩個人。如果把"轉注"比作整容術,施行整容是一種行爲(儘管施術的方法有多種多樣)。被整容的對象是"張三",整容後依然是"張三",其變化僅僅是外部特徵的部分改變,即使全部改變了他還是"張三",不可能變成"李四"。用這樣的比喻來說明"被轉注字"與"後出轉注字"之間的關係貼切易懂。"後出轉注字"是對"被轉注字"實施"轉注"(整容)行爲之後展示出來的外貌特徵,因此,它不可能改變"被轉注字"本質——語音形式和字形意義(即本義)。比如被轉注字"版",讀音 bǎn,字形義是"圓木鐇成的薄片"。既然"片"與"木"有關,就存在與"木"同類(或類似)的類母對其實施"轉注"(改造翻新)的可能,"木"替換"片"後,就孳乳出"板"字來。後出轉注字"板"的讀音依然讀 bǎn,字形義也依然是"圓木鐇成的薄片"。"版"與"板"的不同僅僅是字形外貌的不同(一個從"片",一個從"木"),其語言形式和字形意義並沒有因爲"轉注"而有絲毫變化。因此,"轉注字"是指字形義(或本義)完全相同,讀音相同,形體部分改變或全部改變的一組字,其總原則是"形變而音義不變"。背離了這條基本原則而孳乳出來的新字,就不再是"後出轉注字"了。這樣講有些籠統,下面我們就轉注字的形體、語音、意義等關係分別討論。

10.2　轉注字的形體關係

漢字的"轉注"好比整容術。但是人的外貌特徵整容前與整容後是不一樣的,因爲容貌在整容前後祇能有一種,雖然能利用畫像、照相、攝像等技術手段將整容前的容貌保存下來,但那僅僅是一種

"像",而不再是現實生活中活生生的人。"轉注"則不同,某個漢字一旦轉換,由此而形成的後出轉注字和被轉注字,從此以後兩個形體(或更多)相依與共,都作爲備用字以供選擇使用,誰也不會主動消亡。這是因爲客觀事物轉化成文字之後,文字就祇能是一種"像",而這種"像"無論怎麼改造翻新,它依然還是一種"像",永遠不可能再成爲客觀的物。從這個意義上說,文字形體的轉換是"像"的轉換,而不是物的變化。比如"牆"、"版"轉換爲"墙"、"板"之後,人們不會因爲有了新字"墙"、"板"就不再使用舊體"牆"、"版"了,特別是在用字不規範的時代,交替使用是極爲平常的現象。前文說到的"重門擊檬(柝)",就連許慎在引用時也未加規範。因此,遠古聖賢的一言一語,代代相傳,異文層出,並不稀罕。所以向熹先生說:先秦文化元典中,僅《詩經》在兩千多年的流傳中就產生了大量的異文,"其中有《毛詩》和魯、齊、韓三家《詩》的異文,有《毛詩》各本的異文,有傳世《詩經》和出土簡牘《詩經》的異文,有歷代作品的《詩經》引文之間的異文。形式複雜,數量將近三千"。他將這些異文分成"形異"、"通假"、"通用"、"義異"、"句異"等五類來考察。他認爲造成《詩經》異文的原因主要五種:

1. 漢字本身的特點。漢字構造,傳統上有所謂"六書",其中形聲字表音又表義,發展最爲迅速,漢以後逐漸代替了大量其他方式構成的字,與原字形成異文。同時,周代諸侯分立,各諸侯國通行的"古文"多有歧異,秦用小篆,漢以後爲隸書、楷書所代替,在漫長的演變過程中,或體字、繁簡字、古今字不斷產生。反映在《詩經》裏就是異文大量存在。

2. 傳承不同。漢代學術,極重門派。《詩》有齊、魯、韓、毛四家，各有師承，釋義不一，文字上也多有差異。

3. 文言不同。《詩經》不是一時一地的作品，傳播範圍極廣。漢語方言複雜：同一詩句在各地讀成不同的音，寫成不同的字，從而形成異文，是很自然的。

4. 轉鈔誤傳。印刷術發明以前，書籍靠鈔寫傳播，文字錯、倒、增、缺，在所難免。

5. 後人改動。古書裏的字句有被後人改動的，《詩經》也不例外。

就"形異"一類，向先生將它細分成"或體"、"有意符相同而聲符不同的"、"有聲符相同而意符不同的"、"有意符、聲符都不同的"、"有意符、聲符都相同而位置不同的"、"有一爲形聲字、一爲會意字的"、"增文"、"省文"、"古文"、"籀文"、"隸書"、"古今字"、"後起專字"、"俗字"等十四個小類。①一部《詩經》的異文就高達三千，一部《十三經》會有多少，一部《諸子集成》又會有多少？用"轉注"法改造轉換出來的字——包括被轉注字和後出轉注字，無疑是異文中的一個重要組成部分。

10.2.1 轉注字與異體字的關係

異體字是異文的主要構成成分，而漢字舊形的轉換則是異體字的主要來源。因此，弄清楚轉注字與異體字的關係對認識轉注字的特點極爲重要。什麼是"異體字"？王力先生主編的《古代漢語》

---

① 向熹：《〈詩經〉裏的異文》，見《〈詩經〉語文論集》第 173—174 頁，四川民族出版社 2002 年版。

是這樣解釋的:"兩個(或兩個以上的)字的意義完全相同,在任何情況下都可以互相代替。在古代,同一個詞造出兩個或更多的字來代表,那是難免的。如:棄弃、齋斎、睹覩、詒貽、諭喻、雞鷄、蚓螾、照炤、憑凭、罪辠。"關於異體字的形成原因,該教科書作了如下說明:

一、會意字與形聲字之差。如"泪"是會意字,"淚"是形聲字;"岩"是會意字,"巖"是形聲字。

二、改換意義相近的意符。如從攴束聲的"敕",變成了從力束聲的"勅"。從欠的"歎",變成了從口的"嘆"。從糸的"綌",變成了從衣的"袴"。

三、改換聲音相近的聲符。如"綫"從㦮得聲,而"線"卻是從泉得聲了。"袴"從夸得聲,後來改成從庫得聲了。

四、變換各成分的位置。有的是改變聲符和意符的位置,如"慙慚"、"和咊"、"鵝䳗鵞"等。有的祇是改變了聲符或意符的寫法,如"花"又寫作"苍"。①

從以上定義和說明看,王力先生認爲:凡"字的意義完全相同,在任何情況下都可以互相代替"的字群纔能構成異體關係,而異體字形成的主要原因是漢字的構形方法的"改換"和構形部件的位置"變換",其中突出地強調了字義絕對的"相同"、使用時無條件的"代替"、構形方法的"改換"、構形部件位置的"變換"等,而對語音形式的同異沒有說明。

二十世紀八十年代末,蔣紹愚先生正式表達了他對異體字的看

---

① 王力主編:《古代漢語》第 173—174 頁,中華書局 1999 年第 3 版。

法:"異體字是人們爲語言中同一個詞造的幾個形體不同的字,這些字意義完全相同,可以互相替換。例如:擣—搗、砲—炮、鵝—鵞—鵞、埜—野、彬—斌、肙—淵。其中'擣'—'搗'是聲符不同,'砲'—'炮'是義符不同,'鵝'—'鵞'—'鵞'是偏旁的位置不同,'埜'—'野'、'彬'—'斌'是造字方法(形聲和會意)不同,'肙'是初文,'淵'是初文加上形旁。"他認爲這些字是絕對的異體,但還有相對的異體,即"有些字據《説文》是異體字,但後來由於語言文字的發展演變,或者由於習慣用法的不同,變成了兩個或是部分的異體字了","與此相反,有的字按其本義没有異體字,而當它們引申或假借爲别的意義時,有異體字"。[①]

許嘉璐先生主編的《古代漢語》給異體字下的定義是:"異體字又叫異形字,也有叫或體、重文或俗體的,是相對於常用的'正字'來説的。《莊子·天運》:'夫迹,履之所出,而迹豈履哉?'《史記·周本紀》:'姜嫄出野,見巨人跡,心忻然悦。'這裏'迹'和'跡'祇是形體的不同,但所代表的音和義則完全相同,也就是説,它們代表的是同一個詞。不僅這裏如此,在其他地方也總是如此。象這種在任何情况下都是音同、義同,僅僅形體有所不同的字,就是異體字。"[②]

二十世紀九十年代中後期,王寧先生給"異體字"下的定義是:"異體字:即音義全同使用範圍也全同的字。"具體表現在以下兩個方面:

(1)字書所列的重文,以《説文》爲例,如:"櫥"與"鐯"、"旂"與"旚"、"秔"與"稉"、"乂"與"刈"、"飆"

[①] 蔣紹愚:《古漢語詞彙綱要》第191—193頁,北京大學出版社1989年版。
[②] 許嘉璐主編:《古代漢語》第62頁,高等教育出版社1992年版。

與"颮"……等。

(2)字書與文獻慣用字形不同。如:《説文》"稭"《禮記》作"秸",《説文》"屑"《左傳》作"扶",《説文》"僅"《公羊傳》作"懂"……等。①

王寧先生認爲,字書中的重文和傳世文獻中的異文是異體字展現的載體。

朱振家先生主編的《古代漢語》給異體字下的定義是:"異體字又稱或體字,是指共寫同一個詞的不同的書寫形式。換言之,就是所記的詞音、義完全相同而形體不同的字。這些字在任何情況下都可以互换,而詞義不發生歧誤。如'蚓'和'螾','睹'和'覩'、'憑'和'凭',就是這樣的異體字。"他認爲異體字產生的原因是:"使用漢字的人數多,地域廣,時間長。人們在不同的時間和空間造字,由於構思不同,取材有別,方法各異,所以給同一個詞造出兩個以上結構不同的字。"具體的原因是"造字方法不同"、"造字素材不同(形符不同、聲符不同、形符聲都不同)"、"偏旁位置不同"等。②

上述"異體字"五家說,基本上能代表異體字研究的現狀,其共同的認識是"音同、義同,僅僅形體有所不同的字"。但也稍有分歧:在使用條件上,王力、王寧、許嘉璐、朱振家等先生認爲異體字"在任何情況下都能代替"、"替換"或"互換",蔣紹愚先生則認爲,"絕對"異體字適用於這一原則,而相對異體字則不適用於這一原則。所謂"相對異體字"(蔣先生没使用此術語)是指原爲異體,後來因使用條件發生了變化而"有了分工"的字,或原非異體,

---

① 王寧:《訓詁學原理》第44頁,中國國際廣播出版社1996年版。
② 朱振家主編:《古代漢語》第44—47頁,高等教育出版社1994年第2版。

後來因引申、假借等原因變得音同義同的字。比如"諭"和"喻"原爲異體，意思都爲"懂得"、"曉諭"，後來"諭"祇能表示"詔諭"、"曉諭"義，而"喻"則祇能表示"比喻"義，王力等先生認爲，它們"原來是異體字，後來不是異體字了"，而蔣先生則認爲，它們仍是"部分的異體字"。至於因引申、假借造成的同音同義字，王力等先生認爲"更不能認爲是異體字"，蔣先生則認爲應該區別看待。

我們覺得形成上述認識分歧的根本原因是對"義同"理解的不統一。異體字是讀音相同、字形義（本義）相同、字形不同的字群。它是一個字群的集合體，不是指單一的某一個字而言。既然如此，其構成原則和條件必須是絕對的同："讀音相同"是絕對的同，無所謂音近可言；"字形義相同"更是絕對的同。

轉注字是異體集合群體中一個重要成員，它們具有異體字的全部特徵，但又不同於異體字，二者的區別在於有無構形理據。在具備異體關係的同一個異體集合體中，有的有構形理據可說，有的祇有增筆、減筆、訛變可說，而沒有構形理據可言。

例一："邦"甲骨文作 ▓（一期《前》4.17.3）。徐中舒說："從 ▓ 從田，象植木於田界之形。"[①]《說文》所引古文"邦"與甲骨文構形相同，金文變"田"爲"土"，再增附類母"邑"轉換爲形聲字 邦（《毛公鼎》）。《說文·邑部》："邦，國也。从邑丰聲。邦，古文。"（六下）隸變爲"邦"。《篇海類編·地理類·邑部》："邦。古邦字。"再後微變作"邦"。《集韻·江韻》："邦，古作邦。"《改併四聲篇海·邑部》引《龍龕手鑑》："邦，古文邦字。"《字彙補·邑部》："邦，《韻會補》邦字。"黃侃《字正初編·江韻》："邦，正；邦，變，

[①] 徐中舒主編：《甲骨文字典》第 712 頁，四川辭書出版社 1989 年版。

从者同；峕，古。"① "屵"（峕）、"㘬"、"邦"、"𨛜"的字形义都是边界、疆界。《周禮·天官·大宰》："大宰之職，掌建邦之六典，以佐王治邦國。"陸德明釋文："邦，疆國之境。"又《地官·小司徒》："乃分地域而辨其守。"鄭玄注："故書域爲邦。杜子春云：'當爲域。'"《説文》"邦"段玉裁注："邦，《周禮》故書'乃分地邦而辨其守'，地邦，爲土界。杜子春改邦爲域，非也。""㘬"、"邦"、"𨛜"都是屵（峕）的異體字，其中"㘬（邦）"是轉注字，其構形演變都有理據可説，而"𨛜"則是譌體，無構形理據可言。

例二："愬"本義爲告訴。《説文·言部》："愬，告也。从言，厈省聲。《論語》曰：'愬子路於季孫。'諑，愬或从言朔。愬，或从朔心。"（三上）徐鉉等注："厈非聲。蓋古之字音，多與今異。如皀亦音香，鬵亦音門，乃亦音仍，他皆放此。古今失傳不可詳究。"②"愬"《説文》重文有"諑"、"訴"、"愬"三體。《集韻·莫韻》："訴，或作愬。"《詩經·邶風·柏舟》："薄言往愬，逢彼之怒。"宋朱熹集傳："愬，告也。"《管子·版法》："治不盡理，則疏遠微賤者，無可告諑。"《文選·班叔皮〈北征賦〉》："諒時運之所爲兮，永伊鬱其誰愬。"李善注引《説文》曰："愬，亦訴字。"或又作"愬"、"訢"。段玉裁"愬"字注："凡从庐之字，隸變爲厈，俗又譌斥。"《正字通·言部》："訢，訴本字。"黃侃《字正初編·暮韻》："愬，錯本，正；訴，變；諑，或；愬，或。"③南朝宋謝靈運《撰征賦》："風流蕙兮水增瀾，愬愁衿兮鑑戚顏。""愬"、"諑"、"愬"、"訢"、"訴"是一組異體字，其中"愬"、"諑"、"愬"屬於轉注字，其構形演變有理據可説，而"訢、訴"則是譌體，其所從之"厈"或"斥"是"庐"的譌變。

---

① 黃侃：《字正初編》第13頁，武漢大學出版社1983年版。
② （漢）許慎：《説文解字》第56頁，中華書局1963年影印本。
③ 黃侃：《字正初編》第160頁，武漢大學出版社1983年版。

第 10 章　轉注字的形音義關係　　　　　　　　　　　　　　　361

　　例三："開"從門從一從廾（𠬞），象雙手拉開門閂開門之形，本義爲開門。《説文·門部》："開，張也。从門从开。閞，古文。"（十二上）段玉裁改爲"从門开聲"，並注："張者，施弓弛也。門之開如弓之張，門之閉如弓弛。按：大徐本改爲从門从开，以'开'聲之字古不入之咍部也。玉裁謂此篆'开聲'，古音當在十二部，讀如攘帷之攘，由後人讀同闓，而定爲苦哀切。一者，象門閉，从𠬞者，象手開門。"①"開"是個會意字而非形聲字，段氏釋義正確，而析形大錯。因爲許君誤將𠬞當成"开"分析，段氏則知錯再錯。對許君的錯誤分析，楊樹達先生在《積微居小學述林》中曾作過澄清："古文從一從収。一者，象門關之形……從収者，以兩手取出門關，故爲開也。小篆變古文之形，許君遂誤以爲從开爾。"《老子》第二十七章："善閉，無關楗而不可開。"《三國志·吳志·孫權傳》："開門而揖盜，未可以爲仁也。"後將門關（今西南官話稱"門閂兒"）"一"中分成"一一"而譌變成"閞"。《説文》正篆"開"收的就是個譌體。《玉篇·門部》："開，苦垓切，張也。《説文》作閞。閞，古文。"後世又將字形中的門閂"一"譌變爲"臼"寫作"鬭"。《字彙補·門部》："鬭，《古字日月燈》與開同。"或在"開"中再增一筆寫作"開"。《集韻·咍韻》："開，《説文》：'張也。'古作開。"方成珪考正："案：《説文》開古作閞，此作開，誤。"由此可見，"開"許君引古文作閞，隸變爲"開"，或作"鬭"，譌變爲"閞、開、鬭"，今簡化爲"开"。"開"、"開"、"閞"、"開"、"鬭"都是古文閞的異體，其中没有一個是轉注字，但"閞"、"開"、"鬭"則是譌體。

　　例四：音韻的"韻"本字作"勻"。《字彙·勹部》："勻，音運。古用爲音勻字，自後人制'韻'字，而'勻'字不復讀爲運矣。"但古今無用例，而東漢時期多用"均"來表示。《文選·成公綏〈嘯

---

① （清）段玉裁：《説文解字注》第 588 頁，上海古籍出版社 1988 年版。

賦〉》:"音均不恒,曲無定制。"唐李善注:"均,古韻字也。""韻"的本義爲和諧的聲音。《説文·音部》新附字:"韻,和也。从音員聲。裴光遠云:'古與均同。'未知其審。"(三上)漢蔡邕《琴賦》:"繁絃既抑,雅韻復揚。"南朝宋謝莊《月賦》:"若乃涼頁自淒,風篁成韻。"引申爲字音的韻母部分。南朝梁劉勰《文心雕龍·聲律》:"雙聲隔字而每舛,疊韻雜句而必睽。"唐白居易《與元九書》:"音有韻,義有類,韻協則言順,言順則聲易入。"魏晉時更換聲母"員"轉形爲"韵"。《晉書·王羲之傳》:"以君邁往不屑之韵,而俯同辟,誠難爲意也。"宋王安石《垂虹亭》:"草木韵沉高下外,星河影落有中無。"《汉语大字典》編者注:"古無'韻'字,概寫作'均'。魏晉間始別造'韻'字。"① 不知有何根據。由此可知,音韻義漢代以前是"勻"字的引申義,後爲"勻"的引申義造區別字"均",音韻義則隨之用"均"來表示,繼後又造"韻"字分擔"均"的引申義,音韻義又用"韻"來表示,或更換聲母"員"轉形爲"韵"。"韵"是"韻"的異體字,同時又是後出轉注字;"均"與"韻"來源不同,兩者屬於同源關係。

例五:"沸"的本字作"灣"。《説文·鬲部》:"灣,涫也。从鬲沸聲。"(三下)段玉裁注:"涫,灣也。今俗字涫作滾。"漢嚴忌《哀時命》:"秋脩夜而宛轉兮,氣涫灣其若波。"唐柳宗元《貞符》:"澤熯於爨,灣炎以瀚。""灣"的異體作"䰞"。《改併四聲篇海·鬵部》引《餘文》:"䰞,灣。《詩》曰:'觱沸檻泉。'箋云:'觱沸者,謂泉湧出之皃。'"後省略類母"鬲"寫作"沸"。《集韻·未韻》:"沸,涫也。或從鬲。""沸"的本義爲泉湧貌。《説文·水部》:"沸,

---

① 徐中舒主編:《漢語大字典》第 2 版第 458 頁,四川辭書出版社、湖北崇文書局 2010 年版。

第 10 章 轉注字的形音義關係

畢沸,濫泉。从水弗聲。"(十一上)段玉裁注:"《詩[經]·小雅》、《大雅》皆有'觱沸檻泉'之語,[毛]傳:'觱沸,泉出皃。'"《玉篇·水部》:"沸,泉湧出皃。"或上下構形作"汖"。《集韻·勿韻》:"汖,灑也。或作沸。"《正字通·水部》:"汖,俗沸字。"或更換聲母"沸"轉形爲"鷻"。《龍龕手鑑·鬲部》:"鷻,陽鷻。"《字彙·鬲部》:"鷻,同沸。""灙"的異體有"鷻"、"鷻",其中"鷻"是後出轉注字。"沸"的本義爲泉湧貌,與"灙"來源不同,兩者屬於同源關係。

通過上述實例分析,可得出以下結論:

第一,異體字是指讀音完全相同、字形字(本義)相同、字形不完全相同或完全不同的一組字。它是同一個漢字在不同歷史階段嬗變的面貌。其嬗變的規律是:或運用"轉注"的轉換原理改換舊形,或增減筆劃改變舊形,或重新組合原字構件改變舊形,或譌變原字中的某些構件改變舊形,由此在舊形和新體之間形成一種異體關係。

第二,轉注字也是指讀音完全相同、字形義(本義)相同、字形不完全相同或完全不同卻有構形理據可説的一組字。它也是同一個漢字在不同歷史階段嬗變的面貌。其嬗變的規律是:運用"轉注"的轉換原理改換舊形。因此每一字形都能説出構形所採用的方法和嬗變的原因、理由來。

第三,從字義上看,"轉注字"與"異體字"都是相同的,無法區分開來。僅就異體而言,"轉注字"也是"異體字",但如果進一步以是否有構形理據爲原則慎加分析,二者的區別就會顯露出來了。

異體字這一個龐大的集合群體,乍看一團,無法著手梳理,其實涇渭分明:有構形理據可説者,有無構形理據可説者。因此可根據有無構形理據可說,將它們分成兩個部分。

所謂"有構形理據可說",是指該異體的構成是按照六書"轉注"的原理和方法來改換舊形的,筆劃的增減,部件的更改,乃至整個形體的再造,都符合六書中象形、指事、會意、形聲等構形原理;而"無構形理據可說",是指該異體的結構,無法無章,隨心而譌,隨意而改,看不出有什麼道理可講。比如:"凼"的異體有"㟽"、"邦"、"𨙨"等,其中"㟽(邦)"是個轉注字,其形體結構由增附類母"邑"演变而來;"𨙨"則是譌體,無構形理據可言。"諺"的異體有"訴"、"謝"、"懇"、"訐"等,其中的"謝"、"懇"是"諺"的轉注字,其形體結構或是由更換原字的類母("言")或聲母("厈")演變而來;"訐"、"訴"雖然同屬異體字,但不是轉注字,而是譌體。"開"的異體有"開"、"𨳇"、"開"、"閞"等,其中沒有一個是轉注字,它們祇是古文𨳇的異體,而"𨳇"、"開"、"閞"又是譌體。"均"、"韻"、"韵",從字源發展的角度看,它們都是"勻"的引申義的分化(區別)字。漢代以前"音韻"是"勻"字的引申義,後造區別字"均"來表示;隨着"均"的引申義的增多,再造"韻"來表示。所以"勻"、"均"、"韻"三個字中都含有"音韻"義,但從字源關係來看,它們既非轉注關係,又非異體關係,而是同源關係。後"韻"更換聲母"員"轉形為"韵",由此"韻"、"韵"就構成了轉注關係。這也就是說,為引申義造的區別字,與本字之間既非異體關係,又非轉注關係,而是同源關係。"遷"、"揭"、"拪"、"迁"、"邌"、"𨔟"六個字都是同一個字六種異體,但從字源上看,"遷"是本字,"揭"(拪)、"迁"是"遷"的轉形字,"邌"、"𨔟"則是"遷"的譌體。"䲴"、"鸞"兩個字都是"瀷"的異體,但是其中祇有"䲴"是轉注字。"沸"的本義是泉湧出貌,後世雖然與"瀷"都表示開水沸騰義,但兩者來源不同,既非異體關係，又非轉注關係。

由此我們可以説，轉注字是符合六書構形理據的異體字，它們雖然包含在異體字之中，是異體集合體中一個主要構成部分，但異體字不等於轉注字，這是一條重要的區分原則，不能混爲一談。

10.2.2 轉注字與同源字的關係

轉注字與同源字，就字形的關係而言是極爲密切的，很難一切兩分。比如"楗"與"鍵"。《説文·木部》："楗，限門也。从木建聲。"（六上）段玉裁據《文選·張衡〈南都賦〉》李善注改爲"距門也"，①並注："距，各本作限，非。今據《南都賦》注所引正。[陸德明]《釋文》亦作'距門也'。《[禮記·]月令》：'脩鍵閉，慎管楗。'[鄭玄]注曰：'鍵，牡；閉，牝也。管楗，搏鍵器也。'《周禮[·地官]·司門》：'掌授管鍵，以啟閉國門。'先鄭云：'管，謂楗也；鍵，謂牡。'按：楗閉即今木鎖也。諸經多借鍵爲楗，而《周禮[·地官]·司門》作'管蹇'。先鄭云：'蹇讀爲鍵。'今本乃互易蹇、鍵字。"②什麼叫"限門"？就是在室内關門時，插在門及閘枋之間（單扇門）或閘和閘之間（雙扇門）用以固定門開啟的木杠或木閂（俗稱"門閂兒"）。段氏所改未必可信，但他揭示出"諸經多借'鍵'爲'楗'"這樣一種用字現象。由此引發我們思考以下問題："楗"與"鍵"是一種"假借"關係、同源關係，還是轉

---

① （漢）張衡《南都賦》："是以關門反距，漢德長久。"（唐）李善注："言居西面距東，居東面距西，故言反也。杜篤《論部賦》曰：'是時山東翕然孤疑，意聖朝之西部，懼關閂這反距。'"見（南朝梁）蕭統編，（唐）李善注《文選》第77頁，中華書局1977年版。

② （清）段玉裁：《説文解字注》第256頁，上海古籍出版社1988年版。

注關係？

《說文·金部》："鍵，鉉也。一曰車轄。从金建聲。"（十四上）段玉裁注："謂鼎扃也。以木橫關鼎耳而舉之，非是，則既炊之鼎不可舉也，故謂之關。引申之爲門戶鍵閉。《門部》曰：'關，以木橫持門户也。'門之關，猶鼎之鉉也。"可見"鍵"的字形義是貫穿炊鼎兩耳的橫杠，因固定雙扇門中間的橫杠（門閂）與貫穿炊鼎兩耳的橫杠及其作用相似，故引申爲固定門開啟的橫杠，也稱"門閂"。《方言》卷五："户，自關而東，陳楚之間謂之鍵。"遼希麟《續一切經音義》卷五："關鍵，《字書》：'橫曰關，竪曰鍵。'"《說文·門部》："關，以木橫持門户也。从門䢅聲。"（十二上）又："閞，關下牡也。从門龠聲。"段玉裁注："關者，橫物，即今之門檻。關下牡者，謂以直木上貫關下插地。是與關有牝牡之別……然則關下牡謂之鍵，亦謂之閞。閞即楗之叚借字。析言之則鍵與閞有二，渾言之則一物也。"徐灝注箋："鍵者，門關之牡也。蓋以木橫持門户而納鍵於孔中，然後以管硾固之。"由此看來，"楗"與"鍵"同音（《廣韻·阮韻》齊偃切），在"固門的橫杠木"意義上同義（"鍵"爲引申義，"楗"爲本義），二者又同一聲母（"建"）；以"同義"論，它們不合"通假"原則（通假字音同而義不同）；以"字形義相同"論，它們不合"轉注"原則；以"同音同義"論，它們符合諧聲原則，屬於同源字。王力先生在《同源字典》中就是將它們當成同源字看待的。①

再看一個例子："藷"、"蔗"、"蔗"、"藷"、"蔗"。《說文·艸部》："藷，藷蔗也。从艸諸聲。"（一下）又："蔗，藷蔗也。从艸庶聲。""藷"段玉裁注："或作諸蔗或都蔗。藷、蔗二字疊韵也。或作

---

① 王力：《同源字典》第 551—552 頁，商務印書館 1982 年版。

第 10 章　轉注字的形音義關係　　367

竿蔗或干蔗，象其形也；或作甘蔗，謂其味也；或作邯睹。服虔《通俗文》曰：'荊州竿蔗。'"《文選·張衡〈南都賦〉》："若其團圃則有蓼、蕺、蘘荷、藷蔗、薑、蟠。"李善注引隋蕭該《漢書音義》："藷蔗，甘柘也。""藷"《廣韻·魚韻》章魚切，上古屬章紐魚部；"蔗"，《廣韻·禡韻》之夜切，上古屬章紐鐸部。二字聲紐相同，韻部陰入對轉。①"蔗"也可單說。南朝梁元帝（蕭繹）《謝東宮齎瓜啟》："味奪蔗漿，甘喻石蜜。"唐王勃《七夕賦》："番涵蔗酎，吹蕭蘭旌。""蔗"更換類母"艸"轉形爲"蔗"。《集韻·禡韻》："蔗，艸名。《說文》：'藷蔗也。'或作蔗。"《字彙·甘部》"蔗，同蔗。"再更換聲母"庶"轉形爲"蔗"。《篇海類編·花木類·艸部》："蔗，甘蔗，與蔗同。""蔗"再更換聲母"庶"轉形爲"睹"。《集韻·艸韻》："蔗，艸名。《說文》：'藷蔗也。'或作睹。"又《說文·木部》："柘，桑也。从木石聲。"（六上）段玉裁注："柘，柘桑也。各本無'柘'字，今補。山桑、柘桑，皆桑之屬。古書並言者則曰桑柘，單言一者則曰桑曰柘，柘亦曰柘桑。""柘"也同"蔗"。朱駿聲通訓定聲："柘，假借爲蔗。"《楚辭·招魂》："胹鼈炮羔，有柘漿些。"王逸注："柘，藷蔗也。言復以飴蜜胹鼈炮羔，令之爛熟，取諸之計，爲漿飲也。或曰：血鼈炮羔，和牛五藏爲羔臛，鶩爲羹者也。柘，一作蔗。"洪興祖補注："[司馬]相如《[子虛]賦》：'諸柘巴苴。'[魏張揖]注曰：'柘，甘柘也。'"②"睹"、"蔗"、"蔗"、"蔗"讀音相同，字形義相同（甘蔗），有"轉注"理據可說，爲同一組轉注字；與"藷"

---

①　上古音聲韻以唐作藩先生編著的《上古音手冊》爲準，中古音聲韻以丁聲樹先生編錄的《古今字音對照手冊》爲準。唐作藩：《上古音手冊》，江蘇人民出版社 1982 年版。丁聲樹編錄、李榮參訂：《古今字音對照手冊》，中華書局 1981 年版。

②　（宋）洪興祖撰，白化文、許德楠、李如鸞、方進點校：《楚辭補注》第 208 頁，中華書局 1983 年版。

字形義也相同,讀音爲雙聲對轉,形體不同;又與"柘"讀音相同,字形義不同,形體不同,卻因字形義不同而無轉注關係。王力先生認爲,"蔗"等與"柘"屬於同一組同源字。[①] 從上述察觀中可以看出,轉注字不僅屬於異體字,同時有的也屬於同源字,但它們與同源字依然是有區別的。

對同源字的理論,雖然近五十年來學術界討論熱烈,取得不少新的研究成果,但總的説來没有多少突破。什麽是同源字(詞)?在二十世紀八十年代初,王力先生正式給它下了個定義:"凡音義皆近,音近義同,或義近音同的字,叫做同源字。這些字都有同一來源。或者是同時産生的,如'背'和'負';或者是先後産生的,如'氂'(氂牛)和'旄'(用氂牛尾裝飾的旗子)。同源字,常常以某一概念爲中心,而以語音的細微差别(或同音),表示相近或相關的幾個概念。"這個定義設定了三個必須遵守的原則:

第一是來源"同一"原則。凡構成同源關係的字,要麽是"原始"時期的同"詞"分化,要麽是"方言的差異"。

第二是讀音"同一"原則。凡構成同源關係的字,讀音必須相同或相近,"讀音相差很遠"的字,不能確定爲同源字。

第三是字義"同一"原則。"同源字必然是同義詞,或意義相關的詞"。

爲防止同源字研究的臆斷,王力先生還特别强調讀音相同或相近的重要性,指出"必須以先秦古音爲依據"。爲此,他將先秦古音擬定爲三十三紐、陰入陽二十九個韻部,作爲判斷是否同音或音近的依據。他反復强調説:"同源字必須是同音或音近的字。這就是説,必須韻部、聲母都相同或相近。如果衹有韻部相同,而聲母相

[①] 王力:《同源字典》第 285 頁,商務印書館 1982 年版。

第 10 章　轉注字的形音義關係

差很遠，如'共 giong'、'同 dong'；或者祇有聲母相同，而韻部相差很遠，如'當 tang'、'對 tuəi'，我們就祇能認爲是同義詞，不能認爲是同源字。"① 由此可見，王力先生對同源字的認識是建立在音同音近與義同義近基礎上的，除了通假字和異體字之外，凡符合此原則的字，可以視爲同源字，儘管他爲"音同或音近"設置了大致範圍。以"先秦古音"为标准或依據來確定漢字系統中某些字是否同音，操作起來難免主觀臆斷。因爲先秦古音的研究結論，至今多爲一家之言，再加上"雙聲"、"疊韻"、"通轉"、"旁轉"、"對轉"之類的變通處理，很可能陷入無一不通、無所不轉的泥塘，無法做到精准與嚴密。

在漢語同源字研究發展史上，王力先生是承前啓後、繼往開來的一代宗師。蔣紹愚先生對其歷史性貢獻作過評價："王力先生《同源字典》是在總結前人對同源詞的研究成果和吸取前人研究中的教訓的基礎上進行的。爲了糾正章炳麟、高本漢講同源字時'聲音不相近而勉強認爲同源，意義相差遠而勉強牽合'的毛病……在理論上既比前人完整和嚴密，在方法上也比前人審慎，在同源詞的研究方面，王力先生比前人大大推進了一步。"② 趙振鐸先生也説："他一貫主張用歷史發展的觀點來建立新的漢語語義學。1978 年他發表了《同源字論》，闡明了他對詞源、詞族等一系列問題的看法，隨後他又出版了《同源字典》(1982)，根據音義皆近或音近義同的原則來考求漢字的同源關係，然後對每組同源字在形、音、義上的歷史發展作出可靠的論證。在同源的探索、詞族的研究有了新的進展。比之高本漢的《漢語詞類》，藤堂明保的《漢字字源研究》要

---

① 王力：《同源字論》，見《中國語文》1978 年第 1 期。
② 蔣紹愚：《古漢語詞彙綱要》第 182 頁，北京大學出版社 1989 年版。

謹嚴得多。"①

　　繼王力先生之後，致力於同源字研究並有所發明的是當代著名語言學家王寧和蔣紹愚先生，他們的研究成果分別見於《訓詁學原理》和《古漢語詞彙綱要》。王寧先生認爲："記錄同源派生詞的字群叫同源字，同源字是同源詞的書寫形式。"既然"同源字是同源詞的表現形式，同源字之間的本質聯繫是音近義通，與字的形體本來沒有什麽關係。但是，漢字是表意兼標音的文字，音與義在字形上是有所反映的，同源字之間實際上並非絕對不拘形體。"②因此，她將同源字分成三種類型："形體無關的同源字"、"同聲符的同源字"、"同形的同源字"。太炎先生曾指出："意者形體聲類，更相扶胥，異於偏蔽之議。"③王寧先生將太炎先生的"形體聲類，更相扶胥"理論作爲"探求字義"的基本指導原則，由此確定出同源字研究的原則和方法：音轉義通。"音轉"，就是"以音爲綱"，採用"系源"的方法聯繫貫通；"義通"，在"排除借字借義"的基礎上，"借助古文獻語言材料的比較來證其義通"。然而王寧先生已意識到，"音近與義通的規律"在實際的操作過程中難度很大，"很難絕對準確"。因爲"詞的同源關係以音近爲必要條件，判斷音近必須運用歷史語言學的研究成果。可是，判斷同源詞的音近關係談何容易"。④爲了"使同源詞的系聯科學化"，她主張"把同源詞之間音理的探求與義理的探求緊密結合，綜合論證而避免分割，同時還必須把詞源的探求和闡釋結合起來，對已探求到的造詞理據的真實和合理性，從文

---

① 趙振鐸：《中國語言學史》第 527—528 頁，河北教育出版社 2000 年版。
② 王寧：《訓詁學原理》第 130 頁，中國國際廣播出版社 1996 年版。
③ 章炳麟：《文始·敘例》，見《章太炎全集》（七）第 160 頁，上海人民出版社 1999 年版。
④ 王寧：《關於漢語詞源研究的幾個問題》，《陝西師範大學學報》（哲社版）2001 年第 1 期。

化歷史背景上加以證明和闡發",盡可能避免"隨意的、感覺的"研究。① 王寧對同源字的主要貢獻是:

第一,提出必須以音理探求與義理探求相結合,精密系源與綜合論證相結合的同源字研究原則和方法,進一步完善和規範了同源字研究的理論體系;

第二,大力倡導以歷時的、科學的眼光來對待同源字研究,力求做到造詞理據的探求真實合理,盡可能避免主觀臆測。

蔣紹愚先生認爲:"同源詞是一種語源的詞,這些詞的讀音相同或相近,詞義相同或相關。"而"判定同源詞必須嚴格按(a)讀音相同或相近;(b)意義相同或相關;(c)有同一個來源這樣三個條件。這三條是缺一不可的。讀音相同,而意義相差甚遠,就是同音詞;意義相同,而讀音相差甚遠,就祇是同義詞。讀音相同或相近,意義相同或相關,但不是同出一源,那也祇是音義的偶然相同,而不是同源詞"。② 在此理論基礎上,他對"同源字"、"同源詞"、"滋生詞"、"詞族"等逐一作出了界定,並指出:"同源的應該是'詞'而不是'字'",但古漢語習慣以"字爲單位,所以'同源詞'也可以叫'同源字'";"'滋生詞'是對'原始詞'而說的","滋生詞和原始詞是同源詞中的一種(而且是很重要的一種),但並不是同源詞的全部";"'詞族'和'同源詞'細說也有區別",兩者"不完全是一回事","一個'詞族'包含的詞,要比一組同源詞多,同一個詞族中的詞,音義之間的聯繫要遠一些"等。蔣先生對同源學的主要貢獻是:

第一,將原爲異體,"後來有了固定的分工"的那部分異體字放在同源字範圍内進行研究。因爲"它們分别記錄了兩個不同的詞,

---

① 王寧:《訓詁學原理》第145頁,中國國際廣播出版社1996年版。
② 蔣紹愚:《古漢語詞彙綱要》第178—179、186頁,北京大學出版社1989年版。

而從音義關係看,這兩個詞是同源的",他不主張將異體字和通假字作爲同源字研究的對象。

第二,將在歷史上同出一源的"同音同形"詞,放在同源字範圍内進行研究。他説:"對那些同音同形,歷史上是同出一源,後來由於詞義的輾轉引申或虚化而形成的幾個不同的詞,也應該包括在同源的範圍之内。"

如果説王力先生全面而系統地草創了一套同源字的研究理論和方法,那麽,王寧、蔣紹愚先生則主張在前人研究的基礎上,力求更加深入細緻、務實求真的探討。

以"音近義通"作爲同源字的本質特徵來加以討論固然不錯,但完全排斥漢字的孳乳對同源字系統的作用和影響,是無法將同源字的研究深入下去的。徐通鏘先生説:"理論是根據具體語言的研究而提煉出來的假設。"[1]這就是説,不管同源還是轉注的理論,也必須從漢字的研究中提煉出來,因爲"字是漢語結構的本位"。二十世紀九十年代末,徐通鏘先生就積極倡導"字本位"思想,指出:"漢語的結構基礎或結構常數'1'是字,它的基本精神是'1個字·1個音節·1個概念'的一一對應關係。它對漢語結構的關聯方式與印歐語不一樣","字在結構關聯中的地位是多向的、本位性的;處於核心的位置,是語音、語義、語法、語彙的交匯點,一切研究都得以它爲基礎"。"爲什麽漢語研究中的'詞'的問題説不清,道不明,主要是漢語中本來就没有這麽一種語言現象"。[2]徐先生的眼光是獨特而睿智的,他的思想給我們深深啟發。儘管至今"字本位"的研究尚處在啟蒙時期,但終有一天它會成爲漢語研究的主體思想和指

---

[1] 徐通鏘:《語言論——語義型語言的結構原理和研究方法》第119頁,東北師範大學出版1998年版。

[2] 同上,第126—127頁。

導原則。

　　如果立足漢字於本位來離析轉注字與同源字的差異，就比較容易做到。轉注字是讀音相同、字形義（本義）相同而字形構造不同的異體字。如果按王力先生的同源字界定，異體字不屬於同源字研究的範圍，那兩者涇渭分明，根本没有糾葛可言，而王寧、蔣紹愚先生又認爲原爲異體字後來因引申而形成固定分工的那部分字應屬於同源字，這樣一來，轉注字與同源字就扯上了關係。如果再加上王寧先生關於同源字三大部分中的"右文"類和孫雍長先生所説的"轉注原體"（實際上也是"右文"），轉注字與同源字的牽屬更會越來越密切。孫雍長先生説："由'轉注'造字法所必然導致的文字中的聲義同源現象，祇存在於具有共同的'轉注原體'構形要素的'轉注字'之間，如'構'與'篝'，'闢'與'僻'、'避'、'嬖'等；或者存在於部分'轉注字'與'轉注原體字'之間，如'漁'與'魚'，'枘'與'內'等。"①儘管孫先生對"轉注"的理解與我們相差太遠，但他所説的"轉注字"，的確有一部分與我們所説的"轉注字"相同，這也就同樣跟同源字扯上了關係。而王伯熙、劉志成先生説得更直白，用"轉注造字法"造出來的字多爲"同源的新詞"，②或均"有同源關係"。③

　　爲了弄清轉注字與同源字的關係，我們在繼承前輩研究理論的基礎上也要給同源字下個定義，並以此爲基準來確定轉注字的研究範圍。趙振鐸先生説："詞源研究必需貫穿音義，音義不通，不可以談詞源。"④蔣紹愚先生説："同源字就是用來記錄同源詞的幾個形體

---

① 孫雍長：《轉注論》第81頁，嶽麓書社1991年版。
② 王伯熙：《六書第三耦研究》，《中國社會科學》1981年第4期。
③ 劉志成：《文化文字學》第86頁，巴蜀書社2002年版。
④ 趙振鐸：《中國語言學史》第526頁，河北教育出版社2000年版。

不同的漢字。"[1]它們(a)讀音相同或相近;(b)意義相同或相關;(c)有同一個來源。我們贊同這個定義,但應該把構成同源字三個條件之一的"有同一個來源"放在首位,説成"有同一個來源、讀音和意義相同或相近的字群叫同源字"。因爲當今許多學者,凡涉及同源字問題很習慣以"音近義通"爲首要條件,常常忽視"同一個來源"這一首要條件,將音近義通的字通通看作同源字,而不管它們的來源是否同一。這樣做很容易使人產生同源字的研究就是"因聲求義"的訓詁方法在新時期的改頭换面,而失去對同源字研究結論的認同感和公信度。

關於同源字的分類,王寧先生分成"形體無關的"、"同聲符的"、"同形的"三類。其中"形體無關"一類,其構成最爲複雜,儘管王寧先生已經排除了"假借"和"異體"兩種字形。我們覺得,有絕大部分異體字(即有構形理據可説那部分)應該放在同源字的範圍内來進行研究,而"同形"的那部分,不宜作爲同源字的研究對象。因爲既然研究的對象是"同一個來源"的"幾個形體不同的漢字"的形、音、義關係,而凡"同形"的祇能有一個漢字,其音、義與别的字的系聯貫通,那屬於漢字的意義孳乳、語音嬗變的研究範圍。

轉注字與同源字的聯繫和區别是:

第一,異體字中凡合乎六書構形原理者,既是轉注字也是同源字。比如:"華"與"花";"韭"與"韮";"貟"與"蜎";"籋"與"钀";"圭"與"珪";"肉"與"宍";"秔"與"稉";"奔"與"逩";"飆"與"颱";"愁"與"愋";"懶"與"嬾";"茜"與"蒨";"糙"與"糉";"播"與"挧"、"抽";"遷"與"扜"、"迁";"篋"與"篋"、"鍼"與"鑱"、"鐵"、"針";"鷟"與"鴷"、
---
[1] 蔣紹愚:《古漢語詞彙綱要》第215頁,北京大學出版社1988年版。

"鍵"、"饘"、"糎"、"鬻"等等。

第二，同一諧聲中的同音同義（必須是本義同）者，既是轉注字也是同源字。比如："果"與"菓"；"園"與"薗"；"匱"與"櫃"；"乂"與"刈"；"節"與"茚"；"裹"與"綶"；"餞"與"餕"；"睹"與"覩"；"豬"與"猪"；"臀"與"臋"；"征"與"证"；"榍"與"鐍"；"遺"與"慣"；"皆"與"諧"；"摭"與"蔗"、"藨"；"謔"與"謿"、"恕"；"瘩"与"瘂"、"癋"；"幫"與"輂"、"鞶"等等。

第三，初文同字，後世分化爲若干個字者，既是轉注字也是同源字。比如："老"與"考"；"霝"與"零"；"鄉"與"卿"、"饗"；"卯"與"鄉"、"嚮"；"后"與"育"、"毓"等等。

第四，本義不同，僅是音同義通者，是同源字，不是轉注字。如："鍵"與"楗"；"鍾"與"鐘"；"餳"與"糖"；"獲"與"穫"；"種"與"穜"；"奔"與"犇"；"鬟"與"剔"；"糙"與"皺"等等。

第五，爲引申義造的區別字，是同源字，不是轉注字。如："顛"與"癲"；"屈"與"詘"；"御"與"禦"；"均"與"韻"、"韵"；"杜"與"斁"等等。

第六，兩個字來源不同，本義不同，後世因長期借用混用而後專用，它們是同源字，不是轉注字。如："鬴"與"鍋"、"圁"與"框"、"喫"與"吃"、"鑰"與"鈅"、"筺"與"匙"、"關"與"管"、"聖"與"圣"、"塙"與"确"、"瀗"與"沸"等等。

10.3 轉注字的語音關係

在討論轉注字的語音關係之前，有個觀念需要澄清。先民造字不是單純地爲造字而造字，而是造一個與物象相似的形來表達語言中一個相宜的音和一個與物相合的義，造字的目的是爲了語用，而不像畫畫那樣爲的是賞心悦目。因此，形與音、義之間的關係自然靠得很緊。研究漢字的構形原理的最終目的，仍然是想搞清楚形與音之間、形與義之間到底是怎麼牽屬、貫通的？

"轉注"的原理，談的是漢字舊形轉換成新形的規律。舊形轉換成新形，不管怎樣轉怎麼換，其中產生變化的祇能是字形的組合部件及其結構關係，而不關讀音和意義的事。就像一瓶酒，不管你用什麼樣的容器——陶罐、瓦罐、甕罋、玻璃瓶、塑膠瓶等密封儲存，它照樣還是糧食經發酵製成的含有乙醇的飲料，不會因儲存容器的改變而變成了無色無味透明的液體（水）。不要誤認爲我們講轉注字的語音關係，就是在重複前人的"音轉"說，又回到了宋元的張有戴侗、明清的楊慎顧炎武等那條老路上去了。漢字的轉注是轉形，舊形在轉換中改變。轉換後的新形與舊形同時在漢字集團中存在着，正因爲如此，纔有"被轉注字"與"後出轉注字"的對立。舊形轉爲新形後，舊形的讀音是怎樣"轉"到新形裏去的？這纔是我們要討論的實質話題。

"言語異聲，文字異形"，東漢的許慎早就察覺到了各個時代言語的變化，言語的變化必然會影響到記錄言語的文字的更革，而漢字更革的一條重要的規律就是"轉注"定律。明代陳第說："時有古今，地有南北，字有更革，音有轉移。""音"在漢字轉換過程中是怎麼樣"轉移"的？原封不變的接收被轉注字的讀音是後出轉注字讀音的基本規律。具體說來，舊形轉換成新形時，二者的讀音是絕對相同的，也絕對不可能"相近"，但後世使用時或有變易。"同"爲主流，"變"爲分派，這是轉注字之間客觀的、現實的、也是歷史的讀音規律。今天研究轉注字的讀音規律，必須站在兩個時點上察觀分析：從共時中求其變易，從歷時中辨其不化。比如，我們立足於當今這個共時點,去觀察積澱在《漢語大字典》中的轉注字,則會發現其中有一部分的讀音已經有了變易,而變的那一部分音,又多數與聲調相關;如果立足於漢代那個時點,去觀察《說文》中的轉注字在後代的讀音,則會發現它們的變化很有規律。轉注字讀音的"同"是共時的同,"變"是異代的變,這也是一條客觀的、永恒的規律。不要因爲有了變化就認爲它們存在着"音轉"關係,因爲漢語的整個語音系統各個時代都在變化,作爲漢字轉注系統中某個成員,其語音形式略有改易是極其正常的事,不足爲怪。研究轉注字讀音的規律,最好是從轉注字的形成原因中去尋找答案。西漢楊雄的"轉語"方法論給後人提供了這方面的寶貴經驗,但楊雄的"轉語"方法論談的不祇是轉注字讀音的關聯貫通方法,而是整個漢字系統——古今方俗文字在共時點上的關聯貫通方法。怎樣認識楊雄的"轉語"方法論,請參看鍾如雄《"轉語"方法論》一文,[①]此不贅言。

關於文字的發明、應用的根本原因,元代楊桓說是为了"濟變通、備遺忘、息爭端"。《六书统·自序》云:"文字何爲而作也?聖人憂患天下,後世欲濟變通、備遺忘、息爭端而作也。聖人始則憂患天下之變,欲以禮樂政教化治於天下,則以口傳。口傳不免有所遺忘,終則憂患後世之變,欲以禮樂政教貽訓於後世,則以賢傳賢,而不免有所泯絶,於是文字之道興焉。"[②]而轉注字形成的原因,一是王權的更替,一是方言的錯綜。對今人來說,文字是極普通的,認字也是極平常的事,然而對遠古先民來說,文字則是帝王宣教明化、以乂百工、以察萬品的統治工具,與平民百姓根本不沾邊兒。許慎在《說文·敘》中,早已把漢字的政治本質道得明明白白。他說:"蓋文字者,

---

① 鍾如雄:《"轉語"方法論》,《西南師範大學學報》(人文社科版)2003年第6期。
② (元)楊桓:《六書統》,見《四庫全書》第227册第6頁,上海古籍出版社1987年版。

經藝之本,王政之始,前人所以垂後,後人所以識古,故曰:'本立而道生。'知天下之至嘖而不可亂也。"又説:"文者,宣教明化於王者朝廷,君子所以施禄及下,居德則忌也。"[1]許慎認爲:文字是"王政之始",是立國之本,是"宣教明化"、糾察群僚(君子)的重要工具,所以一筆一劃都不能隨意改動。祇有在王權更替之後,新的帝王纔有創造、改變某個或某些漢字形體結構的權力。比如唐代武則天登基後,令宗楚後造了"瞾(照)、㤗(臣)、窬(君)、囝(月)、秊(年)、囜(日)、囸(星)、𤋮(載)、壾(聖)、𡯂(人)、𠤎(初)、稬(授)、𡔉(證)、丙(天)、埊(地)、击(正)、圀(國)"等二十來個字,其中就有"瞾"(照)字。《舊唐書·則天皇后》云:"則天皇后武氏,諱瞾,并州文水人也。""瞾"一本作"瞾"。明謝肇淛《五雜俎》卷十三説:"唐武后命宗楚後製十二字。"《説文·火部》:"照,明也。从火昭聲。"(十上)又《日部》:"昭,日明也。从日召聲。"(七上)《月部》:"朙,照也。从月从囧。⊙,古文从日。"(七上)《周易·恒》:"《象》曰:日月得天而能久照,四時變化而能久成。"顯然"照"的字形義是日月之光普照大地。或許武則天認爲"照"中無"月"("月"代表陰性,武后爲女中之王),故改爲"從明從空"的會意字,表示日月當空普照大地之意。武則天改"照"爲"瞾",運用的是轉注原理中的"逆轉"法,將形聲字轉換成會意字,構形部件除了保留"日"之外,其餘都是新的。在轉換形體的同時,"照"(被轉注字)的讀音(《廣韻·笑韻》之少切)按照當時的實際讀法隨形轉移到"瞾"(後出轉注字)中去了,一點兒也没有改變。《集韻·笑韻》仍然是"之笑切",並説:"照,《説文》:'明也。'唐武后作瞾。"《龍龕手鑑·目部》:"瞾,音照。"《字彙·目部》:"瞾,同照。"可見,

---

[1] (漢)許慎:《説文解字》第316頁,中華書局1963年影印本。

漢字舊形轉換時，其讀音是按照轉形時（當時）的實際讀音轉移的。這種"轉移"屬於本音轉移。音隨形轉，形變而音不變，是轉注字讀音遵循的基本準則。它是古今方俗漢字轉換的一條通例。北齊顏之推在《顏氏家訓·音辭》篇中説："夫九州之人，言語不同，生民已來，固常然矣……而古語與今殊別，其間輕重清濁，猶未可曉，加以内言外言、急言徐言、讀若之類，益使人疑。"[①] 既然如此，各地便可隨順時宜"造作書字"。他在《書證》篇中舉了幾個晉代吴郡人張敞造字的例子："吴人呼'祠祀'爲'鴟祀'，故以'祠'代'鴟'字，呼'紺'爲'禁'，故以糸傍作禁代'紺'字；呼'盞'爲竹簡反，故以木旁作展代'盞'字；呼'鑊'字爲'霍'字，故以金傍作霍代'鑊'字；又金傍作患爲'鐶'字，木傍作鬼爲'魁'字；火傍作庶爲'炙'字，既下作毛代'髻'字；金花則金傍作華，窗扇則木傍作扇，諸如此類，專輒不少。"顏之推認爲"繠"（紺）、"椸"（盞）、"鑺"（鑊）、"鏓"（鐶）、"槐"（魁）、"燡"（炙）、"毻"（髻）、"錘"、"楄"等，都是張敞"不甚稽古，隨宜記注，逐鄉俗譌謬"而造出來的俗字，但不管原形字還是新造的俗字（轉形字），其讀音在當時吴人的口音裏都是相同的。今天看來，張敞當時"逐鄉俗"而造作的"書字"（轉形字），與中原通行的原形字之間是一種轉注關係。顏之推在《書證》篇中舉了個很有意思的例子，我們用它來説明古今漢字轉換的讀音規律一定具有啟發作用。他説：

《後漢書》云："鸛雀銜三鱓魚。"多假借爲鱣鮪之鱣。俗之學士，因謂之爲鱣魚。案：魏武《四時食制》："鱣魚大如五斗匲，長一丈。"郭璞注《爾雅》："鱣長二三丈。"安有鸛雀能勝一者，

[①] （北齊）顏之推撰，王利器集解：《顏氏家訓》第 473 頁，上海古籍出版社 1980 年版。

況三乎？鱣又純灰色，無文章也。鱓魚長者不過三尺，大者不過三指，黃地黑文，故都講云："虵鱓，卿大夫服之象也。"《續漢書》及《搜神記》亦説此事，皆作"鱓"字。孫卿云："魚鼈鰌鱣。"及《韓非》、《説苑》皆曰："鱣似虵，蠶似蠋。"並作"鱣"字。假"鱣"爲"鱓"，其來久矣。①

顏之推認爲，"鱣"假借"鱓"從戰國時代的《荀子》就開始了，時人不知，誤將鱣鮪之"鱣"理解成鱔魚之"鱓"，所以纔鬧出"鸛銜三鱣"的笑話來。我們借這個例子來說明轉注字的讀音規律是有說服力的。"鱣"是鱘魚的古稱，今音 shān。《爾雅·釋魚》"鱣"郭璞注："鱣，大魚，似鱏而短鼻，口在頷下，體有邪行甲，無鱗，肉黃。大者長二三丈。今江東呼爲黃魚。"《詩經·周頌·潛》："有鱣有鮪。"陸機疏："鱣，身形似龍，銳頭，口在頷下，背上腹下皆有甲，縱廣四五尺……大者千餘斤。"《説文·魚部》："鱣，鯉也。从魚亶聲。𩶗，籀文鱣。"（十一下）顏之推說："孫卿云：'魚鼈鰌鱣。'及《韓非》、《説苑》皆曰：'鱣似虵，蠶似蠋。'並作'鱣'字。"今本《荀子·富國》《韓非子·説林下》與顏氏所引同，僅漢劉向《説苑·談叢》作"鱓"。《後漢書·楊震傳》："後有冠雀銜三鱣魚飛集講堂前，都講取魚進曰：'蛇鱣者，卿大夫服之象也。'"唐李賢注："《續漢》及謝承《書》'鱣'字皆作'鱓'。"②可知鱔魚的"鱓"

---

① （北齊）顏之推撰，王利器集解：《顏氏家訓》第 421—422 頁，上海古籍出版社 1980 年版。

② 《漢語大字典·魚部》"鱣（二）"下引《後漢書》李賢注："《續漢》及《謝承書》鱣字皆作鱓。"見徐中舒主編《漢語大字典》第 5034 頁，四川辭書出版社、湖北崇文書局 2010 年版。"《謝承書》"應據《太平御覽》改成"謝承《書》"。"謝承"是《續後漢書》的作者，不是書名。王利器説："（'鱓，卿大夫服之象也'）《〔太平〕御覽》九三七引謝承《後漢書》正有此文，疑當作'謝承《書》'爲是。"見（北齊）顏之推撰，王利器集解《顏氏家訓》第 422 頁，上海古籍出版社 1980 年版。

字造於漢代。《說文·魚部》："鱓，魚名。皮可爲鼓。从魚單聲。"（十一下）許君説鱓魚"皮可爲鼓"，説明他將"鱓"理解成了"鼉"（揚子鰐）。《集韻·戈韻》："鼉，或作鱓。""鱓"的字形義應該是鱔魚。段玉裁注："今人所食之黃鱔也。"《山海經·北山經》："（諸毗之水）其中多滑魚，其狀如鱓，赤背。"郭璞注："鱓，魚，似蛇。"《淮南子·覽冥訓》："蛇鱓著泥百仞中。"今通用的"鱔"字産生較晚，大致在唐代以後。《龍龕手鑑·魚部》："鱔，虵形魚也。"宋程垓《滿江紅》："臥後從教鰍鱔舞，醉來一任乾坤窄。"徐珂《清稗類鈔·動物類》："鱔，一作鱓。俗稱黃鱔。""鱔"由"鱓"形聲平行對轉而來（類母聲母全換）。"鱓"《廣韻·獮韻》常演切，"鱔"《集韻·獮韻》上演切，古今同音（今音 shàn）。但是，既然言語有古今方俗之分，字音就有古代的"同"，現代的"同"，不同時代的"同"；也有古代的"異"，現代的"異"，不同時代的"異"。同時異代，異同相依。在"同"與"異"的交織中，轉注字的讀音不可能一成不變，也不可能全部都變。倘若加上村學究的誤教誤導，譌以傳譌，良中藏莠，糾纏不清，有些字讀音演變軌跡一時難以明辨是非，那也很是正常。明代謝肇淛就指出過字音誤讀的混亂現象："今天下讀書不識字者固多，而目前尋常之字，誤讀者尤多。其於四聲之中，上、去二聲，極易混淆。所以然者，童蒙之時，授書塾師，皆村學究，譌以傳譌，及長，則一成而不可變。士君子作數篇制義取科第，其於經籍，十九束之高閣矣，誰復有下帷究心者？即有一二知其非，而一傳衆咻，世亦不見信從也。故欲究四聲之正者，當於子弟授書之時，逐字爲之改正，然與世俗不諧，駭人耳目，人反以爲侏儸矣。如上、下、動、静等字，皆當從上聲，人有不笑之者乎？"（《五雜俎》卷十三）這種亂讀誤導現象，歷代都有，祇是苦了古音研究的學者們。後出轉注字的變音，茲試析數例。

音變例之一：鬻：䊕：䊖

"粥"金文作 ◯，象米在鼎中熬煮之形，會意字。《爾雅·釋言》："鬻，糜也。"郝懿行義疏："鬻者，經典省作'粥'而訓'糜'。"又："粥，淖糜也。"《說文·弼部》："鬻，鍵也。从鬻米聲。"（三下）段玉裁注："鬻，會意……〔徐〕鉉本誤衍'聲'字。"段氏說是。後世省"鬲"，祇保留鼎耳"弜"和"米"作"粥"。《廣韻·屋韻》："粥，糜也。"玄應《一切經音義》卷十三："鬻，古文，今作粥。"後世更換"弜"而增附聲母"育"轉形爲形聲字"䊕"，而方言則再更換聲母"育"轉形爲"䊖"。《集韻·屋韻》："䊖，吳語謂熬米爲餌曰䊖。""鬻"（粥）、"䊕"、"䊖"的字形義都是稀粥，即《爾雅》所說的"糜"。《說文·米部》："糜，糝也。从米麻聲。"（七上）段玉裁注："以米和羹謂之糝，專用米粒爲之謂糝糜，亦謂之粥。"《儀禮·士喪禮》："夏祝鬻餘飯，用二鬲於西牆下。"清毛奇齡《喪禮吾說篇·重說》解曰："鬻，粥也。取死者養疾所餘米熬爲粥也。"《左傳·昭公七年》："饘於是，鬻於是，以餬余口。"孔穎達等正義："稠者曰糜，淖者曰鬻。"《漢書·文帝紀》："今聞吏當受鬻者，或以陳米。"顏師古注："鬻，淖糜也。給米使爲糜鬻也。""鬻"《廣韻·屋韻》余六切，《集韻·屋韻》之六切，《漢語大字典·弓部》音 zhōu；"䊕"玄應《一切經音義》之六切，《漢語大字典·米部》也音 zhōu；"䊖"《集韻·屋韻》子六切，《漢語大字典·米部》音 zú。"鬻"（粥）、"䊕"、"䊖"三個字中古音均在入聲韻，今或轉入陰平（鬻、䊕），或轉入陽平（䊖），而在川東南、渝西南、黔北土語中，"鬻"（粥）、"䊕"、"䊖"都讀 zu（入聲）。《漢語大字典》未說明"䊖"是"粥"的異體字，應按慣例作"同'粥'"。

音變例之二：趡：踓

《說文·走部》："趡，動也。从走佳聲。《春秋傳》：'盟于趡。'

第 10 章　轉注字的形音義關係

趡，地名。"（二上）朱駿聲通訓定聲："字亦作䠢。《廣雅·釋宫》：'䠢，犇也。'" 什麼叫"動"，古今無例證。朱氏説就是《廣雅》所説的"犇"。王念孫《廣雅疏證》説："趡即趡之異文。" 王説甚是。《史記·司馬相如列傳》："蔑蒙踊躍，騰而狂趡。" 裴駰集解引東晉蔡謨《漢書音義》曰："趡，走。" 司馬貞索隱引魏張揖曰："趡，走皃。" 又《漢書·司馬相如傳》引《史記》作"狂趡"。顔師古注引張揖曰："趡，奔走也。" 王先謙補注："《史記》趡作趡。"《文選·左太沖〈吴都賦〉》："猿臂骿脅，狂趡獷猭。" 李善注引劉逵曰："趡，走也。" 由此看來，"趡" 是 "趡" 譌體（"隹" 聲譌爲 "焦" 聲），因《漢書》誤引《史記》而一誤，又因張揖著《廣雅》時，以爲《史記》和《漢書》不同而作兩字而再誤。後世不明，故《廣韻》（《旨韻》千水切，《笑韻》才笑切）誤爲兩音。"趡" 更換類母 "走" 轉注爲 "䠢"。《廣韻·旨部》："䠢，走也。"《集韻·旨韻》："䠢，走皃。" 兩種釋詞或本《漢書音義》，或本張揖。但是，同一個字《廣韻·旨韻》卻有 "以水切"（今音 wěi）和 "千水切"（今音 cuǐ）兩讀。[①] 因此被轉注字 "趡" 與後出轉注字 "䠢" 的讀音就有了細微差異。

音變例之三：孚：孵：菢

"孵" 的初文甲骨文作 𗊀（孚），從子從爪，象手覆蓋子之形，會意字。《説文·爪部》："孚，卵孚也。从爪从子。一曰信也。𤓱，古文孚从禾。禾，古文保。"（三下）徐鍇繫傳："鳥之孚卵，皆如其期，不失信也。鳥褱恒以爪，反復其卵也。" 段玉裁注："《通俗文》：'卵化曰孚。' ……卵因伏而孚，學者因即呼伏爲孚。" 徐灝注箋："孚、伏、抱一聲之轉。今俗謂雞伏卵爲步，即孚之重脣音稍轉耳。" 後世增附類母 "卵" 轉形爲 "孵"，其中的 "孚" 成了既表意又標音的

[①]《宋本廣韻》第 230 頁，北京市中國書店 1982 年影印本。

聲母。《玉篇·卵部》:"孵,卵化也。"《集韻·遇韻》:"孚,育也。《方言》:'雞伏卵而未孚。'或從卵。"今通用"孵"。後世或類母、聲母全換轉形爲"菢"。玄應《一切經音義》卷五引《方言》:"北燕、朝鮮、洌水之間謂伏雞曰菢。"章炳麟《新方言·釋動物》:"《説文》:'孚,卵孚也。'亦書作抱。《方言》:'燕、朝鮮、洌水之間謂伏雞曰抱。'今自江而北謂雞伏卵曰抱,江南或轉爲捕。"① 今西南官話仍説"菢"不説"孵"。"孚"、"孵"、"菢"的字形義都是孵卵。《淮南子·人間訓》:"夫鴻鵠之未孚於卵也。"唐韓愈《薦士》:"鶴翎不天生,變化在啄菢。"宋張載《張子正蒙·中正篇》:"子而孚化之。"清王夫之注:"子,禽鳥卵也。孚,菢也。"明徐光啟《農政全書·牧養·雞》:"養雞不菢法:母雞下卵時,日逐食内夾以麻子餵之,則常生卵不菢。"

"孚"《廣韻·虞韻》芳無切,《漢語大字典·子部》音 fú;"孵"《廣韻》音同"孚",《漢語大字典》同部音 fū;"菢"《廣韻·號韻》薄報切,《漢語大字典》音 bào;今音聲母有 f-和 b-的區別,韻母有 -u 和 -ao 的區別,聲調有陰平、陽平和去聲的區別。"孚"又讀作"伏"、"步"、"捕"或"抱"。玄應《一切經音義》引《方言》作"伏雞",清段玉裁注《説文》引《通俗文》説"呼伏爲孚";徐灝注箋説"孚、伏、抱一聲之轉",又説"今俗謂雞伏卵爲步";太炎先生説"江南或轉爲捕";《四川方言詞典》説"孵卵的雞"爲"抱雞婆 bao⁴ji¹po²"。② "孚(孵)"與"伏"、"抱"爲同源關係,與"步"爲同音關係(共通語與方言),而"孚"、"孵"、"菢"則是古今方俗之間形成的轉注關係,它們讀音或有細微差異("孚"與"孵"),

---

① 《章太炎全集》(七)第 127 頁,上海人民出版社 1999 年版。
② 王文虎、張一舟、周家筠:《四川方言詞典》第 14 頁,四川人民出版社 1986 年版。

第 10 章 轉注字的形音義關係

或相差較大("孚"、"孵"與"菢")。

音變例之四：鬻：鍵

《說文·䰲部》："鬻，鬻也。飻，鬻或从食衍聲。飦，或从干聲。鍵，或从建聲。"(三下)清王闓運《慈谿令秦君墓誌銘序》："鬻鬻不給，束脩供養。"或更換聲母"侃"轉形爲"鬻"。《玉篇·䰲部》："鬻，粥也。或爲鍵。"或類母、聲母全換轉形爲"飻"、"飦"、"鍵"。《說文》重文有此三字，段注本作："飦，鬻或从干聲。鍵，鬻或从食建聲。"① "飻"或作"餐"，《集韻·元韻》居言切。漢劉向《新序·節士》："(太子)哭泣，啜飻粥，嗌不容粒。"《玉篇·食部》："餰，之延切。糜也。餐，同上。"《廣韻·仙韻》："餐，厚粥也。"《字彙補·食部》："餐，與飻同。"《資治通鑑·隋文帝仁壽三年》："(王)通有先人之弊廬，足以蔽風雨，薄田足以具餐粥。""飦"，《集韻·儒韻》諸延切，云："餰，《說文》：'糜也。'或作飦。"《孟子·滕文公上》："三年之喪，齊疏之服，飦粥之食，自天子達於庶人，三代共之。"趙岐注："飦，糜粥也。"《新唐書·北狄傳·奚》："斷木爲臼，瓦鼎爲飦，雜寒水而食。""鍵"，《說文·䰲部》："鬻，鍵也。从䰲米。"又："鬻，鍵也。从䰲古聲。""鍵"更換類母"食"轉形爲"鬻"。《玉篇·䰲部》："鬻，粥也。或爲鍵。"或更換聲母"建"轉形爲"餰"。《說文》異部重出字有"餰"字，《食部》云："餰，糜也。从食亶聲。周謂之餰，宋謂之餬。"(五下)《廣韻·仙韻》諸延切，云："餰，厚粥也。"《禮記·檀弓上》："餰粥之食。"孔穎達等正義："厚曰餰，希曰粥。""餰"或更換類母"食"轉形爲"糧"。《集韻·儒韻》："餰，《說文》：'糜也。'或作糧。"《管子·山權數》："湯以莊山之金鑄幣，而贖民之無糧賣子者。"注意：第一，"鬻"與

---

① (清)段玉裁：《說文解字注》第 112 頁，上海古籍出版社 1988 年第 2 版。

"饘"是轉注字,本義都是"粥",且無"稠粥"、"稀粥"的區別。《廣韻·仙韻》:"饘,厚粥也。"又云:"饘,厚粥也。"許君以爲它們是兩個不同的字,故分別編排在《鬻部》和《食部》,失審;孔穎達說"厚曰饘,希曰粥",也不可信。第二,"鬻"、"飦"今音讀zhān,"饘"、"鬻"與"飱"讀音同,而同爲"鬻"字異體的"餰"、"鍵"今音卻讀jiān。它們的古音應該的相同的,今音聲母卻有了zh-、j-的差別。

音變例之五:襚:祱

《春秋經·文公九年》:"秦人來歸僖公成風之襚。"杜預注:"衣服曰襚。秦辟陋,故不稱使,不稱夫人,從來者辭。"陸德明釋文:"襚,音遂。衣服曰襚。《說文》作'祱',云:'贈終者衣被曰祱。'以此'襚'爲衣死人衣。"[①]《說文·衣部》:"襚,衣死人也。从衣遂聲。《春秋傳》曰:'楚使公親襚。'"(八上)又曰:"祱,贈終者衣被曰祱。从衣兌聲。"許君認爲,"襚"是指"衣死人"(給死者穿壽衣),而"祱"則是"贈終者衣被"(贈送死者衣被),兩者本義不同。此說未安。根據經傳文獻語料證明,"襚"的本義是指入殮時給死者穿蓋的衣被,其中也包括親友所贈送。《左傳·昭公九年》:"王有姻喪,使趙成如周弔,且致閻田與襚,反潁俘。"杜預注:"襚,送死衣。"釋文:"襚,音遂。"又《隱公元年》:"秋七月,天王使宰咺來歸惠公、仲子之賵。"鄭玄注:"賵,助喪之物。"《穀梁傳·隱公元年》:"賵者何也?乘馬曰賵,衣衾曰襚。"《史記·魯仲連鄒陽列傳》:"鄒魯之臣,生不得事養,死不得賻襚。"張守節正義:"衣服曰襚,貨財曰賻,皆助生送死之禮。"《戰國策·趙策三》"秦圍趙之邯鄲"原文作"死不得飯含"。鮑彪注:"以珠玉實死者之口曰含。"

[①] (唐)陸德明撰,黃焯斷句:《經典釋文》第241頁,中華書局1983年版。

第10章　轉注字的形音義關係

古時人去世，親友送喪家祭帳，祭帳主要是被褥、布匹之類。此俗至今傳承於民間。入殮時給死者穿蓋的衣被叫"襚"。"襚"或爲喪家自備，或爲親友所贈，故引申爲"向喪家贈送衣物"。《廣雅·釋詁三》："歸、餉、饋、襚、問，遺也。"王念孫疏證："襚者，《說文》：'贈終者衣被曰禭。'《[儀禮·]士喪禮》：'君使人襚。'襚與禭同。《漢書·朱建傳》作'禭'《荀子·大略篇》云：'貨財曰賻，輿馬曰賵，衣服曰襚，玩好曰贈，玉貝曰唅。賻賵所以佐生者也，贈襚所以送死也。'《太平御覽》引《春秋說題辭》云：'襚之爲言遺也。'《公羊傳·隱公元年》注及《士喪禮》注同。《[禮記·]檀弓》：'未仕者不敢稅人。'[鄭玄]注：'稅謂遺予人物。'義亦與襚同。歸、饋、遺、襚聲並相近，遺、問語之轉耳。"《儀禮·士喪禮》："君使人襚，徹帷。主人如初。襚者左執領右執要，入升致命。"鄭玄注："襚之言遺也。衣被曰襚。致命曰君使某襚。"賈公彥疏："云'襚之言遺也'者，謂君有命以衣服遺與主人。"再引申爲入殮時給死者穿蓋衣被。《左傳·襄公二十九年》："楚人使公親襚，公患之。"此例爲許君釋"襚"爲"衣死人"所本，故知許君所說"襚，衣死人也"，乃是"襚"之引申義而非本義，"襚"的本義與"禭"相同。《漢書·朱建傳》："辟陽侯乃奉百金禭。"顏師古注："贈終者之衣被曰禭。言以百金爲衣服之具。"

　　上古"遂"、"兌"同音通用。如《老子》第五十二章："塞其兌，閉其門，終身不勤。"孫詒讓《紮迻》卷四："兌，當讀爲遂，而字古通用。"《馬王堆出土的漢墓帛書·老子乙本·德經》作"塞其㙐，閉其門，冬身不堇"。而"襚"從"遂"得聲，《廣韻·至韻》徐醉切，"禭"從"兌"得聲，《廣韻·祭韻》舒芮切，又他外、他活二切，今普通話也有 suì、shuì 兩讀，但在成都話中則爲同音字，都讀 sui[21]（成都話無捲舌音）。"禭"是"襚"的後出轉形字，《說文》

不當分立於正篆。

　　音變例之六：肉：宍

　　"宍"的本字甲骨文作夕（一期《乙》215）、ϡ（三期《甲》1823），象形字。《説文·肉部》："肉，胾肉。形象。"（四下）又："胾，大臠也。从肉𢦏聲。"段玉裁注："胾，大臠也，謂鳥獸之肉。"玄應《一切經音義》卷十二："切肉大者爲胾，小者曰臠。"《周易·噬嗑》："噬乾肉，得黄金，貞厲無咎。"後轉形爲形聲字"宍"。唐顔元孫《干禄字書》："宍，肉，上俗下正。"明方以智《通雅·身體》："宍，或籀文之形譌邪？諸書不收，惟孫愐收之，以爲俗作宍。"漢趙曄《吴越春秋》卷九《彈歌》："斷竹，續竹；飛土，逐宍。"逯欽立輯校："（宍）《書鈔》作肉，《白帖》、《御覽》同，《吴越春秋》誤作害，《類聚》同。《詩紀》云：'古肉字。'今《吴越春秋》作害，非。"[①]"肉"《廣韻·屋韻》如六切，今讀 ròu，《漢語大字典》注音"又讀 rù"，西南官話也讀 ròu、rù 兩音，故轉形爲從宀六聲的形聲字"宍"。若按普通話讀音，則有變化；若依古音或方音讀，則無變化。

　　漢字或因古今而轉注，或因方言而轉注。舊形轉換爲新形，是漢字形體嬗變的普遍規律。這種嬗變雖然不會影響到字形義的變化，而語音的變化間或有之。因此，融貫其同，尋其變跡，也是研究轉注字語音關係的重要内容。

10.4　轉注字的意義關係

　　轉注字是同一個字在不同時期蜕變而形成的不同變體，因此，

[①] 逯欽立:《先秦漢魏晉南北朝詩》第 1 頁，中華書局 1983 年版。

第 10 章 轉注字的形音義關係

它們之間的讀音和本義應該是絕對的相同。本義的絕對相同，乃是轉注字表意的根本特徵。但是，隨着字詞意義的孳乳與分化、古今方俗之音的錯綜交匯，文字的通用（假借）與混用（簡化），它們的本義還能保持一致嗎？蔣紹愚先生說："傳統訓詁學不講詞，衹講字，所以，所謂'本義'衹是指字的本義。'字的本義'，一般指字形所反映出的字義，這是很清楚的。"① 本書所說的"本義"，就是指字形所反映出來的字義，或稱"字形義"。形轉而義不轉，是漢字轉注關係建立的堅實基礎。如果連字形義（本義）都轉了、變了，那轉注字就從根本上失去了聯繫的根基。因此我們說：轉注字形變是必然的，音變是可能的，義變是不存在的。例如"雨"、"鬲"、"颮"、"霸"：

"雨"甲骨文作 ⾬（一期《粹》666）、⾬（一期《合集》11851）、⾬（三期《合集》27804），象雨水從空中下落之形。徐中舒說："⾬象雨點自天而降之形，一表天。"② 金文作 ⾬（《亞止雨鼎》）。《說文・雨部》："雨，水从雲下也。一象天，冂象雲，水霝其間也。⾬，古文。"（十一下）孫詒讓《名原・象形原始第三》："《說文》'雨'字古文，形極絲密，其古文偏旁從雨，則皆作雨，形較簡而皆不從一。龜甲文'雨'字恒見，皆作⾬，與許書古文'雨'形近……蓋冂象穹隆下覆之形，天象已昡於其中，不必更從一。古文義實允協，殆原始象形字也。"③《詩經・小雅・甫田》："以御田祖，以祈甘雨。"或增附聲母"禹"轉形爲"䨞"。《說文》同部重出字有"䨞"字，云："䨞，雨兒。方語也。从雨禹聲。讀若禹。"段玉裁注："'方'上蓋奪'北'字。"《集韻・姥韻》："䨞，北方謂雨曰

---

① 蔣紹愚：《古漢語詞彙綱要》第 62 頁，北京大學出版社 1988 年版。
② 徐中舒主編：《甲骨文字典》第 1240 頁，四川辭書出版社 1989 年版。
③ （清）孫詒讓遺書，戴家祥校點：《名原》第 18 頁，齊魯書社 1986 年版。

䨑，吕静説。""雨"、"䨑"《廣韻·麌韻》均爲王矩切。後又增附"夕"轉形爲"䨎"，從雨從夕，會意。《龍龕手鑑·雨部》："䨎，古文雨字。"再增附"風"轉形爲"飍"，從雨從風，會意。《龍龕手鑑·風部》："飍，音雨。"《字彙補·風部》："飍，音雨，義同。""雨"、"䨎"、"飍"、"䨑"的字形義都是指從空中下落的水滴。下雨前往往烏雲密佈，故在"雨"上增"夕"（象烏雲）作"䨎"；下雨時常常伴有大風，故在"雨"上增"風"作"飍"；或乾脆換成形聲字"䨑"（許君説釋爲"雨兒"，不確）。

"雨"是從天而降，古人叫"䨔"、"霝"、"零"，或叫"下"、"降"，今不叫"霝"、"零"，叫"下"、"降"，方言叫"䨔（落）"。以下是《説文·雨部》對"䨔"、"霝"、"零"的解釋：

① 霝，雨零也。從雨皿。象霝形。《詩》曰："霝雨其濛。"
② 零，餘雨也。從雨令聲。
③ 䨔，雨零也。從雨各聲。
④ 霹，小雨財䨔也。從雨鮮聲。讀若斯。[①]

許慎用"零"釋"霝"，説明二字同義。"霝"甲骨文作𩃬、𩃭、𩃮等，象雨水飄落之形，許君釋爲"雨零也。從雨皿"（會意）。"雨零"就是下雨，而"零"則是"霝"的轉形字。許君所引例證"《詩》曰：'霝雨其濛。'"今本《詩經·豳風·東山》作"零雨"，是其一證。又今本《廣韻·青韻》引《説文》釋詞"雨零"爲"雨䨔"，並説"霝"或作"零"，[②] 是其二證。但段玉裁認爲"霝與零

[①] （漢）許慎：《説文解字》第241頁，中華書局1963年影印本。
[②] 《廣韻·青韻》："霝，落也，墜也。《説文》曰：'雨䨔也。從雨䨔。象䨔形。'或作零。"見《宋本廣韻》第175頁，北京市中國書店1982年影印本。

第10章 轉注字的形音義關係

義殊"。《說文》"霝,雨零也",段玉裁改爲"雨零",並注:"零,各本作零,今依《廣韻》正。霝與零義殊。許引《東山》'霝雨',今作'零雨',譌字也。《定之方中》'靈雨既零',[毛]傳曰:'零,落也。'零亦當作霝,霝亦叚靈爲之。《鄭風[·野有蔓草]》'零露溥兮',[孔穎達等]正义:'本作靈。'[鄭玄]箋云:'靈,落也。'靈落即霝落。雨曰霝落,艸木曰零落。"又《說文》"零,餘雨也",段玉裁改爲"徐雨",並注:"徐,各本作餘,今依《玉篇》、《廣韻》及《太平御覽》所引纂要訂,謂徐徐而下之雨。"從以上注文中,我們看出段玉裁否認"霝"、"零"同字同義的理由有兩條:一是以《廣韻》的引文來肯定今本《説文》釋詞"雨零"之"零"是"霁"的"譌字";二是認定《詩經·鄘風·定之方中》"靈雨既零"之"零"爲"霝"的借字。段氏的主觀臆斷令人難以信服。但是,做出此類誤判的原因歸根結底而在許慎,他不應該將重文"零"並列於正篆,因爲"霝"、"零"在甲骨文中同爲一個字形,都是會意字。"霝(零)雨"俗稱"霁雨",故"霁"與"霝"、"零"同源同義。《説文》"霁,雨零也"、"霖,小雨財霁也"段玉裁注:"此下雨本字,今則落行而霁廢矣";"財當作才,取初始之義,今字作纔"。《廣雅·釋詁二》:"霁,墮也。"錢大昕疏義:"霁者雨之墮也。"《玉篇·雨部》:"霁,雨霁也。或作落。""雨"、"霝"、"飂"、"霩"是一組轉注字,它們是"霝"(零)、"霁"的主動者;"霝"(零)與"霁"是一組同源字,是"雨"(霝、飂、霩)的行爲。再如"卯"、"鄉"、"嚮":

"卯"初文甲骨文作 ⑴ (一期《戩》3315),或增附作 ⑵ 作 ⑶ (鄉)(一期《合》16043)。徐中舒說:"⑴從二卪相對,象二人張口相向之形,爲嚮背之初字。與《説文》卯字篆文略同。""⑶ 從卯從 ⑵ 皀,皀爲食器,象二人相嚮共食之形,爲饗之初字。饗、鄉(後起字爲嚮)、卿初爲一字,蓋宴饗之時須相嚮食器而坐,故得引申爲鄉，更以陪君王共饗之從分化爲卿。"[1]"卯"、"鄉"一爲對坐而談，一爲對坐共餐。《説文・𨛜部》："鄉，國離邑民所封鄉也。嗇夫別治，封圻之內六鄉，六鄉治之。从𨛜皀聲。"（六下）楊寬《古史新探》："'鄉'和'饗'原本是一字……整個字像兩人相嚮對坐，共食一簋的情況。其本義應爲鄉人共食"；"鄉邑稱'鄉'……實取義於共食"，"是用來指自己那些共飲食的氏族聚落的"。"在金文中'鄉'和'卿'的寫法無區別，本是一字。""'卿'原是共飲食的氏族聚落中'鄉老'的稱謂，因代表一鄉而得名。進入階級社會後，'卿'便成爲'鄉'的長官的名稱。"後世增附聲母"向"由會意字轉換成形聲字"嚮"。《集韻・漾韻》："鄉，面也。或從向。""鄉"《集韻・漾韻》許亮切，"嚮"《廣韻・漾韻》許亮切，字形義均爲面對着、相嚮。《左傳・僖公三十三年》："秦伯素服郊次，鄉師而哭。"《尚書・多士》："嚮于時夏，弗能庸帝。"孔穎達等正義："天歸於是夏。"《説文》的解釋爲引申義，《漢語大字典・邑部》"鄉（三）"將"方向"、"方位"作爲"鄉"的第一義項，也欠妥當。"𨛜"實爲"卯"之譌體，許君誤以爲"鄉"從"𨛜"故將其編在《𨛜部》。

　　轉注字的字形義既然相同，因而互相注釋或訓釋是完全可以的。此種訓釋方法始於《爾雅》，漢代注釋家、訓詁學家多襲用該方法來解釋轉注字的意義。段玉裁、王筠稱這種訓釋方法分別叫做"以今字釋古字之例"、"以母釋子之法"和"以同字解説之例"。例如《説文・耳部》："聯，連也。从耳，耳連於頰也；从絲，絲連不絕也。"（十二上）段注本作："从耳絲。从耳，耳連於頰；从絲，絲連不絕也。"段玉裁注："連者，負車也。以人輓車，人與車相屬，因以爲。凡相連屬之偁，周人用'聯'字，漢人用'連'字。古今字也。《周禮［・天官・大宰］》：'官聯以會官治'，鄭［玄］注：'聯

---

[1] 徐中舒主編:《甲骨文字典》第1013—1014頁，四川辭書出版社1995年版。

第 10 章　轉注字的形音義關係

讀爲連。古書連作聯。'此以今字釋古字之例。"① 段氏認爲，"聯"是古字，"連"爲今字，許君用"連"字來解釋"聯"字，屬於"以今字釋古字"條例。又段注本《説文·虫部》："蜎，肙也。从虫肙聲。"（十三上）王筠句讀："此以母釋子之法也。肙字從肉，蟲無骨也。從口者，肙掉尾向首，其曲如環也。蜎再加虫，是肙所孳育也。"② 王筠認爲，"肙"爲"母"字，"蜎"爲"子"字，用"孳育"的子字來解釋母字的訓詁方法叫做"以母釋子之法"。我們覺得，無論是段氏的"以今字釋古字"還是王氏是"以母釋子"，都屬於轉注字互訓的方法。茲舉數例，以見一斑。

（1）《爾雅》轉注字訓釋例。《爾雅·釋言》："翢，纛也。"③ 郭璞注："今之羽葆幢。"又："纛，翳也。"郭璞注："舞者所以自蔽翳。""纛"從縣毒聲。《玉篇·糸部》："纛，羽葆幢也。"又《羽部》："翢，纛也。"《廣韻·豪韻》："纛，舞者所執幢。或作翢。"又《號韻》："纛，左纛也。以犛牛尾爲之，在左右騑馬首。蔡邕説。或作翢。"《史記·項羽本紀》："〔漢將〕紀信乘黄屋車，傅左纛。"裴駰集解："李斐云：'纛，毛羽幢也。在乘輿車衡左上方注之。'蔡邕曰：'以犛牛尾爲之，如斗，或在騑頭，或在衡上也。'"④ 或更換聲母"周"轉形爲"翢"。《玉篇·羽部》："翿，翢翳也。翳、翢，並同上。"或再更換聲母"周"、"毒"轉形爲"翳（翿）"。《説文·羽部》有"翳（翿）"而未收"翢"字，云："翳，翳也。所以舞也。从羽殹聲。《詩》曰：'左執翿。'"（四上）段玉裁注："翳、翢、翿同字。"《詩經·王風·君子陽陽》："君子陶陶，左執翿。"毛傳："翿，纛也，翳也。"

---

① （清）段玉裁：《説文解字注》第 591 頁，上海古籍出版社 1988 年第 2 版。
② （清）王筠：《説文解字句讀》第 536 頁，中華書局 1987 年版。
③ （清）郝懿行：《爾雅義疏》第 520 頁，上海古籍出版社 1983 年版。
④ （漢）司馬遷：《史記》第 326 頁，中華書局 1982 年第 2 版。

鄭玄注:"翳,舞者所持,謂羽舞也。"孔穎達等正義引孫炎説:"翿,舞者所持羽也。"向熹《詩經詞典》:"翿,同'纛',古代一種舞具。用鳥羽編成,形似扇子或雨傘。"《周禮·地官·鄉師》:"及葬,執纛。"鄭玄注引《禮記·雜記》:"匠人執以御柩。"孫詒讓正義:"《雜記》[孔穎達]疏云:'羽葆者,以鳥羽注於柄頭,如蓋,謂之羽葆。葆謂蓋也……謂之羽葆幢,又謂之翿,御柩所執,與舞師羽舞所持,皆是物也。"《宋書·樂志二》:"翿籥繁會,笙磬諧音。"《周禮·地官·鄉師》:"及葬,執纛。"鄭玄注:"鄭司農曰:'翿,羽葆幢也。'《爾雅[·釋言]》曰:'纛,翳也。'以指麾輓柩之役,正其行列進退。"或再更換類母"縣"轉注成"幬"。《篇海類編·鳥獸類·羽部》:"幬,與纛同。"黄侃《字正初編·號韻》:"翳,正;翿,別,纛、纛,皆別。《五經文字》作纛。"① "翳(翿)、纛、翢、翿"同字異體,字形義都是指用野雞尾毛或旄牛尾做成的舞具,也用作帝王的車飾。

（2）毛傳轉注字訓釋例。《詩經·魏風·伐檀》:"坎坎伐檀兮,置之河之干兮。"毛傳:"寘,置也。"孔穎達等正義:"伐檀木,置之河之於厓,欲以爲輪輻之用。"又《大雅·生民》:"誕寘之隘巷,牛羊腓字之。"毛傳:"寘,置。"鄭玄箋:"天異之,故姜嫄置后稷於牛羊之徑,亦所以異之。"孔穎達等正義:"棄此后稷之於狹隘巷中,牛羊其避而憐愛之。"② "置"的初文作"寘",本義爲放棄、丟棄。《説文·网部》:"置,赦也。从网、直。"（七下）徐鍇繫傳:"從直與罷同義。置之則去之也。"段玉裁注:"直亦聲。"許君漏收"寘"字,徐鉉補入《説文》。《宀部》新附字云:"寘,置也。从宀真聲。"（七下）毛傳、鄭箋、正義、徐鉉等都以後出轉注字"置"解釋"寘"。

---

① 黃侃:《字正初編》第186頁,武漢大學出版社1983年版。
② 見（清）阮元校刻《十三經注疏》第358、530頁,中華書局1980年版。

第 10 章　轉注字的形音義關係

（3）《方言》轉注字訓釋例。《方言》卷十："煤，火也，楚轉語也。猶齊言烓，火也。"清錢繹箋疏："《玉篇》云：楚人呼火爲煤。《廣韻》音賄。云：南人呼火也……是燬即烓之異文，故《方言》'齊人曰烓'，《爾雅》郭［璞］注作'燬'也。《説文》'燬'字當是後人所增。"①《廣韻·賄韻》："煤，南人呼火也。""燬、烓"更換聲母"毀"、"尾"轉形爲"煨"。《玉篇·火部》："烓，火也，烈火也。燬、煨，並同上。""火"、"燬"、"烓"、"煤"、"煨"同字異體，字形義均爲烈火。

（4）鄭眾轉注字訓釋例。《廣雅·釋詁三》："糶、酤、衒、賣、調、詥、賑、賺，鬻也。"王念孫疏證："賣，音育。《説文》：'賣，衒也。'《周官·胥師》：'察其詐偽飾行儥慝者。'鄭眾注云：'儥，賣也。'儥與賣同字。或作鬻，又作粥。"鄭眾以"儥"釋"賣"（賣）。"儥"、"賣"《説文》異部重出字。《人部》："儥，賣也。从人賣聲。"（八上）段玉裁注："儥，《貝部》'賣'下曰'衒也'。衒者，行且也。賣即《周禮》之儥字，今之鬻字。"又《貝部》："賣，衙也。从貝㕬聲。㕬，古文睦。讀若育。"（六下）②"賣"本爲形聲字，或增附類母"人"轉形为"儥"，仍爲形聲字，讀音相同（《玉篇》、《廣韻·屋韻》余六切），字形義均爲隨身帶着貨物行走叫賣。《周禮·地官·胥師》："察其詐偽飾行儥慝者，而誅罰之。"鄭玄注："儥，賣也。玄謂'飾行儥慝'，謂使人行惡物於市，巧飾之，令欺誑買者。"許慎、鄭玄的訓釋均轉引自鄭眾。《史記·呂不韋列傳》："往來販賤賣貴，家累千金。"司馬貞索隱："王劭音作育。"黄侃《字正初編·屋韻》："賣，正；賣，隸。從賣者放此。""儥"、"賣"或寫作"鬻"。《玉篇·賣

---

① （清）錢繹：《方言箋疏》第 559 頁，上海古籍出版社 1984 年版。
② "衙也"（清）王念孫《廣雅疏證》引《説文》作"衒也"。見王念孫《廣雅疏證》第 81 頁，中華書局 1983 年影印本。

部》：" 鬻，鬻賣也。"《墨子·經説上》："買、鬻，易也。"孫詒讓閒詁："俞[樾]云：'《説文·貝部》："儥，衒也。讀若育。"今經典通以鬻爲之。'""鬻"的字形義是稀粥。《説文·䰟部》："鬻，鍵也。从䰟米聲。"（三下）段玉裁注："會意……[徐]鉉本誤衍'聲'字。"古人説"鬻"説"鍵"，今人説"粥"，引申爲"賣"，與"賣"、"儥"義混同，讀音也相同，（《廣韻·屋韻》余六切），它们屬於同源字，而無轉注關係。

（5）鄭玄轉注字訓釋例。《儀禮·喪服》："苴絰大搹。"鄭玄注："盈手曰搹。搹，扼也。中人之扼九寸。"陸德明釋文："搹，扼也。""扼"是"搹"的後出轉注字。《説文·手部》："搹，把也。从手鬲聲。挖，搹或从戹。"（十二上）或更換聲母"鬲"轉形爲"挖"，"挖"隸變而爲"扼"。段玉裁注："今隸變作'扼'，猶'軶'隸變作'軛'也。許云'挖'者'搹'之或字，而鄭注《禮[記]》云'搹，扼也'者，漢時少用'搹'，多用'扼'，故以今字釋古字。"高翔麟字通："搹，或體作挖，今通作扼。"《集韻·麥韻》："搹，《説文》：'把也。'或作挖、扼。"

（6）許慎轉注字訓釋例。以"饟"釋"餉"。《説文·食部》："餉，饟也。从食向聲。"（五下）清鈕樹玉校録："《一切經音義》卷十三及《韻會》引作'饋也'，《玉篇》注亦同。"《孟子·滕文公下》："有童子以黍肉餉。""餉"是"饟"的後出轉形字。《爾雅·釋詁下》："餉，饋也。"郝懿行義疏："饟、餉聲義同。"《説文》同部重出字有"饟"字，云："饟，周人謂餉曰饟。从食襄聲。"玄應《一切經音義》卷四："《説文》餉或作饟。"《詩經·周頌·良耜》："載筐及筥，其饟伊黍。"《禮記·郊特牲》鄭玄注引作"餉"。《漢書·灌嬰傳》："受詔别擊楚軍後，絶其饟道。"顏師古注："饟，古餉字。"後世再更換聲母"襄"或"向"轉形爲"餇"、"餔"。《集

第 10 章　轉注字的形音義關係

韻・漾韻》：" 餉，《説文》：'饟也。'或作餇。"又《陽韻》：" 饟，餽也。或作餉、餫。"《改併四聲篇海・食部》引《埤雅》：" 餫，饋也。"《後漢書・章帝紀》：" 賜給公田，爲雇庚傭，賃種餉。"李善注：" 餉，古餉字。"

以"鵲"釋"舄"。"舄"金文作 𦏲（《盂鼎》），象喜鵲展翅高飛之形，後世運用形聲構形法改換成"雒"和"鵲"。"雒"從隹昔聲，"鵲"從鳥昔聲，"隹"、"鳥"不分。《説文・鳥部》：" 舄，雒也。象形。𩁼，篆文舄从隹昔。"（四上）段玉裁注：" 古文作舄，小篆作雒……自經典借爲履舄字，而本義廢矣。"王筠句讀：" 舄，古鵲字……從舄聲者，猶讀如鵲也。"朱駿聲通訓定聲：" 今謂之喜鵲，字亦作鵲。"《字彙・隹部》：" 雒，同鵲。"陳獨秀《小學識字教本》：" 鵲，以昔象鵲鳴聲。"清孔廣居《説文疑疑》：" 舄之象形可疑，昭孔謂舄善爲巢，故舄字下從鳥省，上從巢省，象舄作巢形。"孔氏以會意析"舄"不可信。"舄"、"雒"、"鵲"的字形義均爲喜鵲，故許慎以後出轉注字釋被轉注字，段玉裁稱這種釋義方式爲" 以今字釋古字之例"，王筠則稱爲" 以同字爲説解之例"。《詩經・召南・鵲巢》：" 維鵲有巢，維鳩居之。"《墨子・魯問》：" 公輸子削竹木爲雒，成而飛之，三日不下。"舊題師曠《禽經》：" 靈鵲兆喜。"張華注：" 鵲噪則喜生。"

以"鬀"釋"鬍"。《髟部》：" 鬍，鬀髮也。从髟从刀，易聲。"（九上）段玉裁注：" 从髟从刀，以刀除髮，會意也。"應爲" 从髟从剔，剔亦聲"，會意兼形聲。《説文》同部重出字有"鬀"字，云："鬀，鬍髮也。从髟弟聲。大人曰髡，小人曰鬀，盡及身毛曰鬍。"徐鉉等注：" 今俗别作'剃'。""小人"小徐本作"小兒"。段玉裁注：" 此又析言三字之不同，上文則渾言之。"桂馥義證：" '鬍髮也'者，《韻會》引徐鍇本作'鬀髮也'，《增韻》同，或作'剃'。《通鑒》:'魏主親爲沙門師賢等下髮。'注云:'下髮,剃髮也。''大人曰髡'者,《通鑒》:'來歙下獄,諸生守闕,至有自髡剔者。'[胡三省]注引[南宋]毛晃曰:'剃髮曰髡。''小兒曰髫'者,鄭[玄]注《周禮・薙氏》:'薙,讀如髫小兒頭之髫。''盡及身毛曰鬀'者,趙宧光曰:'盡及身毛,今回回國夷法有之。'"①"剃"或曰"鬀"或曰"髡",並無孩童、成人或部位之分,許君"髫"、"鬀"互訓,又強分爲三,桂馥則再強爲辨析,均無道理。鬀髮與剃刀有關,後世或更換類母"髟"轉形爲"剃"。《玉篇・刀部》:"剃,除髮也。"《集韻・霽韻》:"髫,《說文》:'鬀髮也。'或作剃。"《淮南子・齊俗訓》:"屠牛吐一朝解九牛,而刀以剃毛。"高誘注:"剃,截髮也。"王念孫《讀書雜志・淮南内篇第十一》"刀以剃毛"條云:"念孫案:'刀'下當有'可'字。'刀以剃毛',賈子所謂'苁刀不頓也'。脱去'可'字,則文義不明。"②"剔"的字形義是將肉從骨頭上刮下來。《說文・刀部》:"剔,解骨也。从刀易聲。"玄應《一切經音義》卷十一引《通俗文》:"去骨曰剔。"《尚書・泰誓》:"刳剔孕婦。"孔穎達等正義:"今人去肉至骨謂之剔法,是則亦棚之義也。"剔肉是用刀把骨頭上的肉刮下來,剃髮也是用刀把頭上的鬚髮刮下來(今或管剃頭叫"剃腦殼",管剃鬚叫"剃鬍子"),故引申爲剃髮、剃鬚,讀音也隨之由入聲(《廣韻・錫韻》他歷切),轉爲去聲(《集韻・霽韻》他計切)。《集韻・霽韻》:"髫,或作剃、剔。"《韓非子・顯學》:"夫嬰兒不剔首則腹痛。"《北史・齊幼主紀》:"婦人皆剪剔以著假髻。"唐項斯《寄坐夏僧》:"多因束帶熱,更憶剃頭涼。"另"髦"和"鬀"的本義都是假髮,引申爲剃髮。《字彙補・髟部》:

---

① (清)桂馥:《說文解字義證》第775頁,中華書局1987年版。
② (清)王念孫:《讀書雜志》第860頁,江蘇古籍出版社2000年版。

"髦，古文剃字。"《集韻·霽韻》："鬀，髮也。或從世。"黄侃《字正初編·霽韻》："鬀，正；剃，別。"儘管"剔"、"鬀"（髦）的引申義都有剃頭髮、鬍鬚的意義，但與"鬀"、"鬍"、"剃"祇是同源關係，因爲它們的字形義不同。"鬍髮"古人又叫"鉻"。《說文·金部》："鉻，鬍也。从金各聲。"（十四上）段玉裁注："鬍者，鬀髮也。亦謂之鉻。"《正字通·金部》："鉻，言去髮也。梵書：'鬚髮自鉻。'通作落。"桂馥《札樸·溫經·鬍落》："今人言落髮爲僧，亦當爲鉻。""鬍"（鬀、剃）與"鉻"祇是同義關係（義同而形、音不同），"鉻"與"落"是同源關係（字形義不同）。

以"詶"釋"譸"。《說文·言部》："譸，詶也。从言壽聲。讀若酬。《周書》曰：'無或譸張爲幻。'"（三上）段玉裁注："詶，詛也。則譸亦詛。"《玉篇·言部》："竹尤切。譸張，誑也。"又："詶，譸也。从言州聲。"《玉篇·言部》："詶，《說文》職又切，詛也。"慧琳《一切經音義》卷三十二引《考聲》云："詶，亦詛也。經文從口作咒，俗字也。"又："詛，詶也。从言由聲。"清錢坫斠詮："《釋典》'咒'字即此。"《玉篇·言部》："詛，丈又切。祝也。"《漢語大字典·言部》："同'咒'（呪）。詛咒。""譸"、"詶"、"詛"《說文》同部重出字，或更換聲母"由"轉形爲"詶"，或更換聲母"州"轉形爲"譸"，其字形義都是求神加禍於人。《說文·言部》："詛，詶也。从言且聲。"《尚書·無逸》："民否則厥心違怨，否則厥口詛祝。"孔穎達等正義："詛祝，謂告神明令加殃咎也。以言告神謂之'祝'，請神加殃謂之'詛'。"《說文》以"詶"釋"詛"，說明二字同義。後世或更換聲母"由"、"州"、"壽"轉形爲會意字"呪"。《玉篇·言部》："呪，職救切。説咀也。"《集韻·宥韻》："咒，詛也。古作祝。或從言。"或改爲從兄從口，轉形爲會意字"呪"，微變成"咒"。今通用"咒"字。《正字通·口部》："呪，呪與咒形體小變，其義則一也。"

以"欺"釋"諆"。《言部》:"諆,欺也。从言其聲。"(三上)徐鍇繫傳:"諆,謾書也。《漢書》枚皋有'詆諆',東方朔又有'自詆諆'。居而切。"今本《漢書·枚皋傳》及《東方朔傳》"諆"均作"娸"。又《欠部》:"欺,詐欺也。从欠其聲。"(八下)段玉裁改作"詐也",並注:"大徐作'詐欺也',依《韻會》正。""諆"、"欺"《廣韻·之韻》去其切,字形義均爲詐騙。《論語·雍也》:"君子可逝也,不可陷也;可欺也,不可罔也。"楊伯峻譯注:"欺,欺騙。"[1]《元史·忙哥撒兒傳》:"有讒欺巧佞構亂之言,慎勿聽之。""諆"與"欺"的字形義讀音相同,轉注字。

以"磊"釋"陊"。《阜部》:"陊,磊也。从阜巫聲。"(十四下)又《石部》:"磊,眾石也。从三石。"(九下)"眾石"就是重疊壘積的石頭。《楚辭·九歌·山鬼》:"采三秀兮於山間,石磊磊兮葛蔓蔓。"洪興祖補注:"磊,眾石貌。""陞"爲"陊"的譌體。《管子·地員》:"陞山白壤十八施,百二十六尺,而至於泉。"郭沫等集校引清王紹蘭云:"陞即陊之譌也。"後世更換類母"阜"聲母"巫"轉形爲"礌"。《玉篇·石部》:"磊,磊砢。礌,同上。"《集韻·賄韻》:"磊,《說文》:'眾石也。'或從累。"《文選·宋玉〈高唐賦〉》:"礫磥礨而相摩兮,嶙震天而礚礚。"李善注:"礌礌,眾石貌。""礌"《廣韻·賄韻》落猥切,又更換聲母"累"轉形爲"礨"。《文選·王文考〈魯靈光殿賦〉》:"層礨櫨塊以岌峨,曲枅要紹而環句。"唐李周翰注:"礨塊、岌峨,重危貌。""磊"、"陊"、"礌"(礨)《廣韻·賄韻》落猥物,字形義讀音相同,轉注字。

研究轉注字之間的意義構成規律,是文字學與歷史詞義學共同

---

[1] 楊伯峻:《論語譯注》第284頁,中華書局1980年版。

的基本任務。前人或不承認漢字中有轉注字的存在，或雖承認但很少潛心去思考、研究它們之間的形音義關係，因此留給我們的依然是一片尚未開墾的處女地。另外，自戴震、段玉裁師徒以來，"互訓"之類的轉注說依然陰魂不散，它們的存在和繼續傳播，會嚴重干擾新生的轉注思想的日臻完善，也會對我們繼續深入探討轉注字的構成規律進行阻礙。宋永培先生說："同源詞之間的關係是音同（或音近）義通。音同與義通是結合在一起的，音同是表述義通的。音同是形式，義通纔是内容。義通集中在同源詞的意義特點上。"[①] 宋先生談的雖然是同源字意義的形成規律，但實際上也適用於漢字轉注系統的意義研究。轉注字之間的意義關係，不像同義、同源字那樣祇求其同就能達到目的。"義同"僅僅是轉注字之間的基本構成條件，而"字形義（本義）的同"，纔是漢字轉注關係構成的核心。宋先生強調:在探求漢字的同源關係時，"應該抓住它的意義特點"。因此，在探求漢字的轉注關係時，更應該抓住轉注字的意義特點——字形義的絕對相同，而不是"互訓"說、"引申"說和"文字孳乳"說等所謂意義交匯點的"偶同"，這一點極其重要。

---

① 宋永培:《當代中國訓詁學》第183頁，廣東教育出版社2000年版。

第 11 章　轉注字研究方法論

　　任何一種理論，衹要是科學的、有用的，都應該研究。漢字的轉注理論，是一種科學的理論、適用的理論，也應該研究。古往今來，有多少先賢後學都試圖揭開轉注的神秘面紗，然而，希望越大，失落感就越強烈。既然看不懂悟不出門道來，有人乾脆否定了之。這種因破解不了而產生的極端情緒與偏見，完全有可能動搖人們的研究信心。而今，要想把一種深奧的轉注理論變成大眾都能接受的意識，確實需要智慧和耐心。

　　轉注字是漢字形體演變歷程中產生的同字異構字群，在歷代文獻中它們總是以個體的面貌出現，人們根本無法看到它們成群結隊的樣態。因此，轉注字的研究既需要科學的方法，更需要睿智的精思。《慎子·知忠》中有句名言："狐白之裘，蓋非一狐之腋。"意思是說積小成大，我們引用它來要表達的則是這樣一層意思，即如果悉心研究漢字集團中的每一個轉注字群，完全能夠建立起一個龐大的漢字轉注系統來。

　　轉注字就是潛隱在漢字集團中的狐之白腋，但要準確無誤地將它們甄別出來並非易事。作為研究者必須具備以下素質：一是通曉文字形體演變的內在規律；二是具有扎實的漢字轉注學理論基礎；三是熟練地掌握"六書"融會貫通的分析方法；四是具有庖丁解牛的神會能力。比如《尚書·金縢》中有這樣一句話："乃卜三龜，一習吉。啟籥見書，乃並是吉。"對這句話，我們感到陌生的首先是

"籥"字。因此，必須弄清楚"籥"的含義。顧寶田《尚書譯注》云："籥：鑰匙。書：記録卜兆及其解釋的書。此類書藏於密室，需要時用鑰匙打開查閱。"[①]"籥"是否就是"鑰匙"呢？接下來再查閱有關的字書和文獻語料予以證實。《説文·竹部》："籥，書僮竹笘也。从竹龠聲。"（五上）段玉裁注："'笘'下曰：'潁川人名小兒所書寫爲笘。'按：笘謂之籥，蓋以白堊染之可拭去再書者。其拭觚之布曰幡。"[②]許慎、段玉裁等都認爲"籥"的本義是指古代小孩練字用的竹片。

"籥"的本義真的是"小孩練字用的竹片"嗎？《墨子·備城門》："周垣之高八尺，五十步一方，方尚必爲關籥守之。"孫詒讓閒詁："關籥即管鑰。"《禮記·月令》："（孟春之月）脩鍵閉，慎管籥。"鄭玄注："鍵，牡；閉，牝。管籥，搏鍵器也。"《史記·魯仲連鄒陽列傳》："魯人投其籥，不果納。"張守節正義："籥即鑰匙。投鑰匙於地。"從《墨子》、《禮記》、《史記》原文和鄭玄、張守節、孫詒讓的注文中我們得知，"籥"古代又叫"關籥"、"管鑰"、"鑰匙"、"搏鍵器"等，而"鑰"、"關"、"管"、"楗"、"鍵"還有"閻"，它們與"籥"是否同義呢？

"閻"閂門的木杠。《説文·門部》："閻，關下牡也。从門龠聲。"（十二上）段玉裁注："關者橫物，即今之門檽。'關下牡'者，謂以直木上貫關下插地，是與關有牝牡之别。"《漢語大字典》解釋爲："門直閂。上穿門下插地上的直木。"[③]其實"閻"、"鑰"同爲一物，即遠古鎖未發明，大門關上後插在門背後兩面門閻之門牝内的木杠。

---

① 顧寶田：《尚書譯注》第103頁，吉林文史出版社1995年版。
② （清）段玉裁：《説文解字注》第190頁，上海古籍出版社1988年版。
③ 徐中舒主編：《漢語大字典》第2版第4399頁，四川辭書出版社、湖北崇文書局2010年版。

這種閂門的木杠橫插、豎插均可。《集韻·藥韻》:"鏰,《説文》:'關下牡也。'或從金。"段玉裁"闢"注:"關下牡謂之鍵,亦謂之籥。籥即闢之叚借字。析言之則鍵與闢有二,渾言之則一物也。《金縢》'啟籥見書',亦謂"關閉兆書"者,古無鎖鑰字,蓋古祇用木爲,不用金鐵。"[①]

"鑰"義同"闢"。《方言》卷五:"户鑰,自關而東,陳楚之間謂之鍵,自關而西謂之鑰。"《孝經·五刑》:"五刑之屬三千。"鄭玄注"開人關閉者臏",陸德明釋文:"(闢)音藥,字或作鑰,通用。"

"關"義也同"闢"。《説文·門部》:"關,以木橫持門户也。从門鎋聲。"但戰國古文作 ,(《陳獻釜》),象門中有閂形,會意字。《廣韻·删韻》引《聲類》:"關,所以閉也。"《墨子·備城門》:"門植關必環錮。"

"管"義也同"闢"。《説文·竹部》:"管,如篪,六孔,十二月之音。物開地牙,故謂之管。从竹官聲。琯,古者玉琯以玉。舜之時,西王母來獻其白琯。前零陵文學姓奚,於泠道舜祠下得笙玉琯。夫以玉作音,故神人以和,鳳皇來儀也。从玉官聲。"段玉裁注:"《風俗通》曰:'管,漆竹,長一尺,六孔,十二月之音也。物貫地而牙,故謂之管。''物開地牙'四字有脱誤,當作'物貫地而牙'。貫、管同音;牙、芽古今字。"王紹蘭訂補:"開當爲關,字之誤也。關之言貫。'關地'即貫地。""管"也有閂筳(鑰匙)之義。《左傳·僖公三十二年》:"鄭人使我掌其北門之管。"鄭玄注:"管,籥也。""管籥"連用,古人常語。

"楗"義也同"闢"。《説文·木部》:"楗,限門也。从木建聲。"(六上)段注本改爲:"距門也。"朱駿聲通訓定聲:"今蘇俗謂之木鎖,

---

[①] (清)段玉裁:《説文解字注》第590頁,上海古籍出版社1988年版。

其牝爲管爲閉，其牡爲楗。"《老子》第二十七章："善閉，無關楗不可開。"朱謙之校釋："[南宋]范應元曰：'拒門木也。橫曰關，豎曰楗。'"今本《老子》作"鍵"。唐李賀《公莫舞歌》詩："鐵樞鐵楗重束關，大旗五丈撞雙鐶。"清王琦注："楗，限門之木，即戶目兩端入牝孔，所以止門者。""鍵"的引申義與"楗"同義。《方言》卷五："戶鑰，自關而東，陳楚之間謂之鍵，自關而西謂之鑰。"希麟《續一切經音義》卷五："關鍵，《字書》：'橫曰關，豎曰鍵。'"《方言》卷五："戶鑰，自關而東，陳楚之間謂之鍵，自關而西謂之鑰。"《說文・金部》："鍵，鉉也。一曰車轄。从金建聲。"（十四上）段玉裁注："謂鼎扃也。以木橫關鼎耳而舉之。非是則既炊之鼎，不可舉也。故謂之關鍵。"徐灝注箋："鍵者，門關之牡也。蓋以木橫持門戶而納鍵於孔中，然後以管籥固之。"《小爾雅・廣服》："鍵之曰籥。"《老子》第二十三章："善閉，無關鍵而不可開。"《淮南子・主術訓》："五寸之鍵，制開闔之門。"

從前文的分析中，我們得知"籥"、"閭"、"鑰"、"關"、"管"、"楗"、"鍵"都有閂門木杠的意義，說明它們是同義詞。但是，有同義關係的字並非就是轉注字。轉注字必須具備本義相同、讀音相同、字形轉變合乎六書構形原理三個共同特徵。我們可用此再作考察分辨。

遠古時期，房屋簡陋，家居閂門，主要是爲了抵禦野獸破門傷人，故門閂設計大而結實，後世野獸漸少，鎖門主要爲了防盜，故門閂木杠日漸演變成爲門鎖。有鎖就有開鎖的閭籥，故"閭"的本義是閂門的木杠，後泛稱閭籥。因此我們以"閭"爲本字，以之系聯"籥"、"鑰"、"關"、"管"、"楗"、"鍵"等字，凡本義與"閭"相同者爲轉注字，否則祇是同義詞。根據楊雄《方言》"戶鑰"的解釋、陸德明釋文所說的異文（"[閭]音藥，字或作鑰"），和《說文》"闗"段玉裁的注釋,我們得知"鑰"的本義同"闗",而且讀音相同,字形衹更換了類母,故認定二字爲異體關係。而"籥"《説文》雖説它的本義是"書僮竹笘",然而於歷代文獻典籍無徵,且上古文獻多用作閂門的木杠,後世也泛稱闗籥,證明它也是"闗"的異體,而非段玉裁所説"籥即闗之叚借字"。至於"關"、"管"、"楗"、"鍵"四字,雖説與"籥"、"闗"、"鑰"等同義,但不同音,字形也無轉注理據可説,衹能算作同義詞。

但是,從本義、讀音的相同性看,"關"、"鍵"則是另一組轉注字。"關"從戰國古文的構形看,它的本義就是閂門的木杠,故《説文》釋爲"以木橫持門户也",非常吻合。至於"鍵",《説文》雖説它的本義是"鉉"(橫貫鼎耳的木杠),然而於歷代典籍也無徵,且上古文獻也多用作閂門的木杠,後世也泛稱闗籥,證明它是"楗"、"關"的異體。"鍵"是個方言字,因而讀音與"關"略異。《方言》説:"户鑰,自關而東,陳楚之間謂之鍵。"是其證。相反"管"雖然字義、讀音都同"關",但它的本義是以漆竹製作的樂器。因此,它與"關"、"鍵"爲同義同源字,而非轉注字。從以上討論中我們總結出:

第一,遠古之門户以竹木爲閂門杠,故字寫作"闗"或"籥",後世易之以金屬,故更換類母"門"或"竹"轉形爲"鑰"。"籥"、"闗"、"鑰"既是異體字又是轉注字。今通用"鑰",而"闗"、"籥"已廢棄。"鑰"再經同音簡化而爲"鈅"(假借字)。《玉篇·金部》:"鈅,兵器也。"《正字通·金部》:"鈅,兵器。一曰戉、鉞通。俗作鈅。"今所用的"鈅匙"二字,是"鑰筳"的假借字。清張慎儀《蜀方言》卷下:"啓鎖之具曰鑰筳。"①《説文·竹部》:"筳,簧屬。从竹是聲。"朱駿聲通訓定聲:"今之鎖匙,字當以瑣筳爲之。凡鎖,簧張

---

① 紀國泰:《〈蜀方言〉疏證補》第 285 頁,巴蜀書社 2007 年版。

則閉，以筳斂之則啓。"

第二，潛隱在漢字集團中的轉注字，衹要研究思路正確，分析方法得當，是完全能夠梳理出來的。

系聯和分離是研究轉注字行之有效的兩種方法。[①] "系聯" 是尋其 "同"，"分離" 則是究其 "別"。系聯分離法的分析步驟是：

第一，確定初文（本字），找準本義；

第二，以本義系聯他字，凡本義相同者或爲轉注字；

第三，以讀音系聯他字，凡讀音相同者或爲轉注字；

第四，形變驗證，凡形體轉變與初文相關者爲轉注字；

第五，審核排除，凡讀音與初文相去甚遠，本義與初文不相同者非轉注字。

上述五個步驟的把握要點是："本義相同" 是系聯轉注字的核心；"讀音相同" 是系聯轉注字的第一道驗證碼；"形變驗證" 是系聯轉注字的第二道驗證碼；"審核排除"（分離）是系聯轉注字的終極驗證碼。五個步驟必須循序分析，任何一道關卡都要縝密甄別，不能馬虎，衹有這樣做，纔能確保轉注字的系聯萬無一失。以前，我們在讀《說文解字》《漢語大字典》（初版）時，發現其中很多字本來是重文、異體，而編者卻誤將它們視爲兩個或更多不相干的字分別解釋。這樣處理，已經給讀者造成誤解。下面我們運用系聯分離法對《說文解字》和《漢語大字典》中的同字異體作系聯示範。

"神" 与 "魖"：《說文·示部》："神，天神，引出萬物者也。从示申。"（一上）徐鍇繫傳："天主降氣以感萬物，故言引出萬物也。"

[①] 參看鍾如雄《系聯、分離法在詞義研究中的意義》，見《西南民族學院學報》1999 年第 1 期；中國人民大學書報資料中心複印報刊資料《語言文字學》（H1）1999 年第 10 期。

徐灝注箋:"天地生萬物,物有主之者曰神。"許君認爲"天神"是"神"的本義,字形結構爲會意。在上古文獻中,"神"主要有以下三種常見義:

① 天神。《尚書·微子》:"今殷民乃攘竊神祇之犧牷牲。"陸德明釋文:"天曰神,地曰祇。"《周禮·春官·大司樂》:"乃奏黃鐘,歌大呂,舞《雲門》,以祀天神。"鄭玄注:"天神,五帝及日月星辰也。"

② 泛指鬼神。《論語·述而》:"子不語怪、力、亂、神。"楊伯峻譯文:"孔子不談怪異、勇力、叛亂和鬼神。"

③ 人死後脫離形體的精靈。《正字通·示部》:"神,陽魂爲神,陰魄爲鬼,氣之伸者爲神,氣之屈者爲鬼。"《禮記·樂記》:"幽則有鬼神。"鄭玄注:"聖人之精氣謂之神,賢知之精氣謂之鬼。"

"神"的常見義正好與"鬼"相反,"鬼"在上古文獻中主要表示:

① 人死後脫離形體的精靈。《周易·睽》:"見豕負塗,載鬼一車。"《墨子·節葬》:"(輆沭之國)其大父死,負其大母而棄之,曰:'鬼妻不可與居處。'"

② 引申爲祖先。《論語·爲政》:"子曰:'非其鬼而祭之,諂也;見義不爲,無勇也。'"魏何晏注:"鄭[玄]曰:'人死曰鬼,非其祖考而祭之者,是諂求福。'"清劉寶楠正義:"非其鬼,爲非祖考。"楊伯峻注:"鬼——古代人死都叫'鬼',一般指已死的祖先而言,但也偶有泛指的。"故楊氏翻譯爲"鬼神"。①

③ 泛指萬物的精靈。《詩經·小雅·何人斯》:"爲鬼爲蜮,則不可得。"向熹《詩經詞典》:"人死後的'靈魂'或鳥獸草木等變成

---

① 楊伯峻:《論語譯注》第22頁,中華書局1980年版。

的'精怪'。"《爾雅·釋訓》:"鬼之爲言歸也。"郝懿行義疏:"歸者,還其家也。生,寄也;死,歸也。故《列子·天瑞篇》云:'鬼,歸也。'又云:'古者謂死人爲歸人。'《說文》云:'人所歸爲鬼。'《左氏昭公七年傳》:'鬼有所歸乃不爲厲。'《[禮記·]禮運》[鄭玄]注:'鬼者,精魂所歸。'皆與此義合。"①《說文·鬼部》:"鬼,人所歸爲鬼。从人,象鬼頭。鬼,陰氣賊害,从厶。𥠖,古文从示。"(九上)《正字通·鬼部》:"鬼,人死魂魄爲鬼。"

由此可見,"天神"是"神"的本義。《說文·鬼部》中有個"魖"字。許君解釋爲:"神也。从鬼申聲。"(九上)段玉裁注:"當作:'魖,鬼也。'神鬼者,鬼之神者也。故字从鬼申。《老子》曰:'其鬼不神。'《[史記·]封禪書》曰:'秦中冣小鬼之神也。'《[山海經·]中山經》:'青要之山,魖武羅司之。'郭[璞]云:'魖,即神字。'許意非一字也。"②"魖"本是"神"的後出轉注字,許君別立一篆,據段氏推斷"許意非一字也"。《山海經·中山經》:"(青要之山)南望墠渚,禹父之所化。是多僕纍、蒲盧,魖武羅司之。"郭璞注:"武羅,神名。魖,即神字。"③清俞樾《諸子平議補錄》:"中次五經升山塚也,首山魖也。魖即神之異文。""鬼"《說文》重文作"𥠖",從示鬼聲,爲"鬼"的後出轉注字,而"神"本從示,後更換爲從"鬼","𥠖"怎麼就不能是"神"的轉注字了?俞樾說"魖即神之異文",其說甚確;《漢語大字典》修訂版也將"魖"當作"神"的異體,甚是;④而《說文》本該把"魖"當成重文處理,卻反而另立

---

① (清)郝懿行:《爾雅義疏》第594頁,上海古籍出版社1983年版。
② (清)段玉裁:《說文解字注》第435頁,上海古籍出版社1988年版。
③ 袁珂:《山海經校注》第126頁,上海古籍出版社1980年版。
④ 徐中舒主編:《漢語大字典》第4719頁,四川辭書出版社、湖北崇文書局2010年版。

一篆，失審。

《漢語大字典》第一版在處理轉注字時失察甚多，我們曾寫過多篇文章討論。例如"穵"、"窫"、"挖"三字，實爲同字異體，而《漢語大字典》的編者則認爲並非異體字。

《漢語大字典》釋語：穵 wā《集韻》烏八切，入黠影。穿。《集韻·黠韻》："穵，穿也。"編者未注"同挖"。窫 wā《廣韻》烏八切，入黠影。同"挖"。《廣韻·黠韻》："窫，手窫爲穴。"《正字通·穴部》："窫，鑿地成穴也。與掘、穿字別義通。"清朱駿聲《說文通訓定聲·泰部》："窫，今蘇俗謂竊賊穴牆曰窫。"元高明《琵琶記·拐兒紿誤》："何用剜牆窫壁，強如黑夜偷兒。"編者亦未注"同穵"。挖 wā《字彙補》翁豁切。①掘。如：挖土；挖溝。《字彙補·手部》："挖，挑挖也。"明湯顯祖《牡丹亭·回生》："敢太歲頭上動土，向小姐腳跟挖窟。"《紅樓夢》第四十九回："黛玉換上掐金挖雲紅香羊皮小靴。"編者亦未注"同穵"。

如雄疏證：《說文·穴部》："窫，空大也。从穴乙聲。"（七下）"空大"小徐本作"空"，音鬱八反。《玉篇·穴部》："窫，空也。"又《說文·穴部》："空，竅也。从穴工聲。"段玉裁注："今俗語所謂孔也。天地之間，亦一孔耳。"又："竅，空也。从穴敫聲。"段玉裁注："空、孔古今字。"由此可知，"空"、"孔"、"竅"義同，都是指洞穴。但是，"窫"的本義是洞穴可疑。"从穴乙聲"，許慎說是"窫"的構形，段玉裁說"是从乙鳥之乙"。我們認爲，"窫"從穴從乙（手）會意，其中的"乙"並非"乙鳥之乙"，而是"手"的譌變，本義爲以手刨土。《廣韻·黠韻》："窫，手窫爲穴。"就是朱駿聲所說的"今蘇俗謂竊賊穴牆曰穵",後來增益類母轉行爲"挖","洞穴"是挖的結果,引伸義。許慎所釋"穵,空也"(依小徐本),是引伸義而非本義。"穵"的本字作"窣",正是從穴從手。《集韻·黠韻》:"窣,穿也。""穿"《説文》説:"通也。从牙在穴中。""穿"指老鼠打洞。《詩經·召南·行露》:"誰謂鼠無牙,何以穿我墉?"引伸爲洞穴。《玉篇·穴部》:"穿,穴也。"《字彙·穴部》:"穿,孔也。"《周禮·考工記·陶人》:"甗實二鬴,厚半寸,脣寸,七穿。"孫詒讓正義:"穿即謂空。""穵"指人類挖洞。遠古先民穴居。《墨子·辭過》:"古之民未知爲宮室時,就陵阜而居,穴而處。"所謂"穴而處",就是挖地穴而居。"窣〔穵〕"、"挖"是一對轉形字,"穵"是"窣"的譌體。

又如"皸"、"皴"、"踆"三字也是異體字,而《漢語大字典》的編者認爲並非異體字。

《漢語大字典》釋語:皴 cūn《廣韻》七倫切,平諄清。諄部。① 皮膚皴裂。《説文新附·皮部》:"皴,皮細起也。"《齊民要術·種紅藍花梔子》:"夜煮細糠湯淨洗面,拭乾以藥塗之,令手頓滑冬不皴。"唐杜甫《乾元中寓居同谷縣作歌七首》之一:"中原無書歸不得,手腳凍皴皮肉死。"編者未注"同皸"。皸 jūn《廣韻》舉云切,平文見。又居運。諄部。皮膚受凍而破裂。《説文新附·皮部》:"皸,足坼也。"鄭珍新附攷:"《群經音義》引《通俗文》云:'手足坼裂曰皸。'當兼手足言之乃備。"《廣雅·釋言》:"皸,皽也。"《集韻·諄韻》:"皸,皴也。"《正字通·皮部》:"皸,凍裂也。"《漢書·趙充國傳》:"將軍士寒,手足皸瘃。"顔師古注引文穎曰:"皸,坼裂。瘃,寒創也。"《新唐書·突厥傳上》:"會雨雪,士皸寒。"編者亦未注"同皴"。皸kǔn《集韻》苦本切。上混溪。諄韻。手足皮膚因受寒而皸裂。也作"皸"。《說文·足部》:"踞,瘃足也。从足困聲。"徐鍇繫傳:"足遇寒裂曰瘃。"段玉裁注:"《疒部》曰:'瘃,中寒腫覈也。'據《趙充國傳》,手足皆有皸瘃之患。此字从足,故訓爲瘃足。"朱駿聲通訓定聲:"踞,字亦作皸。"編者亦未注"同皴"。

如雄疏證:皮膚因受凍而坼裂,我們的祖先最早是用"龜"來表示的。《集韻·諄韻》:"龜,手凍坼也。"《莊子·逍遙遊》:"宋人有善爲不龜藥者。"陸德明釋文引司馬彪曰:"龜,文坼如龜文也。"所謂"文坼如龜文",就是說手腳凍裂的口子像烏龜背殼上的紋路一樣。既然坼裂的口子如龜文,"龜裂"表示坼裂的樣態,"龜"就該讀本音。《廣雅·釋言》:"皸,敗也。"清王念孫疏證:"皸,《說文》作'踞'……'龜'與'皸'聲近義同。"王所說的"聲近",那是後世爲了區別烏龜的"龜"和皸裂的"龜"而故意變讀的,因爲"龜"不是手足凍裂的本字。最早專爲手足凍裂而造的本字是"踞"。《說文·足部》:"踞,瘃足也。从足困聲。"(二下)小徐本作"踞",徐鍇繫傳:"足遇寒裂曰瘃。"段玉裁注:"困聲,鍇本作囷聲,非。古音由敏而侈,困聲多轉入魂韻。"後世類母和聲母全換轉形爲"皸"。《說文·皮部》新附字:"皸,足坼也。"(三下)朱駿聲通訓定聲:"踞,字亦作皸。"鄭珍新附攷:"《群經音義》引《通俗文》云:'手足坼裂曰皸。'當兼手足言之乃備。"《廣雅·釋言》:"皸,敗也。"《正字通·皮部》:"皸,凍裂也。"再更換聲母轉形爲"皴"。《說文·皮部》新附字:"皴,皮細起也。"《集韻·諄韻》:"皸,皴也。"《集韻》以後出轉注字釋被轉注字。"踞"從"困"

第11章　轉注字研究方法論

得聲(《廣韻》去倫切，平諄溪，又渠殞切)，"皸"從"軍"得聲(《廣韻》舉云切，平文見)，"皴"從"夋"得聲(《廣韻》七倫切，平諄清，諄部)，上古都屬諄部，聲紐接近，可通轉。又今西南官話"踆(踆)"、"皴"、"皸"均讀 cēn[55]，説明它們是同字異體。①

要之，"神"從"申"得聲，"魋"也從"申"得聲，大徐本均爲"食鄰切"，二字爲轉注關係。"宆"從手穴會意，後世纍增"手"轉形爲"挖"；"宆"之"手"譌爲"乙"，故字或作"乞"。"宆"與"挖"爲轉注關係，與"乞"爲正、譌關係。"踆"是爲"龜"的引申義"龜裂"造的區別字，故本義爲龜裂，"皴"、"皸"或從"夋"得聲，或從"軍"得聲，都是"踆"後出轉注字。《蜀方言》卷上："手足凍裂曰皴曰龜。"張慎儀疏證："今讀皴如村，讀龜如冰。"②

系聯與分離法既是辨析漢語詞義的有效方法，也是研究漢字轉注關係的有效方法。要是用此方法將全部漢字篩選一遍，就能從中梳理出一組組轉注字來，從而建構一個全新的漢字轉注字系統。

---

① 參看鍾如雄《〈漢語大字典〉(卷四) 不明關係字疏證》，見北京師範大學文學院編《勵耘學刊》(語言卷) 2007 年第 1 輯，學苑出版社 2007 年版。
② 紀國泰：《〈蜀方言〉疏證補》第 177 頁，巴蜀書社 2007 年版。

第12章　轉注研究的宏觀意義與微觀意義

　　由於前人對六書中的"轉注"缺乏正確的認識，因而對轉注字的研究没有引起學者足够的關注，諸如研不研究，誰來研究，怎麽研究，完全任其自生自滅。漢字的"轉注"研究，不是可做可不做的問題，而是非做不可的問題。爲什麽非研究不可，這牽涉到漢字整體研究的若干問題。從宏觀的角度講，漢字構形法的歷史演變、漢字孳乳與形體轉换等的研究，都離不開轉注學理論的指導；從微觀的角度講，古籍的校勘、俗體字的研究、異體字的整理等等，也不能没有轉注學理論的指導。缺乏正確理論指導的一切研究，多半帶有盲目性和臆測性。研究的盲目，難以找到正確的研究方法，使得整個研究工作顯得漫無頭緒、雜亂無章；而研究的臆測，會使得研究的結論指鹿爲馬、張冠李戴，或弄巧成拙。比如《漢書·高五王傳》："五鳳中，青州刺史奏終古使所愛奴與八子及諸御婢姦，終古或參與被席，或白晝使嬴伏，犬馬交接，終古親臨觀。"王念孫《讀書雜志·嬴》云："'或白晝使嬴伏。'念孫案：景祐本嬴作臝，此古字之僅存者。《説文》：'臝，袒也。從衣羸聲。或從果聲作裸。'① 俗作嬴，不合六書之義。世人多見嬴，少見臝，而經傳中臝字皆譌爲嬴矣。"② 王念孫認爲"經傳中臝字皆譌爲嬴"，是因爲"俗作嬴，

---

① 今本《説文·衣部》作："臝，袒也。从衣羸聲。裸，臝或从果。"
② 見（清）王念孫《讀書雜志》第288頁，江蘇古籍出版社2000年版。

不合六書之義"。這祇能説明王氏缺乏漢字轉注學的基本常識。"臝"《説文》從衣羸聲,或更换聲母"羸"轉形爲"裸",從衣果聲。《廣韻·果韻》:"裸,赤體。《説文》曰:'袒也。'郎果切。躶、臝、贏同上。"①《左傳·僖公二十三年》:"曹共公聞其駢脅,欲觀其裸。"孔穎達等正義:"裸,謂赤體無衣也。"《漢書·王嘉傳》:"大臣括髮關械,裸躬就笞,非所以重國褒宗廟也。"《宋書·后妃傳·明恭王皇后》:"上嘗宫内大集,而臝婦人觀之,以爲歡笑。"或更换類母"衣"轉形爲"臝",從果羸聲。《左傳·昭公三十一年》:"十二月辛亥朔,日有食之。是夜,趙簡子夢童子臝而轉以歌。"《楚辭·九章·涉江》:"接輿髡首兮,桑扈臝行。"王逸注:"臝,一作裸。"洪興祖補注:"臝,赤體也。"《漢書·景十三王傳》:"宫人姬八子有過者,輒令立臝擊鼓。"顔師古注:"臝者,露其形也。""臝"字的兩次形體轉换,是完全合乎六書轉注原理的,而"臝"絕非"嬴"之譌體。然平心而論,王念孫的臆斷事出有因,或許他覺得構成"臝"字的"果"與"羸"都能起標音的作用,字寫作"臝"後,其中到底是"果"在標音呢還是"羸"標音,他是没有搞明白的。其實,"嬴"轉形爲"臝",與"鄉"轉形爲"嚮"的原理相同,没有什麼不好理解的。由此看來,無論是年輕學子還是國學大師,祇有具備漢字轉注學的素養,纔能避免穿鑿臆測之弊。

12.1 轉注研究的宏觀意義

　　漢字的孳乳和構形法的轉换這兩大體系,是漢字理論研究的核

---

① 《宋本廣韻》第286頁,北京市中國書店1982年影印本。

心内容。文字學之開山鼻祖東漢許慎，第一次揭示出了漢字"形聲相益"的孳乳原則和規律，然而漢字孳乳之細則，他還没有詳細闡明，時越一千七百年後之清末民初，太炎先生作《文始》，條理初文，詳究文字孳乳之原理；類物討名，比其聲均，導原窮流，始得文字孳乳之大法。《文始·敘例》云：

《敘》曰："倉頡之初作書，蓋依類象形，其後形聲相益，即謂之字。文者，物象之本；字者，言孳乳而浸多也。以訖五帝、三王之世，改易殊體，封於泰山者，七十有二代，靡有同焉。"然則獨體者，倉頡之文；合體者，後王之字。（韓非言："倉頡作書，自營爲厶，背厶爲公。""公"非倉頡初文，特連類言之。王育謂倉頡造"禿"字，"禿"亦會意之文，非必倉頡所作。）古文大篆雖殘缺，倉頡初文固悉在許氏書也。自張揖、李登、吕忱、陸德明、曹憲、玄應、顏師古諸通人，專治小學，依隱聲義，爲得其宗。晚世王、段、錢、郝諸家，不違憲章，穆若抽其條理，自餘或偏理《説文》，拘牽形體。文字者，詞言之符，以爻象箸竹帛，小道恐泥，亦君子所不剗也。而世人多憙回通，刮摩銅器以更舊常，或以指事、象形爲本，轉注、假借爲末，其所據依，大抵譸張刻畫，不應禮圖，乃云李斯作篆，已多承誤，叔重沿而不治，至欲改易經記，以"倍敿"爲"附喜"、"盜王"爲"文王"，則古義滋荒矣。古文自漢時所見，獨孔子壁中書，更王莽赤眉喪亂，至于建武，史篇亦十七三四，《説文》徒以秦篆苴合古籀，非不欲備，勢不可也。然《倉頡》《爰歷》《博學》三篇，纔三千三百字，《凡將》、《訓纂》繼之，縱不增倍，已軼出秦篆外。蓋古籀及六國時書，駸駸復出，而班固尤好古文，（例略）作十三章，網羅成周之文及諸山川鼎彝

第12章　轉注研究的宏觀意義與微觀意義

蓋眾,《說文》取字九千,視秦篆三之矣。非有名器之刻,遺佚之文,誠不足以致此。(例略)此則古籀愁遺,其梗概具在《說文》,猶有不備,《禮》經古文、《周官》故書、三體石經(邯鄲淳通許氏字指,所書古文必有明驗,今亦徒存數百字爾。)陳倉石鼓之倫,亦足以裨補一二。自宋以降,地臧所發,真僞交糅,數器相應,足以保任不疑,即暫見一二器者,宜在蓋闕,雖擬撰不具,則無傷於故訓。若乃熒眩奇字,不審詞言之符,譬之瘖聾,蓋何足選。誠欲遵修舊文,商周遺跡,盤紆刻儼,雖往往見矜氏,猶不逮倉頡所作爲珍,反乃質之疑事,徵以泐形,得毳毛,失六轡,取敗瓦,遺球磬,甚無謂也。然其忻心邃古,猶自有足多者,徒陳雅故,或不足以塞望。夫比合音義,稽譔《倉》、《雅》,耆秀之士,作者眾矣。及夫抽繹初文,傳以今字,剴切而不可易者,若楚金以主爲燭,若膺以ㄑ爲涓,蓋不過一二事也。道原窮流,以一形衍爲數十,則莫能知其微。余以顓固,粗聞德音,閔前修之未宏,傷膚受之多妄,獨欲浚抒流別,相其陰陽,於是刺取《說文》獨體,命以初文,其諸省變,(例略)及合體形象、指事,(例略)與聲具而形殘,(例略)若同體複重者,(例略)謂之準初文,都五百十字,集爲四百五十七條。討其類物,比其聲均,音義相讎,謂之變易;(即五帝、三王之世改易殊體者。)義自音衍,謂之孳乳,坐而次之,得五六千名,雖未達神怡,多所缺遺,意者形體聲類,更相扶胥,異於偏觭之議。若夫囟、窜同語,囚、橫一文,天即爲顛,語本於囟,臣即爲牽,義同於玄,屮、出、岜、坖同種而禪,孔、巨、父、互連理而發,斯蓋先哲之所未諭,守文者之所疴勞,亦以見倉頡初載,規摹宏達,轉注假借具於初泰,蓋《周禮·保氏》教國子明六書,卒乃登之成均,主之神瞽,風山川以修憲命，其後而日遠矣。①

文而生字，孳則浸多，其生與孳，必有章法可尋。六書之轉注，乃轉換文字構形之大法。一轉象形爲會意，二轉會意爲形聲。象形、會意、形聲之法，乃文字孳乳之根本法則。不研究轉注，無法研究文字孳乳之原由。太炎先生彰明文字孳乳之道，其心良苦，後學仍不醒悟，則有負先聖先師之諄諄教誨。

揭示漢字孳乳和構形法轉換的方法和客觀規律，是研究"轉注"的根本目的和首要任務。爲此，"轉注"研究的宏觀意義，體現在科學地揭示漢字孳乳和構形法轉換方法的客觀規律上。我們以"屍"孳乳、轉換爲例。由"屍"孳乳的"殿"、"臀"、"髖"（臀、脾）等字，它們是怎麽孳乳出來的，其中採用了哪些構形法或轉形法呢？

《說文·殳部》云："殿，擊聲也。从殳屍聲。"（三下）段玉裁注："此字本義未見，假借爲宮殿字。《[儀禮·]燕禮》[鄭玄]注：'人君爲殿屋。'[賈公彦]疏云：'漢時殿屋，四向流水。'《廣雅[·釋宮]》曰：'堂堭，壂也。'《爾雅[·釋宮]》：'無屋曰榭。'郭[璞]注：'即今之堂堭。'然則，無室謂之殿矣。"② 段氏找不到"宮殿"義與"擊聲"義之間的聯繫，便說"假借爲宮殿字"。其說無據，不宜采信。

"臀"的初文作"屍"，構形從尾從几，會意，表示人的臀部坐於几上，由此指稱臀部。《說文·尸部》云："屍，髀也。从尸下丌，居几。脾，屍或从肉隼。髖，屍或从骨殿聲。"（八上）徐鉉等注："丌、几皆所以尻止也。"③ 朱駿聲通訓定聲作："屍、脾、髖，髀也。从尸下丌，居几。或從肉隼聲。或從骨殿聲。字亦作臀。"並注："按：臀

---

① 見《章太炎全集》（七）第159—161頁，上海人民出版社1999年版。
② （清）段玉裁：《說文解字注》第119頁，上海古籍出版社1988年第2版。
③ （漢）許慎：《說文解字》第174頁，中華書局1963年影印本。

者，人之下基也，故從尸丌。坐得几而安，故從几，會意。《廣雅·釋詁四》：'屁，微也。'按：猶尾也。《聲類》：'臀，尻也。'《[周]易·夬》、《姤》：'臀無膚'；《困》：'臀困於株木'。虞[翻]注：'坎爲臀，《周語》故名之曰黑臀。'"①又《骨部》云："髀，股也。从骨卑聲。䏌，古文髀。"（四下）段玉裁改作"股外也"，並注："股外曰髀，髀上曰髖。《肉部》曰：'股，髀也。'渾言之，此曰髀，股外也，析言之，其義相足。《大部》曰：'奎，兩髀之間也。'"又《肉部》："股，髀也。从肉殳聲。"（四下）段玉裁注："髀，股外也。言股則統髀，故言髀也。"《周易·説》："乾爲首，坤爲腹，震爲足，巽爲股。"孔穎達等正義："股隨於足，則巽順之謂，故爲股也。""屁"爲"髀"（股外），後增"殳"作"殿"，本義与"屁"同。桂馥《札樸·温經·臀》："殿即屁也，謂脾也。"《説文》釋爲"擊聲"，不確。後在其下增"骨"或"肉"作"臀"、"臋"（臀），仍表示"髀"義。《説文》云："臀，尻或从骨殿聲。"段玉裁注："今《周易》、《春秋》、《考工記》皆作臋，《玉篇·骨部》：'臀，與臋同。'"《玉篇·肉部》："臋，尻也。"《字彙補·肉部》："臋，與臀同。""臀"爲人體腰椎以下大腿以上部位，故引申爲泛指物體的底部。《周禮·考工記·㮚人》："其臋一寸，其實一豆。"漢鄭玄注引杜子春曰："謂覆之，其底深一寸也。"陸德明釋文："此謂鬴之底著地者。"此指釜底。表示"髀"的"臀"，普通話念 tún，而西南官話仍保留古代 diàn 讀音。如"臀部"讀 diàn bù，不讀*tún bù，"臀圍"讀 diàn wéi，不讀*tún wéi，聲母"殿"在其中依然具有表音和表義的作用，但在日常生活中衹説"屁股"，不説"臀部"，而字也寫作"殿"。②

---

① （清）朱駿聲：《説文通訓定聲》第 799 頁，武漢市古籍書店 1983 年影印本。
② 參看鍾如雄《釋"殿"》，見《燕趙學術》2014 年春之卷，四川辭書出版社 2014 年版。

由"屍"孳乳出來的"殿"、"臋"、"臀"（臋、脾）等字，其形體演變順序是：或增附表示動作的"殳"轉形爲"殿"，由會意字轉形爲會意兼形聲字；再纍增類母"骨"或"肉"轉形爲"臋"、"臀"（臋），由會意字轉形爲會意兼形聲字轉形爲形聲字；或更換聲母"殿"轉形爲"脾"，由形聲字轉形爲形聲字。其四次轉換形體，既涉及文字的孳乳方法（會意演變爲形聲）問題，又涉及形體的轉換方法（會意法轉爲形聲字，形聲字再轉爲形聲法）問題。研究"屍"的形體演變，不能光看它變成了什麼，還要看它是怎麼嬗變的，變化的理據是什麼，這纔是根本的、重要的，文字學家應該關心這些問題。

12.2 轉注研究的微觀意義

"轉注"研究的微觀意義主要體現在三個方面：一是古籍的校勘，二是俗體字的研究，三是異體字的整理。

12.2.1 古籍的校勘

我國的古籍浩如煙海，但歷經抄寫、轉刻、排印、臆改等譌脱甚多，需要校讎學家精心校讀，方能通曉先賢之微言大義。宋子然先生説："古書校讀是一種讀書方法，其法是依本書之句例，尋一書之義理，得書中的謬誤；或參校他書相關的互文、異文，綜合判斷，以求其正確的理解。這項工作，既要有校勘學所具有的精密方法、確鑿證據，又需具備探求義理、分析章句的古文獻閲讀功力，是校

第 12 章　轉注研究的宏觀意義與微觀意義

勘方法在古代漢語學習中的推廣應用。"① 從戰國時期子貢校勘"己亥涉河"（《呂氏春秋·察傳》）以來，歷代先賢聖哲都非常重視古籍的勘誤。然而由於古籍傳寫譌脱、憑臆妄改嚴重，似乎越校譌誤越多。古籍校勘涉及的内容較爲廣泛，本書討論"轉注"研究對古籍校勘的意義，衹限於文字的亂用通假、憑臆忘改等方面的問題。

在前人已校勘的古籍中，我們發現亂用通假或憑臆妄改的問題極爲普遍且十分嚴重，其中因不明文字形體轉換之原理而胡亂通假、臆斷批改者尤爲多見。

《戰國策·楚策四》云："（黄鵠）不知夫射者，方將脩其碆盧，治其矰繳，加己乎百仞之上，被劉磻，引微繳，折清風而抎矣。"這一段話，牽涉到幾個字的關係："碆"與"磻"、"劉"與"磃"、"抎"與"隕"。"碆"與"磻"，都出現在正文中，王力先生主編的《古代漢語》注釋是："碆（bō），石制的箭頭。一本作'礴'。"又："磻（bō），同碆。"② 所謂"一本作'礴'"，是指清嘉慶八年（1803）黄丕烈重刊的宋姚宏本，而《四部叢刊》所影印的元順帝至正年間（1341—1368）重刊的宋鮑彪注、元吴師道校本作"碆"。宋姚宏注："字書無'礴'字，'碆'與'礴'聲近。《集韵[·戈韵]》'碆'可爲鏃。"元吴師道補注："下文'磻'即'碆'。"又姚宏注："磻，補左、補何二切。以石維繳也。"③《説文·石部》云："磻，以石箸隿繁也。从石番聲。"（九下）段玉裁注："隿者，繁射飛鳥也；繁者，生絲縷系矰矢而以隿躲也。以石箸於謂繁之磻。"④《戰國策》"被劉磻"（"被"姚宏本作"彼"），高誘注："磻，以石維繳也。"

---

① 宋子然著，劉興均協編：《中國古書校讀法》第 6 頁，巴蜀書社 1995 年版。
② 王力主編：《古代漢語》第 104 頁，中華書局 1962 年版。
③ （漢）劉向集録：《戰國策》第 558 頁，上海古籍出版社 1978 年版。
④ （清）段玉裁：《説文解字注》第 452 頁，上海古籍出版社 1988 年版。

《文選·張衡〈西京賦〉》:"磻不特絓,往必加雙。"李善注:"[薛綜曰]沙石膠絲爲磻,非特獲一而已,必雙得之。善曰:《說文》曰:'磻,似[以]石箸繁也。'磻,音波。"①

"磻"從"番"得聲,後世更換聲母"番"轉形爲"䃩"。《玉篇·石部》:"磻,補左、補何二切。以石維繳也。䃩,同上。"《廣韻·戈韻》:"䃩,石可爲矢鏃也。"黃侃眉批:"䃩,磻別,《唐韻》磻正,博禾切,此書薄官切。䃩,已薄波。"②《史記·楚世家》:"若(頃襄)王之於弋誠好而不厭,則出寶弓,䃩新繳,射嗢鳥於東海,還蓋長城以爲防……則長城之東收而太山之北舉矣。"裴駰集解引徐廣曰:"以石傅弋繳曰䃩。䃩,音波。"司馬貞索隱:"䃩作磻,音播。"③《後漢書·馬融傳》:"矰䃩飛流,纖羅絡縸。"李賢注:"䃩與磻同。"由此可知,"䃩"是"磻"的後出轉注字。

"劉"與"礛"爲異文。鮑本作"劉",姚本作"礛"。鮑彪注:"劉,利也。""劉"初文作"厱",本義是指磨治玉器的礪石。《說文·厂部》:"厱,厱諸,治玉石也。从厂僉聲。讀若藍。"(九下)山崖與石同類,故更換類母"厂"和聲母"僉"轉形爲"礛"。《說文》無"礛"字。《戰國策》姚本"礛磻"吳師道補注:"礛,力甘反,治玉之石。""厱"《說文》複音作"厱諸",也寫作"礛諸"、"礛磻"。《廣雅·釋器》:"礛磻,礪也。"王念孫疏證:"(礛磻、礛諸)並與厱諸同。"《廣韻·銜韻》:"礛,礛磻,青礪。"音古銜切。《集韻·談韻》:"厱,《說文》:'厱諸,治玉石。'或作礛,亦省。"《集韻》認爲"礛"是"礛"的減省,不確,而是更換聲母爲

---

① (南朝梁)蕭統編,(唐)李善注:《文選》第47頁,中華書局1977年影印本。
② 黃侃批校:《黃侃手批廣韻》第175頁,中華書局2006年版。
③ (漢)司馬遷撰,(南朝宋)裴駰集解,(唐)司馬貞索隱,(唐)張守節正義:《史記》第1732頁,中華書局1982年第2版。

第 12 章　轉注研究的宏觀意義與微觀意義

"藍"。"礛"從"藍"得聲,"藍"從"監"得聲,而從"監"得聲的"籃"、"儖"、"嚂"、"壏"、"憴"、"濫"、"爁"、"瓃"、"繿"、"襤"等都念 lan(來母字)。《淮南子·説山訓》:"玉待礛諸而成器。"高誘注:"礛諸,攻玉之器。"引申爲鋒利。《廣雅·釋詁二》:"劅,利也。"《廣韻·鑑韻》:"礛,利也。"爲鮑彪訓"劅,利也"所本。礛石鋒利如刀,故後世改從刀監聲作"劅"。"厱"許君説漢時"讀若藍",王念孫疏證説礛礇、礛諸"並與厱諸同",那麽"礛"也該"讀若藍",吴師道説"礛,力甘反",《集韻·談韻》盧甘切,古今音都讀 lán,而《廣韻·鑑韻》卻有"格懴切"和"古銜切"兩種讀音,①《漢語大字典·刀部》注音 jiān。王力先生的《古代漢語》注音 jiàn。"厱"、"礛"、"劅"、"礛"爲同字異體,應該讀"古銜切",今音 jiān。

"抎"與"隕"爲同源關係。《説文·手部》:"抎,有所失也。《春秋傳》曰:'抎子辱矣。'从手云聲。"(十二上)段玉裁注:"《左傳[·成公二年]》:'石稷謂孫良夫曰:"子,國卿也。隕子,辱矣。"'許君所據作'抎',正謂失也。"《戰國策·齊策五》:"(宣王)曰:'寡人愚陋,守齊國,惟恐失抎之。'"鮑彪注:"抎,失也。""抎"的本義指從手中丢失,與墜落之"隕"音同義通。《説文》"抎"段玉裁注:"《戰國策[·楚策四]》:'被礛磻,引微繳,折清風而抎矣。'此叚借爲'隕'也。"王力先生主編的《古代漢語》注:"抎,同隕(yǔn),墜落。""抎"與"隕"同源義通,高誘對此有過明確的解釋。《吕氏春秋·音初》:"(周昭)王及蔡公抎於漢中。"高誘注:"抎,墜。音曰顛隕之隕。"畢沅注:"[高誘]注'曰'字衍。"許維遹注:"抎與隕通。"②

---

① 《宋本廣韻》第 425 頁,北京市中國書店 1982 年影印本。
② 許維遹:《吕氏春秋集釋》第 267 頁,文學古籍刊行社 1955 年版。

前面提及的三組字，除"扤"與"隕"爲同源關係外，其餘兩組既無同源關係，又無通假關係，而是一種異體關係。這些字有個共同特徵，都是形聲字，而且每組要麼類母相同聲母有別，要麼聲母相同類母有別。造成這類字群同而有別的根本原因是字體構形的轉換，或更換類母或更換聲母。"磻"原本從石番聲，更換聲母"番"轉形爲"磻"，"磻"與"磻"本義相同，讀音相同，唯有聲母不同，由此構成一組轉注字。"厱"原本從厂僉聲，更換類母"厂"和聲母"僉"轉形爲"礛"，再將"礛"的類母更換成"刀"轉形爲"劒"，或將其聲母更換成"藍"轉形爲"礷"，"厱"與"礛"、"劒"、"礷"，或聲母不同，或類母不同，或類母聲母都不同，但它們的本義相同，讀音相同，由此構成一組轉注字。

又《漢書·郊祀志》云："其（神君）所言，世俗之所知也，無絕殊者，而天子心獨憙。其事祕，世莫知也。"王念孫《讀書雜志·憙》云：

"而天子心獨憙。其事祕，世莫知也。"師古曰："憙讀曰喜。喜，好也。音許吏反。"念孫案：景祐本"憙"作"喜"，是也。喜，樂也。音許裏反。憙，好也。音許吏反。（《桓六年·穀梁傳》："陳矦憙獵。"釋文："憙，虚計反。"）"獨憙"，獨好也。而景祐本作"喜"者，借字耳。注當作："喜讀曰憙。憙，好也。音許吏反。"今本既改正文作"憙"，又互改注内喜憙二字，而其義遂不可通。《太平御覽·神鬼部一》引《漢書》正作"喜"，《史記》同。又《賈誼傳》："遇之有禮，故群臣自喜。"（《賈子·階級篇》同。）"喜"亦借字也。故師古曰："喜讀曰憙。音許吏反。憙，好也。好爲志氣也。"而今本正文亦改爲"憙"，注文喜、憙二

第 12 章　轉注研究的宏觀意義與微觀意義　　　425

字亦互改矣。（唯"憙，好也"之憙未改。）"①

《漢書》中的"憙"爲"喜"之後出轉注字。"喜"甲骨文作 ⚌、⚌ ，象聞鼓而樂。《説文·喜部》："喜，樂也。从壴从口。⚌，古文喜从欠，與歡同。"（五上）朱駿聲通訓定聲："聞樂則樂，故從壴。樂形於譚笑，故從口。"《玉篇·口部》："喜，説也。"《詩經·小雅·菁菁者莪》："既見君子，我心則喜。"毛傳："喜，樂也。"引申爲喜好、愛好。《集韻·志韻》："憙，亦省〔作喜〕。"《詩經·小雅·彤弓》："我有嘉賓，中心喜之。"《説文》同部重出字有"憙"字，云："憙，説也。从心从喜，喜亦聲。"（十下）段玉裁注："説者，今之悦也。"徐灝注箋："喜、憙古今字。"《玉篇·心部》："憙，樂也。"也引申爲喜好、愛好。《穀梁傳·桓公六年》："陳矦憙獵。淫獵於蔡，與蔡人爭禽。"又《喜部》"喜"的重文有"歖"字。清姚華《曲海一勺·明詩》："予説不孤，自歖得證。""喜"、"憙"、"歖"爲轉注字，王念孫説《漢書》"天子心獨憙"之"憙"是"喜"的"借字"，失審未安。

又《廣雅·釋親》云："馳，母也。"王念孫疏證："馳，各本作舥，蓋因上文'爸'字從'巴'而誤。《集韻》、《類篇》馳字注引《廣雅》：'馳，母也。'舥字注亦云'母也'。則宋時《廣雅》本已有譌作舥者。考《玉篇》、《廣韻》俱無舥字。《玉篇》云：'姐，古文作馳。'據以訂正。"②王氏根據《玉篇》、《廣韻》"俱無舥字"，就斷言："馳，各本作舥，蓋因上文'爸'字從'巴'而誤……宋時《廣雅》本已有譌作舥"。這種臆斷是不能成立的，因爲"馳"字

---

① 見（清）王念孫《讀書雜志》第 228—229 頁，江蘇古籍出版社 2000 年版。
② （清）王念孫：《廣雅疏證》第 200 頁，中華書局 1983 年版。

從"也"得聲,也可更換"也"轉形爲會意字"毑"("母"代表女性,"巴"代表女陰)。《説文·巴部》:"巴,蟲也。或曰食象蛇。象形。"(十四下)徐鍇注:"一,所吞也。指事。""食象蛇"段注本作"食象它",段玉裁注:"《山海經[·海内南經]》曰:'巴蛇食象,三歲而出其骨。'"譚優華在《巴人與崇拜圖騰》一文中説:"古代巴族是我國西南民族之一,巴族的兩大首領是廩君與伏羲,前者以白虎爲圖騰,後者以龍蛇爲圖騰,春秋中後期,這兩個部族分别建立了各自的國家。"① 傳説中的伏羲氏是巴族的始祖,他與妹妹女媧都是人首蛇身,1960年,考古學家在吐魯番阿斯塔那—哈拉和卓古墓群中,出土了二三十幅伏羲女媧交媾圖( )。它們大多出現在夫妻合葬的墓穴中,一般用木釘釘在墓頂上,畫面朝下,或折疊包好放在死者身旁,表示夫妻和順,至死不渝。伏羲女媧交媾圖雖然在色彩、人物造型上略有不同,但是在大的構圖方面基本相同。二人同是上爲人身,下爲蛇尾。頭上繪日,尾間繪月,周圍佈滿星辰,仿佛置身在浩渺的宇宙之間。源於我國古代男左女右的禮俗,畫面上伏羲在左,女媧在右,伏羲的右手抱住女媧,女媧的左手抱住伏羲,兩人四目相交,下身均爲蛇形且相纏繞。大多數的圖中,伏羲左手舉着"矩"即拐尺,女媧右手舉着"規"即圓規,象徵着天圓地方。另在四川合江張家溝二號墓出土的四號石棺後擋上,伏羲女媧以對偶神的構圖形式出現。女媧手中托着月,伏羲手中托着日,兩神身體爲基本完整的人形,兩腿之外有蛇身,其尾相交,相交的蛇尾提示着日月合璧的含義,表示繁衍子孫的信仰。因爲伏羲女媧蛇尾交媾,故遠古先民就以代表蛇的漢字"也"或"巴"等來喻稱男根和女陰。《説文·乀部》:"也,女陰也。象形。"(十二下)段注本作:"女

---

① 譚優華:《巴人與崇拜圖騰》,《華夏文化》2001年第2期。

舍也。从乁，象形。"注云："此篆女陰是本義，叚借爲語詞。本無可疑者，而淺人妄疑之。許在當時必有所受之，不容以少見多怪之心測之也。"① 又如"豝"，因從"巴"得聲而爲母豬。《爾雅·釋獸》："豕牝豝。"《說文·豕部》："豝，牝豕也。从豕巴聲。一曰：一歲能相把挐也。《詩》曰：'一發五豝。'"（九下）《小爾雅·釋獸六》："豝，牝豕之小者，故又謂之小豝。"《詩經·召南·騶虞》："彼茁者葭，一發五豝。"毛傳："豕牝曰豝。"今西南官話俗稱男根爲"雞巴"，女陰爲"巴子"。由此可知，"豝"或作"肥"並非譌字，王念孫說不確，《漢語大字典》從王氏說，失當。②《說文·女部》云："姐，蜀謂母曰姐，淮南謂之社。从女且聲。"（十二下）③ 章炳麟《新方言·釋親屬》："《說文》：蜀人謂母曰姐。今山西汾州謂母爲姐。湖南別爲祖母爲唉姐。"④ 魏晉以後"姐"或更換聲母"且"轉形爲"她"。《玉篇·女部》："姐，茲也切。《說文》云：蜀人呼母曰姐……她，同上。古文亦作妲。"唐宋時再更換聲母"也"轉形爲"媎"。《集韻·馬韻》："姐，《說文》：'蜀人爲母曰姐，淮南謂之社。'或作媎。""肥"與"豝"、"她"、"媎"等一樣，都是"姐"的轉形字，而非譌體。

王念孫校勘古籍也有很多精當的例子，比如《淮南子·覽冥訓》："往古之時，四極廢，九州裂，天不兼覆，地不周載。火爁炎而不滅，水浩洋而不息。"王念孫云："念孫案：炎當爲焱，字之誤也。《說文》：'焱，火華也。'《玉篇》弋贍切。《廣韻》力驗切。爁焱，火延也。《太平御覽·皇王部》三引此作'爁焱'，與《廣韻》

---

① （清）段玉裁：《說文解字注》第627—628頁，上海古籍出版社1988年版。
② 徐中舒主編：《漢語大字典》第2550頁，四川辭書出版社、湖北崇文書局2010年版。
③ （漢）許慎：《說文解字》第259頁，中華書局1963年影印本。
④ 《章太炎全集》（七）第84頁，上海人民出版社1999年版。

合。"①王氏説"炎當爲焱，字之誤"，甚確。"焱"甲骨文作㷭（一期《乙》8691），象烈火熊熊燃燒之形。《説文·焱部》："焱，火華也。从三火。"（十上）段玉裁注："凡物盛則三之。"《廣韻·錫韻》："焱，火焰也。"《易林·屯之坎》："朽根倒樹，花葉落去，卒逢火焱，隨風偃僕。"《文選·張衡〈思玄賦〉》："紛翼翼以徐戾兮，焱回回其揚靈。"李善注："《説文》曰：'焱，火華也。'言光之盛如火之華。"後更換"炎"增附聲母"閻"轉形爲形聲字"爓"。《説文》異部重出字有"爓"字。《火部》曰："爓，火門也。从火閻聲。"（十上）沈濤古本考："'火門'蓋'火爓'之壞字。"沈氏説甚確。《文選·班固〈西都賦〉》："發五色之渥采，光爓朗以影彰。"李善注引《字林》曰："爓，火貌也。"或更換聲母"閻"轉形爲"焰"。南朝梁簡文帝《對燭賦》："宵深色麗，焰動風過。"杜甫《火》："風吹巨焰作，河漢騰煙柱。"注意：魏晉以前未造"焰"字，故《説文》祇收"焱"、"爓"二字，《漢語大字典》編者不知"焰"爲"焱"的異體字，②應補充説明。

又《左傳·莊公八年》云："豕人立而啼。"《漢書·五行志》卷中之下引作："豕人立而虖。"金德建《經今古文字考》："按《嚴助傳》云：'孤子謕號。'師古曰：'謕古啼字。'顏師古以作'謕'字爲古文，作'啼'字爲今文。據此類推，知《五行志》所引作'虖'，即'謕'字省。"③按：《説文·口部》："虖，號也。从口虒聲。"（二上）段玉裁注："虖，俗作啼。"《正字通·口部》："虖，啼本字。"《儀禮·既夕禮》："主人啼，兄弟哭。"鄭玄注："哀有甚有否。"賈公彥

---

① 見（清）王念孫：《讀書雜志》第818頁，江蘇古籍出版社2000年版。
② 徐中舒主編：《漢語大字典》第2368頁，四川辭書出版社、湖北崇文書局2010年版。
③ 金德建：《經今古文字考》第84頁，齊魯書社1986年版。

疏:"云'哀有甚有否'者,啼即泣也。《檀弓》云:'高柴泣血三年。'注云:'言泣無聲如血出。'則啼是哀之甚……對衰哀以下,直哭無啼,是其否也。"《後漢書·第五倫傳》:"永平五年,坐法徵,老小攀車叩馬,嘸呼相隨。""啼"更换聲母"帝"轉形爲"嘸",再更换類母"口"轉形爲"謕"。《集韻·齊韻》:"啼,《説文》:'號也。'通作謕。"《正字通·言部》:"謕,俗作啼。"《漢書·嚴助傳》:"親老涕泣,孤子謕號。"顔師古注:"謕古啼字。"故知"嘸"非"謕"之省形,而是换形,金德建先生所言失審。

又南朝宋張演《續光世音應驗記·惠簡道人》云:

> 既涉七日,因夜坐,忽見一人,黑衣無目,從壁中出,便來賴簡上。簡目開心了,唯不得語,獨專念光世音。良久,鬼乃謂道人曰:"聞君精進,故來相試。神色不動,豈久相逼?"

董志翹先生注:"'噴',寫本作'賴',據文意改。"且譯"從壁中出,便來賴簡上"为"(鬼)從牆壁中走出來,直接前來噴了慧簡一頭一臉的污穢。"[1]關於惠簡道人黑夜遇鬼的故事,唐釋道宣《唐高僧傳·釋慧簡》也有同樣的記載:"俄見一人,黑衣無目,從壁中出,便倚簡門上。時簡目開心了,但不得語,意念觀世音。良久,鬼曰:'承君精進,故來相試。今神色不動,豈復逼耶?'"這兩條記載中的"賴"和"倚"字值得注意,它們是同義詞。"賴"爲依靠,而不是噴吐。

古人説"凭",今人説"靠",方言説"賴"。《小爾雅·廣言》:"憑,依也。"《説文》收有"凭"而未收"憑"字。《几部》:"凭,

---

① 見董志翹:《〈觀世音應驗記〉三種譯注》第37頁,江蘇古籍出版社2002年版。

依也。从几从任。《周書》：'凭玉几。'讀若馮。"（十四上）徐鉉等注："人之依馮，几所勝載，故从任。皮冰切。"段玉裁改爲"从任几"，並注："任几，猶言倚几也。會意。""凭"是個會意兼形聲字，其所從之"任"兼有標音作用。"凭"是人體（或物體）靠着他物，後世全部更換轉形爲形聲字"憑"。《尚書·顧命》："甲子，王乃洮頮水，相被冕服，憑玉几。"《説文》引作"凭玉几"。陸德明釋文："憑，《説文》作凭。云：'依倚也。'《字林》同。"從《説文》引文和陸德明的解釋看，"凭"字比"憑"字先造，今本《尚書》中的"憑"爲後人篡改。"凭、憑"上古同爲並紐蒸部，中古同爲扶冰切（《廣韻·蒸韻》），二字古今同音，但在方言中卻另造"㨪、掭、搇"等字。在我國南方，尤其是西南官話中，人體（或物體）靠着他物依然叫"㨪"，不過字形和讀音都有變化。字形或寫作"掭、搇"等，音多讀 pen^{55}。清劉省三《躋春台·節壽坊》："壽姑聽説心如刀絞，急忙收淚來至上房，見公公翻起白眼，在几上掭住，即命人用薑湯水來餵了兩杯，方纔蘇醒轉來。"劉省三是今四川省中江人。繆樹晟《四川方言詞語彙釋》："晾衣杆搇在門背後。"但在書面語中，或仍寫作"凭"，或用同音字記音。《躋春台·巧報應》："此時情急，想得無路，將就菜刀自刎，隨坐椅子上凭着而死。"《蜀籟》卷一："又不是凭倒籬壁長大的。"《貴州方言詞典》："椅子有靠背，可以噴起。"[①]《四川方言詞典》："□ pen1（動）靠；依靠：扁擔在門後頭的。｜你倒樹子站起，就不得蹚撲爬了。"[②]《四川方言詞語考釋》："凭、掭 pen[p^{h}ən^{55}]：靠；依靠。……'掭'字不見於字書，當爲

[①] 李榮、汪平編：《貴州方言詞典》第241頁，江蘇教育出版社1995年版。

[②] 王文虎、張一舟、周家筠編：《四川方言詞典》第301頁，四川人民出版社1986年版。

第 12 章　轉注研究的宏觀意義與微觀意義　　　　　　　　　　431

方言造字。"① 但今川南瀘州以下至重慶江津等沿江地區讀 peng⁵⁵ 或 pong⁵⁵。"凭"、"憑"、"䪱"、"掽"、"搑"是一組轉注字,而"䪱簡上"之"䪱"屬古荆州方言字,義爲憑靠。董志翹先生所校未安。

又清江藩《經解入門·有訓詁之學》云:"訓詁者,必古有是訓,塙而見之故書,然後引而釋經。不附會,不穿鑿,不憑空而無據。"臺灣廣文書局 1977 年出版的《國學真籍彙編》將錢氏凌雲閣石印本中的"塙"校勘成"碻",並注云:"原本'碻'誤'塙'。"周春健校注:"碻、塙,皆爲'確'之異體。"② 周說甚是。③ "塙"的本義爲堅不可拔。《説文·土部》:"塙,堅不可拔也。从土高聲。"(十三下)段玉裁注:"堅者,剛土也;拔者,擢也;不可拔者,不可擢而起之。《易·文言》曰:'確乎其不可拔,潛龍也。'虞翻曰:'確,剛皃也。'鄭[玄]:'堅高之皃。'按:今《易》皆作'確'。攷《釋文》曰:'《説文》云:"高至。"'《毄(繫)辭》:'夫乾,確然示人易矣。'《釋文》曰:'《説文》云:"高至。"'皆不言《説文》作'隺',是則陸[德明]所據《易》二皆作'隺',而今本俗誤也。許意'隺'訓'高至','塙'訓'堅不可拔'。《文言》字作'隺'而義從'塙',《毄(繫)辭》乃義如其字……今俗字作'確',乃'確'字變耳。"④ 後世類母、聲母全換轉形爲"確"。《玉篇·石部》:"確,堅固也。"《集韻·覺韻》:"確,堅也。"《説文》"塙"字段玉裁注:"今俗字作確。"《莊子·應帝王》:"正而後行,確乎能其事者而已矣。"陸德明釋文:"確,苦學反。李[軌]云:'堅貌。'"《漢

---

①　蔣宗福:《四川方言詞語考釋》第 518—519 頁,巴蜀書社 2002 年版。
②　(清)江藩:《經解入門》第 112 頁,華東師範大學出版社 2010 年版。
③　"塙而見之故書,然後引而釋經。不附會,不穿鑿,不憑空而無據",周春健讀成:"塙而見之故書然後引而釋經,不附會,不穿鑿,不憑空而無據。"誤。
④　(清)段玉裁:《説文解字注》第 683 頁,上海古籍出版社 1988 年第 2 版。

書‧師丹傳》:"關内侯師丹端誠於國,不顧患難,執忠節,據聖法,分明尊卑之制,確然有柱石之固,臨大節而不可奪,可謂社稷之臣矣。"再類母、聲母全換轉形爲"碻"。《廣韻‧覺韻》:"碻,靳固也。或作确。"《集韻‧覺韻》:"碻,堅也。或作确。"在"確實"、"確切"義上"確"、"确"常混用,但它們來源不同,屬於同源字,而非轉注字。"确"的本義爲土地多而貧瘠。《説文‧石部》:"确,磬石也。从石角聲。㱿,确或从㱿。"(九下)段玉裁據《韻會》改爲"磬也",並注:"确即今之埆字,與《土部》之'墝'音義同。"引申爲堅硬、淺薄、確實等。今"確"字簡化成"确",採用的是同源字假借法。

　　清儒段玉裁説:"凡書必有瑕也,而後以校定自任者出焉。校定之學識不到,則或指瑜爲瑕,指瑕爲瑜,而玼纇更甚,轉不若多存其未校定之本,使學者隨其學之淺深,以定其瑜瑕……古書之壞於不校者固多,壞於校者尤多。壞於不校者,以校治之;壞於校者,久且不可治。邢子才曰:'誤書思之,更是一適。以善思爲適,不聞以擅改爲適也。'"① 段氏之言,可謂字字珠璣。校勘古籍學問大矣,然而要在善思明辨。不明轉注之原理,胡亂篡改,何益於校勘!

12.2.2 俗體字的研究

　　"俗體字",簡稱"俗字"、"俗體"或"俗"。它是中國文字學發展史上一個正統性的概念,即不能用於經傳典籍、正式文書等的民間用字。中國的文字,在宋代以前,完全是操縱在帝王手中的一種記言記事工具,它的使用祇能由皇家規範。《説文‧敘》中有這樣

---

① (清)段玉裁:《重刊明道二年國語序》,見《國語》第1頁,上海書店1987年影印本。

一句話:"文者,宣教明化於王者朝廷,君子所以施禄及下居德則忌也。"《後漢書·儒林列傳上》説:"熹平四年,靈帝乃詔諸儒正定五經,刊於石碑,爲古文、篆、隸三體書法以相参檢,樹之學門,使天下咸取則焉。"這些記載都説明,在封建社會裏,文字祇能是爲王權服務的書寫工具,平民百姓既没有使用文字的權利,更没有創造文字的權利。但是歷朝歷代的下層知識份子,爲了滿足記言記事的需要,往往私造文字。這些不被官方認同的字,漢代稱之爲"近鄙"之字,也稱"俗體"。《後漢書·儒林列傳上》:"帝以敏博通經記,令校圖讖,使䠆去崔發所爲王莽著録次比。敏對曰:'讖書非聖人所作,其中多近鄙别字,頗類世俗之辭,恐疑誤後生。'帝不納。"尹敏所説的"近鄙字",即今所謂俗字。東漢許慎著《説文》,在正篆之外也兼收俗字,名之曰"俗"。例如:

① 尗,配鹽幽尗也。从尗支聲。豉,俗尗从豆。(七下《尗部》)

② 褎,袂也。从衣采聲。袖,俗褎从由。(八上《衣部》)

③ 兂,首笄也。从人匕。象簪形。簪,俗兂从竹从朁。(八下《兂部》)

④ 灘,水濡而乾也。从水鸂聲。《詩》曰:"灘其乾矣。"灘,俗灘从佳。(十一上《水部》)

王筠對《説文》所謂"俗"體是這樣解釋的:"俗,世俗所行,猶《玉篇》言'今作某'耳,非對'雅'、'正'言之而斥之其陋也。凡言'俗'者,皆漢篆也。'躳'俗作'躬',時通行作躬也;'兂'俗作'簪',時通行作簪也;'归'俗作'抑',時通行作抑也。推之它字皆然。漢人手跡不復可見,書經傳寫,已失其真,唯碑版是當時真跡，而漢篆寥寥，不足徵矣。鄭康成氏注《王制》也曰：'卷，俗讀也。其通則曰袞。'以今攷之，'卷'之讀不必俗於'袞'，而鄭玄云俗者，謂記禮時俗讀袞爲卷，故記作卷字，而其通則曰袞者，謂通其義則本字當作袞。通猶解也，非謂袞通雅而卷俗鄙也。許君所謂'俗'，亦猶是矣。累溯而上之，一時有一時之俗。許君所謂'俗'，秦篆之俗也，而秦篆即籀文之俗，籀文又即古文之俗也。不然，鄉壁虛造不可知之書，許君而猶錄之，止句之苛，何以不列於篇哉。筠案：止句之苛，是謂確據，特漢人所行者隸楷也，而此皆篆文，吾終疑之。"（《俗體》）又曰："俗者，汉时风俗也。"（《說解變例》）[1] 王筠對俗體的看法是有歷史發展的眼光的。他認爲"一時有一時之俗"，而許君所謂"俗"，並非指字有"俗鄙"與"通雅"之分，相對於秦篆而言，則漢時之隸楷爲"俗"，相對於籀文而言，則秦時之小篆爲"俗"，相對於古文而言，則周時之籀文爲"俗"。然而自秦漢以來，區別俗體與正體，始終帶有極爲濃烈的正統色彩。上自帝王，下至普通知識階層，無不信守"通雅"而鄙棄"俗鄙"，故對俗體字的研究幾乎無人問津。或有大徹大悟之先賢時哲，如三國魏的張揖（《廣雅》），南朝梁的顧野王（《玉篇》），唐代的顏元孫（《干祿字書》），北宋的司馬光（《類篇》）等等，他們對俗體字都曾做過整理工作，但是，他們的所作所爲，動機依然是爲了皇室，唯有民國初期的黃侃先生（《字正初編》），纔真正算得上爲了文字之學而整理俗體。

唐代顏元孫在《干祿字書》中曾對"俗"、"通"、"正"三體文字的内涵和使用規範做過解釋：

所謂俗者，例皆淺近，唯籍帳文案，券契藥方，非涉雅

---

[1] 分別見（清）王筠《說文釋例》第124、228頁，中華書局1987年版。

第 12 章　轉注研究的宏觀意義與微觀意義

言，用亦無爽。倘能改革，善不可加。所謂通者，相承久遠，可以施表奏牋啟，尺牘判狀，固免詆訶。(若須作文言及選曹詮試，兼擇正體，用之尤佳。)所謂正者，並有憑據，可以施著述文章，對策碑碣，將爲允當。(進士考試，理宜必遵正體；明經對策，賢合經注；本文碑書，多作八分，任別詢舊則。)有此區別，其故何哉！[①]

比如："黽黽、原原、樊樊，並上俗下正。"(《干禄字書》)顏元孫對文字"俗"、"通"、"正"三體所下的定論，已成爲後世用字的規範。但是古往今來，文字學界總以構形"不合六書條理"而將俗體字排斥在文字研究範圍之外，即使有人研究，也會招來另類的眼光，這是因爲封建的正統意識尚在作怪。據我們調查，俗體字的構形，都是嚴格按照會意、形聲來創造的，前人所謂不合六書之法，僅僅是爲排斥俗體字的研究而編造的託辭而已。

季剛先生十分重視俗體和異體字的研究。他在《字正初編》中，除了用"古"、"籀"、"隸"等來表示三種古文字體外，而楷書則用"正"、"同"、"重"、"亦"、"通"、"或"、"別"、"後"、"承"、"俗"、"變"、"借"、"誤"、"譌"等十餘種術語來表示該字的形體嬗變和使用規律。例如：

　　鴟正，鵄亦。(《虞韻》)
　　管正，琯重。(《緩韻》)
　　鈃正，礦同。(《梗韻》)
　　筍正，笋俗。(《準韻》)
　　版正，板別。(《潸韻》)

[①] (唐)顏元孫:《干禄字書》，見《四庫全書》第 224 册第 245 頁，上海古籍出版社 1987 年版。

眇正，妙後。(《小韻》)

埽正，掃或。(《皓韻》)

霿正，霧通。(《送韻》)

汙正，洿承。(《暮韻》)

佷正，假借。(《皓韻》)

建正，建譌。(《願韻》)

洟正，涕承、誤。(《暮韻》)

噭正，㗁亦正，叫同。(《嘯韻》)

黄焯先生在《字正初編·跋》對以上術語的基本含義作過簡要解釋。他説："《字正初編》一名《佩文韻字正》，先從父季剛先生所撰。全書依《平水韻》韻部標目，於韻目下注明《廣韻》目次，每字之下則注明其爲正爲變，爲通爲借，及後出別體、或體、譌體、俗體，其字在今時承用與不承用，亦加以説明，而古籒文與今體有異者亦間列出，以明字體變遷之跡。"[①] 但是，在"正"、"同"、"重"、"亦"、"通"、"或"、"別"、"後"、"承"、"俗"、"變"、"借"、"誤"、"譌"等術語中，除"借"、"誤"、"譌"三類外，其餘十類都有可能存在轉注字，還需要深入辨析。如"鵰正：鶨亦"、"釒正：礦同"、"笴正：笋俗"、"版正：板別"、"眇正：妙後"、"霿正：霧通"、"洟正：涕承"、"噭正：㗁亦正：叫同"等等，就是轉注字。

12.2.3 異體字的整理

凡與初文（或本字）構形有差異的字都叫異體字。對異體字的

[①] 黄焯：《字正初編·跋》，見黄侃《字正初編》第241頁，武漢大學出版社1983年版。

第 12 章　轉注研究的宏觀意義與微觀意義　　437

整理與規範歷代都很重視，可以說也已形成傳統。但是，從秦始皇帝初兼天下即著手文字的統一起，歷經二千餘年，異體字的整理工作依然顯得成效甚微，究其原因，可能是整理的原則和方法出了問題。運用轉注學的原理方法整理異體字可以從以下兩個方面入手：

第一，以六書理論爲指導，排除同源字和通假字。既然異體字是同一個字的不同書寫形式，那就與同源字和通假字無關。同源字是指讀音相同或相近、字義在某一點（義位）上相同或相通，而字形完全不同的一組字。比如"關"與"管"、"楗"，上古"關"、"管"屬見紐元部，"楗"屬群紐元部，音同或音近，[①]且在"門閂木杆"（先秦）或"鑰筳"（漢代以後）意義上同義。但是，它們或本義不同（"關"與"管"），或讀音不同（"關"、"管"與"楗"），祇能是同源關係，[②]而非異體。

又如"框"，《現代漢語詞典》的解釋是："框 kuàng，嵌在牆上爲安裝門窗用的架子。"[③]今所謂"門框"、"窗框"，古代都寫作"䦖"，從門匡聲。《玉篇·門部》："䦖，祛王切。門䦖也。"《類篇·門部》："䦖，曲王切。門周木也。"[④]《漢語大字典》注音 kuāng，但無例證。[⑤]清張慎儀《蜀方言》卷上："門四邊曰䦖。"自注："《玉篇》：'䦖，門䦖也。'《類篇》：'門周木也。'俗作框，誤。框，棺門也。"[⑥]"框"的本義爲"棺門"，今西南官話俗稱"䦖頭"。《玉篇·木

---

① 　郭錫良：《漢字古音手冊》第 344、324 頁，商務印書館 2010 年版。
② 　參看王力《同源字典》第 551—552 頁，商務印書館 1982 年版。
③ 　《現代漢語詞典》第 787 頁，商務印書館 2005 年第 5 版。
④ 　（宋）司馬光等編著：《類篇》第 437 頁，中華書局 1984 年版。
⑤ 　徐中舒主編：《漢語大字典》第 2 版第 4370 頁，四川辭書出版社、湖北崇文書局 2010 年版。
⑥ 　紀國泰：《〈蜀方言〉疏證補》第 191 頁，巴蜀書社 2007 年版。

部》："框，棺門也。"引申爲嵌在牆上爲安裝門窗用的木框。《正字通·木部》："框，門檔。"《紅樓夢》第二十一回："黛玉趕到門前，被寶玉叉手在門框上攔住。""匡"(《集韻·陽韻》曲王切)、"框"(《廣韻·陽韻》去王切)中古同音，且在門匡義上同義。"匡"、"框"非轉注字，而爲同源字。

再如，《山海經·北山經》："(發鳩之山)有鳥焉，其狀如烏，文首、白喙、赤足，名曰精衛，其鳴自詨。是炎帝之少女，名曰女娃。"袁珂校注未説明"詨"與"叫"的關係，但在"太行之山"一則中引郭璞"音呼交反"。"太行之山"曰："有獸焉，其狀如麢羊而四角，馬尾而有距，其名曰䮻，善還，其名自訆。有鳥焉，其狀如鵲，白身、赤尾，六足，其名曰鵸，是善驚，其鳴自詨。"袁珂注："珂案：訆同叫；吴任臣本作叫……郭璞云：'今吴人謂呼爲詨，音呼交反。'"①其實"叫"、"訆"、"詨"、"訆"、"噭"是一組轉注字。其演變過程是："訆"的初文作"叫"，本義爲大聲呼喊，與"呼"(嘑)同義。《説文·口部》："叫，嘑也。从口丩聲。"(二上)《詩經·小雅·北山》："或不知叫號，或慘慘劬勞。"毛傳："叫，呼。"或纍增"口"轉形爲"訆"，《説文》異部重出字有"訆"字。《訆部》曰："訆，高聲也。一曰大呼也。从訆丩聲。《春秋公羊傳》曰：'魯昭公叫然而哭。'"(三上)許君正篆作"訆"，引文則作"叫"，説明二字同字異體。《正字通·口部》："訆，古文叫字。"《漢語大字典·口部》："訆，同'叫'。高聲大呼。"《周禮·秋官·銜枚氏》："禁訆呼歎鳴于國中者。"或更換"口"、"訆"轉形爲"訆"，《説文》異部重出字有"訆"字。《言部》曰："訆，大呼也。从言丩聲。《春秋傳》曰：'或訆于宋大廟。'"(三上)今本《左傳·襄公三十

---

① 袁珂：《山海經校注》第85—86頁，上海古籍出版社1980年版。

第 12 章　轉注研究的宏觀意義與微觀意義　　439

年》作"叫"。段玉裁注:"與《皕部》'䚘'、《口部》'叫'音義皆同。"《正字通・言部》:"訆,與叫、噭同。"《山海經・北山經》:"(灌題之山)有獸焉,其狀如牛而白尾,其音如訆,其名那父。"郭璞注:"訆,如人呼喚。訆音叫。"吳方言或更換聲母"丩"轉形爲"詨"。《集韻・爻韻》:"詨,吳人謂呼爲詨。"此訓引自郭璞《山海經》注。再更換聲母"丩"、"交"轉形爲"噭",《説文》同部重出字有"噭"字。《口部》曰:"噭,吼也。从口敫聲。一曰:噭,呼也。"《字彙・口部》:"噭,與叫同。"《禮記・曲禮上》"毋噭應"鄭玄注:"噭,號呼之聲也。""叫"或更換類母作"訆"、"䚘"、"詨",或更換聲母作"詨"、"噭",許君不知,別立"叫"、"䚘"、"訆"、"噭"四篆,令人生疑。

《佩文韻府》是清代張玉書、陳廷敬、李光地等人奉敕在元代陰時夫《韻府群玉》和明朝淩稚隆《五車韻瑞》的基礎上,再匯抄類書中有關材料增補編撰而成的一部大型類書,而季剛先生則對《佩文韻府》中的用字規律加以歸納總結,寫成了《字正初編》一書。因爲《字正初編》不是異體字整理方面的專書,所以,其中所錄的假借字,應該排除在異體字之外。例如,《青韻》云:"勝,正;腥,借。"[①]《説文・肉部》:"胜,犬膏臭也。从肉生聲。一曰不孰也。"(四下)又:"腥,星見食豕,令肉中生小息肉也。从肉星,星亦聲。"段玉裁"胜"注:"今經典膏胜、胜肉字通用腥爲之,而胜廢矣。"又"腥"注:"息當作瘜。《疒部》:'瘜,寄肉也。'"宋羅泌《路史・燧人氏》:"乃教民取火,以灼以焫,以熟臊胜。"《周禮・天官・内饔》:"豕盲眡而交睫腥。"鄭玄注:"腥當爲星,聲之誤也。肉有如米者似星。""胜"的本義是指狗油臊臭,泛指臊臭,

---

① 黄侃:《字正初編》第 91 頁,武漢大學出版社 1983 年版。

"腥"則指豬肉中長的大則像星狀、小則像米粒的瘜肉,今俗稱"米豬肉"。"胜"與"腥"本義不同,而經典文獻多借"腥"爲"胜"。《字彙·肉部》:"胜,今通用腥。"《楚辭·九章·涉江》:"腥臊並御,芳不得薄兮。"漢王充《論衡·量知》:"粟未爲米,米未成飯,氣胜未熟,食之傷人。""胜"、"腥"不同字,"腥"不是"胜"的異體,而《漢語大字典》第二版仍將"胜"當成"腥"的異體看待,①當糾正。

　　第二,以轉注學理論爲指導,爲單個漢字的形體轉換正本清源。漢字的形體嬗變總是有軌跡可追尋的。爲轉注字正本清源的具體做法是:先確定某個漢字的初文,再根據字形轉換的原理和方法,或追根溯源,或沿流梳理,直到搞清楚它們的形轉關係爲止。例如,《說文·肉部》:"胑,體四胑也。从肉只聲。肢,胑或从支。"(四下)"胑"從"只"得聲,或更換聲母"只"轉形爲"支"。《說文》重文有"肢"字。《荀子·君道》:"塊然獨坐而天下從之如一體,如四胑之從心。"《淮南子·脩務訓》:"四胑不動,思慮不用,事治求澹〔贍〕者,未之聞也。"《管子·君臣下》:"四肢六道,身之體也;四正五官,國之體也。四肢不通,六道不達曰失。"尹知章注:"四肢,謂手足也。"另《廣韻·支韻》云:"肢,肢體。胑、䟸並同上。"②其中的"䟸"由"肢"更換類母"肉"轉形而來。③《玉篇·身部》:"䟸,止移切。四䟸體也。亦作肢、胑。"④"䟸"又更換聲母"支"

---

①　徐中舒主編:《漢語大字典》第2版第2209頁,四川辭書出版社、湖北崇文書局2010年版。
②　《宋本玉篇》第20頁,北京市中國書店1983年影印本。
③　《漢語大字典》引《廣韻》作:"胑,肢體。"誤。見徐中舒主編《漢語大字典》第2版第2209頁,四川辭書出版社、湖北崇文書局2010年版。
④　《宋本玉篇》第62頁,北京市中國書店1983年影印本。

第 12 章　轉注研究的宏觀意義與微觀意義

轉形爲"躯"。《玉篇·身部》："躯，只兒切。亦用爲四躯也。"[①] "躯"、"胑"、"骸"、"躯"是轉注字也是異體字。

轉注字隱藏在異體字之中，倘若不用心分辨，再高明的文字學家也會誤認爲是兩個互不相干的字。《説文》中就有許多本該作爲重文處理卻誤作正篆收録的轉注字。例如"隶"和"逮"分別收録在《隶部》和《辵部》。《隶部》云："隶，及也。从又，从尾省。持尾者从後及之也。"（三下）段玉裁注："此與《辵部》'逮'音義皆同。逮專行而隶廢矣。"清孔廣居疑疑："隶、隸、逮三字音義皆同，意隶即隸、逮之古文。加枲、辵，後人贅也。"章炳麟《小學問答》："問曰：《説文》：'逮，唐逮，及也。'漢時謂捕治曰逮，此取何義？答曰：捕治之字本爲隶。《説文》：'隶，及也。从又，从尾省。持尾者从後及之也。'以手持尾，本爲追捕禽獸，引申爲捕人。隶、逮亦本一字，古文當衹作隶，自孳乳作逮而以手持尾之義隱矣。今人謂挾以俱走曰帶去，又凡相連及皆曰帶，並即隶字。"[②] 又《辵部》云："逮，唐逮，及也。从辵隶聲。"（二下）段玉裁注："《隶部》曰：'隶，及也。'此形聲包會意。"清鈕樹鈺校録："《韻會》兩引並無'唐逮'二字。[玄應]《一切經音義》卷一、[隋慧苑法師]《華嚴經音義》卷四十六引及《玉篇》注竝作：'及也。'則'唐逮'二字蓋後人增。"章炳麟《新方言·釋言》："《説文》：'隶，及也。'案：從後持尾，謂迫及禽獲之。漢時言捕曰逮。《漢書·王莽傳》：'逮治黨與。'正此隶字。今謂捕得爲隶住，字從聲變作帶。又《史記·秦始皇本紀》：'以罪過連逮。'今凡相連及皆曰逮，攜人同行亦曰逮，

---

① 《漢語大字典》引《玉篇》作："骸，四體。亦作胑、胑。躯，同胑。"誤。見徐中舒主編《漢語大字典》第 2 版第 4061 頁，四川辭書出版社、湖北崇文書局 2010 年版。

② 《章太炎全集》（七）第 420 頁，上海人民出版社 1999 年版。

並變作帶。"① 愚按:孔廣居說"隸"爲"隸"之後出轉注字,不確。"隸"是爲"隸"的引申義造的區別字,後轉形爲"迨"。《説文・隶部》:"隸,及也。从隶枲聲。《詩》曰:'隸天之未陰雨。'"徐鉉等注:"枲非聲,未詳。"段玉裁注:"《豳風》文,今《詩》作'迨',俗字也。"

我們從源及流梳理清楚了"隸"與"逮","肧"與"肢"、"胑"、"䏶"的形轉關係之後,就可以十分肯定地説它們是兩組轉注字,同時也爲對整理"隸"、"肧"兩個字的異體掃清了障礙。前人沒有很好地運用轉注學的原理和方法來研究異體字的産生規律,因而盲目解釋,張冠李戴者在所難免。比如《漢語大字典》的編纂人員對異體字的識讀算得上是費心竭力了,但其中有些字的處理依然不盡人意。例如"瘌"、"癡",《漢語大字典》的釋語是:

　　瘌 chì 《廣韻》尺制切,去祭昌。又《集韻》尺列切。①癡病。《字彙補・疒部》:"瘌,癡病。"《山海經・北山經》:"單張之山有鳥焉,名曰白鵺,食之以噎痛,可以已瘌。"郭璞注:"瘌,癡病也。"編者未注同"癡"。癡 chī 《廣韻》醜之切,平之徹。之部。①呆傻,遲鈍。《方言》卷十:"癡,騃也。"《説文・疒部》:"癡,不慧也。"段玉裁注:"癡者,遲鈍之意,故與慧正相反。"《山海經・北山經》:"(人魚)食之無癡疾。"編者亦未注同"瘌"。

如雄疏證:"瘌、癡、痴"是一組異體字。《方言》卷十:"癡,騃也。""騃"唐玄應《一切經音義》卷六引《蒼頡篇》:"騃,無知之皃也。"《廣雅・釋詁三》:"騃,癡也。"《漢書・息

---
① 《章太炎全集》(七)第63頁,上海人民出版社1999年版。

第 12 章 轉注研究的宏觀意義與微觀意義

夫躬傳》:"外有直項之名,內實駭不曉政事。"顏師古注:"駭,愚也。"《説文·疒部》:"癡,不慧也。从疒疑聲。"(七下)段玉裁説是"遲鈍之意"。"癡"從"疑"得聲,後更換聲母轉形爲"痴、疷"。《字彙補·疒部》:"痴,癡病。"《玉篇·疒部》:"癡,癡瘶,不逹也。"《正字通·疒部》:"癡,俗癡字。"《改併四聲篇海·疒部》引《搜真玉鏡》:"疷,音癡,字義同,俗用。"《正字通·疒部》:"疷,俗癡字。"《山海經·北山經》:"(單張之山)有鳥焉,其狀如雉,而文首、白翼、黃足,名曰白鷸,食之以嗌痛,可以已痴。"晉郭璞注:"痴,癡病也。"《廣韻》"疑"語其切(平聲之韻),"知"陟離切(平聲支韻),"制"征例切(去聲祭韻),"疷"魚羈切(平聲支韻),其韻母讀音相近。在今西南官話中,"癡(痴)"有 ci^{21}、ci^{55} 兩讀,聲調的差異不影響意義的表達。①

總之,同源字和通假字的排除,能減少異體字整理的糾纏;轉注字的梳理,也能幫助異體字整理正本清源。但是,同源字、通假字的排除和轉注字的梳理,卻是異體字整理工作中的兩大難題,需要文字學家們的聰明睿智,集思廣益,群策群力,共克難關。而對那些筆劃或增或減的異體字,則是很容易排查清理的,沒有必要費神費力。

---

① 參看鍾如雄《〈漢語大字典〉不明關係字疏證》,見北京師範大學文學院編《勵耘學刊》(語言卷)2007 年第 1 輯,學苑出版社 2007 年版。

結　　論

　　在漢字理論研究發展史上，人們對傳統六書中"轉注"的討論最爲熱烈，自晉代的衛恒以來延續了一千七百餘年間，前賢後學，紛爭不休，爭論的焦點是"轉注"本質問題。在眾多的紛爭中漸漸形成三大派別——主義派、主音派和主形派。

　　主義派認爲，"轉注"指的是字與字之間意義的輾轉灌注。也就是說，凡是字義相同的字都可以相互訓釋，"轉"的對象是字義，與字形無關。主音派認爲，"轉注"指的是同一個字內部的異讀問題，或字與字之間的音轉問題，通過同字異讀去尋求義隨音變的規律，通過此字與彼字之間的讀音轉變去尋求異音異字之間的同義關係。由此可見，無論主義派還是主音派，他們的主張是殊途同歸的，即"轉注"與造字的原理和方法沒有關係，而如何將異形同音或同形異音的字義貫通，求得字義的相同與相通，乃是"轉注"的本質內涵。於是就有了同義互訓的方法、"依聲求義"的方法，而"互訓"和"聲轉"就成了主義派和主音派用來說明、闡發"轉注"的核心理論和主要原則。與主義派和主音派對峙的是主形派。這一派始終以字形的孳乳爲立論依據。他們認爲，"轉注"既然是"六書"之一，而"六書"講的是造字的原理和方法，自然"轉注"與造字法緊密相關，與字音轉變風馬牛不相及。至於在"轉注原體字"（即"右文"）與後出轉注字之間是否能構成字義互訓關係，那要看它們是否已構成同源關係，如果有，它們的意義自然可以互相訓釋，如果沒有，則無所謂互訓。

我們認爲，以上三派的研究都嚴重地偏離了"轉注"的航向。主音派力求通過字音之間的聯繫來認識"轉注"，但是，"轉注"與字音的同異的確沒有直接關係，如果巧取楊雄的"轉語"理論來釋讀許慎的"轉注"思想，稍不謹愼，眞會差之毫釐，謬以千里。因爲楊雄的"轉語"理論中包含著同源字的研究方法——音轉法，而主音派正是不加甄別地照搬過來詮釋許愼的"轉注"思想，緣木求魚的結果是可想而知的。主義派力求通過字義之間的聯繫來認識"轉注"，雖說"轉注"與字義之間關係密切，但是，被轉注字與後出轉注字之間是字形義（本義）的相同，而並不是一般所說的"同義"關係那麼簡單。如果衹要同義就可"轉"，那麼，漢字集團中有多少沒有同義關係呢？我們能說有同義關係的字都是"轉注"出來的嗎？誰都明白，任何一種語言中的詞都是以同義和反義爲主體的，因爲客觀事物都處在對立統一的矛盾運動中，而"同"與"反"（或對）就形成了詞義的兩大系統——同義系統與反義系統。如果我們用研究同義詞的方法來釋讀"轉注"，其結果與主音派落腳點又有什麼區別呢？

對上述三派的主體思想，客觀地講，主形派的認識與許愼的"轉注"觀還貼近沾邊兒。因爲他們堅持從構形法的方向去探尋"轉注"的奧秘。他們的不足僅僅在於從"漢字孳乳"這樣一個大大的包圍圈中去觀察"轉注"的特徵。因爲漢字孳乳的原因是多元的，比如有爲引申義造字的，有爲異名同物造字的，有爲異名異物造字的，總之，一切因主客事物而形成的概念都可以爲之造字，而"轉注"作爲造字的原理和方法衹爲同物同名造字，所以，用"漢字孳乳"來釋讀"轉注"，有點像一個新生兒戴了頂大人的帽子，或像着一身唐服再打上一個西洋領結，總覺得不吻合。我們認爲，"轉注"

是漢字生成和轉換的根本大法。"生成"是談新的漢字的孳生,即後出轉注字的產生;"轉換"是指漢字舊形的改造翻新,即被轉注字轉換成後出轉注字。這個結論是從漢字構形法的歷史發展規律和漢字系統的歷史嬗變規律中總結、歸納出來的。

第一,漢字形構法從象形的發明到形聲的普遍運用,其間經歷過三次飛躍,即從封閉的象形法發展成爲半開放的會意法,再發展成爲全開放的形聲法。我們稱之爲"漢字構形法的三度成熟"。

第二,在漢字形構法從象形到會意,從會意到形聲的三次飛躍中,"轉注"在其中起着將舊的構形法轉換成新的構形法的變易轉換作用。因此,"轉注"的本質特徵之一是"構形法的轉換"中樞。

第三,在漢字構形法的三次飛躍中,"轉注"既是構形法的轉換中樞,同時又是對漢字舊形實施改造翻新的構形原理和方法。

第四,凡用"轉注"法改造翻新出來的字,與原字之間形成轉注關係。被改造翻新的字稱爲"被轉注字"或"原形字",改造翻新的字稱"後出轉注字"或"轉形字"。被轉注字與後出轉注字之間的形音義關係是:字形義(本義)相同,讀音相同,形體略異或完全不同。

第五,構形法的轉換規律是"順向轉換"、"逆向轉換"和"平行對轉"。"轉注"在其中的作用是改變原有構形法的發展方向和協調構形法的造字能力。

第六,作爲構形原理和方法的"轉注",其本質是改造原有漢字的舊形,使之更加有益於語言社團用字的需要。其換形規律是將象形字、會意字(包括指事字)轉換成形聲字,將形聲字轉換成形聲字(增形、增聲、換形、換聲、形聲全換),將形聲字轉換成會意字等。

本課題的研究,以《周易》的"變易"思想爲指導,以戰國墨子、荀子、唐代孔穎達的"舊形改變"爲理論基礎，以西漢楊雄的"轉語"理論中的"形轉"爲方法論，在精心研讀《說文解字》（東漢許慎撰）、《玉篇》（梁顧野王撰）、《廣韻》（北宋陳彭年、丘雍等編撰）、《集韻》（北宋丁度等編撰）《類篇》（司馬光等編撰）、《甲骨文字典》（徐中舒主編）、《戰國古文字典》（何琳儀編著）、《漢語大字典》（徐中舒主編）的基礎上，將漢字的形體嬗變放在歷時和共時兩個"時點"上進行考察、比較，從中總結、歸納出了漢字集團中某些字群的變化規律——漢字構形法和舊形轉換規律，從而得出了上述結論。

主要參考文獻

（一）著作類

［漢］許慎:《說文解字》，中華書局 1963 年影印本。
［北齊］顏之推撰，王利器集解:《顏氏家訓》，上海古籍出版社 1980 年版。
［梁］顧野王:《大廣益會玉篇》，中華書局 1987 年版。
［梁］蕭統編，［唐］李善注:《文選》，中華書局 1977 年版。
［唐］慧琳:《一切經音義》，上海古籍出版社 1986 年版。
［唐］陸德明撰，黃焯斷句:《經典釋文》，中華書局 1983 年版。
［唐］玄應:《一切經音義》，海山仙館叢書。
［南唐］徐鍇:《說文解字繫傳》，中華書局 1987 年版。
［宋］丁度等編:《集韻》，上海古籍出版社 1985 年版。
［宋］洪適:《隸釋隸續》，中華書局 1986 年版。
［宋］洪興祖:《楚辭補注》，中華書局 1983 年版。
［宋］劉球編:《隸韻》，中華書局 1989 年版。
［宋］司馬光等編:《類篇》，中華書局 1984 年版。
《宋本廣韻》，北京市中國書店 1982 年影印張氏澤存堂本。
《宋本玉篇》，北京市中國書店 1983 年影印張氏澤存堂本。
［宋］鄭樵:《通志》，見《四庫全書》，上海人民出版社、迪志文化出版有限公司 1999 年版。
［金］韓道昭編，甯忌校訂:《校訂五音集韻》，中華書局 1992 年版。
［明］吳元滿:《六書總論》，《四庫存目叢書》經部第 194 本，齊魯書社 1997 年版。
［明］楊慎:《六書索隱》，《四庫存目叢書》經部 189 本，齊魯書社 1997 年版。
［明］趙宧光:《六書長箋》，《四庫存目叢書》經部第 197 本，齊魯書社 1997 年版。
［清］戴震:《戴震文集》，中華書局 1980 年版。
［清］段玉裁:《說文解字注》，上海古籍出版社 1988 年第 2 版。
［清］顧炎武:《音學五書》，中華書局 1982 年版。

［清］桂馥:《說文解字義證》,古籍出版社1987年版。
［清］郝懿行:《爾雅義疏》,上海古籍出版社1983年影印清同治四年郝氏家刻本。
［清］黃生著,（清）黃承吉合按:《字詁義府合按》,中華書局1984年版。
［清］江藩撰,周春健校注:《經解入門》,華東師範大學出版社2010年版。
［清］林義光:《文源》,中西书局影印本,2012年版。
［清］羅振玉:《殷虛書契考釋三種》,中華書局2006年版。
［清］錢大昕:《十駕齋養新錄》,江蘇古籍出版社2000年版。
［清］錢繹:《方言箋疏》,上海古籍出版社1984年影印上海圖書館藏清光緒十四年紅蝠山房本。
［清］阮元編:《清經解》,上海書店1988年版。
［清］阮元校刻:《十三經注疏》,中華書局1980年版。
［清］孫詒讓遺書,戴家祥校點:《名原》,齊魯書社1986年版。
［清］孫詒讓撰,王文錦、陳玉霞點校:《周禮正義》,中華書局1987年版。
［清］王夫之:《周易外傳》,中華書局1977年版。
［清］王筠:《説文釋例》,中華書局1987年版。
［清］王筠:《説文句讀》,中華書局1988年版。
［清］王念孫:《廣雅疏證》,中華書局1983年版。
［清］王念孫:《讀書雜志》,江蘇古籍出版社2000年版。
［清］王先謙編:《清經解續編》,上海書店1988年版。
［清］王先謙:《釋名疏證補》,上海古籍出版社1983年版。
［清］王引之:《經義述聞》,江蘇古籍出版社2000年版。
［清］鄭知同:《說文淺說》,見錢塈堂輯、華陽張可均校字《益雅堂叢書》,萩林山房梓。
［清］朱駿聲:《説文通訓定聲》,武漢古籍書店1983年影印本。
白兆麟:《校勘訓詁論叢》,安徽大學出版社2001年版。
陳獨秀著,劉志成整理校訂:《小學識字教本》,巴蜀書社1995年版。
陳複華、何九盈:《古韻通曉》,中國社會科學出版社1983年版。
陳夢家:《殷墟卜辭綜述》,科學出版社1956年版。
崔樞華:《説文解字聲訓研究》,北京師範大學出版社2000年版。
丁福保:《説文解字詁林》,中華書局1988年版。
丁聲樹編錄、李榮參訂:《古今字音對照手冊》,中華書局1981年版。
董蓮池:《説文解字考正》,作家出版社2005年版。
董蓮池主編:《説文解字研究文獻集成》（古代卷、現當代卷）,作家出版社2006

年版。
符定一:《聯綿字典》,中華書局1954年版。
高國藩:《中國巫術史》,上海三聯書店1999年版。
高亨:《詩經今注》,上海古籍出版社1980年版。
高明:《古文字類編》,中華書局1980年版。
高明:《中國古文字學通論》,北京大學出版社1996年版。
谷衍奎:《漢字源流字典》,語文出版社2008年版。
郭春梅、張慶捷:《世俗迷信與中國社會》,宗教文化出版社2001年版。
郭沫若:《郭沫若全集·考古編》卷二,科學出版社1983年版。
郭沫若:《郭沫若全集·考古編》卷四,科學出版社2002年版。
郭沫若:《郭沫若全集·考古編》卷五,科學出版社2002年版。
郭沫若:《郭沫若全集·考古編》卷一,科學出版社1982年版。
郭錫良:《漢字古音手冊》(增訂本),商務印書館2010年版。
郭在貽:《訓詁學》,湖南人民出版社1986年版。
何九盈、蔣紹愚:《古漢語詞彙講話》,北京出版社1980年版。
何九盈:《中國古代語言學史》,河南人民出版社1985年版。
何九盈:《中國現代語言學史》,廣東教育出版社1995年版。
何琳儀:《戰國古文字典》,中華書局1998年版。
洪治綱主編:《劉師培經典文存》,上海大學出版社2004年版。
户曉輝:《岩畫與生殖巫術》,新疆美術攝影出版社1993年版。
黄侃:《黄侃論學雜著》,上海古籍出版社1980年版。
黄侃:《黄侃手批廣韻》,中華書局2006年版。
黄侃:《手批白文十三經》,上海古籍出版社1983年版。
黄侃述,黄焯編:《文字聲韻訓詁筆記》,上海古籍出版社1983年版。
黄侃著,黄念華編次,黄焯校字:《字正初編》,武漢大學出版社1983年版。
黄壽祺、張善文:《周易譯注》(修訂本),上海古籍出版社2001年新1版。
紀國泰:《〈蜀方言〉疏證補》,巴蜀書社2008年版。
賈彦德:《漢語語義學》,北京大學出版社1992年版。
姜亮夫:《昭通方言疏證》,上海古籍出版社1988年版。
蔣善國:《漢字學》,上海教育出版社1987年版。
蔣紹愚:《古漢語詞彙綱要》,北京大學出版社1989年版。
蔣紹愚:《漢語詞彙語法論文集》,商務印書館2001年版。
金德建:《經今古文字考》,齊魯書社1986年10月。

蘭坡:《山頂洞人》,龍門聯合書店1951年版。
黎錦熙:《黎錦熙語言學論文集》,商務印書館2004年版。
李方桂:《上古音研究》,商務印書館1980年版。
李玲璞:《甲骨文字學》,學林出版社1995年版。
李孝定編述:《甲骨文集釋》("中央"研究院歷史語言研究所專刊五十),"中華民國"五十九年十月再版。
李宣侗:《中國古代社會史》,中華出版事業委員會(臺北),1954年版。
李學勤、彭裕商:《殷商甲骨分期研究》,上海古籍出版社1996年版。
李學勤:《走出疑古時代》,遼寧大學出版社1997年第2版。
李運富:《漢字漢語論稿》,學苑出版社2008年版。
梁東漢:《漢字的結構及其流變》,上海教育出版社1959年版。
梁啓超:《中國近三百年學術史》,東方出版社1996年版。
林河:《中國巫儺史》,花城出版社2001年版。
劉君惠、李恕豪:《揚雄方言研究》,巴蜀書社1992年版。
劉師培:《劉申叔遺書》,江蘇古籍出版社1997年版。
劉興均:《〈周禮〉名物詞研究》,巴蜀書社2001年版。
劉又辛:《文字訓詁論集》,中華書局1993年版。
劉釗:《古文字構形學》,福建人民出版社2006年版。
劉志成:《漢字與華夏文化》,巴蜀書社1995年版。
劉志成:《文化文字學》,巴蜀書社2002年版。
劉志成:《中國文字學書目考錄》,巴蜀書社1997年版。
陸宗達、王寧、宋永培:《訓詁學的知識與應用》,語文出版社1990年版。
陸宗達、王寧:《訓詁方法論》,中國社會科學出版社1983年版。
陸宗達、王寧:《訓詁與訓詁學》,山西教育出版社1996年版。
陸宗達:《説文解字通論》,北京出版社1981年版。
呂思勉:《文字學四種》,上海古籍出版社2009年版。
羅常培:《漢語音韻學導論》,中華書局1982年版。
馬新、齊濤:《中國遠古社會史論》,科學出版社2003年版。
彭裕商:《殷商甲骨斷代研究》,中國社會科學出版社1994年版。
錢穆:《中國近三百年學術史》,商務印書館1997年新1版。
裘錫圭:《古代文史研究新探》,江蘇古籍出版社1992年版。
裘錫圭:《文字學概要》,商務印書館1988年版。
容庚編著,張振林、馬國權摹補:《金文編》,中華書局1985年版。

商承祚:《說文中之古文考》,上海古籍出版社1983年版。
沈福煦:《中國古代建築文化史》,上海古籍出版社2001年版。
沈兼士:《沈兼士學術論文集》,中華書局1986年版。
四川大學古籍管理研究所、中華諸子寶藏編纂委員會編:《諸子集成全編》,四川人民出版社1999年版。
宋永培:《〈說文〉漢字體系與中國上古史》,廣西教育出版社1996年版。
宋永培:《〈說文〉與上古漢語詞義研究》,巴蜀書社2001年版。
宋永培:《〈說文〉與訓詁研究論集》,商務印書館2013年版。
宋永培:《當代中國訓詁學》,廣東教育出版社2000年版。
宋永培:《古漢語詞義系統研究》,内蒙古教育出版社2000年版。
宋永培:《說文解字與文獻詞義學》,河南人民出版社1994年版。
宋子然著、劉興均協編:《中國古書校讀法》,巴蜀書社1995年版。
孫鈞錫:《中國漢字學史》,學苑出版社1991年版。
孫雍長:《轉注論》,嶽麓書社1991年版。
湯余惠主編:《戰國文字編》,福建人民出版社2001年版。
唐蘭:《古文字學導論》1934年手寫石印本,齊魯書社1981年版。
唐樞:《蜀籟》,四川人民出版社1982年新1版。
唐作藩:《上古音手册》,江蘇人民出版社1982年版。
王國維:《觀堂集林》,中華書局1956年版。
王力:《漢語史稿》,中華書局1980年版。
王力:《漢語語音史》,中國社會科學出版社1985年版。
王力:《龍蟲並雕齋文集》,中華書局1980年版。
王力:《同源字典》,商務印書館1982年版。
王力:《中國語言學史》,山西人民出版社1981年版。
王力主編:《古代漢語》(校訂重排本),中華書局1999年版。
王利器:《顔氏家訓集解》,上海古籍出版社1980年版。
王寧:《訓詁學原理》,中國國際廣播出版社1996年版。
王文虎、張一舟、周家筠編:《四川方言詞典》,四川人民出版社1986年版。
王宇信、楊升南、聶玉海主編:《甲骨文精粹譯文》,雲南人民出版社2004年版。
王玉哲:《中華遠古史》,上海人民出版社2000年版。
王藴智:《殷周古文同源分化現象探索》,吉林人民出版社1996年版。
王重民、王慶菽等編:《敦煌變文集》,人民文學出版社1984年版。
吴文琪、張世禄主編:《中國歷代語言學論文選注》,上海教育出版社1986年版。

向熹:《〈詩經〉語文論集》,四川民族出版社2002年版。
向熹:《簡明漢語史》,高等教育出版社1993年版。
向熹:《詩經詞典》,四川人民出版社1986年版。
徐超:《中國傳統語言文字學》,山東大學出版社2000年版。
徐通鏘:《語言論——語義型語言的結構原理和研究方法》,東北師範大學出版社1998年版。
徐中舒:《徐中舒歷史論文選集》,中華書局1998年版。
徐中舒主編:《漢語大字典》,四川辭書出版社、湖北崇文書局2010年版。
徐中舒主編:《甲骨文字典》,四川辭書出版社1989年版。
許嘉璐主編:《古代漢語》,高等教育出版社1992年版。
許威漢:《二十世紀的漢語詞彙學》,書海出版社2000年版。
許倬雲:《西周史》,生活·讀書·新知三聯書店1994年版。
楊樹達:《積微居小學金石論叢》,中華書局1983年版。
楊樹達:《積微居小學述林》,中華書局1983年版。
楊樹達:《中國文字學概要》(楊樹達文集之九),上海古籍出版社1988年版。
殷寄明:《語源學概論》,上海教育出版社2000年版。
于省吾主編、姚孝遂按語編撰:《甲骨文字釋林》,中華書局2009年版。
袁珂:《山海經校注》,上海古籍出版社1980年版。
臧克和、王平校訂:《説文解字新訂》,中華書局2002年版。
曾良:《俗字及古籍文字通例研究》,百花洲文藝出版社2006年版。
詹鄞鑫:《心智的誤區——巫術與中國巫術文化》,上海教育出版社2001版。
張聯榮:《古漢語詞義論》,北京大學出版社2000年版。
張舜徽:《説文解字約注》,中州書畫社1983年版。
張顯成:《簡帛文獻學通論》,中華書局2004年版。
張永言:《詞彙學簡論》,華中工學院出版社1982年版。
張永言:《訓詁學簡論》,華中工學院出版社1985年版。
章炳麟著,陳平原導讀:《國故論衡》,上海古籍出版社2003年版。
章太炎:《章太炎全集》(七),上海人民出版社1999年版。
趙振鐸:《訓詁學綱要》,陝西人民出版社1987年版。
趙振鐸:《訓詁學史略》,中州古籍出版社1988年版。
趙振鐸:《中國語言學史》,河北教育出版社2000年版。
鍾如雄:《漢字轉注學原理》,電子科技大學出版社2007年版。
鍾如雄:《苦粒齋漢學論叢》,中國社會科學出版社2013年版。

鍾如雄:《説文解字論綱》,中國社會科學出版社 2014 年第 2 版。
周清泉:《文字考古》(第一冊),四川人民出版社 2003 年版。
周延良:《夏商周原始文化要論》,學苑出版社 2004 年版。
周祖謨:《方言校箋》,科學出版社 1956 年版。
周祖謨:《問學集》,中華書局 1981 年版。
朱彥民:《巫史重光——殷墟甲骨發現記》,百花文藝出版社 2001 年版。
鄒曉麗:《基礎漢字形義釋源——〈説文解字〉部首今讀本義》,北京出版社 1990 年版。
[古希臘]柏拉圖:《文藝對話集》(中譯本),人民文藝出版社 1963 年版。
[日]島邦男著,濮茅左、顧偉良譯:《殷墟卜辭研究》,上海古籍出版社 2006 年版。
[英]簡·艾倫·赫麗生著,謝世堅譯:《古希臘宗教的社會起源》,廣西師範大學出版社 2004 年版。
[德]馬克思、恩格斯:《馬克思恩格斯選集》(第四卷),人民出版社 1972 年版。
[美]巫鴻著,柳揚、岑河譯:《武梁祠中國古代畫像藝術的思想性》,生活·讀書·新知三聯書店 2006 年版。

(二)論文類

白兆麟:《論傳統"六書"之本原意義》,《安徽大學學報》(哲社版) 2003 年第 2 期。
白兆麟:《轉注説源流述評》,《安徽大學學報》1982 年第 1 期。
陳夢家:《商代的神話與巫術》,《燕京學報》民國 25 年 12 月第 20 期。
蓋山林:《中國草原岩畫與古代獵牧民的生命意義》,《美術史論》1992 年第 2 期。
高光晶:《釋"王"》,《文史》(第一輯),中華書局 1999 年。
胡娟、鍾如雄:《〈説文〉四大家之"亦聲"觀》,河北師範大學文學院編《燕趙學術》2012 年"秋之卷",四川辭書出版社 2012 年版。
黃懷信:《六書"轉注"解》,《西北大學學報》(哲社版) 1989 第 3 期。
季素彩:《論亦聲》,《河北師院學報》1996 年第 3 期。
李蓬勃:《亦聲字的性質與價值》,《語文建設》1998 年第 7 期。
李玉傑:《同根字與同源字》,《社會科學戰線》1996 年第 1 期。
陸宗達、王寧:《"因聲求義"論》,《遼寧師院學報》1980 年第 6 期。
陸宗達、王寧:《淺論傳統字源學》,《中國語文》1984 年第 5 期。
孟廣道:《亦聲字詞的遺傳信息》,《古漢語研究》1997 年第 1 期。
彭裕商:《卜辭中的"土"、"河"、"嶽"》,見《古文字研究論文集》,《四川大學學報叢刊》第十期,四川人出版社 1981 年版。
齊沖天:《論語源研究》,《鄭州大學學報》1988 年第 5 期。
裘錫圭:《40 年來文字學研究的問題》,《語文建設》1989 年第 3 期。
單周堯:《説"皇"》,《古文字研究》(第十輯),中華書局 1983 年版。
邵文利:《試論同源字——兼論〈同源字典〉的收字問題》,《内蒙古民族師院學報》1989 年第 2 期。
宋永培:《〈説文〉意義體系記載了"堯遭洪水"事件》,《古漢語研究》1991 年第 2 期。
宋永培:《〈説文〉意義體系與成體系的中國上古史》,《四川大學學報》1994 年第 1 期。
宋永培:《〈説文〉與文獻詞義》,《青海師範大學學報》1992 年第 2 期。
宋永培:《論〈説文〉意義體系的内容與規律》,《華東師範大學學報》1991 年第 6 期。
孫中運:《再談六書的"轉注"》,《大連教育學院院刊》1986 年第 2 期。
王伯熙:《六書第三耦研究》,《中國社會科學》1981 年第 4 期。
王夢華:《古漢字的寫詞法與造字法》,《東北師範大學學報》1987 年第 4 期。
王寧:《關於漢語詞源研究的幾個問題》,《陝西師範大學學報》(哲社版) 2001 年第 1 期。
王作新:《〈説文〉會意字中的"亦聲字"考》,《學術交流》2009 年第 12 期。
吳東平:《〈説文解字〉中的"亦聲"研究》,《山西師範大學學報》2002 年第 3 期。
吳澤順:《〈説文解字〉亦聲字論》,《吉首大學學報》1986 年第 1 期。
徐中舒:《怎樣研究中國古代文字》,《古文字研究》第十五輯,中華書局 1986 年版。
余駿升、戴良佐:《呼圖壁縣康家石門子岩畫"雙頭同體人像"初步研究》,《昌吉文資料選輯》第十二輯,1990 年。
袁庭棟:《釋"自"並兼論古代的契刻記事》,見四川大學歷史系編《徐中舒先生九十壽辰紀念文集》,巴蜀書社 1990 年版。
鍾敬華:《同源字判定的語音標準問題》,《復旦大學學報》1989 年第 1 期。
鍾如雄、劉春語:《釋"密"》,四川師範大學語言研究所《語言歷史論叢》第六輯,巴蜀書社 2012 年版。
鍾如雄:《"鋌而走險"考辨》,《西南民族學院學報》(人文社科版) 2002 年第 9 期。
鍾如雄:《"轉語"方法論》,《西南師範大學學報》(人文社科版) 2003 年第 6 期。

鍾如雄:《近現代"轉語"方法論之推闡》,《四川大學學報》(人文社科版)2003年第6期。

鍾如雄:《釋"辰"》,《西南民族大學學報》,2003年第10期。

鍾如雄:《系聯、分離法在詞義研究中的意義》,見《西南民族學院學報》1999年第1期。

鍾如雄:《轉注字研究方法論》,《西南民族大學學報》2013年第2期。

周予同:《"孝"與"生殖器崇拜"》,《古史辨》(二),上海古籍出版社1982年版。

周祖謨:《〈說文解字〉概論》,《中國文化研究》1997年第1期。

朱國理:《試論轉語理論歷史發展》,《古漢語研究》2001年第1期。

漢字是祖先的心語（後記）

我的博士論文《轉注系統研究》（原名《漢字轉注系統研究》）塵封了十年至今尚未付梓，原因有二，一是讀博三年寫得倉促，有些思考還沒有來得及寫進去，比如"形聲字易形變聲原則和方法"、"轉注字研究方法論"、"轉注研究的宏觀意義與微觀意義"等章節，原文中就沒有，有的雖然寫進去了（如第 1 章"漢字與八卦符號共源與分離"），但思考尚不成熟，有待進一步完善；二是（也是更重要的）畢業走出四川大學的校門不久，我的導師宋永培先生就不幸仙逝了，看到他墨蹟未乾的手批，心就會一陣陣發緊，再也沒有修改出版的心情了。目前，我校正在積極準備申報"中國語言文學博士一級學科"，籌劃在國家 A 類出版社出版一批高品質的學術論著，這個機遇促使我將其修改付梓，一併獻給我的恩師、親人和廣大讀者朋友。

對漢字學理論六書中的"轉注"，自晉代衛恒以來的一千七百餘年間，研究雖然斷斷續續，也可謂異常激烈。其間，"義轉"、"音轉"和"形轉"三大流派之爭此消彼長。大體説來，兩宋以前主形派略佔上風，元明兩代主音派略領風騷，大清乾嘉時期主義派異軍突起，而當今之文字學界則臆説昌盛。其間或有學人宣導放棄對"轉注"的研究，認爲在轉注的研究上耗費時間很不值得，但我們不這麼看。既然轉注是一種科學理論，就應該深入討論下去，不能因爲一時或幾代人找不到開啟的鑰匙，就草草否定它的研究價值。揭示漢字轉注理論的奧秘，是當代文字學工作者的一種歷史責任。

《轉注系統研究》這部書稿，是我在導師宋永培先生的悉心指導下完成的。全文共12章。第1章"漢字與八卦符號共源與分離"，從遠古巫覡與岩畫的關係切入，主要分析了遠古巫覡與岩畫、巫覡與原始宗教、岩畫與八卦符號和象形文字等等之間的淵源關係，指出八卦符號和象形文字都是從遠古岩畫中蛻變出來的。在本書出版之前，我曾以《遠古巫史與華夏先民的象線性符號》爲題發表在《雲南師範大學學報》上，繼後《新華文摘》《高等學校文科學術文摘》都作了摘要介紹。[①]

　第2章"漢字取象原則和方法"，重點討論象形文字的取象原則和方法問題。我們的祖先取象天地萬物全憑感悟。凡親眼所見，感悟於心，就能形於圖像，故複寫日月星辰、風雨雷電、山川草木、鳥獸蟲魚、衣食住行，猶如囊中探物。"複寫"是象形文字取象的基本原則，由此延伸出"近取諸身"、"遠取諸物"、"依類象形"三條細則來。《淮南子·説林訓》説："嚼而無味者，弗能内於喉；視而無形者，不能思於心。"東漢高誘注："形，象。無形於目，不能思之於心。"我們的祖先很早就懂得"形於目"、"思於心"這樣樸素的邏輯關係，他們因此而形成的形象思維，最終成了華夏民族思維的核心模式。這種模式不僅影響到整個族群觀察世界的眼光，而且影響到整個族群表達思想意識的語言文字。以圖形表意，以比喻擬人再現形象，乃是漢字、漢語表情達意最具特色的基本特徵，其他族群的語言文字不具備或缺少這樣的特徵。

　第3章"漢字構形法三度成熟"，是從漢字形體演變的角度來觀察漢字構形法產生與孳乳的，此可謂本文的一大創新。漢字理論

[①] 鍾如雄:《遠古巫史與華夏先民的象線性符號》，見《雲南師範大學學報》2008年第3期;《新華文摘》2008年第14期摘編;《高等學校文科學術文摘》2008年第4期摘編。

的精髓是"六書",而"六書"是兩漢文字學家總結出來的六種構形原則和構形方法。我們繞開"六書"而漫無休止的是非爭議,在靜態中觀察漢字形貌之類聚,在動態中審視其形貌之嬗變,從中梳理出了漢字構形法的歷史發展脈絡,故而提出"漢字構形法三度成熟"的看法。漢字構形法的初度成熟,是以"象形"法的成熟運用和象形字系統的建立爲標誌;漢字構形法的第二度成熟,是以"會意"法的成熟運用和會意字系統的建立爲標誌;漢字構形法的第三度成熟,則是以"形聲"法的成熟運用和形聲字系統的建立爲標誌。漢字從象形而後會意,從會意而後形聲,最終走向"形聲一體化",這一軌跡展示出漢字構形法的三次歷史性飛躍。漢字構形法三度成熟構想的建立,爲我們深入討論轉注理論的内涵及其意義,無疑是有幫助的。

第4章"漢字的孳乳原理和方法"。受易學"生生不息"思想的啓發,集中討論了"文"是怎麽生"字"的、"字"是怎麽"孳乳而浸多"的等等相關問題。許慎説:"文者,物象之本;字者,孳乳而浸多。"(《説文解字·敘》)太炎先生説:"討其類物,比其聲均,音義相讎,謂之變易;義自音衍,謂之孳乳。"(《文始·敘例》)"文"既然能孳乳字,那就肯定存在着孳乳的規律。在分理龐大的漢字集團之後,從中總結出"同母重疊"和"異母增附"兩類主要的孳乳方法來。討論漢字的孳乳原則和方法,也是爲了幫助討論轉注問題,因爲漢字無論是構形法的轉換還是字形結構的轉換,都與漢字孳乳的原則和方法密切相關。

第5章"二十世紀以前的'轉注'研究"。這章用了四五萬字的篇幅來梳理歷代先賢時哲討論轉注的基本理論和觀點。自晉代衛恒以來的一千七百餘年間,對六書轉注的討論最爲激烈,"義轉"、"音轉"和"形轉"三大流派中,"義轉"和"音轉"兩派最無章法，他們的研究對揭示轉注的奧秘不僅沒有幫助，反而嚴重地阻礙了研究的深入。六書中的轉注問題是漢字構形法的問題，是漢字構形法轉換的問題，與字義、字音雖有牽涉，但那也僅僅是一種關聯。就像人得了泌尿系統的疾病，你祇管用藥治，而不管他是男性還是女性，行嗎？文字的問題最終還得用文字的理論來解決，不能用音理或義理來解決。雖然六書中有"假借"一書，但那也是談文字的借用，而不是談語音的借用，語音的借用屬於用字的"通假"問題。"通假"不是造字的理論，而是用字之法。前賢總覺得"考"與"老"音近義同，就往"音轉"和"義轉"方面思考，結果轉來轉去，總是在怪圈內打轉轉。怪不得近兩千年來轉注研究毫無進展，或許是囿於大家權威之說而不知變通。我們梳理前賢的思考，不是爲了彰顯他們的錯誤，而是要透過這些弊端反思在轉注研究中爲什麼會出現這些錯誤，爲我們的轉注研究尋找到新的突破口。客觀地說，前賢的研究結論並非全部都是錯誤的，比如"形轉"派中的徐鉉、饒炯、孫詒讓、鄭珍、章太炎、陸宗達等，他們的轉注思想，對構形法的轉注研究於後學很有啓示，對文字孳乳規律的研究同樣具有啓示性。

　　第6章"轉注研究啟示錄"，主要匯聚一些平平常常的現象和理論，用以開啓我們研究的新思路。在現實生活和觀念中，有些極具啓發性的現象，往往因爲太過於平常而並不在意。諸如易學的變易思想，楊雄的"轉語"方法論，《說文》中的"重出"字和"亦聲"字現象等等，祇有靜下心來思考它們形成的原因和變化的因果關係，對我們揭秘轉注的奧秘是有極大幫助的。爲什麼"易窮則變"？爲什麼"變則通"？爲什麼"一物兼二體，體一去一存"（《墨子·經上》）？爲什麼"舊形"要"轉換"（孔穎達《禮記正義》）？"舊形"怎麼"轉"怎麼"換"（"其體或取或存，謂其存者損。"《墨子·説經上》)？等等。既然客觀萬物都通過舊形轉換來再生新形，比如蛇的蛻皮，蟬的蛻殼，黽化爲鶉(《墨子·説經上》)，鼠化爲鴽(《禮記·月令》)，那麽"形"就有"新"與"舊"的區別與對立。客觀萬物都能蛻變，文字也應該會"蛻變"。文字的蛻變會不會像客觀萬物那樣轉形化生呢？從上述事物的變易中我們感悟到了它的存在。

第7章"漢字轉換原理"，重點闡明"轉注"是漢字舊形改換和漢字構形法轉換的根本大法這一基本思想，也是全文討論的核心。就漢字集團而言，轉注是轉換構形法的樞紐和轉換器；就某個字而言，轉注是實施舊形改換的原則和方法。漢字轉換的原理，就是對原有的字形進行改造翻新的規律。"被轉注字"與"後出轉注字"之間必須符合"二同一異"的原則，即字義相同，字音相同，字形不同。構形法轉換和舊形改換是同時進行的，也就是説，某個漢字的舊形改換是在構形法轉換的過程中完成的，字體換形的實現就意味着構形法轉換的完成。因此，字形改換與構形法轉換相依共存，不可分割。漢字轉換原理的發現與揭示，宣告了六書"轉注"奧秘的徹底破解，爲漢字孳乳規律的深入研究提供了極具説服力的理論支援。

第8章"漢字轉注系統"，是在漢字轉換原理的基礎上構建起來的"構形法轉換系統"和"字形轉換系統"。漢字的構形法轉換系統可分爲"順向轉換"、"逆向轉換"和"平行對轉"三個子系統，它是字形轉換的指揮系統，決定着漢字舊形轉換的方向、方式和結果。字形轉換系統屬於構形法轉換的結果問題，即通過構形法的轉換，以揭示文字舊形被改變成一種什麽樣的結構了。字形轉換系統包括以下內容：(1)象形字轉換成會意字或亦聲字；(2)象形字轉換成形聲字；(3)象形字轉換成形聲字；(4)會意字轉換成會意字；(5)

形聲字轉換成形聲字；(6) 形聲字轉換成會意字等。通過細理條分，以展示出漢字轉注系統的整體面貌。

第9章"形聲字易形變聲原則和方法"。這章專題討論形聲字易形變聲原則和方法問題。形聲字轉換是漢字集團中最爲普遍、最爲突出、最爲複雜的現象。形聲字易形的基本原則是"類同而種別"和"類別而理通"；易形方法是："同位更換"和"異位更換"。形聲字變聲的原則是"同音替換"，變聲方法與易形方法相同。建立形聲字易形、變聲的原則，對漢字轉注系統的研究、異體字的整理都具有重要的指導意義。

第10章"轉注字的形音義關係"，對比討論"轉注字"與同源字、異體字的形、音、義關係問題。所謂"轉注字"是指字形義（或本義）相同，讀音相同，形體部分改變或全部改變的一組字，它既是異體字的一個重要組成部分，也是同源字的一個重要組成部分。厘清三種字群的形、音、義關係，也是漢字轉注研究的重要内容。本章提出以"是否合乎六書構形原理"以區別轉注字與異體字，以"本義是否相同"來區別轉注字與同源字，這是一條行之有效的區分原則。

第11、12章專門討論轉注字的研究方法和轉注研究的意義問題。我們提出"系聯"和"分離"是研究轉注字行之有效的兩種方法。"轉注"研究的宏觀意義是科學地揭示漢字孳乳和構形法轉換的客觀規律；"轉注"研究的微觀意義則對古籍的校勘、俗體字的研究、異體字的整理等等具有甄別作用。漢字的孳乳和構形法的轉換這兩大體系，是漢字理論研究的核心内容。揭示漢字孳乳和構形法轉換的客觀規律，乃是"轉注"研究的根本目的和首要任務。

漢字是祖先的心語。每一個漢字都以自身的存在訴説着我們祖先是怎樣認知和改造世界的。要傳承歷代祖先的聰明與智慧，必須懂得他們的心語。研究漢字不僅是爲了研究其構形理論、構形方法和構形理念，更重要的是要潛心感悟祖先的睿智精思。我的導師宋永培先生以畢生心血從事"《說文》漢字體系與中國上古史"的研究，爲的是讓我們及我們的後代都能順利地與遠古祖先的認知溝通。雖然他最終倒在了中國人民大學的講壇上，但他的薪火已代代相傳，他的光亮將永遠照耀着門徒後學繼往開來、踵武增華。

記得在我恩師謝世的那天晚上，夢幻中的我赤身裸體一動不動地平躺在牀上，四周寂無一人。突然，我的腹部被剖開了，一個包裹着赤子的血球從腹腔升騰，徐徐地往天花板上飄去。在那一刻，整個臥室，金光閃閃，亮如白晝。醒來後，理性的幻覺預示我，我最敬愛的恩人在那一刻仙逝了。清早起來，我沒告訴妻兒昨晚的夢，但在講堂上接到了北京葉軍師妹傳來的噩耗。她説："師兄，咱先生去世了！"電話中嘶啞的語音和急促的鼻息聲，傳達出她的哀痛。趕到京城哭别先生後，我非常失落和彷徨。師母端木黎明隱忍着極度的悲傷，帶着我和師弟賈雯鶴、師妹李豔紅、黄英去北師大拜見先生的導師王寧教授。太先生含淚接見了我們。失去得意門生而悲痛的她顯得有些憔悴，但那一看就令人折服的學術領袖氣質，還是從她沉穩的風采中透了出來。她幾乎沒跟我們説什麽話，全心思地安慰師母。臨别時王先生告誡我們："你們宋老師一生不易，今後像他好好做學問吧！"太先生的訓誡我至今銘記在心，不敢絲毫怠慢。

清代順康時期著名思想家、教育家顔元（1635—1704，字易直，更字渾然，號習齋，直隸博野人），一生以行醫、教育爲業，繼承和發揚孔子的教育思想，反對宋明理學"窮理居敬"、"靜坐冥想"的鑿空流弊。他説："學術者，人才之本也。"（《習齋記餘》卷一）強調弘揚學術，首先必須培養學術人才，故極力倡導培養習動、實學、習行、致用、德育、智育、體育等文武兼備、經世致用的人才。

章學誠先生也説:"學術無大小,皆期於道。"(《文史通義·與朱滄湄中瀚論學術書》)他所謂"道",就是科學的研究理論和方法。自古以來,昌明學術,始於實踐;立言傳教,貴在得道;激濁揚清,重在自得;篤學精成,全在勤奮。歷代先聖先師都主張:"潛精墳籍,立身揚名。"(《文選·應休璉〈與從弟君苗君胄書〉》)章黃學派的開山鼻祖及其後代傳人,都十分看重歷代先聖先師的訓誡,潛精墳籍,不是空談。永培先生不僅自己全面繼承中國傳統學術的優秀成果,而且教導我們做學術研究首先要革新觀念,"一定要堅決地革除半個多世紀以來盛行於中國語言學界、中國學術界並造成較大危害的盲目崇奉外國的無知、偏見與陋習。這種無知、偏見與陋習集中表現在:照搬西洋語言學、西方的學術研究的方法與結論,認爲國外的漢學研究優勝於中國國内的學術研究,竟然把國外的漢學研究的成果奉爲典常,用以衡量與裁斷中國國内的學術研究的是非得失。"[1]

漢語言文字學的研究,理當應以漢語言文字爲研究本體;西洋語言學的研究,也應當以印歐語言爲研究本體。兩種語系雖然存在可比性,但首要的是必須搞清楚母語的語言文字特徵,然後纔能做比較研究。然而,自《馬氏文通》以來一百餘年間的漢語言文字研究,基本上是在西洋語言學理論的指導、干擾下進行的。這類研究客觀上是在宣傳印歐語言的先進性。純漢學的研究應該研究漢語的歷史、漢字的發展史,爲什麽要給漢語漢字穿上洋裝呢?太炎先生説:"夫國無文野,要在守其國性,則可以不殆。"[2] 以畢生的精力從事西洋語言學傳授與研究,直到天命之年幡然醒悟者,先師徐通鏘先生爲第一人。他告誡學人:"漢語的研究如果不能從'印歐語的眼光'

---

[1] 宋永培:《〈説文〉漢字體系與中國上古史》第233頁,廣西教育出版社1996年版。

[2] 《章太炎全集》卷五第101頁,上海人民出版社1985年版。

的束縛中解脫出來,就無法實現西方的語言理論和漢語研究的有效結合。'結合'是一種方法論原則,不是列舉漢語的幾個例子給西方的語言理論做注釋。"他最終明白了語言理論的"借鑒"是件很困難的事,因爲"傳統的漢語研究都以'字'爲基礎,我們不能說我們衹有文字的研究,而沒有語言的研究。要真正揭示漢語的結構特點,離開'字'的分析恐怕很難達到預期的目的。"①

《轉注系統研究》這部書稿即將付梓,作爲作者的我,此時此刻内心很是酸楚。因爲這部書稿浸透着我許許多多恩師的心血。求學與研讀,是一位學人夢寐以求的兩件大事。然而想要獨自走完這段路是何等的艱難。我相信"貴人相助"之類的俗語。在我的生命歷程中多次得遇"貴人"相助,他們就是在我求學的路上給我指明方向的諸位恩師。

傳授我專業基礎知識的是北京大學中文系的王力、岑麒祥、朱德熙、石安石、唐作藩、郭錫良、陳複華、王理嘉、何九盈、蔣紹愚、陸儉明、馬真、徐通鏘、李一華等先生,他們爲人真誠,虛懷若谷,循循善誘。他們既是學術界的權威,又是學生心目中的泰斗,教會了我爲人的道理和做學問的思考。

走出北大校門後的我,學術研究尚處於懵懂狀態,這時,經由郭錫良先生介紹認識了四川大學中文系的向熹教授。向熹先生是王力先生的得意門生,是全國公認的《詩經》研究權威。那是八十年代初的一天,我到他家拜訪時(當時他住在老川大錚樓),他對我說:"小鍾,《詩經》裏有這樣一種句型,比如'蜎蜎者蠋',其中的'者'到底是什麼,我也没搞明白。你能不能寫篇文章説説。"我一

---

① 徐通鏘:《語言論——語義型語言的結構原理和研究方法》第8、11頁,東北師範大學出版社1998年版。

時無言以對，不知道先生是想難我還是真的教我作文。向先生看出了我的爲難，解釋道："我說的是真的，你不要有顧慮。"向先生很平易近人，説話總是帶着微笑，語調平緩而有力，他對晚輩後學總是熱心幫助，關愛有加。既然先生命題作文，我不能馬虎。回到西南民族學院後，我細心查閱歷代經典文獻和前人的研究資料，半年結題並刊發在《西南民族學院學報》上，題目叫做《〈詩經〉"蜎蜎者蠋"式句型其中"者"的語法性質》。向先生看後，微微點頭説："説得有道理，寫得還好。"權威學者的鼓勵，對年輕的我是多麼大的激勵，從此激發起我讀書作文的興頭。清代阮元校刻的《十三經注疏》、先秦諸子和《説文解字》，我關起門來讀了整整六個春秋，並作了大量筆記。積累了豐富的資料後，作文於我不再是件難事了。1984年，我的第二篇論文《上古漢語"D·之·M"結構内部的組合特徵》就被人大複印資料全文複印了，這對我來講又是莫大的鼓勵，因爲我的思考已經得到了國内同行專家的認同。

接下來我一邊教書，一邊師從向熹先生學漢語史，同時在向先生的帶領下和俞理明師兄一道從事"漢語稱謂詞"的研究，一幹就是十年，最終完成了大型工具書《漢語稱謂詞典》(商務印書館待出)的編纂任務。"漢語稱謂詞研究"結題之後，我想繼續深造，這時，我再次得遇恩師，他就是我的博士生導師宋永培先生。宋永培先生師從著名訓詁學家北京師範大學教授陸宗達、王寧先生。先生爲人淳樸厚道，嚴於律己，恭儉下人；天性好學，善思明辨，精於説文學與上古詞義學；兼收章黄陸王，博采許徐王段，得治文字、詞義、訓詁之理論方法；正本清源，推理系聯，博綜融貫，鑄就宋學。蒙先生抬愛，忝列門牆，學修《説文》。先生於我，親如兄弟。先生在世時，曾多次邀我進京修業講學，然因妻兒未允，最終未果。惜先生再造之恩今生難報，僅以付梓之拙著，告慰先師在天之靈。

先生英年早逝，學界同悲；宋門弟子，如喪考妣。此時的我深感學術上失去了良師益友，像無根的浮萍，又像飄在半空的斷線風箏，悲痛之餘，又添彷徨。我將此種心情言之於王寧先生後，意外地得到了她的理解、關心和幫助。王寧先生是我導師的先生和摯友，是當代國內外語言學權威，也是我學術生涯中的又一位恩師。王先生聰敏睿智，學貫古今，而爲人謙和。在我無助的時候，她來信鼓勵我説："我用最快的速度瀏覽了你的書文，很高興。你對師承的忠實繼承和努力發展是很成功的，得其要領（得其要領不容易，最怕是放棄師承的精髓，一知半解，祇知其一，不知其二，以篡改爲創新，歪曲原意，不得要領）。文章語言流暢（這一點也很不容易，不是一句批改作文的話。能流暢，説明思路是暢通的，自己是明白的）。文章雖然深度上還有些不足，粗看有些地方還有欠妥之處，但總體很好。我會給你的書寫序，並推薦給商務。"太先生的鼓勵和認同，給了我修改好論文的勇氣與信心。近一年多來，我閉門謝客，細心審讀原文和先師永培先生的修改文字，將原文做了比較大的改寫。

正是因爲有了恩師們的學術引領，纔使我這部書稿得以出版。在《漢字轉注系統研究》一文評審、答辯時，四川大學的校內外專家都給予極高的評價，他們幾乎都給了滿分，但也提出了一些誠肯的意見和建議，指導我完善論文的修改。值此付梓之際，向北京大學唐作藩教授、首都師範大學馮蒸教授、山東大學徐超教授、陝西師範大學胡安順教授、暨南大學王彥坤教授、四川師範大學劉志成教授、西南民族大學祁和暉教授、四川大學向熹教授、四川大學趙振鐸教授、四川大學項楚教授、四川大學曹順慶教授、四川大學俞理明教授、四川大學雷漢卿教授、四川大學蔣宗福教授等致以衷心感謝，感謝你們對我研究漢字轉注理論的支持。另感謝我的同門師弟師妹劉興均、周及徐、胡繼明、周文德、黃曉冬、雷莉、沈琳、廖揚敏、徐前師、李豔紅、黄英、李索、雷華、賴積船、賈雯鶴、李佔平、葉軍、鄭振峰、趙學清、徐正考、羅紅昌、杜麗榮、武建宇、黄建寧等，感謝你們給予我學術上的熱忱幫助和生活上的關愛與照顧。在此特別鳴謝端木黎明師母。她以妻子的堅韌與剛强，支撑着先生的愛情天地和學術殿堂；以母親的慈愛和温馨，孵化着弟子的健全人生與學術追求。特別鳴謝商務印書館徐從權先生。他以文字編審的神聖職責和深厚的專業素養，爲本書出版的質量把守着最後一道防綫，在文字規範、語句應用、文獻來源等方面都作了精心斟讀。

　　謹以此書，敬獻給辛勤培育我成長的小學到大學的恩師們！敬獻給親愛的母校——北京大學、四川大學、西南民族大學！

作者　鍾如雄
甲午年正月初十記於天府蓉城苦粒齋